高等院校
法学融合创新
教材系列

金融法

主　编　刘志云

副主编　陈斌彬　唐士亚

厦门大学出版社
XIAMEN UNIVERSITY PRESS
国家一级出版社
全国百佳图书出版单位

图书在版编目（CIP）数据

金融法 / 刘志云主编. -- 厦门 ：厦门大学出版社，2025. 5. --（高等院校法学融合创新教材系列）.

ISBN 978-7-5615-9698-2

Ⅰ. D922.28

中国国家版本馆 CIP 数据核字第 2025T7Z914 号

责任编辑 李 宁

美术编辑 李夏凌

技术编辑 许克华

出版发行 厦门大学出版社

社　　址 厦门市软件园二期望海路 39 号

邮政编码 361008

总　　机 0592-2181111　0592-2181406(传真)

营销中心 0592-2184458　0592-2181365

网　　址 http://www.xmupress.com

邮　　箱 xmup@xmupress.com

印　　刷 厦门集大印刷有限公司

开本 787 mm×1 092 mm　1/16

印张 20.75

字数 480 千字

版次 2025 年 5 月第 1 版

印次 2025 年 5 月第 1 次印刷

定价 63.00 元

本书如有印装质量问题请直接寄承印厂调换

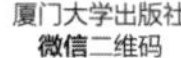

厦门大学出版社
微信二维码

厦门大学出版社
微博二维码

高等院校法学融合创新教材系列

编委会

总　序

2023年2月，中共中央办公厅、国务院办公厅印发《关于加强新时代法学教育和法学理论研究的意见》(以下简称《意见》)，提出要完善法学教材体系，通过抓好核心教材、编好主干教材、开发新形态教材等，构建中国特色法学教材体系。

为适应新时代法学教育事业发展的需要，贯彻落实《意见》关于法学教材建设的要求，福建省法学会法学教育研究会和厦门大学出版社联合组织福建省内和省外数十所高校的法学院(系)之教学、科研骨干和一线教师，以及法律实务领域的专家，共同编写一套能够充分反映我国社会主义法治建设的伟大成就，适合法学本科教学需要的高等院校法学融合创新教材系列。本系列教材的特色主要体现在以下四个方面：

第一，在内容上，本系列教材以我国现行法为依据，结合执法和司法的实践，系统阐释我国社会主义法治建设的成就。在学理上，以法学通说为主，注重基本概念、基本原理和基本制度的讲解和传授，力求以教材的方式讲好中国特色社会主义法治故事，弘扬社会主义法治精神。

第二，在表达形式上，本系列教材除采用传统章节结构模式外，进一步采用融媒体技术对法学知识点进行多形态拓展，通过在线测试、线上资源、拓展阅读等方式，进一步拓宽教材的广度和深度，使之更符合当代大学生的学习需求和学习方式。

第三，本系列教材除法学核心课程和专业课程教材外，新增大量符合新时代法律人才培养需求的特色课程教材、实践教学教材和实训教材等，以期实现法学教育与时代需求的结合，与法律实践的结合，为构建理论与实践相结合的完整课程体系和教学体系提供支持。

第四，本系列教材作者队伍主体来自福建省内高校的法学专业教师和法律实务部门专家，多数作者具有“教师兼律师”“律师兼教师”“法官兼教师”“检察官兼教师”等法学教育和法律实务的双重角色，他们有着丰富的法学教学和法律实践经验，本系列教材也因此较多地反映福建省法学教育的整体风貌。

组织编写"高等院校法学融合创新教材系列"是福建省法学会法学教育研究会和厦门大学出版社为贯彻落实《意见》精神，构建中国特色法学教材体系的一次尝试，不足之处在所难免，敬请读者批评指正。

柳经纬

2025年5月1日

前 言

自2008年爆发国际金融危机以来，诸多原有的金融法律理念、原则与制度在世界范围内得以革新，将“危机孕育变革”的社会规律展现得淋漓尽致。与此同时，在以全面深化改革推进新质生产力发展壮大以及“守住不发生系统性金融风险的底线”的背景下，国内金融体制以及相关金融法律制度也在不断地调整、修正以及完善中。尤其是科技金融的迅猛发展，对原有的金融体制与相关金融法律制度提出了重大的变革要求。党的二十届三中全会审议通过的《中共中央关于进一步全面深化改革 推进中国式现代化的决定》明确提出“制定金融法”，对我国金融法治发展提出了新要求。无疑，金融法的教材，必须适应以上发展变化。与此同时，在互联网时代成长起来的新一代学子的学习方式、阅读习惯乃至思维模式也给教材的写作提出了新的要求。

鉴于此，编写一本既能适应国内外金融市场和金融法律制度的巨大变化，又能切合新一代学子个性特点的金融法教材，显得尤其重要。由此，我们撰写并出版了这本《金融法》本科教材。本书最大的亮点是“新”，做到了与时俱进。其一，在内容上，本书吸收了金融市场和金融法制的最新变化，既体现2019年《证券法》的修订内容、2023年中国人民银行与金融监管机构的机构改革与职责分工的调整以及监管理念、制度的变化，也体现《中国人民银行法》《商业银行法》《金融稳定法》等重要法律的变化趋势或立法动态。其中，金融科技法与金融科技监管的发展变化尤为突出。其二，在技术上，本书努力适应新时代新技术以及新的学习方式和阅读习惯的要求，包括大量使用图片、表格、模型、二维码等表达方法，增强本书的可读性与趣味性。尤其是，本书使用二维码增加大量拓展阅读内容，将一些重大理论争议、独特观点或需要掌握的丰富材料，以更加趣味且具有时代感的方式表达出来。其三，本书最大限度地兼顾最新理论动态与实践趋势。此外，本书的另一个亮点是突出“应用性”，通过大量典型案例解读，编制习题以及司法考试真题等，帮助学生提高对法律知识的应用能力。

当然，虽然我们对教材的编写期许高远，但现实总是不尽如人意。无论如何谨慎，其中谬误总是难免，恳请读者谅解、批评与指正。在写作的过程中，我们得到了来自厦门大学出版社与李宁编辑的鼎力支持，在此表示衷心的感谢。

本书由厦门大学法学院刘志云教授担任主编，华侨大学法学院陈斌彬教授、福州大学法学院唐士亚副教授担任副主编，共同负责本书编写的策划、协调、分工、定稿等工作。

按照撰写的章节先后次序，本书具体分工如下：

刘志云（厦门大学法学院教授、博士生导师）担任本书主编，撰写第一章、第二章。

陈斌彬（华侨大学法学院副院长，教授，硕士生导师）担任本书副主编，撰写第三章、第五章。

唐士亚（福州大学法学院副教授，硕士生导师）担任本书副主编，撰写第九章、第十章。

王俊（厦门大学知识产权研究院副教授，博士生导师）撰写第八章。

张玲（集美大学海洋文化与法律学院讲师）撰写第四章。

方芳（厦门大学嘉庚学院法学院讲师）撰写第七章。

孟翔韬（厦门大学法学院博士研究生，山东政法学院经济贸易法学院教师）撰写第六章、第十一章。

刘志云

2025年4月23日

目 录

第一章　总　论

思维导图

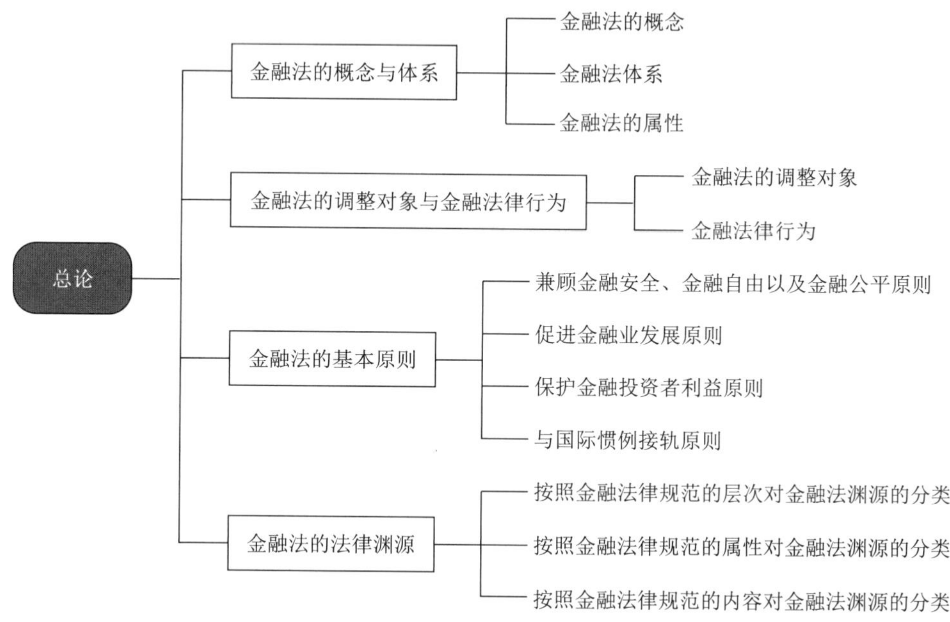

总论
金融法的概念与体系
金融法的概念
金融法体系
金融法的属性
金融法的调整对象与金融法律行为
金融法的调整对象
金融法律行为
金融法的基本原则
兼顾金融安全、金融自由以及金融公平原则
促进金融业发展原则
保护金融投资者利益原则
与国际惯例接轨原则
金融法的法律渊源
按照金融法律规范的层次对金融法渊源的分类
按照金融法律规范的属性对金融法渊源的分类
按照金融法律规范的内容对金融法渊源的分类

第一节　金融法的概念与体系

一、金融法的概念

为保证金融业的顺利发展和金融秩序的正常运行，充分发挥金融活动对国民经济的促进作用，国家制定了一系列调整金融关系的法律规范。这种凭借国家意志对金融关系进行规制的法律规范，统称为金融法。简言之，金融法就是调整货币流通和信用活动中所发生金融关系的法律规范的总称。银行法是金融法的最核心部分。狭义的金融法即指银行法。广义的金融法不仅包括银行法，还包括证券法、保险法、担保法、信托法、基金法等。近年来，随着互联网金融乃至更宽泛意义上的金融科技的迅速发展，以及相关法律、法规、规范性文件的不断发布与实施，互联网金融法/科技金融法也成为金融法的一个新兴部门（如图 1-1 所示）。

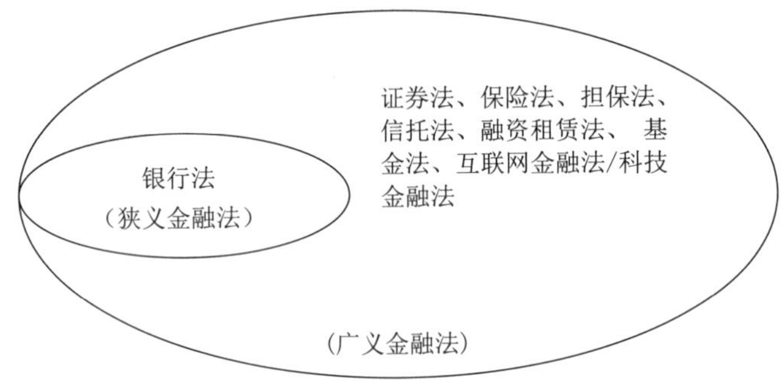

图 1-1　广义金融法与狭义金融法关系图

二、金融法体系

所谓金融法体系，是指调整各个方面金融关系的法律规范，按照属性分类与位阶分层，组合形成的一个有机联系的统一整体。金融法体系中的法律规范既包括金融法律，也包括根据法律授权而制定的具体规范。前者是指国家立法机关依照法定权限和程序制定或认可，以国家强制力保障实施的，调整特定金融关系的法律制度。在我国，金融法律是指由全国人民代表大会及其常委会颁布的法律文件，如《中国人民银行法》《银行业监督管理法》《商业银行法》《保险法》《证券法》等，这是执法与司法的基本依据。后者则是指有关机构以授权立法方式制定的具体操作性规范，如行政法规、部门规章、司法解释、地方性法规等。如果国家加入涉及金融领域的国际条约并经过法定程序在该国生效，或国家承认涉及金融领域的某种国际惯例，则相关国际条约或国际惯例也构成金融法体系的一部分。需要注意的是，以上只是金融法体系的狭义界定。从广义上讲，民商法、刑法、行政法、诉讼法等有关部门法中也会有很多非专门规制金融关系但又对后者起到调整作用的法律规范，同样可以视为金融法体系的组成部分。而且，如果站在社会法学的角度，金融法体系还包括众多由国际组织、行业自治组织、非政府组织(NGO)发布的，得到一定范围内认可与遵守的“金融软法”。其特点是：一般由非国家行为体制定，由市场、道德、社会力量驱动，缺乏国家强制力保障，但得到不同程度的认可并在一定范围内有效适用。巴塞尔协议、赤道原则、金融行业自律规范与行业标准等，都可以归入“金融软法”之列。

由于金融关系复杂多样、性质迥异，金融法体系可以按照不同标准进行分类。例如，按照规范对象的不同，金融法体系可以划分为银行法、证券法、保险法、信托法等；按照规范内容的不同，可以划分为金融主体(组织)法、金融调控法、金融监管法、金融业务法等，或者进一步细分为金融主体法、金融客体法和金融业务管理法等。

三、金融法的属性

根据法理学相关理论，同一法律部门的调整对象(社会关系)应当具有单一性。因此，金融法并不是独立的法律分支，而是由经济法、民商法乃至行政法、刑法、国际法等相关法律规范构成的复杂组合。比如，在金融交易关系中，各主体之间法律地位平等，所享有的权利和应履行的义务也是对等的，主体之间的金融交易活动必须遵循平等、自愿、等价有偿等民商法基本原则。因此，调整金融交易关系的金融交易法应属民商法范畴。比较而言，无论是金融监管关系，还是金融调控关系，都与金融交易关系存在明显性质差异。两者皆是国家动用公权力对金融业、金融主体、金融业务等进行规制或干预而产生的，其目的在于解决个体营利性与社会公益性之间的矛盾，并通过对效率、公平、安全的兼顾，促进金融业的良性循环和协调发展。所以，调整这两种关系的金融监管法和金融调控法都属于经济法的范畴。具体来说，前者属于市场规制法的范畴，后者属于宏观调控法的范畴。

第二节 金融法的调整对象与金融法律行为

一、金融法的调整对象

金融法的调整对象是金融关系，主要由在金融调控、金融监管①以及金融业务经营中产生的各种社会关系组成，包括但不限于：(1)金融交易关系，即金融机构与客户之间在存款、贷款、同业拆借、票据贴现、银行结算、外汇买卖、证券发行与交易、保险信托业务等经营活动中产生的各种关系；(2)金融监管关系，包括金融监管机构对金融机构的准入与退出，对金融业、金融业市场主体的行为以及相关交易活动实施监管而发生的关系；(3)金融调控关系，即为稳定金融市场、实现货币政策目标，中央银行对相关金融变量实

① 金融监管一般会分为外部监管与内部监管。其中，外部监管包括官方金融监管、行业自律监管、社会监管等，内部监管指的是企业自身的监管等。为表述方便，如果没有特别说明，本章所提到的“金融监管”仅包括官方金融监管。

行调节和控制而产生的社会关系，其实质是货币政策的制定和实施所产生的各种关系。[①]

金融关系属社会关系的一种，不同的社会关系涉及不同领域，包括经济、政治、文化、宗教、家庭、民族等各个方面。事实上，即使在某一领域，社会关系的范围也是极其广泛的。就经济领域而言，同样存在着多种不同性质的社会关系。按照不同标准，经济领域的社会关系可以有多种分类法，但比较合理的划分应是“民间社会经济关系”和“国家对经济的管理关系”两种。[②] 所谓民间社会经济关系，是指民间社会的自然人和法人在从事经济活动时，相互之间发生的经济关系，也称为“平等主体间经济关系”；而国家对经济的管理关系，又可进一步分为一般行政管理关系与国家经济调节关系，后者是国家对经济实行调节管理过程中发生的社会关系。[③] 金融调控法、金融监管法之所以能与金融交易法相区别，根本原因就在于前两者属于国家对经济的管理关系，而后者为民间社会经济关系。

一般来说，在国家干预经济过程中会产生两种内涵迥异的社会关系，即宏观调控关系和市场规制关系。金融调控关系是金融主管机关在运用各种金融杠杆调节货币供给的总量和结构，进而影响非货币形态的经济资源配置、市场主体行为的过程中形成的社会关系，其属于宏观调控关系性质。金融监管关系是金融主管机关针对金融机构的市场准入与退出，以及在对金融业务进行监督与管理过程中产生的各类监管关系，属于市场规制关系性质。具体而言，金融调控关系不仅具备国家对经济的管理关系的一般特征，还蕴含宏观经济调控关系的特殊性质：一是宏观性和总体性。金融调控着眼于社会经济的宏观结构和总体运行态势，所实行的措施对社会经济全局产生影响，而不仅仅触及局部和个体。国家应当在充分把握社会经济总体结构和运行状况的基础上，根据需要和可能，遵循客观经济规律，确定国家调节的目标，通过实施某些重大和广泛适用的措施，使社会经济发生某种变化，产生宏观和总体性的效应。二是促导性。金融调控在方式和手段上重视引导、促进社会经济活动。当前，各国经济政策都强调对经济活动主体予以引导和促进，各种经济杠杆和政策工具的导向性、间接性也十分明显。[④]

同理，金融监管关系既然属于市场规制关系的性质，就必然具有异于金融调控关系的某种特征。市场规制关系是国家在规制市场主体准入、运行、变更、退出以及市场秩序的活动中产生的各种社会关系，可分为市场主体规制关系和市场秩序规制关系。前者是国家从维护社会整体利益出发，在对市场主体的组织以及相关行为进行必要干预过程中发生的社会关系。[⑤] 后者是国家在特定市场环境中为贯彻某种特定经济政策，对原有各

---

① 也有学者把金融组织法单列出来，将其作为金融法的分支。金融组织法主要是对金融组织的法律地位、组织架构、职责权限、业务范围进行规范调整。参见巫文勇编：《新金融法律制度学》，复旦大学出版社 2021 年版，第 48 页；马亮、方元主编：《金融法》，中国政法大学出版社 2020 年版，第 27 页；谷慎编：《金融法教程》，西安交通大学出版社 2020 年版，第 2 页；齐爱民、杨春平主编：《经济法新编》，武汉大学出版社 2010 年版，第 213 页。如果宽泛归类，金融组织法所调整的各种关系也可以归类到金融调控关系、金融监管关系与金融交易关系中。

② 漆多俊：《经济法基础理论》，法律出版社 2017 年第 5 版，第 109 页。

③ 漆多俊：《经济法基础理论》，法律出版社 2017 年第 5 版，第 109 页。

④ 漆多俊主编：《经济法学》，高等教育出版社 2019 年第 3 版，第 229～230 页。

⑤ 李昌麒主编：《经济法学》，法律出版社 2016 年第 3 版，第 44 页。

种交易关系与竞争关系进行特殊安排，以求获取实质公平和社会效率，由此产生的社会关系。其不具备平等特征，却“起到限制的作用”①。推而论之，金融监管关系也可以分为金融市场主体规制关系和金融市场秩序规制关系。

至此，我们可以看到，按照调整对象的不同属性，金融法至少可以细分为金融交易法、金融调控法与金融监管法。其中，金融交易法具有民商法属性，金融调控法与金融监管法具有经济法属性。经过金融调控法与金融监管法调整后的金融关系为金融调控法律关系与金融监管法律关系。金融监管法律关系与金融调控法律关系，在主体、客体、内容等方面都存有重大差异。出于对金融风险的防范，金融法体现出强烈的国家干预性，具有鲜明的公法性质或公法倾向。即使是属于民商法范畴的金融交易法，依然具有明显的强行法特征，金融市场主体的意思自治受到很大程度的约束。

二、金融法律行为

法理学认为，法律关系并不是一成不变的，而是处于一个持续生成、变更和消灭的运动过程中。导致这种变化的根本动力是法律事实，而法律行为在法律事实中占据主要地位，这在金融交易法律关系、金融监管法律关系以及金融调控法律关系的变化中表现得尤为明显。可以说，包括金融交易行为、金融监管行为、金融调控行为在内的金融法律行为，是促使金融法律关系变化的最主要力量。考虑到金融交易行为与金融调控行为、金融监管行为区别明显，学界对此问题的争论点也主要集中于后两者的区分上。探究金融调控行为与金融监管行为(以下简称“金融调控与金融监管”)的异同是分析金融调控法与金融监管法两者关系中极为重要的一面。

金融调控实质上是货币政策的制定和实施。所谓货币政策，是指货币当局(一般是指各国中央银行)根据确定的经济发展目标，运用货币政策工具对货币供应量和信贷总量、结构的调节、控制，以保证社会经济从整体上实现总供给与总需求的平衡。当然，货币政策本身并不是严格意义上的法律，但其制定和实施活动必须在法律框架内进行，这个法律框架就是金融调控法。各国金融调控法律所规定的货币政策工具，既包括存款准备金政策、再贴现政策、公开市场操作等一般性货币政策工具，也包括直接信用管理、间接信用管理、消费信用管理、证券市场信用管理等特殊货币政策工具。在不同国家、不同历史阶段，立法者对货币政策目标的表述各不相同。理论界也一直存在“单一目标说”“双重目标说”，乃至“多重目标说”的分野，争论范围涉及维持币值稳定、促进充分就业、促进经济增长、保证国际收支平衡等方面。不过，维持币值稳定通常是各国货币政策共同追求的核心目标。

金融监管包括金融业监督与金融业管理。前者是指国家金融监管机构或其他监管主体，通过对金融机构及其业务经营进行全面、经常性检查，以促使其依法稳健经营、安全健康发展。后者则是指国家金融监管机构根据相关法律法规，授权有关部门制定和颁布有关金融机构组织结构、业务活动的特殊规定和条例。这些规定和条例的目的在于使金融机构的组织结构与业务活动步入正轨，由此建立一个安全和完备的金融体系。② 总的来说，金融监

① ［日］金泽良雄：《经济法概论》，满达人译，中国法制出版社2005年版，第45页。

② 张忠军：《金融监管法论——以银行法为中心的研究》，法律出版社1998年版，第2页。

管着眼于维护金融体系的安全与稳定，保护存款人、投资者和社会公众的利益，促进金融业公平、有效竞争。金融监管的实施手段主要包括：对金融机构的审批、检查、稽核，对金融机构和金融业的统计管理，对金融机构的财务会计管理，对金融市场主体的强制处罚，对金融机构的风险处置。其中，对金融机构资本充足性、流动性与贷款集中度的监管尤为重要。

相较而言，金融调控着眼于金融总量，金融监管着眼于金融机构运行。前者属于国家宏观调控措施之一，作用于宏观经济领域；后者属于外部市场管理行为，作用于微观经济领域。作为金融当局调节和管理金融活动的两大手段，二者互为前提和基础，根本目标一致，实施方式又紧密联系。一国的经济发展需要良好的货币金融环境，这既包括货币币值稳定，又包括金融秩序稳定。金融调控以维持币值稳定为直接目标，金融监管以保证金融秩序稳定为直接目标，目标都是营造良好的货币金融环境、促进经济增长与社会进步。须注意到，虽然金融调控与金融监管关系紧密、互为依托，但并不意味着两者不存在冲突。除适用对象和使用方法不同外，两者之间的冲突集中体现在以下方面：其一，两者目标在具体操作上存在矛盾。从宏观上讲，央行制定货币政策的主要目标是保持货币币值的稳定，并以此促进经济增长；金融监管的主要目标是保持金融机构的安全稳健经营。两者在具体的实施过程中会有冲突，甚至会产生截然相反的效果。其二，金融调控与金融监管的作用机理不同。前者对经济的调控通常是逆经济周期的，而后者通常是顺经济周期的，这种矛盾在金融体系中自然会产生不同的影响。例如，下调利率能够降低金融机构的筹资成本、增强流动性，但也会加大通货膨胀的压力。在经济高涨时期，金融机构经营效益好、风险低，金融监管部门的风险约束相对宽松，金融机构本身的经营难度也较小。此时，货币政策需要预警性地进行适度反向操作，如提高利率水平、控制货币供应量、对特定部门进行信贷控制等，这显然会加大金融机构的经营成本。在经济衰退时期，金融机构业务拓展困难，金融监管部门的风险约束较紧，容易提高对金融机构的流动性、安全性指标要求，客观上阻碍货币政策的逆周期调节。比如，受金融危机影响，银行业监督管理机构对商业银行的新增不良贷款更为关注，商业银行因而更加谨慎地发放贷款，进而导致扩张性货币政策在银行系统内传导受阻。从全球范围来看，2008 年以前，金融调控与金融监管两大职能呈现分离趋势，中央银行逐步专注于履行制定与执行货币政策的职能。①

然而，金融监管职能是否应当从中央银行完全分离，一直是一个充满争议的问题。反对方认为，金融调控与金融监管联系紧密，由某一机构集中行使将更有效率。特别是，2008 年国际金融危机爆发后，世界各国普遍转向“宏观审慎”与“微观审慎”并重的金融监管模式。在此背景下，由中央银行承担宏观审慎管理职能以维护金融稳定，已经成为一种新的改革潮流。中国人民银行最新的职责变化也反映这个趋势，其一方面必须从“制定与执行货币政策”转变为“货币政策与宏观审慎管理并重”，另一方面必须加紧建设与

---

① 据统计，至 2008 年国际金融危机爆发前，在 143 个国家样本中，50 个国家的中央银行没有监管职能，29 个国家的中央银行与其他监管机构共担监管职能，而 64 个国家的中央银行为主要监管机构。当时的数据显示，由中央银行作为单一或主要监管机构的国家数量呈下降趋势。参见[英]霍华德·戴维斯、大卫·格林：《全球金融监管》，中国银行业监督管理委员会国际部译，中国金融出版社 2009 年版，第 105 页。

专业金融监管机构之间的协调机制。中央机构编制委员会办公室在 2019 年 2 月发布的《中国人民银行职能配置、内设机构和人员编制规定》中，明确强调这一“职能转变”，即中国人民银行除原有制定与执行货币政策的职能外，还要强化宏观审慎管理和系统性金融风险防范职责，同时要增强货币政策、宏观审慎政策、金融监管政策的协调性。①

第三节 金融法的基本原则

金融法的基本原则是指在金融立法及法律适用中应遵循的基本行为准则，它贯穿于金融法治的全过程。在市场经济条件下，金融法要遵循以下几个基本原则：

一、兼顾金融安全、金融自由以及金融公平原则

正义是法律的永恒追求，金融法也一样。正义有多种价值维度，包括安全、自由以及公平等。具体到金融领域，即金融安全、金融自由以及金融公平。金融法的作用，正是在于维护金融安全、金融自由和金融公平。但在实际生活中，金融安全、金融自由、金融公平并不总是协调的：过分地追求金融安全，就可能会产生“金融压抑”现象，损害金融自由，从而影响金融市场的效率；过分地追求金融自由，虽能够在一定程度上提高金融市场的效率，但可能会对金融安全与金融公平造成负面影响，从而出现金融危机或“金融排斥”的现象；过分地追求金融公平，又可能会损害金融市场的效率以及金融市场主体的自主权，使金融自由遭受负面影响。在金融法的发展史上，金融安全、金融自由以及金融公平都有可能成为一段时期或某一部分立法的侧重点，但历史经验以及金融市场的发展规律表明，现代金融法必须坚持兼顾或协调金融安全、金融自由以及金融公平的原则，任何顾此失彼的金融法律制度，都将违背正义这一法律的永恒价值追求。晚近兴起的法金融学(Law and Finance)研究，尤其关注法律制度在形塑各国不同金融市场发展路径上的作用，以此来为金融市场的发展提供更有建构意义的制度体系，在维护金融安全的同时提升金融效率与金融公平。

关于“法金融学”的详细阐释，可扫码收听音频和阅读文字材料：

二、促进金融业发展原则

金融法是为市场经济发展服务的，它通过对市场经济条件下金融活动所形成的各种

① 参见中央机构编制委员会办公室于 2019 年 2 月发布的《中国人民银行职能配置、内设机构和人员编制规定》第 4 条第 20 款“职能转变”。

社会关系进行调节，维护金融秩序，促进金融业发展。为贯彻这一原则，必须做到“科学立法、严格执法、公正司法、全民守法”。具体地讲，必须完善金融立法，严格金融执法，公正金融司法，良好守法。这不仅要求金融立法具有科学性、稳定性与前瞻性，也要求金融法律执法与司法具有公正性与有效性，这是生成对遵守金融法的内心信仰乃至促进普遍遵守的前提。当前，我国金融市场中活跃的金融经营机构组织体系如下（如图 1-2 所示），与金融消费者构成主要的金融市场主体。

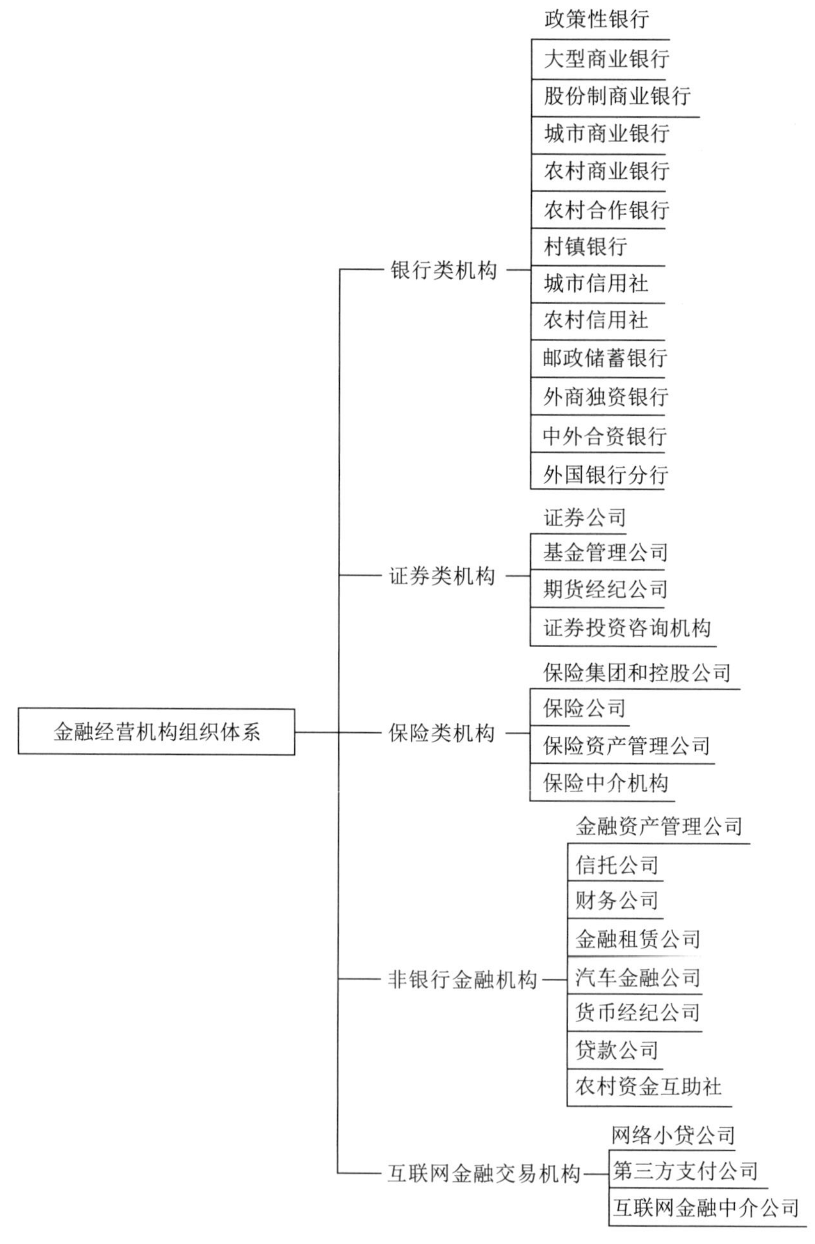

图 1-2　我国金融经营机构组织体系

三、保护金融投资者利益原则

金融是资金供给者与资金需求者沟通的桥梁,一端连接着拥有闲散资金、积极寻找增值出路的投资大众,另一端连接着组织安排生产的资金需求者——企业。作为中介的金融机构,一方面组织闲散资金,以其信誉为金融投资者[①]提供担保,形成资金聚集;另一方面向资金需求者提供资金,同时代表投资者利益,对前者进行监督,以确保资金安全。因此,金融关系到千家万户的利益,保护金融投资者利益是金融法需要遵循的一项基本原则。

维护金融投资者的利益,必须保证金融活动中资金的盈利性、流通性和安全性。盈利性就是要保证资金在营运中能够按照投资者的预期实现增值,保护投资者取得合法投资收入的权利。流通性就是投资者能够转让其投资,使其手中投资利益能够迅速变现。因此,法律上允许各种有价证券在市场上自由转让,并为广大投资者交易提供指定的交易场所。流通性的另一个作用是保护投资者对投资的选择权、对所投资金管理者的选择权,投资者可以通过投资权是否转让来表达对经营管理者的信任与否。安全性就是保护投资者投资利益的安全,金融机构的资格认证、资信评级、信息公开、资本与货币市场交易、储蓄保险、金融市场监管等制度规范的重要作用就是维护广大投资者投资利益的安全。

四、与国际惯例接轨原则

作为经济全球化的重要部分,金融全球化正在如火如荼地展开,外国金融机构进入本国市场与本国金融机构参与国际金融市场的竞争同步进行,各国金融业呈现"你中有我,我中有你"的发展态势。在这种背景下,无论是金融调控法,还是金融监管法,乃至金融交易法,都有互相借鉴、彼此吸收、与国际惯例接轨的需要。所谓与国际惯例接轨,是指一国金融法律制度要与国际通行做法尽量保持一致,以减少由此产生的金融纠纷或摩擦,从而降低金融业市场主体之间的交易成本。根据这一原则,我国在金融立法时要尽量吸收国际通行做法,按照国际惯例来规范各种金融关系。

第四节 金融法的法律渊源

法理学一般认为,法律渊源是指具有法的效力和意义的外在表现形式,又称为法的

---

① 在学界会有"金融消费者"与"金融投资者"的用词分歧,在严格推敲下这两个词语内涵有差异。有一些国家或地区也作出法律区别,但规定不一。有的是以接受的金融产品来区分,有的是以主体是自然人还是法人作区分。但有一个基本的共识是与金融投资者相比,金融消费者专业能力弱。在本章中,不作严格区分,金融投资者也包括金融消费者。

形式。[①] 据此，金融法渊源是指金融法律规范的表现形式。如果按照金融法律规范的层次、属性、内容，可以对金融法渊源开展不同视角的讨论。

一、按照金融法律规范的层次对金融法渊源的分类

按照金融法渊源的表现层次，可以将金融法渊源分为国际法渊源与国内法渊源。前者包括国际金融条约、国际金融惯例等，后者包括涉及金融领域的法律、行政法规、部门规章、地方性法规等。

1.国际法渊源

我国参加或缔结的国际公约、多边条约、双边条约和协定，除作出保留的条款外，只要与金融业相关，都属于金融法渊源。我国加入和缔结的与金融相关的国际条约主要有：《国际货币基金协定》《国际复兴开发银行协定》《国际复兴开发银行协定附则》《国际金融公司协定》《国际金融公司协定附则》《国际复兴开发银行贷款和国际开发协会信贷采购指南》，双边支付与贷款协定，双边投资保护协定与双边税收协定（可能涉及外汇管制、资本返还、利润转移、银行开户、投资保险等金融活动），世界贸易组织的有关协定等。

国际惯例是在国际经济交往中逐渐形成，为国际社会广泛接受并认可的，一经双方确认就具有法律拘束力的习惯性规范。许多国际惯例都经过长期反复适用，形成相对稳定的文字性内容，因此一经援引，便对当事人产生法律拘束力。一些国际惯例已经被政府间国际组织或民间组织制定为统一规则，如国际商会的《商业单据托收统一规则》和《商业跟单信用证统一惯例》，世界银行的《国际复兴开发银行贷款协定和担保协定通则》和《合同担保统一规则》。

2.国内法渊源

具体包括：第一，根本法。《宪法》对我国的政治、经济、社会制度作了基本规定，是金融立法的基础。第二，基本法，即由国家最高权力机关——全国人民代表大会制定的法律规范，包括《民法典》《民事诉讼法》《刑法》《刑事诉讼法》等，是调整社会关系的基本法律制度。它们与金融领域专门立法之间是“一般法与特别法”的关系。第三，专门法，即国家最高权力机关——全国人民代表大会及其常务委员会制定的与金融业有关的专门法律，如《中国人民银行法》《银行业监督管理法》《商业银行法》《证券法》《保险法》等。第四，行政法规、部门规章和地方性法规，即由国务院、中国人民银行、金融监督管理部门与具有立法权的地方权力机关，以“条例”“规定”“决定”“通知”“实施办法”等形式制定的具有不同效力的法律规范（如图 1-3 所示）。

---

① 张文显主编：《法理学》，高等教育出版社 2018 年第 5 版，第 87 页。

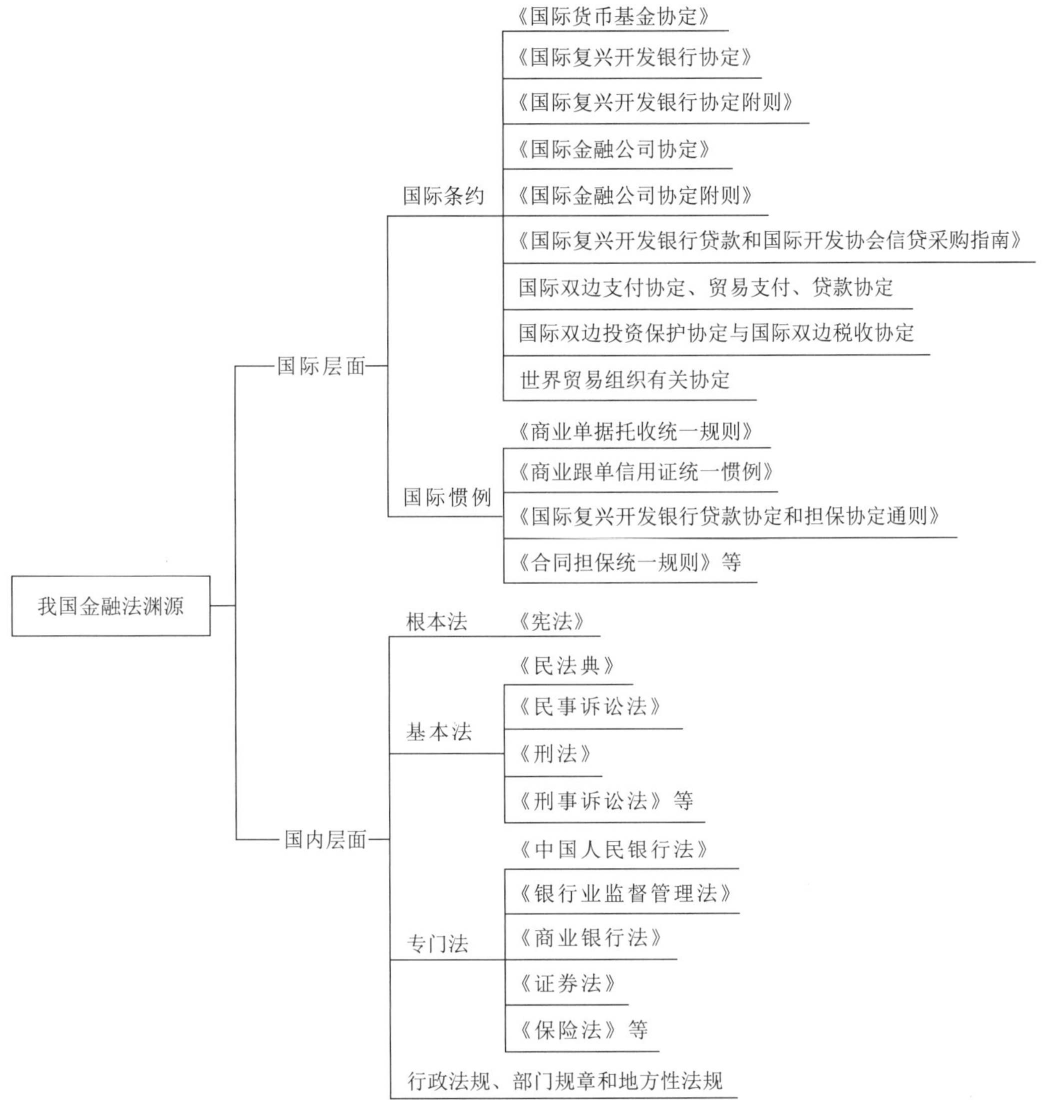

图 1-3　我国金融法的渊源

二、按照金融法律规范的属性对金融法渊源的分类

按照金融法律规范的不同属性，可以将金融法渊源分成金融调控法的渊源、金融监管法的渊源以及金融交易法的渊源。

1.金融调控法的渊源

其一，金融调控是中央银行的基本职能，规定金融调控机构的性质、地位、职责、调控方法、工具以及法律责任等，是中央银行法的重大任务。事实上，中央银行法是金融调控法的核心和基础，并指导金融调控法体系的整体建构。在我国，《中国人民银行法》具有此种属性与地位。其二，政策性银行的功能是直接或间接地从事政策性融资业务，充当政府发展经济、调整产业结构、进行宏观经济调控的手段和工具。所以，政策性银行的特殊性质决定其与客户之间的关系并非完全基于平等、自愿、公平、等价有偿的原则，更多是体现国家宏观经济目标和产业政策的金融调控关系，相应的，政策性银行法也属于金融调控法的范畴。其三，货币法是调整在货币发行、货币流通和管理活动中所发生社会关系的法律规范总称。制定货币法的目的是加强国家对货币的管理、调节货币的流通，以保证货币的统一与币值的稳定。因此，货币法应当属于金融调控法范畴。与货币法一样，外汇管理法也是金融调控法的重要渊源。

另外，按照现行立法体制与实践做法，一旦我国签署或参加的国际条约在国内生效，都将成为国内法的一部分。所以，包含金融调控内容的国际条约也可以成为金融调控法的正式法律渊源。例如，我国是《国际货币基金协定》的成员国，《国际货币基金协定》第1条规定国际货币基金组织的职能包括：促进国际货币领域的合作与发展、促进汇率稳定、协助会员国调节国际收支平衡等。因此，《国际货币基金协定》的内容及国际货币基金组织行使的各种金融职能（尤其是有关汇率制度、贷款条件性和特别提款权等）能够对成员国的金融调控产生重大影响。例如，我国在1996年从“第14条成员国”转成“第8条成员国”，就不得不将经常性外汇支付的限制取消。值得注意的是，虽然《国际货币基金协定》中许多使用“促进”“尽量”“有义务合作”等弹性措辞的规定尚属“软法”范畴，但它们对成员国并非“无刃之剑”，亦可视为正式的法律渊源。

2.金融监管法的渊源

《银行业监督管理法》《中国人民银行法》《证券法》《保险法》《信托法》等法律中涉及金融监管的条款，是金融监管法最主要的法律渊源。不过，与金融调控法相比，金融监管法的渊源更加复杂多样。原因是，金融调控机关一般局限于各国中央银行，但金融监管主体差异颇大，除官方监管机构外，还有行业监管部门、金融机构内部监管部门等。即使是官方监管机构，可能专指中央银行，也可能是政府专门监督机关，后者又可能涉及许多层次与不同部门。而任何监管主体，都必然存在对其性质、地位、机构设置、权责、手段等作出规定的相关立法，这将导致金融监管法的渊源更加复杂化。事实上，绝大多数金融法律、法规都可能包含着调整金融监管关系的法律规范，如《中国人民银行法》《商业银行法》《票据法》《证券法》《保险法》等。同时，金融监管当局为履行监管职能，根据法律授权制定和实施的规则、政策等，也可能成为金融监管法的渊源。

值得探讨的是，在国际银行业监管领域影响深远的巴塞尔协议，能否成为金融监管法的法律渊源？巴塞尔协议是巴塞尔银行监管委员会通过的一系列对全球跨国银行业监管具有极强指导意义的文件总称。[①] 按传统国际条约的标准，巴塞尔协议并不符合国际条约的基本特征，因其本身并未按条约的程序予以正式签署或批准，也不具有强制实施的效力。不过，巴塞尔协议已在一定程度上符合国际惯例的一般标准，即具有重复类

① 2009年3月，原主要由发达国家中央银行或金融监管当局组成的巴塞尔银行监管委员会吸收澳大利亚、巴西、中国、印度、韩国、墨西哥和俄罗斯等为该组织的新成员。

似实践的客观因素和法律确信的主观因素。[①] 从客观因素来看，其来源于金融发达国家的长期实践，而且经由巴塞尔银行监管委员会发布后，为各国金融监管当局明示接受和默许，并被国际银行界广泛推行和适用；从主观因素来看，各国金融监管当局在实践中至少是将其作为一种必要的国际原则或必须遵守的行业标准，事实上许多国家都已直接或间接依照其规定重构国内金融监管体系，而银行业无不感到其威慑力。鉴于以上因素，应当将巴塞尔协议看作金融监管法的非正式法律渊源，特定条件下可以将其转化成正式法律渊源。我国的立法实践对巴塞尔协议进行了内容吸收。例如，《银行业监督管理法》有关审慎经营、并表监管、风险评估、风险预警机制等内容的规定，便是直接借鉴了巴塞尔协议的相关内容，客观上已经把巴塞尔协议的有关内容从金融监管法的非正式渊源转变为正式渊源。同样，在 2008 年国际金融危机的治理过程中，金融稳定理事会对金融业的秩序恢复以及金融监管做了卓有成效的贡献。其发布的包括《增强国际金融标准实施的框架》在内的一系列国际金融监管新规，性质上与巴塞尔协议一致，都可以看作金融监管法的非正式渊源，一旦被国内立法吸收，即从非正式渊源转化为正式渊源。[②]

3.金融交易法的渊源

金融交易法是调整金融交易关系的法律规范的总称。金融交易关系是指金融业市场主体之间因存款、贷款、同业拆借、票据贴现、资金结算、证券买卖等金融活动而发生的各种关系。在市场经济国家与法治社会，金融业市场主体之间的法律地位应是平等的，所享有的权利和应履行的义务也是对等的。市场主体之间的金融交易活动必须遵循平等、自愿、等价有偿等民商法基本原则。市场主体在进行金融交易行为时，可能会适用规范市场交易行为的民商事法律，如《民法典》《公司法》等，这些法律规范就成为金融交易法最基本的法律渊源。由于金融交易行为与一般的市场行为不同，因此立法机构可能对它们作出专门立法或特殊规定。此时，这种专门立法或特殊规定也就成为金融交易法的基本法律渊源。具体地讲，在我国有关商业银行业务、存贷款管理、支付结算、外汇管理、证券交易、信托保险业务、涉外金融业务等方面的法律文件中，涉及金融业市场主体之间交易行为的条款，都构成金融交易法的渊源。

三、按照金融法律规范的内容对金融法渊源的分类

按照金融法律规范的内容划分，金融法的渊源至少包括以下几个方面：

1.银行法。银行法是金融法的核心，主要包括中央银行法、商业银行法、政策性银行法。

2.货币管理法。其主要包括人民币发行与管理、外汇管理、金银管理等。

3.信贷法。它是调整信贷关系的法律规范，包括存贷款管理制度、借款合同制度等。

---

① 国际惯例由两个因素构成：一是各国的重复类似行为，二是被各国认为有法律约束力（参见王铁崖主编：《国际法》，法律出版社 2015 年版，第 14 页）。巴塞尔协议显然并没有完全达到这两个标准，只是在一定程度上具备这两个因素。鉴于此，只能看作是金融监管法的非正式渊源。

② 2009 年 4 月在伦敦举行的 G20 金融峰会，决定将金融稳定理事会（FSB）成员扩展至包括中国在内的所有 G20 成员国。

4.银行结算与票据法。它是调整银行结算与票据关系的法律规范。

5.信托法。它是调整金融信托关系的法律规范，主要包括信托机构的设立条件与法律地位、信托业务规范、信托合同制度等。

6.融资租赁法。它是调整融资租赁关系的法律规范，主要包括融资租赁公司的成立条件与法律地位、融资租赁合同等。

7.保险法。它是调整保险关系的法律规范。

8.证券法。它是调整证券机构、证券发行与交易活动等金融关系的法律规范。

9.科技金融法。它是调整运用信息网络技术，乃至融合人工智能、大数据、云计算、区块链等新型技术，开展资金融通、支付、投资和信息服务等产生的金融关系的法律规范。

10.涉外金融法。它是调整具有涉外因素的金融关系的法律规范。

本章小测

一、客观题(扫码开始测试)

二、主观题

1.金融法的概念是什么?

2.浅谈对金融法体系的理解。

3.浅谈对金融法属性的理解。

4.金融法的调整对象有哪些?

5.怎样理解“兼顾金融安全、金融自由以及金融公平”这一基本原则?

6.浅谈对金融法渊源的认识。

7.货币政策是否为金融调控法的渊源?

8.怎样理解巴塞尔协议的性质?

9.浅谈对“金融软法”的认识。

第二章　中央银行法律制度

思维导图

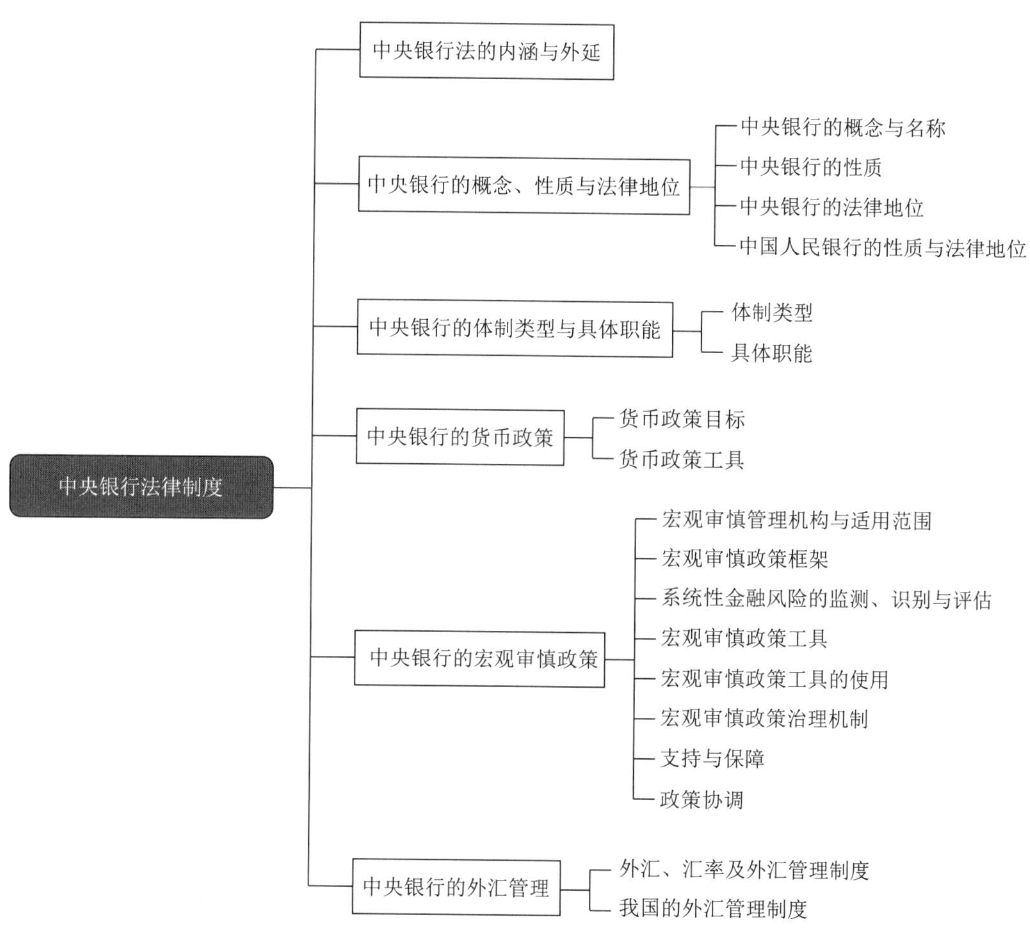

第一节　中央银行法的内涵与外延

中央银行法是规定中央银行的性质与法律地位、组织机构、具体职责与权限以及法律责任，调整中央银行在履行职责过程中所发生的各种社会关系的法律规范总称。中央银行法是一个国家金融法律制度的基础部分，对该国的金融调控以及相关金融监管的法治化具有重要意义。从内容上来讲，中央银行法主要由中央银行组织法、货币发行与管理制度、货币政策制度、利率与汇率制度、中央银行的法定业务、宏观审慎管理制度以及其他金融监管制度等组成。

1995 年 3 月颁布的《中国人民银行法》是我国第一部有关中央银行的单行立法，也是我国第一部由国家最高权力机关制定的金融基本法律。为适应中国银监会①分设后中国人民银行职责调整的需要，2003 年 12 月全国人民代表大会常务委员会第六次会议通过了《关于修改〈中华人民共和国中国人民银行法〉的决定》。本次修改，强化中国人民银行在制定和执行货币政策方面的职责，增加反洗钱等职能。

2008 年国际金融危机爆发后，各国重新审视中央银行的职能定位，普遍从法律层面强化中央银行在加强宏观审慎管理、维护金融稳定中的职能，突出中央银行防范和化解系统性金融风险的作用。在我国，党中央、国务院也对中国人民银行履职提出新要求，如强化宏观审慎管理和防范系统性金融风险，统筹监管系统重要性金融机构和重要金融基础设施，统筹负责金融业综合统计，加大金融违法行为处罚力度等。党的二十大报告提出“建设现代中央银行制度”的要求。在此背景下，对《中国人民银行法》进行较大的修改势在必行。②

我国中央银行法的渊源除《中国人民银行法》外，还包括与中国人民银行履行职责有关的法律制度。

第二节　中央银行的概念、性质与法律地位

一、中央银行的概念与名称

中央银行，简称“央行”，是指按照货币政策目标，依法制定和执行货币政策，调控金

---

①　现为国家金融监督管理总局，为行文方便，没有特别原因，后文不再专门对此进行标注。

②　为贯彻党的十九大、党的十九届四中全会、第五次全国金融工作会议等重要会议和习近平总书记关于金融工作的重要论述精神，落实第十三届全国人民代表大会常务委员会立法规划，健全金融法治顶层设计，支持金融业稳健发展，中国人民银行积极推进《中华人民共和国中国人民银行法》修改工作，起草《中华人民共和国中国人民银行法（修订草案征求意见稿）》，并于 2020 年 10 月向社会公开征求意见。

融市场上的货币流通，以及实施宏观审慎管理与其他一些金融监管措施，确保金融体系稳定的特殊金融机构，居于一国金融体系的核心位置。

在不同的国家或地区，中央银行的名称并不相同。有的直接以“中央银行”命名，如俄罗斯联邦中央银行、伊朗中央银行、意大利中央银行、欧洲中央银行等；有的被称为“国家银行”，如马来西亚国家银行、丹麦国家银行、瑞士国家银行等；有的被称为“储备银行”，如澳大利亚储备银行、新西兰储备银行、印度储备银行等；有的被称为“人民银行”，如中国人民银行；有的被直接冠以国名，如日本银行、泰国银行、蒙古银行、加拿大银行、德意志联邦银行、韩国银行和法兰西银行等。因此，识别一国的中央银行，不能单纯视其名称而定，而应具体考察其地位与职能。

当然，在不同的国家或地区，不仅中央银行的名称有差异，其职权与特征在各国或地区的法律规定中也多有不同。在某些国家或地区，中央银行并不享有货币政策的决策权，仅具有执行权；在某些国家或地区，中央银行不承担金融监管的职能，或者只承担部分与金融调控紧密相关的监管职责；在某些国家或地区，中央银行或者类似中央银行的机构甚至不承担或不完全承担发行货币的职责。

二、中央银行的性质

中央银行的性质是指中央银行区别于其他机构的根本属性。综观各国中央银行立法，分析各国中央银行的实际运作，可以将中央银行的性质归纳为国家机关与特殊的金融机构。

（一）中央银行具有国家机关的性质

从瑞典国家银行成立至今，中央银行的发展已有 300 多年的历史。在漫长的发展过程中，伴随着政府在国家经济生活中地位与作用的逐渐变化，中央银行与政权的结合日益加深，承担的具体职能不断扩大，国家利益目标逐渐取代私人营利目的。在这一过程中，中央银行的性质也由最初的特权商业银行逐步演化为准国家机关。进入 20 世纪后，中央银行的性质进一步向国家机关转变。

中央银行作为国家机关的性质主要体现在以下两个方面：一方面，作为国家金融调控与监管的主要机构，中央银行行使国家公权力，依法享有相应的金融行政管理权，这是其作为国家机关的重要标志；另一方面，公开市场业务是各国中央银行执行货币政策的重要手段，虽然这种手段在形式上与商业银行经营的金融业务并无差别，但其目的与商业银行完全不同，即不以营利为目的，而是基于履行职能的需要。因此，中央银行在进行公开市场业务时，与其国家机关的性质并不矛盾，而是完全融为一体，这构成中央银行相对其他国家机关的独特之处。

中央银行性质的转变有着深刻的经济和政治根源。19 世纪末 20 世纪初，西方资本主义进入垄断时期，政府动用公权力对经济进行干预已势在必行。而 20 世纪 30 年代资本主义大危机以及金本位制的崩溃则成为中央银行性质转变的关键点。这一时期，凯恩斯主义的国家干预理论逐渐成为经济政策的主导理论，政府一反以前对经济发展的放任态度，转而加强对社会经济的干预。在这种背景下，中央银行的货币政策有了长足发展的空间。在危机爆发及之后的治理过程中，资本主义国家的金本位制彻底瓦解，信用货币即纸币制度取而代之，中央银行调节货币供应量的空间大大增加。这不仅提高中央银行在国家经济中的地位，也加深社会对中央银行的依赖。随着中央银行作用的增强，货币政策最终与财政政策一道成为政府干预经济的主要工具之一。

与此同时，随着货币政策的作用加大，各国政府也着力加强对中央银行的控制和利用，中央银行的国有化政策也成为主流模式。反过来，信用货币制度建立与运作的基础是国家信用，而中央银行只有具备国家机关的性质之后才能代表“国家信用”，其所发行的纸币才能够获得社会的充分信任。

（二）中央银行是特殊的金融机构

与一般的政府管理机关不同，中央银行还是特殊的金融机构，它为政府与普通金融机构办理银行业务和提供服务，不是单凭行政权力行使职权，而是依据货币流通规律进行管理。它不仅可以运用行政手段，还可以运用强有力的经济手段，如调节货币供应量，提高或降低再贴现率或再贷款率等。但是，中央银行经营银行业务与普通金融机构有着本质的不同：一方面，大多数国家采用的是单一中央银行制，中央银行的业务经营对象并不包括普通工商企业和个人，而仅限于政府和普通金融机构。因此，中央银行的业务经营并不与普通金融机构构成市场竞争。另一方面，中央银行的业务经营是以执行货币政策为重要目的，并不以营利为经营目标。

总而言之，中央银行既是国家机关，又是特殊的金融机构，这使其明显区别于一般的国家机关。换句话说，中央银行是具有银行特征的国家机关。

三、中央银行的法律地位

中央银行的法律地位，是指通过法律形式规定中央银行在国家机构体系中的地位，主要解决中央银行与立法机构、政府的关系问题，尤其是中央银行在制定和执行货币政策、开展业务过程中的独立性和权限大小的问题。各国对中央银行立法的主要目的，在于规定中央银行在制定和执行货币政策等业务活动中应享有多大的权力，或者说具有多大的独立性。各国立法对中央银行地位的规定不尽相同，概括起来主要有以下三种类型：

第一，直接对议会或者国会负责，独立性较大。这类中央银行直接对议会或国会负责，可以独立制定和执行货币政策，政府不得对中央银行发布命令和指示。当二者出现冲突时，通过协商来解决。这一类型的国家主要有德国、美国、瑞典、瑞士等。

第二，名义上属于政府，独立性居中。这种类型的中央银行的法律地位较前者低，名义上隶属于政府，但由于政府极少行使这一权力，中央银行在实际操作过程中仍有较大的独立性。法律往往规定政府可以对中央银行发布指令，监督其业务活动，并有权任免其高层领导。英国、日本、加拿大等国家即属于这一类型。

第三，直接受控于政府，独立性较小。该类型的中央银行无论是在组织管理的隶属关系上，还是在货币政策的制定、执行上，都受到政府的严格控制。央行制定货币政策必须依据政府的指令，有的央行甚至无权制定货币政策，在采取重大金融措施时也必须经过政府的批准。属于这一类型的国家有意大利、澳大利亚、比利时等。

中央银行的独立性，历来是一个颇具争议的问题。过分强调中央银行的独立性，容易使中央银行与政府关系不协调。但如果中央银行丧失独立性，政府很可能会滥用货币政策，使货币政策沦为财政政策的附庸，导致央行难以保持货币币值的稳定。因此，如何保持中央银行的相对独立性，是一个十分重要的问题。上述三种类型体现各国对中央银行独立性的理解不同，以及各国经济、金融和政治体制的差异。为维护货币币值的稳定，赋予中央银行相对于政府的独立性，使之免受过多的行政干预，以及免受政府财政政策与短期经济发展目标的影响，是现代中央银行制度发展的基本趋势。主要依据在于以下两点：

第一，国民经济的持续健康发展依赖于货币币值的稳定，因而这成为中央银行货币政策的根本目标。但在实践中，由于政府的经济发展政策与其在政治上能否获取普遍支持密切相关，政府官员很可能为追求任期内的经济成就，而以牺牲货币的稳定和经济持续发展的长远利益为代价。由此，必须确保中央银行具有一定的独立地位，使之能够立足于国民经济持续发展的需要，相对自主地制定和执行货币政策，维护币值和物价的基本稳定。

第二，中央银行的金融调控主要通过制定和执行货币政策，调节金融市场的货币供应量来实现。但货币有其自身特殊的运动规律，且客观经济形势也处于不断变化之中，因此，从技术上讲，中央银行对货币供应量的调节，应做到准确、及时、细致并富有弹性。如果中央银行制定和执行货币政策的职权严重受制于政府，囿于烦琐的行政程序，那么势必会削弱中央银行的金融调控功能，不利于其灵活、有效、及时地运用各种调节手段，进而影响货币政策目标的实现。

近年来，加强中央银行独立性已成为各国中央银行制度改革的重要方面。例如，1997年以前，韩国银行实际上受到该国财经部的严格控制，缺乏应有的独立性。东南亚金融危机爆发以后，韩国政府意识到加强中央银行独立性的必要性和紧迫性，当年就修改《韩国银行法》，强化中央银行的独立性，切断财经部对中央银行的实际控制。各国在加强中央银行相对独立性的同时，也更加注重对其独立性的制衡，强化对中央银行的问责制便是其表现之一。所谓中央银行的问责制，即要求中央银行依法向社会公众和特定的公共机构陈述其政策与行为，并论证其合理性。近年来，对中央银行问责制的强化主要表现在对货币政策目标的量化、问责对象的多元化以及透明度的不断提高等方面。这种强化的目的和意义不仅在于促使中央银行审慎地履行其职责，还在于加强对中央银行的监督。问责制与独立性的结合是中央银行制度走向成熟的重要标志。

四、中国人民银行的性质与法律地位

中国人民银行是中华人民共和国的中央银行，其全部资本由国家出资，属国家所有。在隶属关系上，中国人民银行是国务院组成部门，是正部级单位。中国人民银行在国务院的领导下，制定和执行货币政策、宏观审慎政策，防范和化解金融风险，维护金融稳定。中国人民银行应当向全国人民代表大会常务委员会提交有关货币政策情况和金融业运行情况的工作报告。

中国人民银行虽然隶属于国务院，但与国务院的其他部门相比，具有相对的独立性，主要表现在货币政策的制定与执行上。按照《中国人民银行法》的规定，体现在以下几个方面：

第一，中国人民银行的货币政策目标是保持货币币值的稳定，并以此促进经济增长。单纯从法律条款看，中国人民银行货币政策的首要目标是保持货币币值的稳定，进而界定货币币值稳定与经济增长的关系。

第二，中国人民银行在国务院领导下依法独立执行货币政策，履行职责，开展业务，不受地方政府、各级政府部门、社会团体和个人的干涉。这一规定确保中国人民银行履行职能的相对独立性。

第三，中国人民银行就年度货币供应量、利率、汇率和国务院规定的其他重要事项作出的决定，报国务院批准后执行；中国人民银行就其他有关货币政策事项作出决定后，即予执行，并报国务院备案。这条规定赋予中国人民银行在制定货币政策方面具有一定的独立决策权。

第四，为避免地方政府的行政干预，确保中央银行货币政策的统一实施，中国人民银行根据履行职责的需要设立分支机构，作为中国人民银行的派出机构。中国人民银行对分支机构实行统一领导和管理。中国人民银行的分支机构根据中国人民银行的授权，维护本辖区的金融稳定，承办有关业务。

第五，为确保货币发行的独立性，中国人民银行不得对政府财政透支，不得直接认购、包销国债和其他政府债券。中国人民银行不得向地方政府、各级政府部门提供贷款，不得向非银行金融机构以及其他单位和个人提供贷款，但国务院决定中国人民银行可以向特定的非银行金融机构提供贷款的除外。中国人民银行不得向任何单位和个人提供担保。

第六，在财务预算上，中国人民银行实行独立的财务预算管理制度。中国人民银行的预算经国务院财政部门审核后，纳入中央预算，接受国务院财政部门的预算执行监督。

第三节　中央银行的体制类型与具体职能

一、中央银行的体制类型

（一）中央银行的体制类型

目前世界各国的中央银行体制，大致可分为四种类型（如图 2-1 所示）。

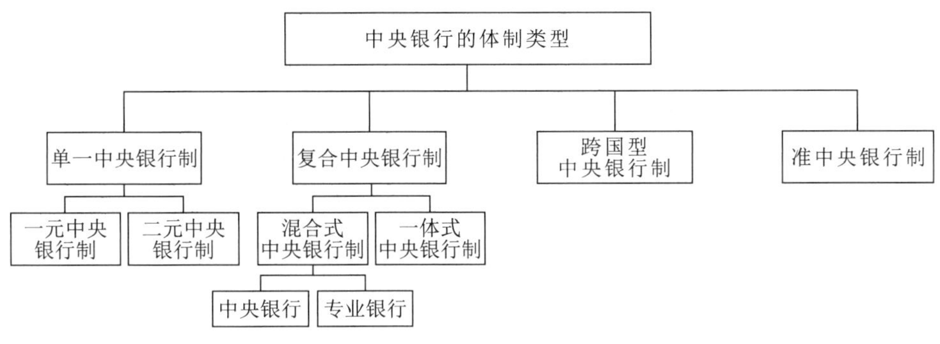

图 2-1　中央银行的体制类型

(1)单一中央银行制,即指国家单独设立中央银行,专司中央银行职能,并能领导全国金融事业的制度。单一中央银行制又可分为一元中央银行制和二元中央银行制。一元中央银行制只设立独家中央银行和众多的分支机构执行其职能,大多数国家属于此类。二元中央银行制则是在中央和地方设立两级中央银行机构,中央和地方两级分别行使权力,两级中央银行具有相对的独立性。这种体制为部分联邦制国家所采用,美国是采用二元中央银行制的典型代表。

(2)复合中央银行制,即指一个国家没有设专司中央银行职能的机构,而是由一家大银行集中央银行职能和商业银行职能于一身的体制。根据在该银行之外是否设立其他专业银行或商业性金融机构为标准,又可细分为混合式中央银行制和一体式中央银行制。前者分设中央银行与专业银行,中央银行业务与专业银行业务互相交叉。后者是集中央银行与商业银行的全部业务、职能于一身的中央银行。复合中央银行制是计划经济的产物,表现出国家对金融信用的高度垄断。我国在 1983 年以前也实行复合中央银行制。

(3)跨国型中央银行制,即指中央银行是由某一货币联盟的所有成员国联合组成的中央银行制度。这种跨国的中央银行可以发行共同的货币,也能为成员国制定金融政策,其宗旨在于推进成员国经济的发展并避免通货膨胀。跨国型中央银行的主要职能是发行统一货币,制定和执行统一的货币政策与外汇政策,监管各成员国的金融机构和金融市场,为成员国提供金融服务。例如,1962 年,西非货币联盟成立西非八国共同的中央银行即西非中央银行,成员包括贝宁、布基纳法索、科特迪瓦、马里、尼日尔、塞内加尔、多哥和几内亚比绍;1973 年,中非货币联盟成立六国共同的中央银行即中非国家银行,成员包括喀麦隆、乍得、刚果、赤道几内亚、加蓬和中非共和国。西非中央银行、中非国家银行都为跨国型中央银行。欧洲中央银行也属于跨国型中央银行,其是根据 1992 年《马斯特里赫特条约》的规定于 1998 年 7 月 1 日正式成立的。欧洲中央银行是为适应欧元发行流通而设立的金融机构,同时也是欧洲经济一体化的产物。欧洲中央银行的职能是"维护货币的稳定",管理主导利率、货币的储备和发行以及制定欧洲货币政策。欧洲中央银行的职责和结构以德国联邦银行为模式,独立于欧盟机构和各国政府之外,总部位于德国金融中心法兰克福。欧洲中央银行与欧盟各成员国中央银行共同构成欧洲中央银行体系。

(4)准中央银行制,即指有些国家或地区只设置类似中央银行的机构,或由政府授权某个或某几个商业银行行使部分中央银行职能的体制。例如，成立于1971年的新加坡金融管理局，其不仅承担财政金融等诸多职能，也掌握货币发行权。香港金融管理局与澳门金融管理局只行使中央银行的部分职能，货币发行则委托相关商业银行进行。

（二）中国人民银行的体制变迁与组织机构

1.中国人民银行的体制变迁

中国人民银行是中华人民共和国的中央银行，总行设在北京。1948年12月1日，华北银行、北海银行和西北农民银行合并组成中国人民银行。1953年至1983年期间，中国人民银行承担着中央银行和商业银行的双重职能。这一时期为中国的复合式中央银行制度时期。随着改革开放的推进，我国客观上需要一个名副其实的中央银行来履行金融调控与监管的职责，以适应经济和金融体制改革的需要。鉴于此，国务院于1983年9月发布了《关于中国人民银行专门行使中央银行职能的决定》，决定中国人民银行自1984年1月起专门履行中央银行的职能，集中力量研究和做好全国金融宏观决策工作。中国人民银行原先承担的商业银行业务由新成立的中国工商银行承接。自此，我国进入单一中央银行制度时期。1986年1月，国务院颁布《中华人民共和国银行管理暂行条例》，明确中国人民银行的性质与法律地位，即中国人民银行是国务院领导和管理全国金融事业的国家机关，也是我国的中央银行。由此，我国真正意义上的中央银行制度正式确立。

2.中国人民银行的组织机构

《中国人民银行法》就中国人民银行的领导机构、咨询机构、分支机构等作了原则性的规定。

中国人民银行实行行长负责制。行长领导中国人民银行的工作，副行长则协助行长工作。中国人民银行设行长1人，副行长若干人。中国人民银行行长的人选由国务院总理提名，由全国人民代表大会决定；全国人民代表大会闭会期间，由全国人民代表大会常务委员会决定，由中华人民共和国主席任免。中国人民银行副行长由国务院总理任免。

中国人民银行设立货币政策委员会，其职责、组成和工作程序，由国务院规定，报全国人民代表大会常务委员会备案。中国人民银行货币政策委员会在国家宏观调控、货币政策制定和调整中发挥着重要作用。根据1997年4月15日国务院发布的《中国人民银行货币政策委员会条例》，货币政策委员会是中国人民银行制定货币政策的咨询议事机构，其职责是在综合分析宏观经济形势的基础上，依据国家宏观调控目标，讨论货币政策的制定和调整、一定时期内的货币政策控制目标、货币政策工具的运用、有关货币政策的重要措施、货币政策与其他宏观经济政策的协调等涉及货币政策的重大事项，并提出建议。

关于"中国人民银行货币政策委员会的设置方案"的详细阐释，可扫码收听音频和阅读文字材料：

《中国人民银行法》对中国人民银行的内设机构未予规定。根据中央机构编制委员会办公室在2019年2月发布的《中国人民银行职能配置、内设机构和人员编制规定》以及2023年9月中共中央办公厅、国务院办公厅发布的《关于调整中国人民银行职责机构编制的通知》，中国人民银行设下列内设机构：(1)办公厅(党委办公室)；(2)条法司；(3)研究局；(4)货币政策司；(5)宏观审慎管理局；(6)金融市场司；(7)金融稳定局；(8)调查统计司；(9)支付结算司；(10)科技司；(11)货币金银局(保卫局)；(12)国库局；(13)国际司(港澳台办公室)；(14)征信管理局；(15)反洗钱局；(16)会计财务司；(17)内审司(党委巡视工作领导小组办公室)；(18)人事司(党委组织部)；(19)党委宣传部(党委群工部)；(20)参事室(如图2-2所示)。

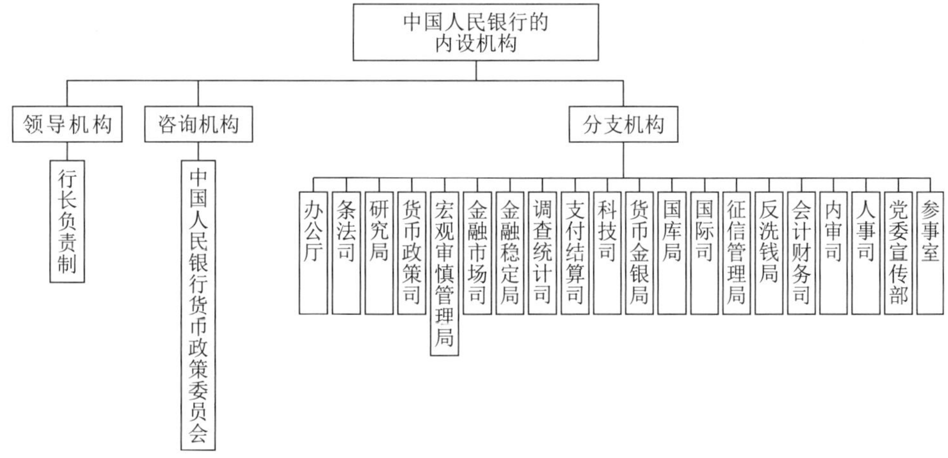

图2-2　中国人民银行的内设机构

同时，根据《中国人民银行法》第13条的规定，中国人民银行根据履行职责的需要设立分支机构，作为中国人民银行的派出机构。中国人民银行对分支机构实行统一领导和管理。中国人民银行授权分支机构维护本辖区内的金融稳定，承办有关业务。1998年年底，为增强中国人民银行的独立性，减少地方政府对中国人民银行各分支机构执行货币政策及银行监管方面的干预，经国务院同意，对管理体制进行大区行制的改革。此外，2005年8月，根据中央机构编制委员会办公室《关于设立中国人民银行上海总部的批复》，中国人民银行上海总部正式挂牌成立。中国人民银行上海总部主要承担中央银行公开市场操作、金融市场监测、金融信息分析研究、金融产品研发和交易、区域金融合作等职责。

受各种因素的影响，中国人民银行大区行制改革效果并不理想。2023年3月第十四届全国人民代表大会第一次会议通过的《关于国务院机构改革方案的决定》撤销中国人民银行大区分行及分行营业管理部、总行直属营业管理部和省会城市中心支行，在31个省(自治区、直辖市)设立省级分行，在深圳、大连、宁波、青岛、厦门设立计划单列市分行。中国人民银行北京分行保留中国人民银行营业管理部牌子，中国人民银行上海分行与中国人民银行上海总部合署办公。

关于“中国人民银行大区行制改革回顾”的详细阐释，可扫码收听音频和阅读文字材料：

二、中央银行的具体职能

（一）中央银行的具体职能概述

对于中央银行的具体职能，目前主要有两种归纳方法。其一，按照中央银行的性质，将其具体职能归纳为调控、管理、服务三大类；其二，按照中央银行在国民经济中的地位，将其具体职能归纳为发行的银行、国家（或政府）的银行、银行的银行三大类。以下按照第二种归纳法进行简单介绍。

1.发行的银行

从中央银行的发展史来看，取得货币发行垄断权是中央银行较早获得的职能之一。中央银行垄断货币发行权，对于调节货币供应量、稳定币值具有重要作用。目前，世界各国几乎都以立法明确授予中央银行发行货币的垄断权，当然也有少数国家或地区例外。例如，我国香港特别行政区、澳门特别行政区的货币发行委托相关商业银行办理。

2.国家（或政府）的银行

中央银行之所以被称为政府的银行，并非指中央银行是由政府投资设立，而是指其与本国政府有密切关系，为政府服务，并代表政府管理金融事务。具体体现在中央银行的如下职能上：(1)是货币政策的制定者和执行者，是国家干预经济的主要工具之一；(2)履行金融监管的职能，维系金融系统的稳定；(3)为国家提供金融服务，代理国库，代理发行政府债券，为政府筹集资金；(4)代理政府买卖黄金、外汇，管理国家的黄金、外汇储备；(5)代表政府参加国际金融组织和各种国际金融活动。

在2008年国际金融危机爆发的前几十年中，中央银行的监管职能逐渐被弱化，将微观审慎监管职能分离出去曾是一种主流趋势，而宏观审慎管理的职能也一度被忽视。但自2008年金融危机爆发以来，各国开始重新审视中央银行职能定位，普遍从法律层面强化中央银行在加强宏观审慎管理、维护金融稳定中的职能，突出中央银行防范和化解系统性金融风险的作用。许多国家的央行（货币当局）在处理金融危机过程中实行变革，增加新的职责，创新监管手段。例如，美国的《多德-弗兰克法案》将美联储的监管职责范围扩展至系统重要性的银行和非银行金融机构。英国的《2012年金融服务法》在英格兰银行内部建立金融政策委员会和审慎监管局，前者负责宏观审慎政策制定、识别并防范化解系统性金融风险，后者负责对金融机构进行审慎监管。

3.银行的银行

中央银行作为银行的银行，集中保管银行的存款准备金，并对银行发放贷款，充当“最后贷款者”，并主持全国金融机构之间的票据清算。

（二）中国人民银行的具体职责

1995 年以前，我国金融业管理遵循的是“混业经营，统一监管”制度，中国人民银行曾经集金融调控与金融监管于一身。1995 年《中国人民银行法》和《商业银行法》的实施，确立金融业管理转型为“分业经营，分业监管”制度。中国人民银行逐渐将微观审慎监管的职能分离出去，尤其是在 2003 年原银监会成立后，中国人民银行的职责集中在制定和执行货币政策，兼顾的部分监管职能都直接或间接与货币政策的制定和实施相关联。2008 年以后，国内外金融业的发展以及管理要求发生很大变化。鉴于此，党中央、国务院对中国人民银行逐渐提出新的职责要求，包括强化宏观审慎管理和系统性金融风险防范，统筹监管系统重要性金融机构、金融控股公司和重要金融基础设施，统筹负责金融业综合统计，加大金融违法行为处罚力度等。根据中央机构编制委员会办公室在 2019 年 2 月发布的《中国人民银行职能配置、内设机构和人员编制规定》以及 2023 年 9 月中共中央办公厅、国务院办公厅发布的《关于调整中国人民银行职责机构编制的通知》，中国人民银行的具体职责包括：

（1）拟订金融业改革、开放和发展规划，承担综合研究并协调解决金融运行中的重大问题、促进金融业协调健康发展的责任。牵头国家金融安全工作协调机制，维护国家金融安全。中国人民银行内设“研究局”，其主要职责是：综合研究金融业改革、发展及跨行业重大问题，牵头起草金融业改革发展规划，研究促进金融业对外开放的政策措施；围绕中央银行职责，研究分析宏观经济金融运行状况，以及货币信贷、金融市场、金融法律法规等重大政策或制度的执行情况，提出政策建议。

（2）牵头建立宏观审慎管理框架，拟订金融业重大法律法规和其他有关法律法规草案，制定审慎监管基本制度。中国人民银行内设“条法司”与“宏观审慎管理局”。前者的主要职责包括：拟订相关法律法规草案，拟订、审核规章；拟订银行业、保险业重要法律法规草案和审慎监管基本制度；承担合法性审查和中央银行法律事务；承担行政复议和行政应诉工作。后者的主要职责是：牵头建立宏观审慎政策框架和基本制度，以及系统重要性金融机构评估、识别和处置机制；统筹互联网金融监管职责、拟订并组织实施宏观信贷指导政策中涉及房地产金融领域的相关职责；牵头外汇市场宏观审慎管理，研究、评估人民币汇率政策；拟订并实施跨境人民币业务制度，推动人民币跨境及国际使用，实施跨境资金逆周期调节；协调在岸、离岸人民币市场发展；推动中央银行间货币合作，牵头提出人民币资本项目可兑换政策建议。

（3）制定和执行货币政策、信贷政策，完善货币政策调控体系。中国人民银行内设“货币政策司”，其主要职责是：拟订货币政策，参与健全货币政策和宏观审慎政策双支柱调控框架工作；推进利率和汇率市场化改革；拟订并组织实施公开市场操作、存款准备金、再贷款、再贴现等货币政策工具调控方案，调控利率和流动性水平；创新货币政策工具；牵头宏观审慎评估，拟订并实施外汇市场调控方案；拟订并实施货币政策委员会工作制度。

（4）牵头负责系统性金融风险防范和应急处置，负责金融控股公司等金融集团和系统重要性金融机构基本规则制定、监测分析和并表监管，视情责成有关监管部门采取相应监管措施，并在必要时经国务院批准对金融机构进行检查监督，牵头组织制定实施系统重要性金融机构恢复和处置计划。中国人民银行内设“金融稳定局”，其主要职责是：监测和评估系统性金融风险，牵头提出防范和化解风险的政策建议、处置方案并组织实施；牵头跨市场跨业态跨区域金融风险识别、预警和处置，以及资产管理业务等交叉性金融业务的基本规则拟订、监测分析和评估；推动实施国家金融安全审查工作；承担运用中央银行资金的金融机构重组方案的论证审查工作，参与有关机构市场退出或重组等工作；按规定管理中国人民银行在金融风险处置中形成的资产，对因化解金融风险而使用中央银行资金机构的行为进行检查监督；组织实施存款保险制度，根据授权管理存款保险基金。

（5）承担最后贷款人责任，负责对因化解金融风险而使用中央银行资金机构的行为进行检查监督。最后贷款人是负责在金融机构出现危机或者流动资金短缺的情况时扮演最后的资金提供者的专门机构。在实践中，中央银行并不是唯一的最后贷款人，其他机构也可以成为最后贷款人，如美国的财政部、清算中心和加拿大的财政部、外汇管理局等，都曾对出现危机的银行进行援助，成功承担最后贷款人职能。当中央银行扮演最后贷款人的角色时，可以通过公开市场业务或再贴现等方式给暂时周转不灵的银行提供贷款。《中国人民银行职能配置、内设机构和人员编制规定》规定中国人民银行承担最后贷款人责任。

（6）监督管理银行间债券市场、货币市场、外汇市场、票据市场、黄金市场及上述市场有关场外衍生产品；牵头负责跨市场跨业态跨区域金融风险识别、预警和处置，负责交叉性金融业务的监测评估，会同有关部门制定统一的资产管理产品和公司信用类债券市场及其衍生产品市场基本规则。中国人民银行内设“金融市场司”，其主要职责是：拟订金融市场改革、开放和发展规划；监督管理银行间债券市场、货币市场、外汇市场、票据市场、黄金市场及上述市场有关场外衍生产品；拟订公司信用类债券市场及其衍生产品市场基本规则；承担重要金融基础设施建设规划并统筹实施监管的具体工作；拟订并组织实施涉及房地产金融领域之外的宏观信贷指导政策，承担国务院交办的小微、“三农”、科技创新等结构性金融政策协调具体工作；协调推进相关普惠金融工作职责。

（7）负责制定和实施人民币汇率政策，推动人民币跨境使用和国际使用，维护国际收支平衡，实施外汇管理，负责国际国内金融市场跟踪监测和风险预警，监测和管理跨境资本流动，持有、管理和经营国家外汇储备和黄金储备。我国实行以市场供求为基础、参考“一篮子”货币进行调节、有管理的浮动汇率制度。通过对外汇市场进行监管与对人民币汇率实施宏观调控、中国人民银行实现对外汇市场必要的市场干预。国际储备是一国政府拥有的可以直接用于对外支付的储备资产，主要包括黄金储备、外汇储备、在国际货币基金组织的储备头寸、特别提款权和使用基金信贷等。其中，外汇储备是我国主要的储备资产，其是指一国政府所持有的国际储备资产中的外汇部分，即指一个国家货币当局持有并可以随时兑换外国货币的资产，包括现钞、政府在国外的短期存款或其他可以在国外兑现的支付手段，如外国有价证券，外国银行的支票、期票、外币汇票等。外汇储备是一个国家经济实力的重要组成部分，对于平衡国际收支、稳定汇率、偿还对外债务等具有重要作用。我国外汇储备的主要来源是巨额的国际贸易顺差以及国外直接投资，由于实行外汇管理制度，我国的国家外汇储备数额节节攀升。外汇储备的增加对于增强我国对外支付能力、促进改革开放、提升我国国际地位具有积极意义。但外汇储备增长过快和规模过大,也给外汇储备经营管理带来一定的挑战,除掉外汇储备本身的效益问题,还包括货币政策独立性、本国货币的购买力、国际收支平衡、本国生产者与消费者的福利乃至整个国家的经济结构转型等问题。为此,我国应加快转变经济发展方式,按照"扩内需、调结构、减顺差、促平衡"的思路,加快人民币汇率形成机制改革,在更大程度上发挥市场在资源配置中的决定性作用,促进国际收支趋向基本平衡。黄金具有货币属性,是一国国际储备的重要组成部分。黄金储备对于平衡国际收支维持或影响汇率水平,抑制通货膨胀,提高国际资信等有着特殊作用。从储备资产来看,在过去相当长时期内中国国际储备结构较为单一,以美元资产为主,黄金储备所占份额太小。因此,从保值、增值的角度来看,应促进国际储备结构多元化,尤其是提高黄金的储备比例。这些年,这种改变比较明显。

(8)牵头负责重要金融基础设施建设规划并统筹实施监管,推进金融基础设施改革与互联互通,统筹互联网金融监管工作。这项职能由中国人民银行内设的"金融市场司"负责。

(9)统筹金融业综合统计,牵头制定统一的金融业综合统计基础标准和工作机制,建设国家金融基础数据库,履行金融统计调查相关工作职责。中国人民银行内设"调查统计司",其主要职责是:拟订金融业综合统计规划,制定统一的金融统计标准与制度;承担金融统计,采集数据、编制报表;建设国家金融基础数据库并实现信息共享;按规定公布统计调查结果并提供咨询;承担服务中央银行政策的调查分析及预测。

(10)组织制定金融业信息化发展规划,负责金融标准化组织管理协调和金融科技相关工作,指导金融业网络安全和信息化工作。中国人民银行内设"科技司",其主要职责是:拟订金融业信息化发展规划,承担金融标准化组织管理协调工作;指导协调金融业网络安全和信息化建设以及金融业关键信息基础设施建设;编制并推动落实金融科技发展规划,拟订金融科技监管基本规则,指导协调金融科技应用;承担中国人民银行科技管理、信息化规划和建设等工作。

(11)发行人民币,管理人民币流通。中国人民银行内设"货币金银局"(保卫局),其主要职责是:拟订并组织实施货币发行、现金管理、黄金及其制品进出口管理的有关政策制度;承担人民币管理工作,维护人民币流通秩序;牵头组织反假货币工作,收集监测假币情报信息,研究分析形势及规律特点;拟订并组织实施人民币发展规划和生产计划,承担人民币调拨和发行库管理工作;管理现金投放、回收和销毁。保管国家储备金银;负责中国人民银行系统安全保卫工作。

(12)统筹国家支付体系建设并实施监督管理,会同有关部门制定支付结算业务规则,负责全国支付、清算系统的安全稳定高效运行。中国人民银行内设"支付结算司",其主要职责是:组织国家支付体系建设并实施监督管理。具体包括:拟订支付结算业务规则及银行账户和支付账户管理规章制度,组织落实银行账户和支付账户实名制;拟订电子支付、数字支付及其他支付工具业务规则;组织建设和监督管理中国境内及跨境支付、清算、结算系统;组织开展金融市场基础设施评估,推动基础设施互联互通并拟订相关业务规则;监督管理非银行支付机构、清算机构及其他支付服务组织;开展支付信息运用和监管;组织中国人民银行会计核算。

从实践来看,中国人民银行作为中央银行,一直肩负着支付清算的管理和服务这项重要职责。中国人民银行负责支付清算体系的统一规划和发展方向,不断改进支付清算系统,并组织规范各地同城票据交换系统、各商业银行的行内资金汇划系统,建立全国电子联行系统,并且正在抓紧建设和推广现代化支付系统,以推进社会资金快速流动的渠道建设。2003年中国银监会成立后,这一管理体制有了细微变动:2003年修正的《中国人民银行法》规定,中国人民银行会同国务院银行业监督管理机构制定支付清算规则。同时,中国人民银行与中国银保监会于2004年12月17日联合发布的《中国人民银行、中国银行业监督管理委员会公告》规定,《支付结算办法》《银行卡业务管理办法》等转为由中国人民银行和中国银保监会共同监督实施的规章制度。这样,中国银监会也成为支付管理体制中的一个监管主体。

2015年10月8日,人民币跨境支付系统(一期)成功上线运行。人民币跨境支付系统(CIPS)为境内外金融机构人民币跨境和离岸业务提供资金清算、结算服务,是重要的金融基础设施。随即,中国人民银行发布《人民币跨境支付系统业务暂行规则》①,规定参与者准入条件、账户管理要求和业务处理要求等,为CIPS稳定运行奠定制度基础。同时,推动成立跨境银行间支付清算(上海)有限责任公司,负责独立运营CIPS。该公司接受人民银行的监督和管理。CIPS的建成运行是我国金融市场基础设施建设的又一里程碑事件,标志着人民币国内支付和国际支付统筹兼顾的现代化支付体系建设取得重要进展。作为重要的金融基础设施,CIPS符合《金融市场基础设施原则》等国际监管要求,对促进人民币国际化进程将起到重要的支撑作用。

(13)经理国库。国库即国家金库的简称。中央银行作为政府的银行,一般都被授权经理国库职能,即财政的收支由中央银行代理完成,那些依靠国家财政拨款的行政、事业单位,必须将有关款项交由中央银行保存,中央银行对此一般不支付利息。金库存款、行政事业单位存款构成央行资金的主要来源。中国人民银行内设"国库局",其主要职责是:经理国家金库业务,组织拟订国库资金银行支付清算制度并组织实施,参与拟订国库管理制度、国库集中收付制度;为财政部门开设国库单一账户,办理预算资金的收纳、划分、留解和支拨业务;对国库资金收支进行统计分析;定期向同级财政部门提供国库单一账户的收支和现金情况,核对库存余额;按规定承担国库现金管理有关工作;按规定履行监督管理职责,维护国库资金的安全与完整;代理国务院财政部门向金融机构发行、兑付国债和其他政府债券。

(14)承担全国反洗钱和反恐怖融资工作的组织协调和监督管理责任,负责涉嫌洗钱及恐怖活动的资金监测。中国人民银行内设"反洗钱局",其主要职责是:组织协调反洗钱和反恐怖融资工作;牵头拟订反洗钱和反恐怖融资政策规章;监督检查金融机构及非金融高风险行业履行反洗钱和反恐怖融资义务情况;收集分析监测相关部门提供的大额和可疑交易信息并开展反洗钱和反恐怖融资调查,协助相关部门调查涉嫌洗钱、恐怖融资及相关犯罪案件;承担反洗钱和反恐怖融资国际合作工作。

---

① 2018年3月,中国人民银行发布了《人民币跨境支付系统业务规则》(银发〔2018〕72号),《人民币跨境支付系统业务暂行规则》同时废止。

洗钱是指将毒品犯罪、黑社会性质的组织犯罪、恐怖活动犯罪、走私犯罪或者其他犯罪的违法所得及其产生的收益，通过金融机构以各种手段掩饰、隐瞒其来源和性质，使其在形式上合法化的行为。洗钱是严重的经济犯罪行为，破坏经济活动的公平公正原则，破坏市场经济有序竞争，损害金融机构的声誉和正常运行，威胁金融体系的安全稳定。洗钱活动与贩毒、走私、恐怖活动、贪污腐败和偷税漏税等严重刑事犯罪相联系，对一个国家的政治稳定、社会安定、经济安全以及国际政治经济体系的安全都构成严重威胁。美国“9·11”恐怖袭击事件之后，国际社会加深对洗钱犯罪危害的认识，把打击资助恐怖活动也纳入打击洗钱犯罪的总体框架之中，加强世界范围内的反洗钱合作。金融行动特别工作组(FATF)是当今世界最具权威性和影响力的反洗钱与反恐融资领域的政府间组织，是全球反洗钱与反恐怖融资标准的制定者。FATF 肇始于 1989 年 7 月，西方七国集团为专门研究洗钱危害及其预防并协调反洗钱国际行动而成立的政府间机构。目前，该组织已拥有 39 个正式成员以及 32 个联系成员和观察员。[①]

由于洗钱犯罪活动主要通过金融机构完成，[②]2003 年修改后的《中国人民银行法》规定，中国人民银行指导、部署金融业反洗钱工作，负责反洗钱的资金监测。自 2007 年 1 月 1 日起施行的《反洗钱法》，也进一步强调中国人民银行在反洗钱工作中的作用与职能。2004 年，我国建立和完善由中国人民银行牵头，23 个部委[③]参加的国务院反洗钱工作部际联席会议制度；建立由中国人民银行、证监会、外汇管理局、原银监会与原保监会(现为国家金融监督管理总局)参加的金融监管部门反洗钱协调制度。反洗钱工作部际联席会议各成员单位在国务院确定的反洗钱工作机制框架内开展工作。其中，在联席会议制度中，中国人民银行的具体职责是：①承办组织协调国家反洗钱的具体工作；②承办反洗钱的国际合作与交流工作；③指导、部署金融业反洗钱工作，会同有关部门研究制定金融业反洗钱政策措施和可疑资金交易监测报告制度，负责反洗钱的资金监测；④汇总和跟踪分析各部门提供的人民币、外币等可疑资金交易信息，涉嫌犯罪的，移交司法部门处理；⑤协助司法部门调查处理有关涉嫌洗钱犯罪案件；⑥研究金融业反洗钱工作的重大和疑难问题，提出解决方案；⑦协调和管理金融业反洗钱工作的对外合作与交流项目；⑧会同有关部门指导、部署非金融高风险行业的反洗钱工作。

此外，根据《中国人民银行法》《反洗钱法》的具体规定，中国人民银行先后制定《金融

---

① FATF Members and Observers，https://www.fatf-gafi.org/about/membersandobservers/，最后访问日期：2025 年 1 月 27 日。

② 常见的洗钱途径或方式有：通过境内外银行账户过渡，使非法资金进入金融体系；通过地下钱庄，实现犯罪所得的跨境转移；利用现金交易和发达的经济环境，掩盖洗钱行为；利用别人的账户提现，切断洗钱线索；利用网上银行等各种金融服务，避免引起银行关注；设立空壳公司，作为非法资金的“中转站”；通过买卖股票、基金、保险或设立企业等各种投资活动，将非法资金合法化；通过购买彩票进行洗钱；通过购买房产进行洗钱；通过珠宝古董交易和虚假拍卖进行洗钱。

③ 后因机构调整，现国务院反洗钱工作部际联席会议有 21 家成员单位，包括：中央纪委国家监委、最高人民法院、最高人民检察院、国务院办公厅、外交部、公安部、国家安全部、民政部、司法部、财政部、住房和城乡建设部、商务部、人民银行、海关总署、税务总局、市场监管总局、广电总局、国家金融监督管理总局、证监会、外汇管理局、军委联合参谋部。

机构反洗钱规定》《金融机构大额交易和可疑交易报告管理办法》《中国人民银行反洗钱调查实施细则（试行）》《金融机构报告涉嫌恐怖融资的可疑交易管理办法》《金融机构反洗钱监督管理办法（试行）》等文件，进一步落实中国人民银行在反洗钱工作中的职能。

关于“反洗钱制度体系与激励机制”的详细阐释，可扫码收听音频和阅读文字材料：

（15）管理征信业，推动建立社会信用体系。中国人民银行内设“征信管理局”，其主要职责是：组织拟订征信业和信用评级业发展规划、法律法规制度及行业标准，推进社会信用体系建设；推动建立覆盖全社会的征信系统，承担征信市场准入及对外开放管理工作；监督管理征信系统及其接入机构相关征信行为，维护征信信息主体合法权益并加强个人征信信息保护。为更好地管理信贷征信业，推动社会信用体系的建立与完善，中国人民银行先后制定一系列征信管理的规章制度，包括：《银行信贷登记咨询管理办法（试行）》（1999）、《个人信用信息基础数据库管理暂行办法》（2005）、《中国人民银行信用评级管理指导意见》（2006）、《应收账款质押登记办法》（2007）、《征信数据元注册与管理办法》（2007）、《信贷市场和银行间债券市场信用评级规范》（2007）；与质检总局共同制定《关于将企业质检信息纳入企业和个人信用信息基础数据库方案》（2007）、《关于加强银行间债券市场信用评级作业管理的通知》（2008）等。2013 年 3 月 25 日，首部征信业法规《征信业管理条例》正式实施，明确企业和个人征信系统为国家金融信用信息基础数据库。

（16）参与和中国人民银行业务有关的全球经济金融治理，开展国际金融合作。中国人民银行内设“国际司”（港澳台办公室），其主要职责是：承担金融业开放相关工作，参与相关全球经济金融治理；承担中国人民银行与相关国际金融组织、各金融当局及港澳台的交流合作；承担中国人民银行系统外事管理和驻外机构业务指导；协调相关国际金融合作和规则制定，参与对外投融资合作；开展国际金融调研。

（17）管理国家外汇管理局。国家外汇管理局是中国人民银行领导的具有相对独立地位的机构，中国人民银行通过国家外汇管理局及其分支机构具体实施外汇管理。目前，国家外汇管理局主要通过中国外汇交易中心对银行间外汇市场实施管理。2003 年，设立银监会后，两者在外汇管理上的职责如何分工的问题凸显。外汇存储、外汇的汇入汇出、购入外汇、人民币与外汇的兑换等活动，以及银行间的外汇买卖等，均由国家外汇管理局负责。而外汇之间的买卖、兑换等由银监会监督管理。前者表面是监管问题，但实质与货币政策密切相关，影响金融市场货币总量的控制。相比之下，后者主要是监管问题，与货币政策关系不大。目前，在中国人民银行的外汇管理方面，现行的外汇管理体制沿袭的是改革开放初期外汇相对短缺、经济发展又需要大量外汇资金的背景下实行的“宽进严出”指导思想，导致很多管制措施已经不符合当前经济发展水平以及建立国际金融大国的战略需要。具体包括：对经常性项目外汇流出的真实性审核要求严格和具体，而收、结汇政策就比较宽松，对结汇资金来源和性质基本上不作真实性审核的要求；对资本项目下的外汇管理仍然很严格，不利于国际资本的自由流动；对汇率管制的自由度不够，名为实行“有管理的浮动汇率制”，但仍然有变相的固定汇率制的嫌疑。针对以上方面，中国人民银行今后在外汇管理方面需要进一步完善与改革。

（三）中国人民银行与其他职能交叉部门的协调机制

改革开放以后，我国曾实行完全混业监管体制，即由中国人民银行统一监管银行业、证券业和保险业等。1992 年，证券市场监管权转移到国务院证券委和中国证监会；1995 年，证券公司监管权转移到中国证监会；1998 年，保险业监管权转移到新成立的中国保险业监督管理委员会；2003 年，银行业监管权转移到新成立的中国银行业监督管理委员会。自此，中国人民银行对银行业、保险业、证券业的微观监管职责移交完毕，形成“一行三会”的中国金融业分业监管格局。

近些年，在金融机构跨行业、金融产品跨领域、金融业态跨市场、互联网金融跨平台、地方金融跨区域、金融市场跨国界的背景下，我国金融监管框架进行了较大改革。2018 年 4 月，原中国银行业监督管理委员会和原中国保险业监督管理委员会合并为中国银行保险监督管理委员会。2018 年 8 月国务院办公厅印发《中国银行保险监督管理委员会职能配置、内设机构和人员编制规定》，中央机构编制委员会办公室在 2019 年 2 月发布《中国人民银行主要职责、内设机构和人员编制规定》。两个文件都强调了两个机构要实现“职能转换”。① 2023 年 3 月第十四届人大第一次会议通过《国务院机构改革方案》，决定组建国家金融监督管理总局，作为国务院直属机构，统一负责除证券业之外的金融业监管，强化机构监管、行为监管、功能监管、穿透式监管、持续监管，统筹负责金融消费者权益保护，加强风险管理和防范处置，依法查处违法违规行为。国家金融监督管理总局在中国银行保险监督管理委员会基础上组建，将中国人民银行对金融控股公司等金融集团的日常监管职责、有关金融消费者保护职责，中国证券监督管理委员会的投资者保护职责划入国家金融监督管理总局。②

中国人民银行的货币政策、宏观审慎管理职能与国家金融监督管理总局的微观审慎

---

① 对中国人民银行“职能转换”的要求是：“完善宏观调控体系，创新调控方式，构建发展规划、财政、金融等政策协调和工作协同机制，强化经济监测预测预警能力，建立健全重大问题研究和政策储备工作机制，增强宏观调控的前瞻性、针对性、协同性。围绕党和国家金融工作的指导方针和任务，加强和优化金融管理职能，增强货币政策、宏观审慎政策、金融监管政策的协调性，强化宏观审慎管理和系统性金融风险防范职责，守住不发生系统性金融风险的底线。按照简政放权、放管结合、优化服务、职能转变的工作要求，进一步深化行政审批制度改革和金融市场改革，着力规范和改进行政审批行为，提高行政审批效率。加快推进‘互联网＋政务服务’，加强事中事后监管，切实提高政府服务质量和效果。继续完善金融法律制度体系，做好‘放管服’改革的制度保障，为‘稳增长、促改革、调结构、惠民生’提供有力支撑，促进经济社会持续平稳健康发展。”对中国银保监会“职能转换”的要求是：“围绕国家金融工作的指导方针和任务，进一步明确职能定位，强化监管职责，加强微观审慎监管、行为监管与金融消费者保护，守住不发生系统性金融风险的底线。按照简政放权要求，逐步减少并依法规范事前审批，加强事中事后监管，优化金融服务，向派出机构适当转移监管和服务职能，推动银行业和保险业机构业务和服务下沉，更好地发挥金融服务实体经济功能。”

② 2023 年 11 月中央机构编制委发布的《国家金融监督管理总局职能配置、内设机构和人员编制规定》对国家金融监督管理总局职能配置、内设机构和人员编制规定作了更具体的规定。

监管职能紧密相关，休戚与共。只有两者工作都能做到卓有成效，才能维持金融稳定与发展，防范住系统性金融风险。因此，两个机构在履行各自的职能时，必须有合适的协调机制。

同时，中国人民银行还承担着部分跟货币政策、宏观审慎政策有着直接紧密关联的微观监管职能，如支付结算、反洗钱、外汇管理等。这些职能跟国家金融监督管理总局的职权划分并不清晰，在实际操作上更是存在模糊或交叉的情况。如果不加以协调，无论是货币政策、宏观审慎政策，还是微观审慎监管，都会陷入困境。就支付清算的监管来说，巴塞尔银行监管委员会在2006年颁布的《有效银行监管的核心原则》中指出“安全、有效的支付和清算系统，确保金融交易的清算，并且控制交易对手风险”是有效的金融监管的前提之一，支付清算的管理关系着银行监管的成效，而对支付清算进行管理又是中央银行货币流通管理的一个重要方面。从实践来看，中国人民银行作为中央银行，一直肩负着支付清算的管理和服务这项重要职责。在2003年银监会成立以后，根据《银行业监督管理法》第2条有关“国务院银行业监督管理机构负责对全国银行业金融机构及其业务活动监督管理的工作”的规定，其必然也是支付管理体制中的一个监管主体。然而，中国人民银行与银监会在支付清算系统中的权责分工却一直没有清晰明确，今后中国人民银行与国家金融监督管理总局在支付清算业务管理上必须分清各自的监管权责，并建立协调合作机制。

当然，支付清算管理的分工含糊只是一个方面，目前中国人民银行所保留的与货币政策、宏观审慎政策紧密关联的其他微观监管职责都存在着与国家金融监督管理总局分工不清的现象。反过来，如果后者对中国人民银行保留的微观监管职责都完全“脱手”，又会反过来对其基本监管职能的履行以及监管目标的实现产生负面影响。①

实际上，因机构分设带来的中国人民银行与专业金融监管机构之间的协调问题，早在银监会正式成立时就已经引起理论界以及决策层的高度重视。2003年颁布的《银行业监督管理法》和2003年修改后的《中国人民银行法》均将原银监会和中国人民银行之间的协调问题作为重要条款加以列出。《中国人民银行法》第9条规定：“国务院建立金融监督管理协调机制，具体办法由国务院规定。”《银行业监督管理法》第6条规定：“国务院银行业监督管理机构应当和中国人民银行、国务院其他金融监督管理机构建立监督管理信息共享机制。”但是，中国人民银行与专业金融监管机构的协调问题牵涉极广，《银行业监督管理法》和《中国人民银行法》等法律的简单规定难以彻底解决。

在后危机时代，世界各国纷纷认识到宏观审慎管理与微观监管结合与协调的重要性，在世界范围内掀起包括中央银行与监管机构之间的协调机制在内的金融体制改革的

---

① 例如，国家金融监督管理总局(cbirc.gov.cn)官网上公布的国家金融监督管理总局的主要职责之九，即“建立除货币、支付、征信、反洗钱、外汇和证券期货等领域之外的金融稽查体系，建立行政执法与刑事司法衔接机制，依法对违法违规金融活动相关主体进行调查、取证、处理，涉嫌犯罪的，移送司法机关”，貌似跟中国人民银行在支付结算、反洗钱、征信等监管职能上作了划界，但金融业务复杂牵连的，如果国家金融监督管理总局对以上业务都“撒手不管”，那其对《银行业监督管理法》第2条赋予的“对全国银行业金融机构及其业务活动监督管理的工作”之职责履行将打折扣，也将影响《银行业监督管理法》第1条所设立的监管目标的实现。

浪潮。就我国而言,完善包括中国人民银行与专业金融监管机构在内的国内金融体制以顺应新形势的需要,也成了必选之路。货币政策的有效性与金融市场的稳定性不仅关乎金融政策本身,也与财政政策、产业政策、区域发展政策等其他宏观调控政策的工作效果紧密相关。与此同时,财政政策、产业政策、区域发展政策等其他宏观调控政策的具体落实也需要货币政策的紧密配合。因此,中国人民银行与其他宏观调控部门的协调机制的建设必须重视。

第四节　中央银行的货币政策

货币政策是宏观经济管理的工具,是国家为实现一定的经济目标而确立的组织、管理、调控、干预社会信用的一种金融措施。在宏观经济学中,货币并不是只包括现钞与铸币,还包括银行存款等。我国现行的货币供应量统计共有三个层次:第一层次为流通中的现金(M0);第二层次为狭义货币(M1),即为流通中的现金加商业银行活期存款;第三层次为广义货币(M2),即狭义货币(M1)加商业银行定期存款的总和。中央银行与商业银行都扮演着货币供应者的角色。为实现中央银行对货币供应量的调控,需要运用货币政策工具,引导商业银行信贷资金流向,维持货币币值稳定,促进经济发展。

一、货币政策目标

货币政策目标是指中央银行制定和执行货币政策所要达到的经济目标,是货币政策所要达到的最终目标。在中央银行发展史的不同阶段,各国中央银行法对货币政策目标的规定不尽一致,理论界也存在诸多观点。具体而言,主要有:(1)单一目标论,即认为稳定货币币值是货币政策的唯一目标;(2)双重目标论,即认为货币政策目标除应维持币值稳定外,还必须兼顾经济发展;(3)多重目标论,即认为货币政策目标应是由多重目标有机结合,除维持货币币值稳定、促进经济增长外,还应促进充分就业,维持国际收支平衡等。

中央银行的货币政策目标从单一目标发展到双重目标继而多重目标,是凯恩斯主义的国家干预思想在 20 世纪 30 年代以后逐渐占据欧美国家经济发展主导地位的产物。不过,中央银行在履行货币职能维持货币币值稳定时还应综合考虑国民经济的诸多方面,同时维持经济增长、充分就业、国际收支平衡等是一厢情愿的想法。因为这些目标本身存在一定程度的互相排斥,尤其是维持货币币值稳定与其他三个目标之间存在固有冲突。例如,失业率较高的时候往往物价稳定,而通货膨胀率较高时就业却能充分;经济增长缓慢时物价一般较为稳定,通货膨胀率较高时却能刺激经济繁荣;本国通货膨胀较严重时可能会出现国际收支逆差,而本国物价稳定时可能会出现国际收支顺差。因此,如果中央银行的货币政策顾及太多,反而可能冲击货币政策制定和实施的稳定性,连最根本的目标即维持货币币值稳定都无法实现。

随着 20 世纪 70 年代西方主要资本主义国家陷入“滞胀”状态,凯恩斯主义逐渐丧失在国家经济政策中的主导地位,新自由主义经济理论登上舞台。越来越多的国家或地区的中央银行立法已将中央银行的货币政策目标缩小,甚至转移到维持货币币值稳定的单一目标上。

国务院在1986年颁布的《银行管理暂行条例》中并没有对中国人民银行的货币政策目标作出明确的规定,但该条例第3条指出:“中央银行、专业银行和其他金融机构,都应当认真贯彻执行国家的金融方针政策;其金融业务活动,都应当以发展经济、稳定货币、提高社会经济效益为目标。”因此,可以理解为此时的立法要求中国人民银行的货币政策目标是“发展经济、稳定货币、提高社会经济效益”,属于多重目标。然而,《中国人民银行法》第3条明确规定:“货币政策目标是保持货币币值稳定,并以此促进经济增长。”这种表述并没有将“保持货币币值稳定”与“促进经济增长”并列,而是将“保持货币币值稳定”作为“促进经济增长”的前提,因此其将货币政策目标的界定属于单一目标。

二、货币政策工具

所谓货币政策工具,是指中央银行为达到预定的货币政策目标而采取的措施或手段。一般来说,货币政策工具可以分为一般性货币政策工具、选择性货币政策工具以及补充性货币政策工具(如图2-3所示)。一般性货币政策工具多属于间接调控工具,主要包括:存款准备金制度、再贴现政策以及公开市场业务;选择性货币政策工具多属于直接调控工具,主要包括证券信用控制、消费信用控制、不动产信用控制、特种存款、优惠利率等。此外,中央银行有时还运用一些补充性货币政策工具,对信用进行直接控制和间接控制。直接控制的补充性货币政策工具主要有信用分配、直接干预、流动性比率、利率限制、特种贷款,间接控制的补充性货币政策工具主要有窗口指导、道义劝告等。在过去较长时期内,中国货币政策以直接调控为主,即采取信贷规模、现金计划等工具。[①] 1998年以后,主要采取间接货币政策工具调控货币供应总量。根据《中国人民银行法》的规定,现阶段中国人民银行的货币政策工具主要有存款准备金制度、利率政策、再贷款与再贴现、公开市场业务等。

(一)一般性货币政策工具

中央银行的一般性货币政策工具包括“存款准备金制度”、“再贴现政策”以及“公开市场业务”,俗称央行货币政策工具的“三大法宝”,主要用于全社会货币供应量和信贷规模的调节和控制。

1.存款准备金制度

存款准备金,是指按照法律规定,特定的金融机构有义务从自己吸收的存款中,按照

---

① 不过,在2007年年底,为有效控制中国经济的高通胀水平,实行适度从紧的货币政策,中国人民银行再度启用信贷规模控制,并且按季度控制。自此,信贷规模控制又走进央行货币政策“工具箱”。之后操作变化是:2008年第四季度放松信贷规模控制,2009—2010年年初严格信贷投放规模,2011年央行开始使用“合意贷款规模”来管理商业银行发放贷款的总体数量;从2016年年末开始持续到2017年、2018年的从严管控信贷规模,2019年、2020年的放松管控,再到2021年着力保持信贷增长的稳定。信贷规模的控制属于指令性的货币政策工具,对此争议较大,因为其与市场化改革进程有所冲突。

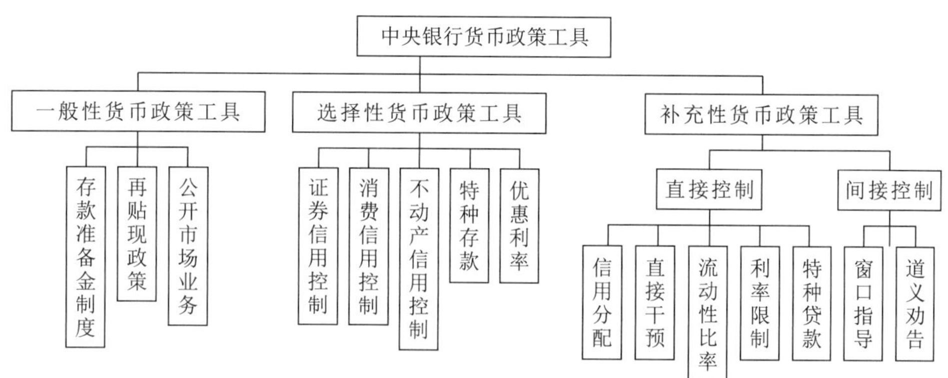

图 2-3　中央银行货币政策工具

法律所确定的比例存入中央银行的这部分资金。中央银行依法确定提取存款准备金的比例就是"存款准备金率"。将存款准备金集中于中央银行的做法始于 18 世纪的英国。英国 1928 年通过的《通货与银行券法》、美国 1913 年的《联邦储备法》和 1935 年的《银行法》,将存款准备金制度以立法形式确立下来。经历了 1929—1933 年世界经济危机后,各国普遍认识到调节商业银行信用规模的重要性,纷纷仿效英美等国的做法,以法律形式确立存款准备金制度,授权中央银行按照货币政策的需要加以运用。

我国的存款准备金制度建立于 1984 年。直到 20 世纪 90 年代末,我国的存款准备金制度的主要功能都不是调控货币总量,而是集中资金用于央行再贷款。进入 21 世纪,这种状况得以改变,升降存款准备金率成为中国人民银行最常用的货币政策工具之一。

存款准备金制度的初始意义在于保证商业银行的支付和清算能力,在性质上属于金融监管的范畴,之后逐渐演变成中央银行调控货币供应量的政策工具,其功能演变成调节和控制货币供应量。存款准备金制度之所以能够调节货币供应量,依赖的是存款准备金率的升降。在现代经济社会,商业银行吸收的存款货币不仅在货币供应量中占有很大比重,而且依赖商业银行的特殊经营方式,其还具有"乘数效应"的作用,即具备创造出一定倍数的派生存款的能力。① 存款准备金制度的实质在于通过存款准备金率的调整,控制商业银行创造货币的基础(超额准备金头寸)和能力(货币创造乘数),实现对货币供应量的调节和控制。从理论上讲,有了存款准备金,商业银行创造存款的能力就受到限制,存款准备金率越高,商业银行创造存款的能力就越弱;反之,商业银行进行存款创造的能力就越强。因为提高法定存款准备金率,商业银行必须多向中央银行缴纳存款准备金,能够用来发放贷款的资金减少,创造派生存款的能力便会减弱,货币供应量也会成倍减少。反过来,降低法定存款准备金率,货币供应量会成倍增加。由于"乘数效应"的存在,存款准备金率的微量变动,足以使货币供应量发生巨额变化。因此,为确保金融市场的稳定,存款准备金制度在金融调控中是一种威力巨大但必须慎用的手段。

---

① 乘数效应(multiplier effect)是一种宏观上发生的经济效应,是指经济活动中某一变量的增减所引起的经济总量变化的连锁反应程度,属于宏观经济控制手段之一,具有正反两个作用方向。

凡采用存款准备金制度的国家，都授权中央银行根据抽紧或松动银根的需要，决定变更或终止存款准备金率。因为，唯有存款准备金率能够根据货币政策的需要适时调整，存款准备金制度才能成为有效的货币政策工具。但许多国家的中央银行只能在法定幅度内调整存款准备金率，有的国家还要求中央银行调整存款准备金率必须渐进并事先通知。存款准备金制度适用的范围，一般限于金融机构吸收的存款，但有的国家要求金融机构以存款以外的其他形式取得的资金，也须提存存款准备金。

在许多国家，中央银行要求金融机构按照特定比例缴存的“存款准备金”是由法律强制规定的，因此也称“法定存款准备金”。法定存款准备金率的高低，往往因金融机构的性质和规模以及存款的种类、币别、期限和数量的差别而有所不同。一般来说，流动性高的，存款准备金率也高，反之则低。中央银行可以根据货币政策的需要，随时调整存款准备金率。提高意味着货币量减少，缩减投资；经济衰退期间，降低则刺激投资扩大。

与“法定存款准备金”相对的是“超额存款准备金”。所谓超额存款准备金，是指金融机构的准备金存款中超过中央银行要求缴纳的部分。产生超额存款准备金的原因多是金融机构吸收的存款超过借贷业务的要求，暂时放到中央银行赚取利息，其也是金融市场化程度不高的体现。大部分国家的中央银行不对存款准备金支付利息，但中国人民银行例外。基于长期以来我国对吸纳储蓄的鼓励政策，中国人民银行对法定存款准备金与超额存款准备金都支付利息。过高的超额存款准备金利率，一方面抬高我国利率水平的底线，缩小中国人民银行利率政策操作的空间；另一方面也扭曲商业银行的行为，对中国人民银行法定存款准备金政策的实施效果造成负面影响。鉴于此，2008 年金融危机之后，中国人民银行将超额存款准备金利率从 0.99%下调到 0.72%；2020 年 4 月 7 日起，中国人民银行进一步将超额存款准备金利率从 0.72%下调至 0.35%。此外，一些国家的中央银行法还有“紧急存款准备金”的规定，即在经济形势发生变化或紧急情况下，授予中央银行征收紧急存款准备金的权力。如依据美国法律，美国联邦储备委员会有权对各种存款征收任何比率的紧急存款准备金。当然，作为一种应急措施，紧急存款准备金必须在特殊情况下实施，时限一般很短，程序也很严格。

案例分析：2022 年 4 月 15 日，中国人民银行宣布，决定于 4 月 25 日下调金融机构存款准备金率 0.25 个百分点（不含已执行 5%存款准备金率的金融机构）。本次下调后，金融机构加权平均存款准备金率为 8.1%。

思考：

1.如何理解存款准备金制度？其传导机制为何？

2.2022 年 4 月 25 日中国人民银行降低存款准备金率的背景是什么？是否意味着我国长期以来实施的稳健货币政策取向发生改变？

2.再贷款与再贴现政策

再贷款是指中央银行向商业银行的贷款，是中央银行为实现货币政策目标而对普通金融机构提供的短期信贷。中国人民银行对金融机构贷款根据贷款方式的不同，可以划分为信用贷款和再贴现两种。前者是指中国人民银行根据金融机构资金头寸情况，以其信用为保证发放的贷款；后者是指金融机构以其持有的、未到期的贴现票据向人民银行办理贴现，取得资金。《中国人民银行法》第 23 条将中国人民银行给予商业银行再贷款与再贴现并列为两种货币政策工具。因此，《中国人民银行法》所指的再贷款，实际上是指中央银行向商业银行提供的信用贷款。

再贷款和再贴现虽然法律性质不同，一为借贷，一为票据买卖，但实质上都是中央银行对普通金融机构的放款。因此，广义再贷款的概念包括票据再贴现，后者在性质上属于质押贷款。目前，我国再贷款主要是指中国人民银行给予金融机构的信用贷款。中央银行对普通金融机构经办再贷款和再贴现业务，一是基于最后贷款人的责任，二是为了调节货币供应量。在现代经济中，后者成为主要目的。因此，再贴现与再贷款政策实际上是中央银行以再贷款和再贴现业务为基础，以调节货币供应量为目的而进行的一系列政策性操作。

中央银行运用再贷款与再贴现政策来调控信用的主要机制是：通过调整再贷款利率和再贴现率①，提高或降低商业银行自中央银行借款或贴现票据的成本，并间接带动金融市场利率的升降，进而达到对货币供应量调控之目的。如果中央银行认为货币供应量过多，即可采取提高再贷款利率或者再贴现率的方法，增加商业银行向中央银行借款或贴现的成本。在央行的这种信用收缩的政策下，面对借款或贴现成本的上升，商业银行会减少借款或贴现数量，并提高对客户的贷款利率和贴现率，增加客户的借款成本，抑制客户对信贷资金的需求。反之，如果中央银行认为必须实施信用扩张政策，则可采取降低再贷款利率或再贴现率的方法，刺激商业银行增加借款量或进行更多的再贴现的动力，从而达到信用扩张、增加金融市场上的货币供应量的效果。

再贴现作为西方中央银行传统的三大货币政策工具之一，被不少国家广泛运用。再贴现率的变动，在一定程度上反映中央银行的政策意向，因而具有一定的告示作用：提高再贴现率表明紧缩意向；反之，则为扩张意向，这对短期市场利率具有较强的导向作用。当然，再贴现能够得到世界各国的如此重视和运用，不只是因为其具有影响商业银行信用扩张与调控货币供应总量的作用，还因为其可以按照国家产业政策的要求，有选择地对不同种类的票据进行融资，促进经济结构的调整。

不过，再贴现率虽然具有调节灵活的优点，但不宜于频繁变动，否则难以形成稳定预期，使商业银行无所适从。况且，再贴现率的调节空间有限，贴现行为的主动权又掌握在商业银行手中，如果商业银行出于其他原因对再贴现率缺乏敏感性，则会使再贴现率的调节作用大打折扣，甚至失效。随着时间的推移，中央银行越来越倾向于以参与者的身份进入

---

① 再贴现率是商业银行将其贴现的未到期票据向中央银行申请再贴现时的预扣利率。商业银行将已贴现未到期票据作抵押，向中央银行借款时预扣的利率。如商业银行用客户贴现过的面值 100 万元的票据，向中央银行再贴现，中央银行接受这笔再贴现的票据时，假定商业银行实际取得贴现额 88 万元（贷款额），票据到期日为 180 天，则按月利率计算，再贴现率＝(100－88)/100×1/6×100%＝2%，即中央银行对商业银行的再贴现回扣了 2%。

市场，而不是作为一个指导者来调节和引导市场。因而，再贴现率逐渐让位于公开市场业务这一政策手段而退居其次，但其仍不失为一种重要的而且可行的宏观调节手段。中国人民银行于1988年9月1日首次公布再贴现率，比对金融机构贷款利率低5%～10%。

与再贴现相比，再贷款是一种计划性较强的数量型货币政策工具，具有行政性和被动性的特点。自1984年人民银行专门行使中央银行职能以来，再贷款一直是我国中央银行的重要货币政策工具。1993年至1997年，再贷款曾是中国调控货币量最灵活的手段。但1997年后，作为基础货币主要支持对象的商业银行对资金需求不大，再贷款作为基础货币发行的主渠道的作用已经退居次位，调整货币信贷结构和履行中央银行最后贷款人职责则上升为再贷款的主要职能。在这种职能转变的背景下，2003年中国人民银行又与银监会正式分立，再贷款政策面临诸多挑战，致使其运用以及效果必须重新评估。

不过，借鉴发达国家的金融发展经验，任何一种单一的、独立的货币政策工具都不可能完成全部的宏观调控，而必须根据不同时期的货币政策目标，选择合适的工具进行配合和协调。结合中国人民银行运用再贷款进行宏观调控的实践进行分析，综合考虑中国货币政策工具的适用环境，再贷款仍然会是我国体制转型过程中一种有效的间接调控手段，在调节基础货币总量与优化信贷结构、支持金融体制改革和维护国家信誉等方面，其还将继续发挥其他货币政策工具所不可替代的作用。

关于“中国人民银行再贷款政策面临的挑战”的详细阐释，可扫码收听音频和阅读文字材料：

案例分析：为防止通货膨胀抬头，A国中央银行提高再贴现率，国际金融市场随之作出反应。A国货币的利率由2.5%上升到3%，即期汇率变为1单位B国货币兑换1.2A国货币，B国货币的利率保持5%不变。

思考：

1.中央银行可实施的一般性货币政策工具有哪些？本案中，中央银行采取的是何种货币政策工具？

2.提高再贴现率与防止通货膨胀之间存在何种关系？其传导机制为何？

3.通货膨胀率会影响汇率吗？其影响的路径为何？

3.公开市场业务

公开市场业务是指中央银行通过买进或卖出有价证券，吞吐基础货币，调节货币供应量的活动，以此影响货币供应量和市场利率的行为。与存款准备金等影响力极强的货币政策工具相比，公开市场业务具有主动性、灵活性和时效性等特点，而且属于一种比较温和的调节方式，充分体现出经济性、间接性的特征。由此，公开市场业务成为西方发达国家中央银行用来吞吐基础货币、调节市场流动性的主要货币政策工具，通过中央银行与指定交易商进行有价证券和外汇的交易，实现货币政策调控目标。20世纪50年代以来，美国联邦储备委员会货币吞吐量的90%都是通过公开市场业务进行。20世纪80年代后，许多发展中国家也逐渐将公开市场业务视为货币政策的主要工具之一。

与普通的金融机构为盈利而从事证券买卖有所不同，中央银行公开市场业务的目的不是盈利，而是调节货币供应量。中央银行通过在金融市场买进或卖出有价证券，来影响商业银行控制资金的数量，继而影响它们的货币创造能力。当中央银行认为金融市场上的货币供应量不足而必须进行信用扩张的时候，其可以从商业银行购进证券从而扩大基础货币供应，商业银行在证券减少的同时在中央银行账户上的资金增加，商业银行可以扩大金融市场的信贷业务。反过来，如果中央银行认为必须进行信用收缩，那么其可以向商业银行抛售有价证券，商业银行购进证券的同时资金量减少，从而收缩金融市场的信用规模。在影响信贷规模的同时，中央银行的公开市场业务也影响着市场利率。此外，公开市场业务也为政府债券买卖提供了一个有组织的方便场所，并通过影响利率来影响汇率和黄金的流动。

中国人民银行为执行货币政策，可在公开市场上买卖国债、其他政府债券、金融债券及外汇。具体而言，我国公开市场业务包括人民币操作和外汇操作两部分。人民币公开市场业务于1998年5月恢复交易，规模逐步扩大，外汇公开市场业务于1994年3月启动。之所以将外汇列为中国人民银行公开市场业务买卖的对象，一是因为外汇的吞吐可以起到调节本币供应量的作用，二是因为中央银行可以借此干预外汇市场上本币和外币之间的供求关系，达到稳定人民币汇率的目的。从1998年起，中国人民银行开始建立公开市场业务一级交易商制度，选择一批能够承担大额债券交易的金融机构作为公开市场业务的交易对象，包括商业银行、证券公司、保险公司、农村信用联社等。2023年5月，中国人民银行公布的公开市场业务一级交易商共51家，这些交易商可以把国债、政策性金融债券等作为交易工具与中国人民银行开展公开市场业务。

从交易品种上看，中国人民银行公开市场业务债券交易主要包括回购交易、现券交易和发行中央银行票据等。

回购交易分为正回购和逆回购两种。正回购为中国人民银行向一级交易商卖出有价证券，并约定在未来特定日期买回有价证券的交易行为。正回购为央行从市场收回流动性的操作，正回购到期则为央行向市场投放流动性的操作。逆回购为中国人民银行向一级交易商购买有价证券，并约定在未来特定日期将有价证券卖给一级交易商的交易行为。逆回购为央行向市场投放流动性的操作，逆回购到期则为央行从市场收回流动性的操作。

现券交易分为现券买断和现券卖断两种。前者为央行直接从二级市场买入债券，一次性地投放基础货币。后者为央行直接卖出持有债券，一次性地回笼基础货币。中央银行票据即中国人民银行发行的短期债券，央行通过发行央行票据可以回笼基础货币，央行票据到期则体现为投放基础货币。中国人民银行根据公开市场业务不同的操作品种，选择不同机构类型的公开市场业务一级交易商进行交易。中国人民银行发行中央银行票据操作，所有的公开市场业务一级交易商均可参加；开展回购操作，公开市场业务一级交易商中的存款类金融机构，即商业银行和农村信用合作联社可以参加；开展现券操作，优先考虑与中国人民银行批准的公开市场业务一级交易商中的债券做市商进行，也可根据市场情况和操作需要决定与所有公开市场业务一级交易商进行。

1999 年以来，公开市场业务已成为中国人民银行货币政策日常操作的重要工具，其对于调控货币供应量、调节商业银行流动性水平、引导货币市场利率走向等发挥了积极的作用。

值得注意的是，2013 年后，中国人民银行还陆续创新公开市场短期流动性调节工具（Short-term Liquidity Operations，SLO）、常备借贷便利（Standing Lending Facility，SLF）、抵押补充贷款工具（Pledged Supplementary Lending，PSL）、中期借贷便利（Medium-term Lending Facility，MLF）等货币政策调控工具。公开市场短期流动性调节工具本质上仍是一种公开市场操作，它是一种以 7 天期以内的超短期逆回购为主（reverse REPO）的流动性调节工具。常备借贷便利是全球大多数中央银行都设立的货币政策工具，但名称各异，如美联储的贴现窗口（discount window）、欧央行的边际贷款便利（marginal lending facility）、英格兰银行的操作性常备便利（operational standing facility）、日本银行的补充贷款便利（complementary lending facility）、加拿大央行的常备流动性便利（standing liquidity facility）等。常备借贷便利一般以包括高信用评级的债券类资产及优质信贷资产等在内的合格抵押品作为抵押的方式向金融机构发放，主要功能是满足金融机构期限较长的大额流动性需求，操作对象包括政策性银行和全国性商业银行，期限为 1～3 个月。利率水平根据货币政策调控、引导市场利率的需要等进行综合确定。抵押补充贷款工具是一种新的储备政策工具，有两层含义：在量的层面，其是基础货币投放的新渠道；在价的层面，它通过商业银行以抵押资产从中央银行获得融资的利率，实现中央银行在短期利率控制之外，对中长期利率水平进行引导和调控。中期借贷便利是中央银行提供中期基础货币的货币政策工具，对象为符合宏观审慎管理要求的商业银行、政策性银行，可通过招标方式开展。中期借贷便利采取质押方式发放，金融机构提供国债、央行票据、政策性金融债、高等级信用债等优质债券作为合格质押品。中期借贷便利利率发挥中期政策利率的作用，通过调节向金融机构中期融资的成本来对金融机构的资产负债表和市场预期产生影响，引导其向符合国家政策导向的实体经济部门提供低成本资金，促进降低社会融资成本。

这几种新型货币政策调控工具的期限不同。资金投放期限从短到长分别为：SLO（1～6 天）、正/逆回购（7 天、14 天、28 天）、SLF（一般 1～3 个月，个别情况会有 1 天、7 天）、MLF（3 个月～1 年）、PSL（3～5 年）。前两者丰富公开市场操作的手段，便于更灵活管理中短期的流动性，也被解读为中国人民银行探索进行更有效的价格指导。而于 2014 年创设的 PSL，除引导中期利率的意义，与再贷款类似，也属于定向的货币投放工具。同时 PSL 主要运用于政策性银行，MLF 主要运用于政策性银行和商业银行，SLF 与 SLO 主要运用于大中型金融机构。

案例分析：2022年4月8日，中国人民银行以利率招标方式开展100亿元逆回购操作，限期为7天期。

思考：

1.中国人民银行公开市场操作与政策调控取向有何关系？其传导机制如何？

2.中国人民银行公开市场操作与资金流动性的关系如何？其实施效果如何？

（二）选择性货币政策工具

选择性货币政策工具，是指中央银行为实现对某些特殊的信贷或某些特殊的经济领域的信用控制而采用的货币政策工具。常见的选择性货币政策工具包括证券市场信用控制工具、消费信用控制工具、不动产信用控制工具、优惠利率、特种存款等。

1.证券市场信用控制工具

证券市场信用控制工具是指为稳定证券市场有价证券的实际交易价格，控制和调节流向证券市场的资金，防止证券市场上的投机行为，中央银行可以通过规定和调节信用交易、期货交易和期权交易中必须支付现款的比例，即法定保证金比例，以刺激或抑制证券交易活动的货币政策手段。例如，中央银行规定保证金比例为20%，则买方要缴纳购进证券价格20%的现款，只能向银行贷款80%。中央银行根据经济形势和金融市场的变化，随时调整保证金比例，最高可达100%。如此，中央银行间接地控制了流入证券市场的资金数量。作为对证券市场的贷款量实施控制的一项特殊措施，证券市场信用控制工具最早出现在美国的货币政策之中，此后也有一些国家仿效此法，目前美国仍在使用。在我国，无论是股票的现货交易，还是融资融券，其保证金比例都由证监会规定。证券市场信用控制并不是中国人民银行的货币政策之一。当然，中国人民银行在实践中也会运用一些类似于证券市场信用控制工具的货币政策工具，如通过规定债券远期交易保证金的存款利率来调节银行债券市场等。

2.消费信用控制工具

所谓消费信用控制，是指中央银行对不动产以外的各种耐用消费品的销售融资予以控制，从而影响消费者对耐用消费品的支付能力。中央银行进行消费者信用控制是经济运行的客观需求，适时适当地运用它可以抑制消费者信用的过度使用和通货膨胀，对维持经济的稳定发展、减轻经济周期的震动具有重要作用。

消费信用控制的主要控制手段为：(1)规定以分期付款方式购买耐用消费品时第一次付款的最低金额；(2)规定用分期付款等消费信贷购买各种耐用消费品借款的最长期限；(3)规定用分期付款等消费信贷方式购买耐用消费品的种类；(4)以分期付款等消费信用方式购买耐用消费品时，对不同的耐用消费品规定不同的放款期限。

消费信用控制的具体调整方法为：(1)当经济处于需求过旺或通货膨胀时期，中央银行可以通过提高首次付款的比例、缩短分期付款期限等措施加强对消费信用的控制；(2)当需求不足或经济衰退时，可以放松管制以刺激消费量的增加。

目前，随着消费信贷的发展，这种选择性货币政策工具通过广泛的消费信贷参与者，改善传导效果，扩大了中央银行货币政策作用的基础面，最终实现央行通过选择性的货币政策工具的运用影响特定市场的目的。消费信用控制工具也为中国人民银行货币政策所采用，如为规范汽车贷款业务管理，防范汽车贷款风险，促进汽车贷款业务健康发展，中国人民银行与银监会在2004年8月发布的《汽车贷款管理办法》，对汽车贷款的具体操作作了详细规定。

3.不动产信用控制工具

不动产信用控制是指中央银行对金融机构办理不动产抵押贷款的限制措施。为抑制房地产投机，降低金融机构的资产风险，中央银行可以对金融机构的房地产融资予以限制。不动产信用控制的常见方法包括规定金融机构房地产贷款的最高限额、最长期限、首期付款、分期还款的最低金额等。不动产信用控制的机理为：当经济过热，不动产信用膨胀时，中央银行可通过规定和加强各种限制措施，减少不动产信贷，进而抑制不动产的盲目生产或投机，减轻通货膨胀压力，防止经济泡沫的形成；当经济衰退时，中央银行也可以通过放松管制，扩大不动产信贷，刺激社会对不动产的需求，进而以不动产的扩大生产和活跃交易带动其他经济部门的生产发展，从而促使经济复苏。近年来，在对房地产金融市场的调控中，规定商业银行房地产贷款的首付比例、优惠利率或惩罚性利率等，已成为中国人民银行惯常实施的手段。

4.优惠利率

优惠利率是一国利率体系的重要组成部分，是指中央银行为配合国家产业政策的需要，对国家拟重点发展的某些经济部门、行业或产品制定较低的利率，以此来刺激这些部门的生产，调动其积极性，实现产业结构和产品结构的调整。优惠利率的形式主要有以下两种：一是中央银行对需要重点发展的部门、行业和产品制定较低的贷款利率，由商业银行执行；二是中央银行对需要重点发展的部门、行业和产品的票据制定较低的再贴现率，通过再贴现政策来实现对相关产业或产品的扶持。优惠利率常为发展中国家所青睐，也被中国人民银行货币政策广泛采用。

5.特种存款

特种存款是指在特定的经济形势下，中央银行为调整信用规模和结构，为支持国家重点建设或其他特殊资金需要，从金融机构的存款中集中的一部分资金。特种存款是中央银行选择性货币政策工具之一，具有直接控制方式之性质。特种存款属于选择性信用控制工具，不是一项普遍性措施，也不是一项长期的、连续的措施。对中央银行来说，特种存款的运用实际上等于多了一种回笼流动性的货币政策工具，这样可以更灵活地开展公开市场业务。特种存款的期限较短，一般为一年，其利率完全由中央银行确定，具有特殊的规定性，金融机构只能按规定利率及时足额地完成存款任务。①

---

① 在我国历史上，中国人民银行曾于1987年和1988年，两次开办各50亿元特种存款，以达到调整信贷结构的目的。2007年10月23日，中国人民银行向各地城市商业银行及农村信用社发出通知，重启已20年未用过的特种存款来吸收银行体系的流动性。2007年12月27日，中国人民银行开办特种存款，期限为3个月期和1年期，年利率分别为3.37％和3.99％，开办对象主要是公开市场一级交易商以外的部分城市商业银行及农村信用社等金融机构。

（三）补充性货币政策工具

补充性货币政策工具既包括信用直接控制工具，也包括信用间接控制工具。前者是指中央银行依法对商业银行创造信用的业务进行直接干预而采取的各种措施，主要有信用分配、直接干预、流动性比率、利率限制、特种贷款；后者是指中央银行凭借其在金融体制中的特殊地位，通过与金融机构之间的磋商、宣传等，指导其信用活动，以控制信用，其方式主要有窗口指导、道义劝告。

1.利率上下限

为防止银行为吸收存款过分提高利率和为谋取高利润而进行风险投资和放款，从而控制银行的贷款能力和限制货币供应量，中央银行可根据法律的授权，规定金融机构存款利率的上限和贷款利率的下限。规定利率的上下限，也为商业银行的市场竞争提供一定的灵活空间。

2.信用分配

根据金融市场状况和执行货币政策的需要，中央银行对金融机构的信用规模加以分配，要求其在信用规模范围内开展经营活动。目前发展中国家的中央银行，鉴于本国亟待投资的项目很多、对资金需求非常迫切但资金不充裕的现状，根据经济建设的轻重缓急程度，以资金限制的方式，分配更大资金额度给亟须发展的项目。中国人民银行的信用分配，并不是对各商业银行的信贷规模的简单分配，而是根据国家的国民经济和社会发展计划、货币政策的决策和金融宏观控制的客观要求，立足于商业银行的业务能力，在对总量、部门、地区和项目等方面进行综合平衡之后所进行的一种信贷规模的分配。

3.流动性比率

为促使金融机构调整资产结构，压缩长期信贷规模，增加易变现资产，中央银行可规定金融机构流动性资产应占其流动性负债的最低比例。流动性比率是用来衡量企业偿还短期债务能力的最常用的财务指标，计算公式为：流动性比率＝流动资产/流动负债，计算数据来自资产负债表。一般来说，流动性比率越高，企业偿还短期债务的能力越强。为保持中央银行规定的流动性比率，商业银行要缩减长期放款，扩大短期放款。同时，商业银行还必须保持部分应付提现的资产。

4.窗口指导或道义劝告

中央银行可以凭借其在金融体系中的特殊地位和威信，通过与金融机构之间的磋商指导其信用活动，这就是补充性货币政策工具中的“窗口指导”或“道义劝告”。中央银行的窗口指导或道义劝告不具有强制性，而是将货币政策的意向与金融状况向商业银行和其他金融机构提出，使其能自动地根据中央银行的政策意向采取相应措施。“窗口指导”产生于20世纪50年代的日本，直接目的是通过贷款额度的控制影响银行同业拆借市场利率，从而保持信贷总量的适度增长，维护经济的稳定。“窗口指导”有时也具有指示贷款使用方向的作用。“窗口指导”虽然只是一种“指导”而非法律规定，但实际上具有很强的约束性。中国人民银行与国有商业银行行长联席会议制度，是中国人民银行进行“窗口指导”的特殊形式。

第五节 中央银行的宏观审慎政策

2008 年的国际金融危机让各国认识到，金融市场的稳定不仅依赖于微观审慎监管的完善，还与宏观审慎监管的进步紧密相关。在此背景下，中央银行承担金融市场“宏观审慎管理”的职责成为越来越多国家的共识。“宏观审慎管理”主要是通过制定与执行宏观审慎政策进行，是中国人民银行适应改革需要、进行“职能转变”最重要的一部分。宏观审慎政策在防范化解系统性金融风险方面发挥着关键作用，必须具备“宏观、逆周期、防传染”的视角。货币政策的目标是稳定币值，促进经济发展。宏观审慎政策的目标是化解系统性风险，促进金融稳定。

近年来，主要国际组织就建立健全宏观审慎管理框架发布了一系列标准和最佳实践，主要国家也先后构建宏观审慎政策框架。2017 年 7 月，我国召开的第五次全国金融工作会议明确要求人民银行牵头建立宏观审慎政策框架。中国人民银行立足我国实际，结合国际经验，于 2021 年 12 月发布《宏观审慎政策指引（试行）》，明确建立健全我国宏观审慎政策框架的要素。这是建立健全我国宏观审慎政策框架的重要举措，有助于构建运行顺畅的宏观审慎治理机制，推动形成统筹协调的系统性金融风险防范化解体系，促进金融体系健康发展。在此基础上，中国人民银行将按照《宏观审慎政策指引（试行）》构建的总体框架，认真履行宏观审慎管理牵头职责，不断探索与完善宏观审慎政策框架，推动宏观审慎政策落地见效，守住不发生系统性金融风险底线。

一、宏观审慎管理机构与适用范围

中国人民银行作为宏观审慎管理牵头部门，会同相关部门履行宏观审慎管理职责，牵头建立健全宏观审慎政策框架与基本制度，监测、识别、评估、防范和化解系统性金融风险，畅通宏观审慎政策传导机制，组织运用好宏观审慎政策工具。

宏观审慎政策适用于依法设立的、经国务院金融管理部门批准从事金融业务或提供金融服务的机构，以及可能积聚和传染系统性金融风险的金融活动、金融市场、金融基础设施等。

二、宏观审慎政策框架

宏观审慎政策框架包括审慎政策目标、风险评估、政策工具、传导机制与治理机制等，是确保宏观审慎政策有效实施的重要机制。其中，宏观审慎政策的目标在于防范系统性金融风险，尤其是防止系统性金融风险顺周期累积以及跨机构、跨行业、跨市场和跨境传染，提高金融体系的韧性和稳健性，降低金融危机发生的可能性和破坏性，以促进金融体系的整体健康与稳定。

系统性金融风险评估是指综合运用风险评估工具和监管判断，识别金融体系中系统性金融风险的来源和表现，衡量系统性金融风险的整体态势、发生可能性和潜在危害程度。及时、准确识别系统性金融风险是实施宏观审慎政策的前提和基础。

根据系统性金融风险的特征，结合我国实际并借鉴国际经验，开发和储备适用于我国国情的一系列政策工具，建立健全宏观审慎政策工具箱。针对评估识别出的系统性金融风险，使用适当的宏观审慎政策工具，以实现宏观审慎政策目标。不断丰富和完善的宏观审慎政策工具，是提升宏观审慎政策执行效果的必要手段。

宏观审慎政策传导机制是指通过运用宏观审慎政策工具，对金融机构、金融基础设施施加影响，从而抑制可能出现的系统性金融风险顺周期累积或传染，最终实现宏观审慎政策目标的过程。顺畅的传导机制是提高宏观审慎政策有效性的重要保障。

宏观审慎政策的治理机制是指为监测识别系统性金融风险、协调和执行宏观审慎政策以及评估政策实施效果等，所进行的组织架构设计和工作程序安排。良好的治理机制可以为健全宏观审慎政策框架和实施宏观审慎政策提供制度保障。

三、系统性金融风险的监测、识别与评估

系统性金融风险是指可能对正常开展金融服务产生重大影响，进而对实体经济造成巨大负面冲击的金融风险。系统性金融风险主要来源于时间和结构两个维度。从时间维度看，系统性金融风险一般由金融活动的一致行为引发并随时间累积，主要表现为金融杠杆的过度扩张或收缩，由此导致的风险顺周期的自我强化、自我放大。从结构维度看，系统性金融风险一般由特定机构或市场的不稳定所引发，通过金融机构、金融市场、金融基础设施间的相互关联等途径扩散，表现为风险跨机构、跨部门、跨市场、跨境传染。

系统性金融风险的监测重点包括监测宏观杠杆率，政府、企业和家庭部门的债务水平和偿还能力，具有系统重要性影响和较强风险外溢性的金融机构、金融市场、金融产品、金融基础设施等。

宏观审慎管理牵头部门建立健全系统性金融风险监测和评估机制，会同相关部门开展监测和评估，定期或不定期公开发布评估结果。针对特定领域系统性金融风险，宏观审慎管理牵头部门组织开展专项评估。

宏观审慎管理牵头部门根据系统性金融风险的特征，建立健全系统性金融风险监测和评估框架。完善系统性金融风险监测评估指标体系并设定阈值，适时动态调整以反映风险的发展变化。丰富风险监测方法和技术，采取热力图、系统性金融风险指数、金融压力指数、金融条件指数、宏观审慎压力测试、专项调查等多种方法和工具进行监测和评估，积极探索运用大数据技术。

四、宏观审慎政策工具

宏观审慎政策工具主要用于防范金融体系的整体风险，具有“宏观、逆周期、防传染”的基本属性，这是其有别于主要针对个体机构稳健、合规运行的微观审慎监管的重要特征。宏观审慎政策会运用一些与微观审慎监管类似的工具，如对资本、流动性、杠杆等提出要求，但两类工具的视角、针对的问题和采取的调控方式不同，可以相互补充，而非替

代。宏观审慎政策工具用于防范系统性金融风险，主要是在既有微观审慎监管的要求之上提出附加要求，以提高金融体系应对顺周期波动和防范风险传染的能力。宏观审慎管理往往具有"时变"特征，即根据系统性金融风险状况动态调整，以起到逆周期调节的作用。

针对不同类型的系统性金融风险，宏观审慎政策工具可按照时间维度和结构维度两种属性划分（如图 2-4 所示），也有部分工具兼具两种属性。时间维度的工具用于逆周期调节，平滑金融体系的顺周期波动；结构维度的工具，通过提高对金融体系关键节点的监管要求，防范系统性金融风险跨机构、跨市场、跨部门和跨境传染。

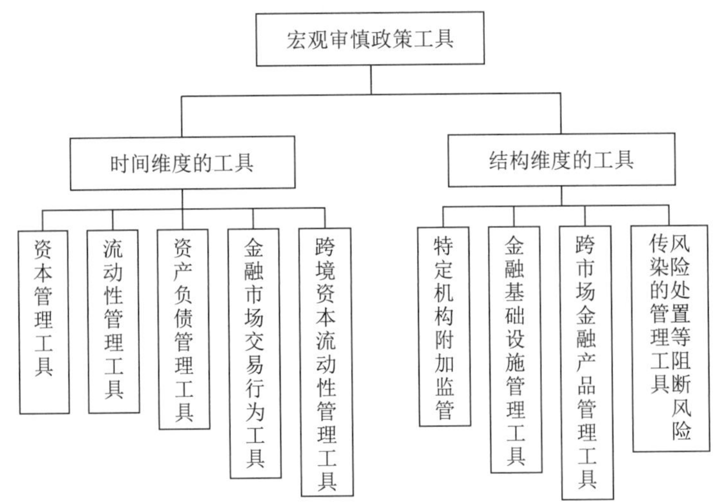

图 2-4　宏观审慎政策工具

（一）时间维度的工具

1.资本管理工具，主要通过调整对金融机构资本水平施加的额外监管要求、特定部门资产风险权重等，抑制由资产过度扩张或收缩、资产结构过于集中等导致的顺周期金融风险累积。

2.流动性管理工具，主要通过调整对金融机构和金融产品的流动性水平、资产可变现性和负债来源等施加的额外监管要求，约束过度依赖批发性融资以及货币、期限严重错配等，增强金融体系应对流动性冲击的韧性和稳健性。

3.资产负债管理工具，主要通过对金融机构的资产负债构成和增速进行调节，对市场主体的债务水平和结构施加影响，防范金融体系资产过度扩张或收缩、风险敞口集中暴露，以及市场主体债务偏离合理水平等引发的系统性金融风险。

4.金融市场交易行为工具，主要通过调整对金融机构和金融产品交易活动中的保证金比率、融资杠杆水平等施加的额外监管要求，防范金融市场价格大幅波动等可能引发的系统性金融风险。

5.跨境资本流动性管理工具，主要通过对影响跨境资本流动顺周期波动的因素施加约束，防范跨境资本"大进大出"可能引发的系统性金融风险。

（二）结构维度的工具

1.特定机构附加监管，通过对系统重要性金融机构提出附加资本和杠杆率、流动性等要求，对金融控股公司提出并表、资本、集中度、关联交易等要求，增强相关机构的稳健性，减轻其发生风险后引发的传染效应。

2.金融基础设施管理工具，主要通过强化有关运营及监管要求，增强金融基础设施的稳健性。

3.跨市场金融产品管理工具，主要通过加强对跨市场金融产品的监督和管理，防范系统性金融风险跨机构、跨市场、跨部门和跨境传染。

4.风险处置等阻断风险传染的管理工具，如恢复与处置计划，主要通过强化金融机构及金融基础设施风险处置安排，要求相关机构预先制定方案，当发生重大风险时根据预案恢复持续经营能力或实现有序处置，保障关键业务和服务不中断，避免引发系统性金融风险或降低风险发生后的影响。

按照对政策实施对象的约束力大小，宏观审慎政策工具可分为强约束力工具和引导类工具。强约束力工具是指政策实施对象根据法律法规要求必须执行的工具；引导类工具是指宏观审慎管理牵头部门通过研究报告、信息发布、评级公告、风险提示等方式，提出对系统性金融风险状况的看法和风险防范的建议。

根据系统性金融风险的来源和表现，由宏观审慎管理牵头部门会同相关部门开发新的宏观审慎政策工具。宏观审慎压力测试可以为开展宏观审慎管理提供重要参考和支撑。宏观审慎管理牵头部门通过测试极端情况下金融体系对冲击的承受能力，识别和评估系统性金融风险，启用和校准宏观审慎政策工具等。宏观审慎压力测试包括宏观层面压力测试、系统重要性金融机构压力测试、金融控股公司压力测试、金融行业压力测试等针对特定机构和行业的压力测试。

五、宏观审慎政策工具的使用

宏观审慎政策工具的使用一般包括启用、校准和调整三个环节，相关流程由宏观审慎管理牵头部门会同相关部门制定。

当潜在的系统性金融风险已触及启用宏观审慎政策工具阈值时，宏观审慎管理牵头部门会同相关部门结合监管判断，适时启用应对系统性金融风险的宏观审慎政策工具。在风险未触及启用宏观审慎政策工具阈值时，宏观审慎管理牵头部门会同相关部门通过综合分析评估，认为可能出现系统性金融风险时，也可基于监管判断启用宏观审慎政策工具。

宏观审慎政策工具启用后，宏观审慎管理牵头部门会同相关部门开展动态评估，综合判断宏观审慎政策工具是否达到预期、是否存在监管套利和未预期后果等。根据评估结果对宏观审慎政策工具进行校准，包括工具的适用范围、指标设计和政策要求等。

宏观审慎管理牵头部门会同相关部门，动态评估系统性金融风险态势，根据评估结果并结合监管判断，适时调整宏观审慎政策工具的具体值。

六、宏观审慎政策治理机制

宏观审慎管理牵头部门会同相关部门推动形成适合我国国情的宏观审慎政策治理机制，并根据具体实践不断完善。

宏观审慎管理牵头部门可推动建立矩阵式管理的宏观审慎政策架构，针对特定系统性金融风险，通过组建由宏观审慎管理牵头部门和相关部门组成的跨部门专项工作组等方式，跟踪监测、评估系统性金融风险，并对宏观审慎政策工具的使用提出建议。

根据系统性金融风险涉及的领域，宏观审慎管理牵头部门会同相关部门讨论和制定宏观审慎政策工具的启用、校准和调整。

宏观审慎管理牵头部门会同相关部门根据职责分工，组织实施所辖领域的宏观审慎管理工作，并对宏观审慎政策执行情况进行监督和管理。

宏观审慎管理牵头部门会同相关部门，及时跟踪评估宏观审慎政策工具的实施效果，将评估结果以适当形式向社会披露。

在金融委指导下，建立健全宏观审慎政策监督机制，加强对宏观审慎管理牵头部门及相关部门履行宏观审慎管理职责情况的监督，确保宏观审慎管理牵头部门及相关部门有效履职。

宏观审慎管理牵头部门建立健全宏观审慎政策沟通机制，做好预期引导，定期或不定期以公告、报告、新闻发布会等方式与市场进行沟通。沟通内容包括宏观审慎政策框架、政策立场、系统性金融风险评估、宏观审慎政策工具使用，以及未来可能采取的政策行动等，增强宏观审慎政策的透明度及可预期性。

七、支持与保障

在金融业综合统计工作机制下，宏观审慎管理牵头部门推动开展宏观审慎政策相关统计数据的采集与共享。相关统计数据的采集、使用与对外披露须严格遵守有关保密规定。

宏观审慎管理牵头部门根据防范系统性金融风险的需要，建立、维护和管理宏观审慎相关信息采集和监管系统，实现数据共享。

宏观审慎管理牵头部门会同相关部门制定和完善宏观审慎管理相关制度规定。

宏观审慎管理牵头部门会同相关部门建立突发性系统性金融风险应急机制，及时有效防控突发性系统性金融风险，降低次生风险。

八、政策协调

宏观审慎管理牵头部门会同相关部门建立宏观审慎工作协调机制。宏观审慎政策执行中如遇重大问题，提交金融委研究决定。跨部门协调议定的事项可通过会议纪要、备忘录等形式予以明确。

健全货币政策和宏观审慎政策双支柱调控框架，强化宏观审慎政策与货币政策的协调配合，促进实现价格稳定与金融稳定“双目标”。宏观审慎政策可通过约束金融机构加杠杆以及货币、期限错配等行为，抑制金融体系的顺周期波动，通过限制金融机构间关联程度和金融业务的复杂程度，抑制风险传染，促进金融机构、金融基础设施稳健运行，从而有利于货币政策的实施和传导，增强货币政策执行效果。

货币政策环境及其变化也对金融稳定构成重要影响，是制定宏观审慎政策需要考虑的重要因素。加强宏观审慎政策和货币政策协调配合，包括加强经济形势分析、金融风险监测方面的信息沟通与交流；在宏观审慎政策制定过程中考虑货币政策取向，充分征求货币政策制定部门的意见，评估政策出台可能的溢出效应和叠加效应，把握政策出台的次序和节奏；在政策执行过程中，会同货币政策制定部门定期评估政策执行效果，适时校准和调整宏观审慎政策。

强化宏观审慎政策与微观审慎监管的协调配合，充分发挥宏观审慎政策关注金融体系整体、微观审慎监管强化个体机构稳健性的优势，形成政策合力，共同维护金融稳定。宏观审慎政策从宏观视角出发，可对金融机构的一致性预期及其行为开展逆周期调节，提高对金融体系关键节点以及可能引发风险跨市场传染的金融产品、金融活动的管理要求，从而与微观审慎监管形成互补。微观监管部门较为全面的监管数据有助于提高系统性金融风险评估的准确性，有效的微观审慎监管措施有助于提高宏观审慎政策执行效果。

加强宏观审慎政策和微观审慎监管协调配合，包括加强金融风险监测方面的信息沟通与交流；在宏观审慎政策制定过程中综合考虑微观审慎监管环境，充分征求微观监管部门意见，评估政策出台可能的溢出效应和叠加效应，涉及微观监管部门所辖领域时，会同微观监管部门共同制定宏观审慎管理要求；在政策执行过程中，会同微观监管部门定期评估政策执行效果，适时校准和调整宏观审慎政策。

加强宏观审慎政策与国家发展规划、财政政策、产业政策、信贷政策等的协调配合，提高金融服务实体经济的能力。宏观审慎政策通过影响金融机构行为可能会对实体经济产生溢出效应，制定和执行宏观审慎政策时，需要做好与其他宏观调控政策制定部门的信息沟通，促进形成政策合力。

第六节　中央银行的外汇管理

外汇管理制度是关于外汇的流通、收支、兑换、转移管理的规则总称。它的主要内容包括：确定外汇管理的范围和外汇管理的机关，规定对外汇的买卖、收支、汇率、进出国境的管理等。

一、外汇、汇率及外汇管理制度

（一）外汇的概念及分类

外汇是指以外币表示的用于国际结算的支付凭证，包括外国货币、外币存款、外币有价证券(政府公债、国库券、公司债券、股票等)、外币支付凭证(票据、银行存款凭证、邮政储蓄凭证等)。包括中国在内的大多数国家或地区在其有关法律规定中,并未对外汇赋予一个明确的定义,而只是根据本国或本地区外汇管理的实际需要,采取列举的方式具体界定外汇的范围。例如,我国《外汇管理条例》第 3 条规定:"本条例所称外汇,是指下列以外币表示的可以用作国际清偿的支付手段和资产:(一)外币现钞,包括纸币、铸币;(二)外币支付凭证或者支付工具,包括票据、银行存款凭证、银行卡等;(三)外币有价证券,包括债券、股票等;(四)特别提款权;(五)其他外汇资产。"

外汇可以根据不同的标准进行分类。与外汇管理有关的,主要有以下几种:

(1)根据是否能自由兑换,可以分为自由兑换外汇、有限自由兑换外汇和记账外汇。自由兑换外汇是指无须经货币发行国或地区的有关机关批准,就可以自由兑换成其他国家或地区的货币,或者可以向第三国或地区办理支付的外汇。自由兑换外汇在国际结算中可以自由使用,如美元、欧元、加拿大元、英镑、澳大利亚元、新西兰元、日元、新加坡元、港元等属于此种外汇。与自由兑换外汇相对,必须经货币发行国批准,才能自由兑换成其他货币或对第三国进行支付的外汇即有限自由兑换外汇。世界上有一大半的国家货币属于有限自由兑换货币,包括人民币。记账外汇,也称"协定外汇",又称清算外汇或双边外汇,是指记账在双方指定银行账户上的外汇,不能兑换成其他货币,也不能对第三国进行支付。因此,从严格意义上讲,记账外汇不是外汇。

(2)根据来源和运用的不同,可以分为贸易外汇、非贸易外汇和金融外汇。贸易外汇是指属于进出口商品贸易收支结算范围内的外汇,即由于国际上的商品流通所形成的一种国际支付手段,主要包括商品进出口贸易中在收付货款以及相关的佣金、运费、保险费、宣传费、推销费等方面收入和支出的外汇。非贸易外汇是指非来源于或用于进出口贸易的外汇,主要包括侨汇、劳务外汇、捐赠外汇等。金融外汇是指以某种金融资产形态表现的外汇,既非来源于有形贸易或无形贸易,也非用于有形贸易,而是为了各种货币头寸的管理。银行同业间买卖的外汇、资本项目下资金流动等,都形成在国家之间流动的金融资产外汇。我国将非贸易外汇与金融外汇都统称为非贸易外汇,其主要包括:侨汇、旅游、港口、民航、保险、银行、对外承包工程等外汇收入和支出。

(3)根据持有人的不同,可以将外汇划分为居民外汇和非居民外汇。居民外汇是指一个国家或地区境内的居民,以各种形式持有的外汇。由于居民的外汇收支直接影响着居住国家或地区的国际收支,因此,在实行外汇管理的国家或地区,对居民外汇一般会实行比较严格的管理。在我国,境内的机关、部队、团体、企事业单位以及住在境内的中国人、外国侨民和无国籍人所收入的外汇属于居民外汇。非居民外汇是指在一个国家或地区临时居留的境外旅游者、留学生、短期回国的侨民、外国驻本国外交机构及外交人员、驻本国的国际机构和组织及其工作人员等非居民,以各种形式所持有的外汇。一般情况下,各国或地区对于非居民外汇的管理相对比较宽松。在我国,驻华外交代表机构、领事机构、商务机构、驻华的国际组织机构和民间机构以及这些机构常驻人员从境外携入或汇入的外汇都属非居民外汇。

(4)根据国际收支发生项目的不同,可以划分为经常项目外汇和资本项目外汇。经常项目指本国与外国进行经济交易而经常发生的项目，是国际收支平衡表中最主要的项目，包括对外贸易收支、非贸易往来和无偿转让三个项目。经常项目外汇是指国际收支中经常发生的交易项目所产生的外汇。资本项目是指国际收支中因资本输出和输入而产生的资本与负债的增减项目，包括直接投资、各类贷款、证券投资等。资本项目外汇是指国际收支中因资本的输出和输入而产生的外汇。对经常项目与资本项目外汇的限制，多数国家持有宽严不一的标准。目前，我国对经常项目的外汇交易基本不实行外汇管制，但对资本项目的外汇交易进行一定的限制。

(5)根据外汇汇率的市场走势不同，可区分为硬通货和软通货。由于多方面的原因，国际市场上的货币币值总是经常变化，导致汇率的变动。根据币值和汇率走势，外汇可以分为“硬通货”(“硬外汇”，或称“强势货币”)和“软通货”(“软外汇”，或称“弱势货币”)。前者是指国际信用较好、币值稳定、汇价呈坚挺状态的自由兑换货币；后者是指币值不够稳定、汇价呈走低趋势的自由兑换货币。硬通货通常是由经济高度发达的国家发行的，汇价非常稳定，因而在外汇市场上具有极高的流动性，在国际贸易支付中被全球广泛接受。当然，由于国内外政治、经济千变万化，各种货币币值的稳定也会受到影响，因而“硬通货”“软通货”的状态也并非一成不变。例如，在 20 世纪 50 年代，美元一直是硬通货，但到 60 年代后期和 70 年代，由于美国国内的高通货膨胀以及巨额的国际收支逆差，使得美元汇价呈下降趋势，美元由硬通货变为软通货。20 世纪 80 年代初，伴随着美国实施的高利率政策和紧缩银根政策，美国经济逐渐走出“滞涨”状态，美元汇率又不断上浮，再度成为国际金融市场上的硬通货。

(二)汇率的概念及分类

汇率又称“汇价”或“外汇行市”，是一国或地区的货币兑换另一国或地区的货币的比率，是以一种货币表示另一种货币的价格。各国或不同地区的经济发展状况及经济实力不同，导致不同国家或地区所发行货币的购买力也不相同。因此，首先要根据不同货币所代表的价值规定一个兑换率，即汇率，各国或地区的货币才能进行兑换。在实行市场汇率的国家或地区，该国或地区的汇率由对该国或地区的货币兑换外币的需求和供给所决定。不同的货币在进行兑换前，先要确定用哪个国家的货币作为标准，这就形成汇率的两种标价方法，即直接标价法和间接标价法。

直接标价法又称“应付标价法”，它是以一定单位的外国货币(1、100、1000、10000)为标准，将外国货币折算成一定金额本国货币的标价方法。采用直接标价法公布汇率时，外国货币的单位固定不变，本国货币的金额随该单位的外国货币或本国货币币值的变化而变化。如果一定单位的外国货币所折算成本国货币的金额增加，说明外币币值上升或本币币值下跌，这就叫外汇汇价上涨；如果一定单位的外国货币所折算成本国货币的金额减少，则说明外币的币值在下降或本币币值在上升，这叫外汇汇价下跌。目前，包括中国在内的绝大多数国家或地区在公布汇率时，采用的是直接标价法。2005 年 7 月 21 日，中国人民银行宣布废除原先盯住单一美元的货币政策，开始实行以市场供求为基础、参考“一篮子”货币进行调节、有管理的浮动汇率制度。自此，中国人民银行于每个工作日闭市后公布当日银行间外汇市场美元等交易货币对人民币汇率的收盘价，作为下一个工作日该货币对人民币交易的中间价格。[①] 例如，中国人民银行授权中国外汇交易中心公布，2024 年 5 月 30 日银行间外汇市场人民币汇率中间价为：1 美元兑人民币 7.1111 元，1 欧元兑人民币 7.7222 元，100 日元兑人民币 4.5480 元，1 港元兑人民币 0.91019 元，1 英镑兑人民币 9.0814 元，1 澳大利亚元兑人民币 4.7366 元，1 加拿大元兑人民币 5.2189 元。

间接标价法又称"应收标价法"，它是以一定单位的本国货币（如 1 单位）为标准，将本国货币折算成一定金额外币的标价方法。采用间接标价法公布汇率时，本国货币的单位金额固定不变，外币的金额随本国货币或外币币值的变化而变化。如果一定数额的本币能兑换的外币数额比前期少，说明外币币值上升，本币币值下降，即外汇汇价下跌；如果一定数额的本币能兑换的外币数额比前期多，则说明外币币值下降，本币币值上升，即外汇汇价上升，即外汇的价值和汇率的升跌成反比。因此，间接标价法与直接标价法相反。在国际外汇市场上，采用间接标价法的较少，目前有美元、欧元、英镑、澳元等。例如，2024 年 5 月 30 日纽约外汇市场 1 美元兑换 156.830000 日元，较前一交易日下降 0.5264％；1 美元兑换 0.903400 瑞士法郎，较前一交易日下降 1.0731％；1 美元兑换 1.368100加元，较前一交易日下降 0.2770％。

汇率也可以根据不同的标准进行分类。与外汇管理有关的主要有以下几种：

（1）根据能否浮动，可以将汇率划分为固定汇率和浮动汇率。固定汇率是指由政府制定和公布，只能在一定幅度内波动的汇率。浮动汇率是指政府不规定汇率上下波动的幅度，由市场供求关系决定的汇率，其又分为自由浮动和管理浮动两种形式。前者是指政府不采取任何干预措施，完全按供求关系自由浮动的浮动汇率；后者是指政府要采取一定的措施进行干预，以保证其相对平稳的浮动汇率。目前，绝大多数国家都实行有管理的浮动汇率制。我国在名义上实行的也是"有管理的浮动汇率制"，但其实质上还不属于浮动汇率制度，而是变相的固定汇率制度。

（2）根据是否由政府有关机关制定，可以将汇率划分为法定汇率和市场汇率。法定汇率又称"官方汇率"，它是由一国或地区的中央银行或专门的外汇管理机关依法制定并公布的汇率。在外汇管理较为严格的国家或地区，一切外汇交易都必须按照法定汇率进行。官方汇率又可分为单一汇率和多重汇率，前者是指中央银行或相关机构只制定并公布一种汇率，后者是指中央银行或相关机构制定并公布一种以上的对外汇率。在外汇管理比较宽松

① 人民币汇率中间价是即期银行间外汇交易市场和银行挂牌汇价的最重要参考指标。自 2006 年 1 月 4 日起，中国人民银行授权中国外汇交易中心于每个工作日上午 9 时 15 分对外公布当日人民币对美元、欧元、日元和港币汇率中间价，作为当日银行间即期外汇市场（含 OTC 方式和撮合方式）以及银行柜台交易汇率的中间价。人民币对美元汇率中间价的形成方式是：中国外汇交易中心于每日银行间外汇市场开盘前向所有银行间外汇市场做市商询价，并将全部做市商报价作为人民币对美元汇率中间价的计算样本，去掉最高和最低报价后，将剩余做市商报价加权平均，得到当日人民币对美元汇率中间价，权重由中国外汇交易中心根据报价方在银行间外汇市场的交易量及报价情况等指标综合确定。人民币对欧元、日元和港币汇率中间价由中国外汇交易中心分别根据当日人民币对美元汇率中间价与上午 9 时国际外汇市场欧元、日元和港币对美元汇率套算确定。人民币汇率中间价计算：（最高时价位＋最低时价位）/2。

的国家或地区，一般实行单一汇率制。多重汇率是外汇管制的一种特殊形式，其目的在于限制资本的流入或流出，奖励出口或限制进口等。市场汇率又称“自由汇率”，是指在自由外汇市场上进行买卖外汇的实际汇率，随市场供求关系的变化而自由波动。在外汇管理较松的国家，官方宣布的汇率往往只起中心汇率的作用，实际外汇交易则按市场汇率进行。

(3)从银行买卖外汇的角度出发，可以将汇率划分为买入汇率、卖出汇率、中间汇率和现钞汇率。买入汇率，也称买入价，即银行向同业或客户买入外汇时所使用的汇率。卖出汇率，也称卖出价，即银行向同业或客户卖出外汇时所使用的汇率。买入、卖出之间有个差价，这个差价是银行买卖外汇的收益。中间汇率是买入价与卖出价的平均数，是不含银行买卖外汇收益的汇率，常用来衡量和预测某种货币汇率变动的幅度和趋势。外汇银行在对外挂牌公布汇价时既有买入价、卖出价，还有一个现钞价，即买卖外汇现钞的兑换率。很多国家或地区不允许外汇在本地直接使用，外汇兑换后需运送回发行地或可自由流动的地域。如此，运送外币现钞将会花费一定的运费和保险费，这种成本必须摊到客户身上。因此，银行在收兑外币现钞时的汇率通常要低于外汇买入汇率，而银行卖出外币现钞时使用的汇率则高于其他外汇卖出汇率。

(三)外汇管理制度

外汇管理也称“外汇管制”，在广义上是指一个国家或地区的政府授权中央银行或其他机构依法对该国境内或管辖区域内的外汇收支、买卖、借贷、转移、汇率和外汇市场等方面实行的管理。在狭义上，外汇管理是指对本国货币与外国货币之间的兑换进行一定的限制。本章所称的外汇管理指的是广义上的外汇管理。由于不同的国家和地区经济发展状况与对外开放度不同，外汇管制的宽严度也不一样。一般来说，发达国家的外汇管制一般都比较宽松，而大部分发展中国家则实行从紧的外汇管制。

根据各国或各地区外汇管制的不同项目以及同一项目的宽严度的差别，可以将外汇管制划分为三种不同的类型：(1)严格的外汇管制，即经常项目和资本项目等国际收支项目下的所有外汇收支都要受到严格的管理，禁止一切外汇的自由买卖。实行这种外汇管制的国家通常经济比较落后，外汇资金短缺，市场机制不发达，本国产品的国际竞争能力较差，因而试图通过集中分配和使用外汇来达到促进经济发展的目的。(2)部分型外汇管制，即对经常项目的外汇交易原则上不实行或基本不实行限制，但对资本项目的外汇交易则仍然加以管理。一些经济发展比较快的新兴市场国家多采取这种外汇管理制度，这些国家经济发展快速，国内市场对外逐渐开放，产品的竞争力较大，外汇储备雄厚，实行外汇管理的主要目的是防止不利于本国经济发展的资本流动，维持本国的汇价。(3)完全自由型外汇管制，即在形式上取消外汇管制，对经常项目与资本项目的外汇收支均不进行限制，外汇可自由兑换、自由流通。发达国家以及一些国际收支顺差较大的石油输出国，往往采用这种类型的外汇管制。

二、我国的外汇管理制度

(一)我国外汇管理制度的立法现状

1996 年 1 月 29 日国务院颁布了《中华人民共和国外汇管理条例》(以下简称《外汇管

理条例》)，1996 年年底实现人民币经常项目下可兑换之后，国务院于 1997 年 1 月 14 日对《外汇管理条例》进行了修订。2008 年 8 月 1 日国务院对《外汇管理条例》进行了再次修订。《外汇管理条例》确立我国外汇管理的原则，具体包括：(1)国家对经常性国际支付和转移不予限制。(2)国家实行国际收支统计申报制度，国务院外汇管理部门应当对国际收支进行统计、监测，定期公布国际收支状况。(3)经营外汇业务的金融机构应当依法向外汇管理机关报送客户的外汇收支及账户变动情况。(4)中华人民共和国境内禁止外币流通，并不得以外币计价结算，但国家另有规定的除外；境内机构、境内个人的外汇收入可以调回境内或者存放境外。(5)调回境内或者存放境外的条件、期限等，由国务院外汇管理部门根据国际收支状况和外汇管理的需要作出规定。(6)国务院外汇管理部门依法持有、管理、经营国家外汇储备，遵循安全、流动、增值的原则。(7)国际收支出现或者可能出现严重失衡，以及国民经济出现或者可能出现严重危机时，国家可以对国际收支采取必要的保障、控制等措施等。此外，围绕国务院颁布的《外汇管理条例》，中国人民银行、国家外汇管理局等相关单位发布一系列的有关外汇管理的规章及规范性文件，建构起我国现行的外汇管理制度。

(二)我国外汇管理的主管机关及其职责

我国外汇管理的职能机构是国家外汇管理局及其分支机构。国家外汇管理局为副部级国家局，内设综合司(政策法规司)、国际收支司、经常项目管理司、资本项目管理司、管理检查司、储备管理局、人事司(内审司)、科技司八个职能司(室)和机关党委，设置中央外汇业务中心、外汇业务数据监测中心、机关服务中心、外汇研究中心等 4 个事业单位。国家外汇管理局在各省、自治区、直辖市、副省级城市设有 34 个分局(外汇管理部)；在北京、重庆设立外汇管理部；在部分地(市)设有 310 个中心支局；在部分县(市)设有 517 个支局，国家外汇管理局的分支机构与当地的中国人民银行分支机构合署办公。

国家外汇管理局的基本职责是：(1)研究提出外汇管理体制改革和防范国际收支风险、促进国际收支平衡的政策建议；研究落实逐步推进人民币资本项目可兑换、培育和发展外汇市场的政策措施，向中国人民银行提供制定人民币汇率政策的建议和依据。(2)参与起草外汇管理有关法律法规和部门规章草案，发布与履行职责有关的规范性文件。(3)负责国际收支、对外债权债务的统计和监测，按规定发布相关信息，承担跨境资金流动监测的有关工作。(4)负责全国外汇市场的监督管理工作，承担结售汇业务监督管理的责任，培育和发展外汇市场。(5)负责依法监督检查经常项目外汇收支的真实性、合法性；负责依法实施资本项目外汇管理，并根据人民币资本项目可兑换进程不断完善管理工作；规范境内外外汇账户管理。(6)负责依法实施外汇监督检查，对违反外汇管理的行为进行处罚。(7)承担国家外汇储备、黄金储备和其他外汇资产经营管理的责任。(8)拟订外汇管理信息化发展规划和标准、规范并组织实施，依法与相关管理部门实施监管信息共享。(9)参与有关国际金融活动。(10)承办国务院及中国人民银行交办的其他事宜。国家外汇管理局的各分、支局，依照其职责权限，在各自的辖区范围内，履行外汇管理的职责。

(三)我国外汇管理的对象

与世界上许多国家和地区相同,我国外汇管理的对象也分为物、人和区域三大类。

(1)对物的外汇管理。根据《外汇管理条例》第 3 条的规定,我国外汇管理中的物是指以外币表示的,可以用作国际清偿的支付手段和资产。具体包括:外币现钞,包括纸币、铸币;外币支付凭证或者支付工具,包括票据、银行存款凭证、银行卡等;外币有价证券,包括债券、股票等;特别提款权;其他外汇资产。

(2)对人的外汇管理。对人的外汇管理分为居民的外汇管理和非居民的外汇管理。根据《外汇管理条例》第 4 条的规定,境内机构、境内个人的外汇收支或者外汇经营活动,以及境外机构、境外个人在境内的外汇收支或者外汇经营活动,适用本条例。本条所指的"境内机构",是指中华人民共和国境内的国家机关、企业、事业单位、社会团体、部队等,外国驻华外交领事机构和国际组织驻华代表机构除外。本条所指的"境内个人",是指中国公民和在中华人民共和国境内连续居住满 1 年的外国人,外国驻华外交人员和国际组织驻华代表除外。

(3)外汇管理区域。根据《外汇管理条例》第 8 条的规定,我国的外汇管理区域为中华人民共和国境内的所有区域。但是,保税区、边境贸易和边民互市地区的外汇管理,则由国家外汇管理局根据《外汇管理条例》的原则另行制定管理规则。

(四)我国外汇管理制度的基本内容

根据现行外汇管理立法,我国外汇管理制度的基本内容包括:经常项目的外汇管理,资本项目的外汇管理,个人的外汇管理,金融机构的外汇业务管理,人民币汇率形成机制,外汇市场管理,国际收支统计与监测体系等。

1.经常项目的外汇管理

经常项目是指国际收支中涉及货物、服务、收益及经常转移的交易项目等。1996 年,我国正式接受《国际货币基金协定》第 8 条,实现人民币经常项目可兑换。《外汇管理条例》规定,国家对经常性国际支付和转移不予限制。当然,不予限制并不等于不管理。为区分经常项目和资本项目交易,防止无交易基础的逃骗汇、洗钱等违法犯罪行为,我国经常项目外汇管理仍然实行真实性审核(包括指导性限额管理),即经常项目外汇收支应当具有真实、合法的交易基础。经营结汇、售汇业务的金融机构应当按照国务院外汇管理部门的规定,对交易单证的真实性及其与外汇收支的一致性进行合理审查。外汇管理机关有权对前款规定事项进行监督检查。根据国际惯例,这并不构成对经常项目可兑换的限制。

2.资本项目的外汇管理

根据外汇体制改革的总体部署和长远目标,中国资本项目外汇收支管理的基本原则是在取消经常项目汇兑限制的同时,完善资本项目外汇管理,逐步创造条件,有序地推进人民币在资本项目下可兑换。2004 年年底,按照国际货币基金组织划分的七大类 43 项资本项目交易中,我国有 11 项实现可兑换,11 项较少限制,15 项较多限制,严格管制的仅有 6 项。但 2008 年新修订的《外汇管理条例》对以上原来实施较多限制或严格管制的资本项目,进一步放松或取消限制,尤其是表现在境内机构对外直接投资与放贷、境内机构与个人对外证券投资等方面。修订后的《外汇管理条例》对资本项目下的外汇管理也作了如下原则性规定：(1)资本项目外汇收入保留或者卖给经营结汇、售汇业务的金融机构，应当经外汇管理机关批准，但国家规定无须批准的除外；(2)资本项目外汇支出，应当按照国务院外汇管理部门关于付汇与购汇的管理规定，凭有效单证以自有外汇支付或者向经营结汇、售汇业务的金融机构购汇支付，国家规定应当经外汇管理机关批准的，应当在外汇支付前办理批准手续；(3)资本项目外汇及结汇资金，应当按照有关主管部门及外汇管理机关批准的用途使用。外汇管理机关有权对资本项目外汇及结汇资金使用和账户变动的情况进行监督检查。

案例分析：2023 年 7 月和 2024 年 3 月，A 银行管辖分行为一家 A 股上市公司外资股东减持股份办理对外付汇业务两笔，金额合计 3126 万美元。A 银行在该公司尚未取得外汇局核准件的情况下，即为其办理了上市公司外资股东减持股份对外付汇业务。外汇局对 A 行处以人民币 5 万元罚款。

思考：

1.对非理性的对外投资如何管理？效果如何？

2.资本项目外汇管理如何协调防范对外投资风险与对外投资便利化之间的关系？

3.个人的外汇管理

近年来，随着经济的发展，个人外汇收支情况越来越频繁，为便利个人外汇收支，简化业务手续，规范外汇管理，根据《外汇管理条例》《结汇、售汇及付汇管理规定》等相关法规，中国人民银行于 2006 年 12 月 25 日对外发布了《个人外汇管理办法》，并于 2007 年 2 月 1 日开始施行。2007 年 1 月，国家外汇管理局印发《个人外汇管理办法实施细则》，2007 年 2 月 1 日开始施行，并于 2016 年 5 月 29 日对第 9 条第 2 项作了修正。2020 年 8 月 28 日，国家外汇管理局发布了《经常项目外汇业务指引(2020 年版)》的通知，同时废止了 2015 年 12 月的《关于进一步完善个人外汇管理有关问题的通知》。

《个人外汇管理办法》将个人外汇业务按照交易主体区分为境内与境外个人外汇业务，按照交易性质划分为经常项目和资本项目个人外汇业务。① 经常项目下的个人外汇业务按照可兑换原则管理，资本项目下的个人外汇业务按照可兑换进程管理。银行和个人在办理个人外汇业务时，不得以分拆等方式逃避限额监管，也不得使用虚假商业单据或者凭证逃避真实性管理。对个人结汇和境内个人购汇实行年度总额管理，年度总额分别为每人每年等值 5 万美元。国家外汇管理局可根据国际收支状况，对年度总额进行调整。年度总额内的，可凭本人有效身份证件在银行办理；超过年度总额的，经常项目下凭本人有效身份证件和有交易额的相关证明等材料在银行办理，资本项目下按照有关规定办理。

---

① 境内个人是指持有中华人民共和国居民身份证、军人身份证件、武装警察身份证件的中国公民。境外个人是指持护照、港澳居民来往内地通行证、台湾居民来往大陆通行证的外国公民(包括无国籍人)以及港澳台同胞。

案例分析：2022 年 3 月 19 日，境内居民个人吴某通过其在 A 银行某支行的借记卡划给在某银行管辖分行网点开户的李某 700 万元人民币。当日，李某以出境旅游的名义，通过 12 个人在该网点柜台分拆购汇 60 万美元。3 月 20 日又通过 8 个人，在该行网点柜台分拆购汇 40 万美元，所购外汇 100 万美元全部汇往吴某在香港的账户。

思考：

1.人民币国内市场与外汇市场之间的关系如何？对个人的影响如何？

2.人民币国际化与外汇管制之间的关系如何协调？其发展趋势如何？

4.金融机构的外汇业务管理

金融机构经营或者终止经营结汇、售汇业务，应当经外汇管理机关批准；经营或者终止经营其他外汇业务，应当按照职责分工经外汇管理机关或者金融业监督管理机构批准。

目前，经常项目的外汇收支基本上直接到外汇指定银行办理，资本项目的外汇收支经外汇管理部门批准或核准后，也在外汇指定银行办理。经营外汇业务的金融机构应当按照国务院外汇管理部门的规定为客户开立外汇账户，并通过外汇账户办理外汇业务。经营外汇业务的金融机构应当依法向外汇管理机关报送客户的外汇收支及账户变动情况。经常项目外汇收支应当有真实、合法的交易基础。经营结汇、售汇业务的金融机构应当按照国务院外汇管理部门的规定，对交易单证的真实性及其与外汇收支的一致性进行合理审查。外汇管理机关有权对金融机构的执行情况进行监督检查。

近年来，外汇管理机关通过加大外汇查处力度，整顿外汇市场秩序，积极推进外汇市场信用体系建设，初步建立起以事后监管和间接管理为主的信用管理模式。外汇管理机关对金融机构外汇业务实行综合头寸管理，金融机构的资本金、利润以及因本外币资产不匹配需要进行人民币与外币转换的，应当经外汇管理机关批准。

5.人民币汇率形成机制

人民币汇率实行以市场供求为基础的、有管理的浮动汇率制度。自 2005 年 7 月 21 日起，我国开始实行以市场供求为基础、参考“一篮子”货币进行调节、有管理的浮动汇率制度。人民币汇率不再盯住单一美元，而是按照我国对外经济发展的实际情况，选择若干种主要货币，赋予相应的权重，组成一个货币篮子。同时，根据国内外经济金融形势，以市场供求为基础，参考“一篮子”货币计算人民币多边汇率指数的变化，对人民币汇率进行管理和调节，维护人民币汇率在合理均衡水平上的基本稳定。参考“一篮子”货币表明外币之间的汇率变化会影响人民币汇率，但参考“一篮子”不等于盯住“一篮子”货币，它还需要将市场供求关系作为另一重要依据，以此形成有管理的浮动汇率。

6.外汇市场管理

在计划经济时期，外汇管理高度集中，没有外汇市场。改革开放之初，实行外汇留成制度，建立和发展外汇调剂市场。1994 年，实行银行结售汇，建立全国统一的银行间外汇市场和银行对客户的结售汇市场。2005 年 7 月，汇率形成机制改革以后，继续改进银行间外汇市场交易机制，扩大市场主体，增加市场交易工具，进一步理顺供求关系。经营结汇、售汇业务的金融机构和符合国务院外汇管理部门规定条件的其他机构，可以按照国务院外汇管理部门的规定在银行间外汇市场进行外汇交易。外汇市场交易应当遵循公开、公平、公正和诚实信用的原则，外汇市场交易的币种和形式由国务院外汇管理部门规定。国务院外汇管理部门依法监督管理全国的外汇市场，并根据外汇市场的变化和货币政策的要求，依法对外汇市场进行调节。目前，我国初步形成外汇零售和银行间批发市场相结合，竞价和询价交易方式相补充，覆盖即期、远期和掉期等类型外汇交易工具的市场体系。

2021 年 12 月，国家外汇管理局发布《外汇市场交易行为规范指引》，旨在促进外汇市场诚信、公平、有序、高效运行。其主要内容包括：一是适用于银行间市场和对客户柜台市场。二是规范对象包括外汇市场参与各方，既包括从事外汇交易的机构，也包括中国外汇交易中心、银行间市场清算所股份有限公司、货币经纪公司等。三是重点规范外汇市场交易行为，核心内容是交易管理和信息管理。四是为银行等金融机构对客户在柜台开展的外汇交易设置 1 年的过渡期。

7.国际收支统计与监测体系

国家外汇管理部门的职责之一在于，负责国际收支、对外债权债务的统计和监测，按规定发布相关信息，承担跨境资金流动监测的有关工作。国际收支是指一个国际或经济体与世界其他国家或经济体之间的进出口贸易、投融资往来等各项国际经济金融及对外的资产负债（或对外债权债务）情况。国际收支风险监测和预警，就是要及时把握国内外经济金融形势变化和市场走势，判断国际收支和外汇收支风险状况，并对国际收支运行中的脆弱性和可能发生的危机作出预警。这是在扩大对外开放过程中，维护我国金融安全的客观需要，也是实现从事前监管到事后监管、从行为监管到主体监管的外汇管理方式转变的迫切要求。

1995 年之前，我国国际收支统计数据的收集主要依赖于国家各个行政主管部门从行业统计角度搜集有关数据，再由国家外汇管理局进行超级汇总，并按照国际货币基金组织《国际收支手册》（第 4 版）编制全国的国际收支平衡表。1996 年起，我国遵循国际惯例，正式实施国际收支统计申报制度，并建立国际收支统计监测系统。2004 年，建立贸易信贷调查制度。自 2005 年起，国家外汇管理局每半年发布一次《中国国际收支报告》。我国自此开始编制并对外公布国际收支平衡表，通过金融机构进行国际收支间接申报，以此提高国际收支统计数据的透明度。

近年来，国家外汇管理局不断完善国际收支统计与监测体系，具体工作包括：完善银行结售汇统计，启动银行结售汇统计报表改造工作，重新设计和开发新版银行结售汇统计系统；升级国际收支统计监测系统，加强对跨境资金流动的监测；加快建设国际收支统计监测预警体系，初步建立高频债务监测系统和市场预期调查系统，不断提高预警分析水平。具体而言，我国实行国际收支统计申报制度，国务院外汇管理部门应当对国际收支进行统计、监测，定期公布国际收支状况。国际收支出现或者可能出现严重失衡，以及国民经济出现或者可能出现严重危机时，国家可以对国际收支采取必要的保障、控制等措施。同时，我国国际收支风险监测和预警体系的基本框架是：多层次的国际收支风险监测和预警系统，辅之以市场预期调查系统、企业贸易信贷抽样调查系统以及企业出口换汇成本调查系统，最终形成对外汇收支形势和国际收支形势的分析和风险预警报告。

（五）我国外汇管理制度的变化趋势

在世界经济一体化、金融活动全球化的背景下，中国经济正在深度融入世界，目前我国已经成为全球第二大经济体、第一大贸易国和重要的直接投资国，但是现行的外汇管理制度尚未完全能够契合投资贸易需求，也与我国大国地位不相称。鉴于此，我国“十三五”规划明确提出，要有序实现人民币资本项目可兑换，提高可兑换、可自由使用程度，稳步推进人民币国际化，推进人民币资本走出去。逐步建立外汇管理负面清单制度。放宽境外投资汇兑限制，改进企业和个人外汇管理。

近年来，人民币国际化进一步提速，自贸区与“沪港通”“深港通”合力“先试先行”，驱动中国资本账户可兑换向深层次发展，国家坚持实施“一带一路”倡议并支持国内企业“走出去”，参与“一带一路”共同建设和国际产能合作以及海外高新技术企业收购，我国跨境资金流动规模不断扩大，客观上要求不断深化外汇管理改革，进一步放松外汇管制，满足市场主体日益增长的贸易和投资便利化需求。

当前，我国外汇管理的重点从“促进贸易便利化”转变为更加开放性的“促进贸易投融资便利化”。将本外币一体化的全口径跨境融资宏观审慎管理试点由面向 27 家金融机构和注册在上海、天津、广州、福建 4 个自贸区的企业扩大至全国范围内的金融机构和企业。对金融机构和企业不实行外债事前审批，而是由金融机构和企业在与其资本或净资产挂钩的跨境融资上限内，自主开展本外币跨境融资。放宽境外机构投资者投资银行间债券市场有关外汇管理的限制，对境外机构投资者实行登记管理，境外机构投资者通过结算代理人办理外汇登记；不设单家机构限额或总限额，境外机构投资者可凭相关登记信息，到银行直接办理资金汇出入和结汇或购汇手续，无须再到外汇管理局进行核准或事前审批；资金汇出没有锁定期及分期汇出的安排。进一步放宽合格境外机构投资者（QFII）额度限制，并简化审批流程，进一步提高对人民币合格境外机构投资者（RMB Qualified Foreign Institutional Investors，RQFII）和 QFII 机构外汇管理的一致性，推动境内金融市场开放。在支持实体经济发展、促进贸易投资便利化方面，进一步扩大银行持有的结售汇头寸下限，统一中外资企业借用外债政策，简化 A 类企业收结汇手续，明确货物贸易离岸转手买卖单证审核要求，规范货物贸易风险提示函制度等措施。虽然，外汇管理制度改革是一个漫长和复杂的过程，其中不仅涉及境内制度的修改以及境内外制度的对接，更需要有理念上的协调。但可以预见，未来我国的外汇管理将呈现越来越宽松的态势。

同时，需要注意的是，近年来金融科技迅猛发展，不仅降低金融业交易成本、提高运营效率，同时也对跨境资金流动渠道、方式和规模等产生影响，对现有的外汇管理形成一定的挑战。金融科技创新在跨境业务领域的应用主要体现在跨境收付服务、跨境交易展业、外汇交易新模式、交易风险管控等方面。如借助区块链技术，目前环球同业银行金融电讯协会（SWIFT）以及多家银行陆续实施了针对现有跨境支付清算体系的改造。面对金融科技的普及和深化，外汇管理挑战主要体现在以下两个方面：一方面是数据统计处理所引发的管理问题。目前外汇数据呈现出几何级增长，数据体量巨大，信息采集难和信息处理难是打通数据分析利用的一大难点。另一方面，无纸化、电子化，货物流与资金流分离的跨境交易模式，冲击着现有的外汇收支真实性与一致性的审核基础，对现有的外汇管理理念和管理技术而言都是挑战。因此，外汇管理理念和制度如何适应新时代下金融科技的挑战对央行的外汇管理而言具有至关重要的作用。

本章小测

一、客观题（扫码开始测试）

二、主观题

1.简述中央银行的概念和职能。
2.简述中央银行的性质与法律地位。
3.简述中央银行的货币政策工具及其调控原理。
4.从法律的视角看中国人民银行货币政策在实践中可能碰到的问题。
5.简述中国人民银行的金融监管职能以及与银行业监管机构的协调问题。
6.简述中国人民银行的外汇管理制度以及存在的问题。
7.简述我国外汇管理制度的变动趋势。
8.数字货币对货币政策的风险与挑战。

第三章　金融监督管理法

思维导图

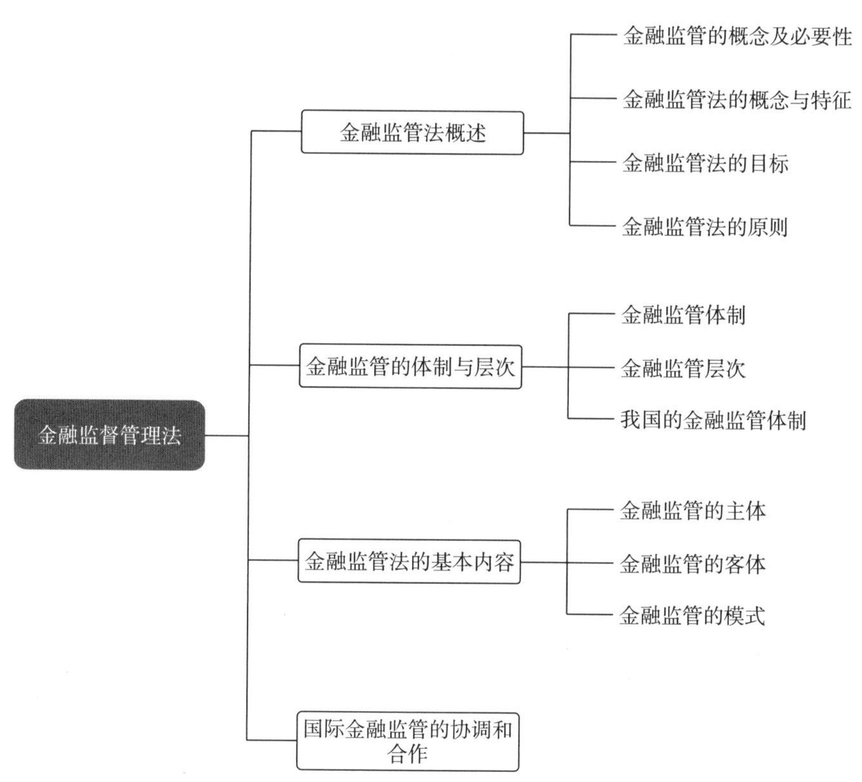

金融监管法在金融法中占据着重要的地位，是维护金融市场稳定、保护投资者利益、防范金融风险、促进金融机构健康发展的关键所在。因此，本章第一节立基于金融监管及其必要性介绍金融监管法，包括金融监管法的特征、目标与原则；第二节介绍了金融监管的体制与层次，阐析了不同监管体制与一国金融行业发展需求的匹配关系；第三节介绍了金融监管法的基本内容，包括金融监管的主体、客体、模式，监管主体的职权、监管过程以及监管方法等；第四节从国际金融监管的视角介绍了国际金融监管的协调与合作。

第一节　金融监管法概述

一、金融监管的概念及必要性

（一）金融监管的概念

所谓金融监管（Financial Regulation），就是“金融监督”与“金融管理”的合称。前者侧重于对金融业的监督运行，后者则倾向于金融业的管理调控。金融监管的概念有广义与狭义之分：狭义的金融监管指的是金融监管当局为保证金融业的稳定发展，而根据其所在国法律法规的授权，对相关金融机构及其活动进行监督、约束与管控的行为统称。广义的金融监管除狭义的金融监管外，还包括金融行业协（公）会、金融交易所、社会中介组织以及金融机构内部控制在内的外部监管与自我监管。

（二）金融监管的必要性

14、15 世纪孕育于意大利威尼斯的银行业揭开金融发展史的篇章，此后，以世界上第一家商业银行 1694 年英格兰银行的诞生为标志，各国的银行如雨后春笋般涌现，如美国于 1782 年成立国内第一家商业银行——北美银行，法国于 1800 年成立巴黎银行，日本于 1873 年成立第一国立银行，中国则在 1897 年创办官商合一的中国通商银行。银行业在起步阶段未见有相应的监管制度同步上路，但在银行业经历金融风波与市场动荡的浮沉后，配套的监管制度逐步确立，以限制高利贷和银行权力为核心的法律，诸如英国的《银行法》、美国的《国民银行法》、德国的《银行法》相应出台。

随着金融业的发展，金融风险也随之而来。美国经济学家奈特在其 1921 年出版的著作《风险、不确定性及利润》中将风险定义为“从事后角度看是由于不确定性因素而造成的损失”。申言之，金融风险就是金融市场中促成金融危机产生的不确定因素叠加，金融消费者或金融机构的利益减损就是风险的结果。

回顾金融业的发展史，金融风险与金融监管相伴而生，金融监管的滥觞就是金融风险乃至金融危机的肇端。在金融业发展的初期并不存在严格意义上的金融监管，金融监管的概念是在资本与金融业不断进行破坏性创新的过程中逐步确立的。在从重商主义向自由主义思潮过渡的时代，资本主义国家笃信市场主导地位对经济发展的积极作用，过度高估了市场机制这双“看不见的手”的调控作用，最终不可避免地落入市场失灵的陷阱。偏重市场对资源配置作用的倾向同样见于金融业，此举也正是金融风险与金融危机产生的关键归因，后者更是数次大规模国际武装冲突乃至世界大战的始作俑者。因此，学界普遍认为金融监管的诞生是为防范金融风险，化解金融危机，维护金融安全。[①] 全面认识金融监管的必要性，不可避免地需要从其对国民经济的重要性与自身特点方面进行分析。

第一，从现代国民经济社会发展角度看，金融在大多数国家的国民经济体系中居于重要地位。随着市场经济与商品经济的扩张，金融发展与创新已经将其自身渗透进国民经济运行的诸多方面，通过金融产品与金融衍生品广泛地影响各行业的发展。作为国民财富集聚的中心，国民经济运作的关键系统，货币信用体系的支撑体系，金融业的稳定安全与否对把控国家经济走势，影响社会福祉，维持社会秩序稳定发挥着至关重要的作用。但金融体系内在的脆弱性与高外部性，让金融业发展如履薄冰。金融业不同于其他传统工业体系，其呈现的是“纸上富贵”，货币量或价值量并非完全一一对应着实体财富，讯息的获取与披露才是金融财富升值或贬值的重要方式。一旦金融消费者或金融机构认为金融体系经营不善，财富安全性得不到保障，就有可能引发“多米诺骨牌效应”即挤兑，从而冲击金融业的稳定安全。

在当下国际社会中，系统性金融风险不仅能使一国内部金融业风险迅速外溢至国内其他行业，还能凭借金融服务的联通性扩散至国际金融市场，对其他国家和地区的产业平稳发展与国民经济体系运行造成冲击。因此，对金融业进行监管，是国家保障国民经济体系稳定运行的应尽之义。

第二，从金融消费者的角度看，金融业属于高风险行业，较之于传统产业而言，金融业作为现代经济社会运行中最复杂的交易市场，杠杆心态与冒险精神是金融业的标签，充满着各种金融风险，金融风险自身的扩张性、破坏性、周期性等特点会潜在地危害金融消费者的利益。在传统商事交易方式可能出现违约风险、经营风险等市场风险的基础上，还会出现利率风险、汇率风险、交割风险等新型风险。而金融业的平稳运行又与金融安全与保障金融消费者权益息息相关，一旦金融体系出现系统性金融风险，在挫伤金融消费者利益与影响金融安全的同时，往往会诱发社会秩序的混乱，甚至导致政局动荡。因此，通过金融监管守护金融消费者权益，维护金融秩序，稳定社会经济基本盘，是维护全体国民社会公共利益的主要手段。

第三，从金融行业长远发展的角度看，良好的金融秩序是稳定金融市场，提高金融效率，维护金融消费者权益与保障金融安全的重要环境因素。但完全由市场主导金融业运行的弊病之一就是市场的不完全竞争，基于金融主体的地位不平等与信息获取不对等，金融市场的竞争容易出现一边倒的不公平现象，处于金融优势地位的主体侵吞损害弱小金融消费者的利益，进而破坏金融市场的公平竞争秩序，影响金融行业的稳定发展。因此，通过金融监管规范金融主体行为，维持金融市场的公平竞争秩序，削弱市场调控带来的不利因素，避免造成金融失序，是保障金融行业良序发展的长远之计。

---

① 巫文勇：《新金融法律制度学》，复旦大学出版社 2021 年版，第 29～30 页。

二、金融监管法的概念与特征

（一）金融监管法的概念

金融监管法是金融监督管理法的简称，指金融监管主体对金融产品、金融机构、金融市场与金融基础设施等金融监管客体进行监督和管理过程中所形成的调整权利义务关系的法律规范。与金融监管的概念相对应，金融监管法律关系也有广义与狭义之分。广义上的金融监管法律关系是指由金融监管法所调整的在对金融业务的监管活动过程中所形成具有权利（或权力）义务内容的社会关系。狭义的金融监管法律关系仅指由金融监管法指定的金融监管主体在对金融监管客体进行监督与管理，行使法定监管权的过程中所形成的权利（或权力）义务关系。本章论述主要围绕狭义的金融监管法律关系。

（二）金融监管法的特征

金融监管法既有法律的一般特征，也有金融监管的专属特征。从法律性质上看，金融监管法属于公法与私法、实体法与程序法、强行法与准则法相结合的监管法，从金融监管角度看，金融监管法具有公平与效率、监管与科技相结合的特征。

1.公法与私法相结合

金融监管法的内容既包括调整国家与普通公民、组织之间关系以及国家机关及其组成人员之间的公法关系，也包括调整普通公民、组织之间的私法关系。前者突出权力与服从属性，通过国家干预维护社会公共利益；后者强调金融主体的平等关系，通过意思自治保护私主体的利益。金融监管法集中体现公法与私法相结合的法律特征。

2.实体法与程序法相结合

金融监管法明确金融监管的目标，确定金融监管机构的地位与职责，阐明监管主体与监管客体之间的具体权利（或权力）与义务的关系，关注金融监管参与各方的权利（或权力）和义务的确定和分配。同时，金融监管法也明确监管主体与监管客体在行使和应用具体权利（或权力）与义务时应当遵循的程序性法律规定，规范金融监管的方式手段。这体现金融监管法中实体法与程序法相结合的法律特征。

3.强制性规范与指导性规范相结合

金融监管法中既包含国家立法机关颁布的由国家强制力保证实施的法律规范，也包含由国家立法机关授权或认可的其他机关单位颁布的具有指导性意义的准则规范。前者由国家强制机关保证实施，后者依靠金融主体自律实现，体现金融监管法中强制性规范与指导性规范相结合的法律特征。

4.公平与效率相结合

国家治理既不能无视权利的无序泛化，也不能放任权力的无限扩张，对权利的保障而言，法律是守御之盾；在失控的权力面前，法律是烈驹之缰。强调金融监管法的有效性势必突出金融公平与金融效率之间的关系，为避免金融监管的权威性影响金融市场的发展，金融监管法务必遵循利益平衡与价值导向原则，保障金融主体各方公平参与的同时提高金融市场的效率。这体现金融监管法中兼顾公平与效率的特征。

5.监管与科技相结合

随着金融科技带来的破坏式创新，传统的金融市场秩序已为新型的金融化产品与泛金融化概念所冲击，金融监管体系已经越来越招架不住去中介、去中心化的金融交易现状，金融科技与金融市场的有机结合为金融监管提出新型的风险考验。以彼之道还施彼身，金融科技这一极富业态价值的新型工具已为金融监管所借鉴，一定程度上弥补法律滞后与监管失灵的弊病，通过结合线上与线下双维监管所形成的监管科技逐步嵌进金融监管体系，体现时下金融监管法中监管与科技相结合的特征。

三、金融监管法的目标

金融监管法的目的反映金融监管的价值导向，有利于明确金融监管与金融安全的关系，保障金融监管活动的有序开展。通常而言，金融监管法所要追求的目标主要包括：

（一）维护金融安全稳定

从防范金融危机，规避金融风险的角度而言，金融监管法的诞生就是为维护金融安全。具有周期性、破坏性、传导性的金融危机已屡屡昭告世人：只顾关注金融效率的金融市场是畸形发育的金融秩序。罔顾金融安全与稳定的金融环境，无论呈现多么繁荣的金融景象，都有可能在顷刻间化为烟云。相较于金融效率效益，金融安全稳定才是金融市场永续发展的动力所在。特别是当下金融创新环境氛围日益浓烈，金融风险的传导性与危害性更甚从前，由于金融机构作为经营货币与信用的特殊企业，占据着相当体量的金融业务份额，是金融市场中最重要的主体。对现代金融而言，任何一家金融机构的风险危机都可能引起链式效应，诱发金融、经济乃至政治秩序的不良影响，成为激荡起金融风波的涟漪点。因此，金融监管法必须旗帜鲜明地指出其维护金融秩序，保障金融安全的首要目的。

关于2023年“美国硅谷银行破产案”的延伸阅读，可扫描二维码阅读文字材料：

（二）保障金融消费者的合法利益

所谓金融消费者，狭义上仅指传统金融服务中的存款人、投保人等为保障财产安全和增值或管理控制风险而接受金融机构储蓄、保险等服务的公民或者单位，广义上还包括购买基金等新型金融产品或直接投资资本市场的中小投资者。相较于金融资本存量较高、金融资讯获取较快的处于强势地位的机构，普通金融消费者在金融市场上一般居于弱势地位，但其对稳定金融市场与社会秩序基本盘的积极作用并不因其地位弱势而式微。相反，每一个金融消费者的背后往往是一个家庭，作为社会运转的基本单位，家庭的稳定和谐是社会安定的关键，保障每个家庭的正常运转是维持社会秩序平稳运行的重中之重。因此，金融监管法对处于弱势地位的金融消费者利益予以保障，既是顺应金融市场自身发展的需求，也是作为保障公共秩序良法之治的需要。

关于“金融监管总局、中国人民银行、中国证监会发布金融消费者权益保护典型案例”的延伸阅读，可扫描二维码阅读文字材料：

（三）实现金融市场良性竞争和效率增进

金融市场的发展离不开竞争的动力，通过竞争可以实现资源的有效配置，刺激金融创新发展，激发金融市场活力。对金融市场而言，理论上通过杠杆原理对同一资源的利用效率可以有几何级倍数之差。但是竞争在优化资源配置，促进金融创新，激发金融市场活力的同时，也会带来一些次生危害，如金融市场会出现恶性竞争，侵害金融消费者利益等现象，只强调金融逐利性而漠视金融风险性，也会导致完全垄断市场、寡头垄断市场和垄断竞争市场等不完全竞争现象的出现，进而降低金融市场的资源配置效率，抑制原有的金融市场活力。因此，要有效把握竞争这把双刃剑，利用竞争机制促进金融市场活力与效率的同时，不致反噬金融市场的平稳秩序，就需要明确金融监管法对建立一个有序竞争、良性竞争的金融市场的指引作用，强调良序竞争对金融效率的增进作用。

四、金融监管法的原则

金融监管法的原则指的是能够全面、充分地反映其所调整的金融监管关系的客观要求，对金融监管具有普遍意义的指导思想与基本准则。

（一）包容审慎原则

“审慎”一词意指周密而谨慎。审慎监管强调为防范与化解金融风险，金融监管机构通过制定一系列被监管的金融机构与其他金融监管客体必须遵守的经营规则，客观地评价被监管机构的风险情况，并及时进行风险监测、预警和控制的金融监管理念。该理念起源于巴塞尔银行监管委员会1997年推出的《有效银行监管核心原则》，文件中明确将审慎监管作为最核心的一项原则，强调为防范信用风险、市场风险与操作风险相互作用交织产生的金融风险，一方面金融机构需要强化内部风险治理，贯彻落实监管当局制定的审慎经营规则，另一方面金融监管当局要认真核实、稽查监管机构执行审慎监管规则的情况并进行风险评估，及时遏制金融风险传导，做好风险预警工作。该原则反映金融监管法的本质，即从金融风险的角度明确金融监管的尺度，阐明金融监管法的制定与实施是为有效防范金融风险，保障金融安全与金融稳定，在此之上才是促进金融效率。

而金融监管法作为一种对资源配置方式的干预方式，也应当体现包容原则，其中既包含对金融市场的包容，也包含对金融监管方式的包容。金融市场需要金融监管的包容，金融创新给金融市场带来风险危机的同时，也带来变革机遇，特别是金融产品与金融衍生品的创新发展给金融市场灌注了新生动力，为新时代金融市场的繁荣指明了方向。而金融监管法作为预防金融风险的法制工具，在发挥监管作用的同时应当对金融创新以及金融市场中出现的一些新产品新机制持有包容态度。对具有一定金融风险的金融创新，不应简单地将其扼杀于襁褓之中，以包容接纳的态度，审慎评估其风险的可控性与创新的效益性，既可以有效地刺激金融市场发展，又可以将金融风险维持在一定的阈值之内，从而最大化金融创新对金融市场、金融体系乃至其他经济领域的正外部效应。

此外，金融监管法也应当秉持包容原则接纳金融监管方式的创新。监管创新包括监管手段创新和监管思维创新。监管手段创新要求监管机关针对不同性质的金融科技产品实施差异化的创新监管手段，并在金融科技企业间建立沟通机制，推动企业内部风险控制与监管规则要求的匹配性与适应性，降低企业合规成本。监管思维创新要求监管机关改变过去“被动式监管”的传统思维，树立“实验性”监管和“包容性”监管等新理念，①提升行业协会与金融科技企业在金融科技行业规范治理中的主动性与积极性，注重市场约束与信息披露的力量。前述科技监管维度以金融创新催生金融科技，为传统监管带来许多新考验新问题。而金融监管方式完全可以借鉴此种创新方式，在传统监管维度基础上增加科技监管维度，通过金融创新赋能金融监管，发展金融监管科技，解决金融监管中出现的新问题。因此，金融监管法对此需要保持包容态度，在百年未有之大变局时代，更应当信守“变则善，常变则至善”的开放心态，切莫固守“祖宗之法不可变”的保守立场闭门造车。

数字金融时代下，金融新业态的创新层出不穷，偏执地将包容监管或者审慎监管置于相互对立的地位将走向金融监管的极端，不利于金融新业态的健康发展，金融系统的平稳运行。因此，推进包容审慎监管，既是当下对金融市场新业态发展的监管定位，也是构建适应高质量发展要求的社会信用体系和新型监管机制的重要内容。

（二）保障金融消费者权益原则

保护金融消费者权益既是金融监管法的目的，也是金融监管法的原则。这是因为金融监管法不仅要从结果上保障金融消费者权益，还要在制定与履行金融监管法的过程中遵循保障金融消费者权益的基本理念。

金融市场中金融机构与金融消费者天然存在市场地位不平等，资本保有不对等，信息获取不相等的悬殊差距，放任金融市场无形之手的调控作用势必导致市场失灵，危及金融消费者的合法权益，进而加剧金融风险的传导。针对这一问题，金融监管法应当维护金融活动中处于天然弱势地位的一方，基于消费者权益保护的理念，给予金融消费者合法权益的特别保护，以维护真正的公平稳定的金融市场交易秩序。

（三）合理监管原则

金融监管是国家公权力对金融市场自然运行的主动干预，是通过政府之手对金融市场调控失灵的有效弥补。因此，当金融市场正常运作时并不需要金融监管的干涉，此时不适度与不合理的监管介入反而会扰乱、破坏正常的金融秩序，甚至抑制金融创新，危及金融市场的平稳发展。金融监管作为国家干预，本身就具有对自然秩序的破坏属性，只有当金融市场自发地出现了大于国家干预所引致的不良趋势或风险危机时，国家干预才

① 朱崇实、刘志云主编：《金融法》，法律出版社2022年第5版，第563～564页。

具备合理性。

金融监管法必须充分尊重市场运行规律，在金融市场有序良好运作中保持监管中立，善用无为而治的监管思想，有所为有所不为。监管合理与监管有效共生一体，金融监管法要做到有的放矢，只有在金融市场出现异动时才作出及时有效的反应，维护金融稳定。监管合理与监管适度一脉相生，合理的语义包含适度的内涵，金融监管合理的尺度就在于适度性，监管应当保持松弛有度，界限分明，避免"一管就死，一放就乱"。

第二节　金融监管的体制与层次

一、金融监管体制

一国对不同金融监管机构的体系安排、权力配置、职能分配有多重设计方案，各方案之间并没有绝对意义上的优劣之分，各国基于其经济、政治、文化特性，可以设计适合本国金融市场的监管体制。根据监管主体不同权力分配结构的划分标准，世界各国的金融监管体制可细分为下列三类。

（一）统一监管

统一监管又可以称为集中监管体制，典型的统一监管体制强调由单一的监管机构负责一国不同金融市场、金融机构与金融业务的监督管理工作。一般由国家的中央银行兼任或专设履行监督管理职能的机关作为监管机构。这种金融监管体制的形成是由于早期金融业呈现的是以银行业为主，证券业与保险业为辅的混业经营发展格局。例如，美国金融业在20世纪30年代以前都属于混业经营。在19世纪初，银行业作为金融业核心，证券与保险行业尚不发达，美国的商业银行开始涉足证券业务，彼时州银行可以经营证券业务但国民银行不行。1927年《麦克法登法》明文规定授权由国民银行承销自营"投资性证券"，[①]但事实上无论是州银行还是国民银行都继续经营所有的证券业务而不受影响。此时在混业经营的金融发展格局中，金融监管职能基本由中央银行履行，中央银行是唯一的监管机构，属于典型的统一监管。

统一监管能够针对金融混业经营的一系列混合金融问题进行监督与管理，通过整合统一监管体制，还能节约技术与人力等监管成本。由于只有一个统一的监管机构，监管策略、监管目标、监管效果的一致性与连贯性都能得到保证，政策设计层与执行层背道而驰的情形不易出现。同时统一监管能够规避"公地悲剧""叠床架屋"等监管空白或监管交叉等弊病，从金融业早期发展的混业经营局面来看，统一监管体制也能够发挥金融市场的积极性，避免多重监管对金融创新的抑制作用。但相对而言，统一监管体制无法体现出各金融

① 郭田勇：《金融监管法学》，中国金融出版社2020年第4版，第68页。

行业的差异，试图以一定之规实现整个金融市场的有序监管并不能有效防控金融风险，也难以形成明确的监管目标与合理有效的监管方法，难以实现金融监管的目的。

(二)分业监管

顾名思义，分业监管是指在银行业、证券业、保险业三个金融市场主要领域里各设一个专职监督管理的机构，分别对市场内的金融业务与金融主体进行监督与管理。这种监管体制的形成是由于上述统一监管体制无法有效防范金融风险的集聚，规避金融危机的来袭而诞生的。20 世纪 30 年代后的经济大危机，全世界的银行与证券行业都遭到史前未有的巨大打击。1933 年美国国会通过《格拉斯-斯蒂格尔法案》，严格禁止商业银行从事投资银行业务，特别是证券的承销和经营买卖业务，明确提出分开对国内银行业、证券业的监管，分化金融风险，[①]在此后的 60 年间美国陆续出台法案，强化证券业与银行业的监管。自此，这种分业监管形式成为"二战"后许多国家构建本国金融体系的借鉴模板，并在这种监管模式的借鉴发展中，形成分业监管体制，以银行业、证券业、保险业三大金融行业作为主要监管范围，各设监管机构履行监管职能，严格限制金融业务的交叉融合。

分业监管是基于一定历史背景所诞生的，是史无前例的金融危机导致人们不得不审视传统监管体制的弊病而变革的，是复盘危机吸取教训后所总结的一种监管体制。因此相较于统一监管而言，其最大的优点就是分别针对金融市场中主要的三大板块业务各设专职监管机构负责监督与管理，进而明确各自的职责，体现专业优势，强化监管实效，提高监管效率，实现监管目的，最大化监管效能。但世事难两全，在这种分业监管体制下，一方面，各监管机构对本领域内的监管规定较细，监管力度较强，基于专业性与专职性等因素，加强监管氛围萦绕在各金融领域内，不利于本行业内金融市场的有序发展与活力释放，更不利于金融市场内部各行业的交流，抑制金融创新的发展。另一方面，监管机构各自为政，难以协调配合，特别是制度衔接容易出现"踢皮球"或"左右互搏"的现象，监管政策也难以形成全面共识，容易出现监管真空或重复监管，导致监管错位，让监管对象逃避监管并从中牟利。此外，维持分业监管体系的成本居高不下，相较于统一监管的单一监管部门而言，分业监管体制通常存在两个或以上的监管部门，维持相关部门的运行需要耗费大量的行政成本；而帕金森定律则指出，臃肿的组织机构不仅无法提高行政效率，反而会降低行政效率并出现"1＋1＜2"的局面，监管效益随着监管成本的提高反而会降低。由于各监管领域互不交融，金融监管部门也无法对金融市场的整体风险作出一个系统综合的评价。

关于"美国银行与证券业的'金融防火墙'"的延伸阅读，可扫描二维码阅读文字材料：

① 卞志村：《金融监管学》，人民出版社 2011 年版，第 68 页。

（三）不完全集中监管

不完全集中监管又可称为不完全统一监管体制，指在非典型化的监管体制中包含统一监管体制特征但又非统一监管体制，具体可细分为下列三种监管体制："牵头式"监管、"双峰式"监管、"伞式"＋功能监管。

1."牵头式"监管

"牵头式"监管指的是在分业监管体制之上，设立一个统筹各监管机构的牵头监管机构，负责协调各监管机构，为其提供一个对话、交流、合作的机制，是弥补分业监管体制下各自为政、效率低下等弊病的监管体制。这种监管机制的实质是金融市场发展到一定规模进入新混业经营格局后，分业监管机制无法应对金融市场日益凸显的混业问题，为此通过糅合分业监管机制与统一监管机制两种机制优点，寄希望于在包容金融市场创新发展的同时防范金融风险的集聚。

如法国在金融市场监管改革前所采用的就是由证券交易委员会（La Commission des opérations de bourse，COB）、金融市场委员会（Le Conseil des marchés financiers，CMF）、金融管理纪律委员会（La Cour de discipline budgétaire et financière，CDGF）三足鼎立的分业监管体制，其中证券交易委员会主要监督并保护投资于金融市场的储蓄存款，确保投资者的知情权以及交易市场的良好运行；金融市场委员会则监管整个金融市场一系列的金融活动，包含金融市场、金融服务或投资乃至金融工具的管理规范；而金融管理纪律委员会则被授予监督金融监管机构运行及处罚的权力。从20世纪90年代末开始，分业监管体制的冗繁机构遭到各界的批驳，但这种批评直到2000年7月份才成为金融改革的契机。彼时经济财政部部长洛朗·法比尤斯（Laurent Fabius）提议将上述三个机构合并为一个新的金融机构统一整个金融市场管理，这种观点被吸收进2003年法国出台的《金融安全法》，成就法国的新型金融监管体制。在《金融安全法》中，金融市场的监管由金融市场管理局（AMF）统一负责，银行业则由投资公司、信贷机构委员会、银行委员会联合监管，而保险业则由保险业、医疗互助保险业和互助机构监督管理委员会组成的联合监管组织负责。自此，法国的金融监管形成典型的"牵头式"监管体制代表。

2."双峰式"监管①

所谓"双峰"，指的是分别从宏观与微观上建立两类监管机构，前者负责针对金融机构与金融市场等宏观层面进行指导监管，以防范金融业的系统性风险，维护金融系统的正常运行；后者则对金融机构、金融产品、金融基础设施等微观层面进行监督管理，以规范金融业务

---

① 英国确定的"双峰式"监管体制同样典型：英国在《2016年英格兰银行与金融服务法》中确立了以英格兰银行和金融行为监管局二元并立的双峰式监管体制，前者除了作为中央银行固有的货币政策制定与实施职能和《2012年金融服务法》赋予的宏观审慎监管职能之外，还承接了审慎监管局所有的微观审慎监管职能，是真正意义上集宏微观审慎监管于一体的审慎监管机关。后者则完全独立于英格兰银行，仅对财政部和议会负责，主管对包括银行、证券、保险在内的所有金融机构的行为监管，干预与制止金融机构经营中出现的有损消费者保护、市场诚信和竞争的行为。详见陈斌彬：《从统一监管到双峰监管：英国金融监管改革法案的演进及启示》，载《华侨大学学报》（哲社版）2019年第2期。

的正常秩序。这种监管机制的合理之处在于，通过从宏观到微观两个维度的把握，一定程度上弥补了单一监管中监管不力的制度缺陷。与统一监管体制相比，"双峰式"监管体制保留监管机构之间的竞争与制衡关系，同时在金融市场的宏观领域与微观领域都能尽到监管职责而不相矛盾，在各自的监管领域内保持监管政策的一致性与连贯性，还能避免因冗繁机构造成的监管效率低下等不利影响；与分业监管体制相比，这种监管体制能够通过促进宏观与微观视角的对话，架设在不同维度基础上的交流平台，提升整体金融市场的监管效率，解决因监管体制内部交流成本高、效率低造成的信息不畅、监管无效等难题。

澳大利亚政府于 1998 年 7 月开始大刀阔斧地对国内金融监管体制进行改革，从宏观角度设立审慎监管局（Australian Prudential Regulation Authority，APRA）负责统筹银行、信用社、房屋协会、保险机构、友好协会和养老基金等大多数机构的审慎监管，与澳储备银行合作保持金融市场稳定，保障金融体系的正常运行与有序竞争；从微观角度设立了证券与投资委员会（Australian Securities and Investment Commission，ASIC）负责管理市场一体化与金融消费者权益保护，其中包括对市场行为的监管与金融市场信息的披露，确保澳大利亚金融市场的公正、透明、诚信。此外，为满足宏观到微观监管的协调统一，加强金融监管合作的要求，澳大利亚政府还在各个监管机构之间设立金融监管协调机制，如澳大利亚联邦监管委员会，以补足分业监管体系下各监管机构沟通不畅、监管不力的短板。

3."伞式"＋功能监管

"伞式"＋功能监管体制是美国为了解除《格拉斯-斯蒂格尔法案》颁布以来对金融市场设定的分业经营限制，以适应金融业新混业经营格局而诞生的。为防范聚合性金融风险，在原有的分业监管体制下，针对再次进入混业经营的金融市场，美国国会于 1999 年 11 月通过了《金融服务现代化法》，以美国联邦储备委员会作为伞式监管人，执行对金融控股公司的监管任务。金融控股公司本身不从事金融业务，只履行对集团公司与子公司的管理义务，但金融控股公司下属的子公司按照银行业、证券业、保险业的种类划分设立功能监管人，允许银行、证券、保险业务混合经营。由于美国在分业监管体制下采取的仍是联邦政府与州政府的双线监管体制，因此在伞式监管体制下，金融控股公司的银行类公司由银行监管机构进行监管，非银行类公司的证券业务则由证券交易委员会负责监管，至于所有保险业务则由州保险监督署监管。通过伞式监管人与功能监管人的协调配合，避免监管空白与监管重复出现。此外，伞式监管人必须尊重金融持股公司内部子公司监管当局的权限，在未得到功能监管人同意前，美联储委员会不得要求非银行类的子公司向濒临倒闭的银行注入资本，但当金融持股公司及其子公司因管理不善导致金融风险传导威胁到下属银行的稳定性时，美联储委员会有权加以干预。

实际上，"伞式"＋功能监管体制在形式上是对分业监管体制的一种修正与补充，同样针对金融市场的三大主营业务——银行业、证券业、保险业分设主要负责的监管机构，强化各主营业务的监管效果。同时，"伞式"＋功能监管体制也是针对金融混业发展大趋势所提出的一种修正分业监管体制的体制创新。事实证明，金融市场发展到一定程度后，基于技术与经济的创新突破，总会出现各式金融产品混合交融的现象，与其单纯通过分业监管体制扼制这种不可逆的发展趋势，不如顺应局势而提升金融监管效果更契合时代发展脉络。因此“伞式”＋功能监管体制既有分业监管体制的形式框架，也有统一监管体制对金融系统的维稳效果，更为重要的是，“伞式”＋功能监管体制更加突出功能性监管的思路。根据金融市场混业经营的特点，依需而设，依功能而设，由传统的以机构监管为核心向以功能监管为核心进行转变是“伞式”＋功能监管体制的最大特点。

除“统一监管”“分业监管”“不完全集中监管”三种分类外，金融监管体制还有其他分类方法(见表 3-1)。

表 3-1　金融监管体制的其他分类方法

划分标准	监管体制名称	定义
根据监管主体数量的不同	单一化监管	由一个金融监管机构负责对所有金融监管机构的金融业务进行监管。
	多元化监管	由多个金融监管机构按不同金融业务类型部分划分对金融机构进行监管。
根据央地监管权与监管层次的不同	双线多头的金融监管	“双线”：中央与地方两级均对金融机构享有监管权；“多头”：中央与地方在管辖范围内均有多个监管机构履行监管职能。
	单线多头的金融监管	“单线”：只有中央具有金融监管职能，地方没有独立监管权；“多头”：在中央金融监管职能部门中存在多个金融监管机关。
	单一集中的金融监管	由一家金融机构进行全国范围内的集中统一监管，如荷兰、埃及、坦桑尼亚的中央银行。

二、金融监管层次

传统金融监管法中习惯以“金融监管体系”代指金融监管的制度结构，但是由于“金融监管体系”与“金融监管体制”在语义上容易混淆，因此本章将采用“金融监管层次”作为金融监管的制度结构代称。金融监管体制强调的是一国金融监管机构的权力配置与职能分配的设计方案，基于各国不同国情存在诸多选择。而金融监管层次强调的是在不同监管体制中金融监管主体所处的等级次序，是从层次框架的角度去审视既有的监管体制内监管主体的地位，因此虽然各国存在不同的金融监管体制，但仍可以从中发现具有共性的金融监管层次。了解不同监管体制下监管主体的层次问题，对深度理解不同监管主体在监管体制中所发挥的作用至关重要。

(一)金融监管当局的监管

金融监管当局一般指由国家制定法授权或许可的具有监管权限与职能的机构，属于外部监管机构，是各国政府介入金融市场调整金融秩序的主要载体，是金融业监督与管理的主体。其目的是控制金融体系风险，保障金融消费者权益，提高金融系统的运行效率，为国民经济与社会平稳发展提供一个相对安全与包容的金融环境。金融监管当局的监管作为外部监管同时也是金融监管中最重要的监管方式，具有权威性、独立性与公共性等特点。因为金融监管当局作为国家制定法设立的机构组织，通常属于具有公权力性质的政府机构，行使其权力与职责往往附随国家权力乃至国家暴力，对被监管主体而言，这种权力行使的主体地位具有权威性。金融监管当局的独立性是指作为国家授权或许可机关，其只对制定法所规定的单位负责，一般指中央政府或国家立法机构，除此之外其他单位或组织无法干预金融监管机构的日常运转。而金融监管当局的公共性强调的是，其作为公权力主体属于国家公共管理部门之一，在国家制定法的授权或许可下代表了社会公共利益与国家利益，其最终目的与主要功能也是维持金融秩序与金融市场的发展，维护金融安全与稳定，最终统一于社会的公共利益。

不同金融监管体制下的金融监管当局可以是单一或多个的，如统一监管体制下，金融监管当局一般是一国的中央银行或专职于金融监管的机构；而分业监管体制下的金融监管当局既可以将金融监管的权力分配给不同的金融监管机构，也可以直接由政府部门兼职部分金融监管的责任；在"伞式"＋功能监管体制下，金融监管当局的功能更是可以被分化进不同行政性质的监管机构，有中央政府也有地方政府。但无论是何种金融监管体制，金融监管当局的主要职能仍然是通过对金融机构财务报表所披露的信息与数据进行审查，通过计算和对比，综合分析出金融机构的财务状况与经营风险，进而得出金融市场的发展概况与金融风险的整体评估。作为外部监管方式，金融监管当局自有其客观中立的视角监管金融机构的运营，但从防范金融风险角度看，受制于审查成本高与审查实效弱，金融监管当局无法完全对所有金融监管机构所披露的财务报告与经营信息进行实质性审查，对金融业的监管需要纳入其他维度考量，以周全监管视角的不足，防范金融风险的传导。

（二）金融同业组织的监管

从狭义上讲，金融同业组织监管是指金融机构自发组织起来的社会民间团队通过制定一系列规定，约束金融机构的行为，强调的是金融行业协会的自律监管。金融行业协会的构成主要为从事银行、证券、保险三大业务的机构；广义上的金融同业组织成员还包括金融交易所与社会中介组织。现有的金融交易所主要围绕证券业、保险业而设，存在票据交易所、证券交易所、期货交易所和保险交易所等有形交易场所，由于这些交易所具备较强的市场属性，是金融交易行为的主要场所，承担了非常重要的金融管理职能，具有及时公开公布市场信息，制定交易规则，为金融市场安全交易提供保障等职能，在发现金融市场异动时甚至可以暂停交易活动，因此一些体量较大、影响较强的金融交易所甚至被定义为金融基础设施。[①] 因此鉴于其在金融市场的所处地位，金融交易所也应作为金融同业组织成员参与金融监管。而社会中介组织诸如审计机构、会计机构、评级机构以及律师事务所等从事非金融性业务的组织在客观上履行金融监管的职能。如审计事务所、会计事务所、律师事务所的主营业务是对金融机构所披露的财务报告与经营信息进行审核与评估，以判断金融机构的风险性与运营的合规性。而评级机构则是针对金融机构及其金融行为的表现，给予信用评级与风险评级等。因此广义上讲，金融同业组织监

① 《金融基础设施监督管理办法（征求意见稿）》第2条中对金融基础设施的定义如下，本办法所称金融基础设施，是指金融资产登记存管系统、清算结算系统（含开展集中清算业务的中央对手方）、交易设施、交易报告库，重要支付系统、基础征信系统。

管的成员应当包含金融机构协会、金融交易所、社会中介组织这三类。

金融同业组织监管从成员性质上就可以明确，其监管权限与监管手段均无法媲美金融监管当局，但是金融同业组织监管有其独特的优势。首先，金融同业组织监管作为“软”监管，[①]并没有国家制定法强有力的保证，在执行层面上高度要求被监管主体的自律性，但是正因如此，监管手段的不足迫使金融同业组织在推出监管策略时必须遵从市场的客观需求，针对性地解决与满足金融市场与被监管主体的痛点问题，因此这种基于市场与被监管主体考量的监管策略与自律规定也很大程度上会为被监管主体所接受并遵从。其次，金融同业组织监管成员本身就是金融市场的参与主体，是金融产品的产出者，也是金融交易行为的主要践行者，金融交易所更是金融产品交易的主要场地。作为成员代表在共同协定金融同业组织监管规定时，能够客观地站在市场需求、各金融市场参与主体与金融监管主体的视角，集思广益、群策群力，将集体意见转化为集体智慧，最终使自律监管规定的落实能够契合金融市场中各金融参与主体的共同利益，同时也使金融同业监管组织与被监管主体都能在自我约束的监管框架内各司其职。此外，社会中介组织这类成员所享有的监管权力虽然不具备监管当局的公权力属性，但基于一定规章制度的授权，金融市场参与主体也需要满足其一定的合规需求才能开展业务。除上述外，金融同业组织监管还能够通过金融同业组织成员之间的信息交流，共享运营过程中出现的风险信息与管理经验，营造良好的金融秩序。

相较于“强”监管方式而言，金融同业组织监管虽然不具备公权力保证，但这种自检互检制度，一方面能够减少国家微观调控带来的市场干扰与监管成本，另一方面也能对金融市场的异动形成最及时的信息反馈，经由监管体制的沟通渠道传递至金融监管当局，做到防患于未然。

（三）金融机构的自我监管

金融机构监管作为金融监管层次中最低等级的监管位序，同时也是金融市场中存在最广泛、体量最庞大、监管效果最明显的监管方式。金融机构作为活跃在金融市场的主要主体，在满足金融同业组织监管的自治规定与金融监管当局的法律规定前，都应当有符合机构自身业务的监管规范，通过机构的内部控制系统来防范金融风险。

相较于金融监管当局监管与金融同业组织监管而言，金融机构监管是被监管主体为了满足安全性与效益性，适配外部监管的内部监管，因此这种内部监管也可称为金融机构的内部控制制度。通常内部控制制度包括控制机构与控制设施，前者指的是专职或兼职金融机构内部监管职责的部门，如机构内部的董事会、监事会、法务部门、审计部门等具有监管职能的部门；后者指金融机构在其业务链上所建立的具有监管职能的网络系统，运用监管科技，实时、全面、透明地处理业务信息与数据，对金融机构内部的资产、风险、财务等信息实时监控，防范金融机构的业务风险。此外，金融机构的内部控制制度还囊括金融组织的组织架构设置、风险评估制度、业务运行制度、审批制度等一系列控制制

---

① 沈岿：《论软法的有效性与说服力》，载《华东政法大学学报》2022 年第 4 期。

度。应当说金融机构的内部控制制度是防范金融市场系统性金融风险的第一道防火墙，也是保障金融机构平稳运营最重要的一道防火墙。

三、我国的金融监管体制

在新中国成立后，我国并不存在现代意义上的金融监管体制，1950 年 11 月经政务院批准通过的《中国人民银行试行组织条例》仅是将中国人民银行与财务部作为政府机构，负责全国货币与金融的宏观调控。由于我国在很长一段时间内采取计划经济模式，从事金融业务的机构也须在行政监管下审核批准，中国人民银行本身既行使金融监管职能，也负责货币政策的制定，还发挥着商业银行的作用，在全国范围内也只有中国人民银行一家金融机构，此时我国金融监管泛指由国家指定的中国人民银行与财务部等机构，并不存在具有制度性意义的监管体制。①

1979 年改革开放后，市场经济体制改革的呼声不断高涨，我国先后恢复中国农业银行、中国银行以及中国人民保险公司等金融机构以满足市场融资需求。此时各类专业银行虽然在业务经营上有严格划分，但对于其分支机构开设附属信托公司的行为并没有被禁止，金融市场在事实上形成混业经营格局。此时对金融市场进行监督与管理的要求也水涨船高。1983 年 9 月，国务院决定由中国人民银行履行中央银行职能，统筹国内货币金融管理；次年中国工商银行成立，中国人民银行作为央行不再从事具体的金融业务，专职负责对银行、证券、保险等金融行业机构及其业务的监管。此时我国金融监管体制逐渐显现统一监管体制的雏形，并在这种探索中发展出了“单层单头”的统一监管体制。

（一）“一行三会”

1992 年年末，中国证券管理委员会在北京成立，负责监督证券发行市场与证券流动市场，而证券经营机构的审批与业务监管仍由中国人民银行负责。1997 年为应对亚洲金融危机，全国金融工作会议决定将统一证券市场的集中监管。1998 年 6 月，中国证券监督管理委员会（简称“证监会”）正式挂牌，合并了此前证券管理委员会与中国人民银行各自对证券市场的监管权限。1998 年 11 月，中国保险监督管理委员会（简称“保监会”）成立，中国人民银行的保险监管权交由保监会统一行使。2003 年 4 月 28 日，中国银行业监督管理委员会（简称“银监会”）正式挂牌运行。中国人民银行则专门负责制定货币政策与金融市场的整体风险监管，这标志着中国金融业正式形成由中国人民银行、证监会、银监会、保监会构成的“一行三会”金融监管体制。

专业化的监管机构虽然能够适应我国尚未完全市场化的金融市场，实现金融监管的效果，但许多金融领域的交叉经营行为实质上并没有获得监管部门的承认。分业监管体制下，虽然金融监管机构各司其职，但由于混业经营格局下的交叉经营行为，仍然会出现

① 张学森主编：《金融法学》，复旦大学出版社 2021 年版，第 53 页。

监管重叠、职责不明、相互扯皮等情况，监管部门之间亟待协调沟通。此外，金融立法的滞后性，以及监管手段与方法的落后性，导致许多混业交融产生的金融产品与金融行为难以规制，所隐藏的金融风险难以评估与防控。

(二)“一委一行两会”

自“一行三会”金融监管体制确立以来，中国的金融监管力度随着国际金融形势的变动而变化。1990 年以来，虽然国际金融监管趋势不断趋向整合监管权力、避免监管分散，但我国则强调以“一行三会”的分业监管体制来防范金融风险。但在 2016 年前，各监管部门不断弱化监管职能，放松金融监管标准，金融创新与金融市场的发展不断积聚金融风险。为避免这种趋势，2017 年 10 月党的十九大报告指出，必须健全金融监管体系，守住不发生系统性金融风险的底线，强调健全货币政策和宏观审慎政策双支柱调控框架。同年 11 月，国务院金融稳定发展委员会(简称“金稳委”)建立，主要负责金融市场的宏观审慎监管。2018 年 3 月《国务院机构改革方案》提出要将中国银监会与保监会整合成中国银保监会，作为国务院直属事业单位，原银监会与原保监会的部分职责划归中国人民银行，中国人民银行开始承担起货币政策制定与宏观审慎监管的调控重担。同年 11 月 13 日，《中国银行保险监督管理委员会职能配置、内设机构和人员编制规定》公布。至此，我国正式从“一行三会”的金融监管体制走向由金稳委、中国人民银行、银保监会与证监会共同组成的“一委一行两会”的监管体制(如图 3-1 所示)。

从金融监管体制的演变过程中可以看出，我国金融监管思路在随着市场的变动而转变。从最初的单层单头式监管到混业经营格局下的“一行三会”分业监管体制，再到“一委一行两会”监管体制。已经不能通过单纯地区分集中或分业监管模式去判断这种监管体制，从“一行三会”到“一委一行两会”，实际上是一种集中监管权力，防止监管割据的设计，是介于统一监管与分业监管的一种特殊体制，同时又设置金稳委把握宏观调控，具有“双峰式”监管的特点。由此可以看出，我国在金融监管体制设计中体现实用主义与及时调整的特点。

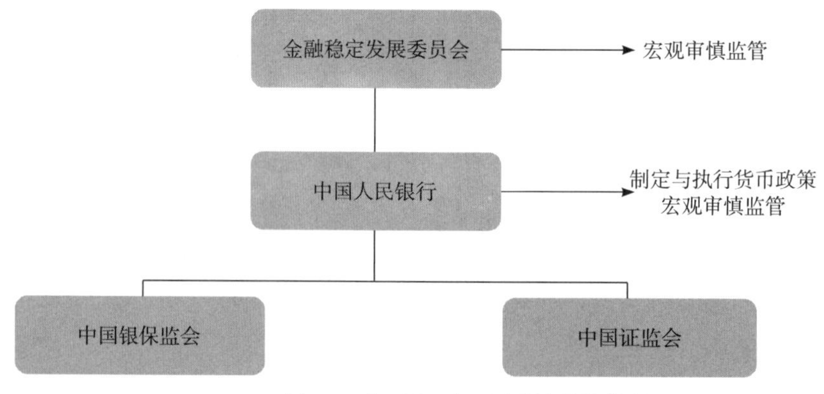

图 3-1 “一委一行两会”的监管体制

（三）“一委一行一局一会”

2019 年至今，我国金融监管环境逐渐呈现紧张态势，随着国际金融市场的动荡风波不断冲击国内金融环境，我国金融监管思路开始强调穿透式监管。这一概念首见于 2016 年 4 月国务院办公厅颁布的《互联网金融风险专项整治工作实施方案》文件中，“透过表面判定业务本质属性、监管职责和应遵循的行为规则与监管要求”“根据业务实质认定业务属性”“根据业务本质属性执行相应的监管规定”等内容描述。这强调了互联网金融监管要透过技术表象看到金融业务的实质，避免因过度强调互联网的技术属性而忽略其从事的金融业务实质，从而使本该受到金融监管的金融机构与金融业务，借由技术中立原则规避金融监管。自此金融监管重实质而轻形式，强功能而弱体制的观念开始在各个监管机构的规范性文件中体现，并不断得到监管机构的推广，在金融市场中引起较大反响。这种监管趋向也体现我国金融监管体制从注重机构监管到强调功能监管的思路转变。

2023 年 3 月 16 日，中共中央、国务院发布了《党和国家机构改革方案》，决定在银保监会的基础上组建国家金融监督管理总局作为国务院直属机构，统一负责除证券业之外的金融业监管，将中国人民银行对金融控股公司等金融集团的日常监管职责、金融消费者权益保护职责、证监会对投资者保护职责划入国家金融监督管理总局的职责范围内。中国证监会由事业单位调整为国务院直属机构，原国家发展改革委员会所承担的企业债券发行审核职责划入中国证监会。同时原金稳委将被新设的中央金融委员会取代，继续发挥统筹协调的作用。自此我国形成在党中央统一领导下的“一委一行一局一会”的金融监管体制（如图 3-2 所示），以功能监管、穿透监管、行为监管为主要思路贯穿其中。

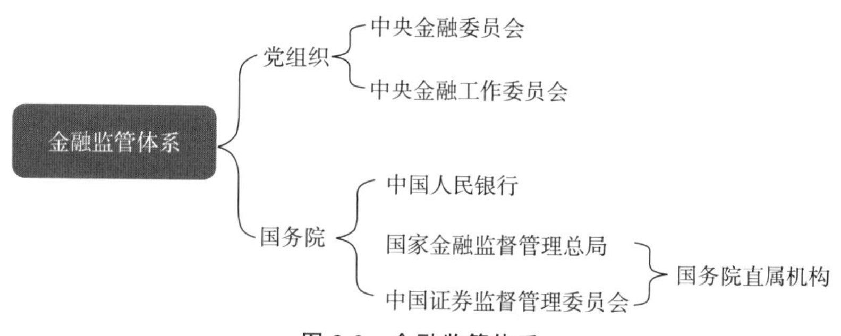

图 3-2　金融监管体系

尽管我国的金融监管体制在面对不同发展势态的金融市场，在权衡金融安全与金融效率中已及时进行了相应调整，但规范的改进终究不如发展的转变来得迅猛，法律的滞后性使金融监管体制在某一段时期内难以完全兼容金融市场的发展趋势。虽然通过强化执法可以弥补体制缺陷，但鉴于我国金融市场的体量，金融执法的供给水平仍然存在不足，特别是面对错综复杂的地域差距与国内外金融发展水平与监管水准。准确理解我国金融监管体制演变过程的目的是解决当下金融监管体制运行过程中所出现的诸多问题。其中包括：①金融监管部门执法不力：执法方式单一，执法标准任意，惩罚落实难。②金融监管主体监管不力：监管机构独立性差，受制于地方政府；监管目标单一化：难以权衡金融监管多元价值取向，只关注金融安全而搁置其他价值考量。③金融监管能力供给不足：混业经营格局的分业监管体制下金融监管部门协调性差；金融监管科技的应用创新不足，理论观念更新慢。

因此，要妥善利用金融监管科技这一新式监管维度，通过监管科技打破各类金融监管体制的原生弊病。置言之，无论是混业经营格局还是分业经营格局，也无论是统一监管体制还是分业监管体制，抑或是以功能型为改革导向的不完全集中监管体制，都存在着体制优越性相伴而生的体制弊病，并不能周全金融效率与金融安全，平衡金融监管法各价值导向的最优倾向。但是通过金融监管科技这一监管维度，以监管科技嵌入传统金融监管全生命周期，以金融科技赋能金融业的同时强化金融监管的有效性与全面性，将有利于弥合不同金融监管体制的优劣差距。

第三节　金融监管法的基本内容

一、金融监管的主体

金融监管主体是指依法采取各种金融监管手段对金融监管对象实施监督与管理的机构或组织。狭义的金融监管主体仅指党和国家层面的金融监管机构；[①]广义的金融监管主体还包括金融行业协会、金融交易所、社会中介组织，甚至金融机构自身。

（一）党和国家层面的金融监管机构

1.中央金融委员会

2023 年 3 月，中共中央、国务院印发《党和国家机构改革方案》，决定组建中央金融委员会。中央金融委员会作为我国最高的金融决策议事协调机构，负责金融统一协调工作，同时在原银保监会基础上组建了国家金融监督管理总局，明确其负责除证券业之外的金融业监管，标志着中国金融监管进入“一委一行一局一会”的新监管体制。

作为党中央决策议事协调机构，中央金融委员会的设立旨在加强党中央对金融工作的集中统一领导，负责金融稳定和发展的顶层设计、统筹协调、整体推进、督促落实，研究审议金融领域重大政策、重大问题等。其在机构定位与职责定位上高于“一行一局一会”，发挥统筹金融稳定与发展的金融业总管作用。

根据上述改革方案，中央金融委员会承袭原国务院金融稳定发展委员会的金融监管职责，[②]包括以下几个方面：统筹金融改革发展与监管，协调货币政策与金融监管相关事项，统筹协调金融监管重大事项，协调金融政策与相关财政政策、产业政策等；指导地方

---

① 如果没有特别说明，本章言及的监管主体主要是基于狭义主体层面。

② 《国务院金融稳定发展委员会成立并召开第一次会议》，https://www.gov.cn/guowuyuan/2017-11/08/content_5238161.htm，最后访问日期：2025 年 1 月 16 日。

金融改革发展与监管，对金融管理部门与地方政府进行业务监督与履职问责等。

2.中国人民银行

中国人民银行是中华人民共和国的中央银行，属国务院组成部门。作为中央银行，人民银行在国务院领导下，依法制定和实施国家货币金融政策，承担金融宏观调控职能；拥有资本，可以依法开展业务，行使发行的银行、政府的银行、银行的银行的职能；防范和化解系统性、整体性金融风险，承担维护金融稳定的职能。

就金融监管而言，其当前的核心监管职责涵盖：依法监测金融市场的运行情况，对金融市场实施宏观调控，促进其协调发展；有权对外汇管理、黄金管理、清算管理、制定反洗钱规定，与中国人民银行特种贷款有关的行为，以及代理中国人民银行经理国库的行为进行检查监督；牵头建立宏观审慎管理框架，拟订金融业重大法律法规和其他有关法律法规草案，制定审慎监管基本制度；牵头负责重要金融基础设施建设规划并统筹实施监管，推进金融基础设施改革与互联互通，统筹互联网金融监管工作；统筹国家支付体系建设并实施监督管理等。①

3.国家金融监督管理总局

作为国务院直属的正部级单位，国家金融监督管理总局负责贯彻落实党中央关于金融工作的方针政策和决策部署，把坚持和加强党中央对金融工作的集中统一领导落实到履行职责过程中。其统一负责除证券业之外的金融业监管，强化机构监管、行为监管、功能监管、穿透式监管、持续监管，统筹负责金融消费者权益保护，加强风险管理和防范处置，依法查处违法违规行为。

根据2018年8月公布的《国家金融监督管理总局职能配置、内设机构和人员编制规定》，其金融监管职责主要包括：制定银行业机构、保险业机构、金融控股公司等有关监管制度；保护金融消费者合法权益，依法查处违法违规行为；依法对银行业机构、保险业机构、金融控股公司的公司治理、风险管理、内部控制、资本充足状况、偿付能力、经营行为、信息披露等实施监管，开展风险与合规评估，查处违法违规行为；负责银行业机构、保险业机构、金融控股公司等的科技监管，建立科技监管体系，制定科技监管政策，构建监管大数据平台，开展风险监测、分析、评价、预警；对银行业机构、保险业机构、金融控股公司等实行穿透式监管，依法审查批准股东、实际控制人及股权变更，对违法违规行为采取相关措施或进行处罚；负责对银行业机构、保险业机构、金融控股公司等与信息技术服务机构等中介机构的信息科技外包等合作行为进行监管等。此外，中共中央、国务院将中国人民银行对金融控股公司等金融集团的日常监管职责、有关金融消费者保护职责，中国证券监督管理委员会的投资者保护职责划入国家金融监督管理总局。

4.中国证券监督管理委员会

2023年3月，中国证券监督管理委员会由国务院直属事业单位调整为国务院直属机构，以强化其资本市场监管职责。中国证券监督管理委员会按照“法制、监管、自律、规

① 《中国人民银行职能》，http://www.pbc.gov.cn/rmyh/105226/105436/index.html，最后访问日期：2025年1月6日。

范”的八字方针对证券期货市场实行集中统一监管，维护证券市场公开、公平、公正，防范系统性风险，维护投资者合法权益，促进证券市场健康发展。

根据《中华人民共和国证券法》的规定，中国证券监督管理委员会在金融监督管理过程中履行以下职责：依法制定有关证券市场监督管理的规章、规则；依法对证券的发行、上市、交易、登记、存管、结算等行为，进行监督管理；依法对证券发行人、证券公司、证券服务机构、证券交易场所、证券登记结算机构的证券业务活动，进行监督管理；依法对证券业协会的自律管理活动进行指导和监督；按分工监管境内期货合约和标准化期权合约的上市、交易、结算和交割，依法对证券期货基金经营机构开展的衍生品业务实施监督管理；负责证券期货基金业的科技监管，建立科技监管体系，制定科技监管政策，构建监管大数据平台，开展科技应用和安全等风险监测、分析、评价、预警、检查、处置；与有关部门共同对依法从事证券服务业务的机构实施备案管理和持续监管等。此外，划入国家发展和改革委员会的企业债券发行审核职责，由中国证券监督管理委员会统一负责公司（企业）债券发行审核工作。

（二）金融同业组织

1.金融行业协会

金融行业协会自律是指金融同一行业的从业组织，基于共同利益与发展，确立同业规则，以实行本行业内的自我约束与自我管理。金融行业协会自律具有专业性、信息充分性、及时性和内在性的特征，能有效地堵塞金融监管当局的监管空缺。此外，作为行业整体利益的代表者，金融行业协会对金融监管当局的不当监管也能起到一定的制约效应，以防止监管权力对金融市场过度干预。我国金融市场存在很多肩负行业特殊使命的行业协会，并且在行业自律方面已经开展了大量工作，对于规范金融机构市场服务行为、维护市场公平竞争起到了积极作用。[①]

2.金融交易所

金融交易所是依据所在国相关法律，经过主管机构批准的集中进行金融产品交易的有形场所。在现实中，这些交易所都承担了非常重要的金融监管职能，如为公平的集中交易提供保障，实时公布交易行情；具有暂停上市、恢复上市或终止上市的权力；可对交易进行实时监管，并对异常交易情形进行报告；可依据国家法律等的规定制定相应的上市与交易规则、会员管理规则等。现有的金融交易所主要包括票据交易所、证券交易所、期货交易所和保险交易所。[②]

3.社会中介组织

审计事务所、会计师事务所、律师事务所和外部评级机构等社会中介组织经金融监管当局认定资格，可以协助其承担部分金融监管职责。社会中介组织接受金融机构委托进行审计和评价，秉持客观、公正和诚实的原则，认真履行金融监管职责，及时客观地向

---

① 曹兴权：《金融行业协会自律的政策定位和制度因应——基于金融中心建设的考量》，载《法学》2016年第10期。

② 朱崇实、刘志云主编：《金融法》，法律出版社2022年第5版，第138页。

金融监管当局报告工作，审计和评价结果必须向社会公众及金融监管当局负责。[①]

（三）金融机构

金融监管长期依靠金融监管当局通过制定和执行法律法规和监管政策进行他律监管，然而，他律监管存在监管成本高昂、监管信息不完全、监管滞后等局限性。金融机构的自律监管可以有效地填补他律监管的盲区，而且能够精准地规范金融机构经营行为并防范内部金融风险，从而确保金融业的持续安全与健康发展。他律监管与自律监管相辅相成，共同维护金融市场的稳定与安全。

金融机构内部控制是金融机构的一种自律行为，是指金融机构为完成既定的工作目标和防范风险，对内部各职能部门及其工作人员从事的业务活动进行风险控制、制度管理和相互制约的方法、措施和程序的总称。金融机构通过制定和实施有效的内部控制制度，定期对业务进行风险评估，及时发现潜在风险点，实时跟踪风险的变化情况并采取相应的风险防控措施，确保业务运营在可控的风险范围内进行。金融机构内部控制旨在达成以下核心目标：确保国家法律法规和中央银行监管规章的贯彻执行；确保将各种风险控制在规定的范围之内；确保自身发展战略和经营目标的全面实施；有利于查错防弊，堵塞漏洞，消除隐患，保证业务稳健运行。

目前，原中国银行业监督管理委员会、原中国保险监督管理委员会和证监会针对本行业内的金融机构均已发布相应的内部控制指引的通知[②]，我国的商业银行、证券公司和保险公司也基本上都建立了本行业的内部控制制度，这对于有效防范金融风险、保障金融行业的安全稳健运行具有积极作用。然而，仍需要不断地完善和加强这些制度，以应对金融市场的不断变化和新出现的风险挑战，确保金融机构能够在复杂多变的市场环境中保持稳定、健康的发展。

二、金融监管的客体

金融监管客体是在金融业中依法应当接受党和国家层面的金融监管机构或其他组织监督或管理的金融监管对象。传统的金融监管客体仅包括金融产品、金融机构和金融市场。金融基础设施作为金融市场的核心支撑，具有跨机构、跨市场、跨地域的特点，为金融市场运行提供基础性服务，其重要性不言而喻。因此，金融基础设施应当被明确纳入现代金融监管客体之中。

（一）金融产品

金融产品是指资金融通过程中的各种载体。人们通过买卖金融产品，既可以帮助实现资金和资源的重新分配，又可在重新分配过程中分散或转移风险。金融产品种类繁

---

① 卞志村主编：《金融监管学》，人民出版社2011年版，第41页。

② 参见原中国银行业监督管理委员会《商业银行内部控制指引》（2014年9月12日），中国证券监督管理委员会《证券公司内部控制指引》（2003年12月15日），中国原保险监督管理委员会《保险公司内部控制基本准则》（2010年8月10日）。

多，千差万别，根据产品形态的不同可分为货币、有形产品、无形产品；按发行者的性质可以分为直接金融产品和间接金融产品；依信用关系存续的时间长短，可分为短期金融产品和长期金融产品。常见的金融产品有货币、证券、股票、保险、信托等。

金融机构和互联网企业利用互联网技术和信息通信技术，实现传统金融产品的数字化、网络化和信息化，并推出新型互联网金融产品。目前常见的新型互联网金融产品可以分为 P2P 网络借贷类、投资理财类、网络众筹类、虚拟货币类、第三方支付类等。相较于传统金融产品，互联网金融产品服务效率更高，金融服务成本更低，但其除了承担传统金融产品风险外，还需要承担互联网安全风险。部分互联网金融产品由于准入门槛低和缺乏监管，成为不法分子从事犯罪活动的温床，国家也在不断增大对互联网金融产品的监管力度。①

随着金融业的迅速发展以及期权定价公式的问世，金融衍生品随之产生。金融衍生品是指其价值依赖于原生金融产品的金融产品，其在形式上表现为一种合约，在合约上载明买卖双方同意的交易品种、价格、数量、交割时间及地点等。目前较为流行的金融衍生品合约主要是远期、期货、期权和互换这四种类型。迄今为止，金融衍生品不断有新成员加入，品种日益复杂，交易方式日益新颖。因此，对金融衍生品进行金融监管成为我国当下的任务之一。②

（二）金融机构

金融机构是指国务院金融管理部门监督管理的、从事金融业务的机构，其是我国金融体系的重要组成部分。我国将金融机构划分为银行业金融机构和非银行业金融机构。根据我国《银行业监督管理法》第 2 条的规定，银行业金融机构是指在中华人民共和国境内设立的商业银行、城市信用合作社、农村信用合作社等吸收公众存款的金融机构以及政策性银行。非银行业金融机构则是指除了上述银行业金融机构以外的金融机构，其中较为常见的有保险业金融机构、证券业金融机构等。

近年来，地方金融业态快速发展，在服务地区实体经济和中小企业融资方面发挥了重要作用。但部分机构内控机制不健全，发展定位产生偏差，存在一定的风险隐患，少数机构违法违规经营甚至从事非法金融活动，加大了区域金融风险。2021 年 12 月 31 日，中国人民银行发布《地方金融监督管理条例（草案征求意见稿）》，将“7＋4”类地方金融机构纳入统一监管框架，强化地方金融风险防范化解和处置。随着金融监管政策的不断完善和深化，地方金融组织也面临更加严格的监管要求。

除以上已经被纳入金融监管框架的金融机构，金融科技公司和金融控股公司也应当成为金融监管客体。金融科技公司是指科技公司利用先进的技术手段，与金融机构在营销、获客、风控、运营等领域开展合作，向公众提供创新金融服务。实践中，很多头部金融科技公司凭借其数据、流量和技术优势，挤占金融机构固有的业务“奶酪”，极大地削弱了金融特许制的准入监管功效。金融控股公司是指依法设立，控股或实际控制两个或两个

---

① 岳彩申：《金融活动全部纳入监管的立法路径》，载《北京大学学报（哲学社会科学版）》2024 年第 2 期。

② 黄达、张杰主编：《金融学》，中国人民大学出版社 2020 年第 5 版，第 213 页。

以上不同类型金融机构，自身仅开展股权投资管理、不直接从事商业性经营活动的有限责任公司或股份有限公司。金融控股公司参控股机构数量多、业务和组织架构复杂、金融活动体量大、关联性高，各机构之间金融风险传导性强，更易于引发对集团乃至行业的系统性金融风险。为应对上述风险，金融监管主体需要将金融科技公司和金融控股公司[①]纳入监管框架，并以立法补强、完善主体的法律责任。[②]

（三）金融市场

金融市场，亦称资金融通市场，是指由货币资金的借贷、金融工具的发行与交易以及外汇资金买卖等所形成的市场，是资金供求双方运用各种金融工具、通过各式各样的金融交易活动，实现资金余缺调剂的场所。按照不同的划分标准可以将金融市场分成许多类别，按融资期限可分为短期金融市场和长期金融市场，按交易对象可分为本币市场、外汇市场、黄金市场、证券市场，按中介特征可分为直接金融市场与间接金融市场等。

金融市场的存在对金融资产而言具有以下功能：其一，帮助实现资金在资金盈余部门和资金短缺部门之间的调剂，增加金融资产的流动性，可以实现资源的最佳配置；其二，能够建立全流程的信息披露机制，让潜在的买方和卖方得以获取相关信息，以降低交易的搜寻成本和信息成本；其三，能够汇集大众资金及相关交易信息，逐渐建立价格机制，使交易双方于合理条件下决定交易价格；其四，为金融资产的交易提供信用保障，降低金融资产的交易风险。

金融市场机制的脆弱性、金融产品和市场的特殊性、金融市场主体行为的有限理性和金融资产价格的内在波动性，可能导致金融市场失灵，最终引起资源配置不合理、价格信息扭曲和经济大幅波动等负面影响。因此，金融市场必须受到有效的监管，以增加金融市场机制的稳定性，增强主体行为的理性，降低金融资产价格的波动性。

（四）金融基础设施

金融基础设施是金融市场稳定运行的核心支撑，是实现宏观审慎管理与微观审慎监管的重要工具。2022 年 12 月，中国人民银行发布《金融基础设施监督管理办法（征求意见稿）》，将金融基础设施定义为“金融资产登记存管系统、清算结算系统（含开展集中清算业务的中央对手方）、交易设施、交易报告库、重要支付系统、基础征信系统”。

1.金融资产登记存管系统

金融资产登记存管机构为全国各金融机构提供金融资产账户、集中保管服务与资产服务，在确保金融资产发行完整性方面发挥着重要作用。在我国，《中华人民共和国证券法》明确规定证券登记结算机构的对应职责：不得挪用客户的证券；向证券发行人提供证券持有人名册及有关资料；根据证券登记结算的结果，确认证券持有人持有证券的事实，提供证券持有人登记资料；保证证券持有人名册和登记过户记录真实、准确、完整，不得

---

①　2020 年 9 月 11 日中国人民银行已出台《金融控股公司监督管理试行办法》，意在为规范金融控股公司行为，加强对非金融企业等设立金融控股公司的监督管理，防范系统性金融风险。

②　岳彩申：《互联网金融平台纳入市场基础设施基础监管的法律思考》，载《政法论丛》2021 年第 1 期。

隐匿、伪造、篡改或者毁损；采取必要措施保证业务正常进行；妥善保存登记、存管和结算的原始凭证及有关文件和资料。

2.清算结算系统（含开展集中清算业务的中央对手方）

金融资产结算系统通过预先设定的多边规则，支持金融资产通过簿记系统进行转让与结算。针对清算结算系统，《中华人民共和国证券法》明确规定结算系统的法定职能，即证券登记结算机构应履行的职能主要包括：证券账户、结算账户的设立，证券的存管和过户，证券持有人名册登记，证券交易的清算和交收。

由于交易所的身份不适合成为金融资产交易主体，在交易所之外又另外设置一个独立的结算机构作为中央对手方，介入一个或多个市场中已成交合约的交易双方之间，成为每个卖方的买方与每个买方的卖方，不仅能实现金融资产清算结算，更能确保金融资产交易的正常进行，避免交易双方长期暴露在对方的违约风险之下。

3.交易设施

交易设施主要指为汇集买卖双方而提供相关市场或设施的组织、协会或团体。交易设施是优化资源配置效率、提升市场活力的重要基础设施。例如，上海证券交易所、深圳证券交易所、郑州商品交易所、上海期货交易所、大连商品交易所、中国金融期货交易所等。

4.交易报告库

交易报告库作为金融基础设施，承担着收集金融产品尤其是场外衍生领域交易信息的基础性作用，对提高市场透明度，防范金融风险有着重要作用。《中华人民共和国期货和衍生品法》第36条规定国务院授权的部门、国务院期货监督管理机构应当建立衍生品交易报告库，对衍生品交易标的、规模、对手方等信息进行集中收集、保存、分析和管理，并按照规定及时向市场披露有关信息。具体办法由国务院授权的部门、国务院期货监督管理机构规定。

2018年12月，中国期货市场监控中心场外报告库正式上线，该报告库主要包括场外衍生品交易数据子系统和财务数据子系统。2020年，人民银行等多部门已在研究推动在上海设立中国金融市场交易报告库，集中整合各金融市场的交易信息，提升监测水平，并与雄安新区相关建设进行有效衔接。①

5.重要支付系统

重要支付系统是两个或多个参与者之间资金转账的一套工具、程序与规则。重要支付系统通常以参与者与运行者之间的双边或多边协议为基础，使用商定的运行基础设施实现资金转账。在我国，中国人民银行作为重要支付系统的主要监管者，目前已形成以中国人民银行开发建设的中国现代化支付系统为核心，银行内支付系统、银行卡跨行支付系统、票据支付系统、银行卡跨境支付系统、互联网支付、人民币跨境支付系统等为重

① 参见中国人民银行、中国银行保险监督管理委员会、中国证券监督管理委员会、国家外汇管理局、上海市人民政府：《关于进一步加快推进上海国际金融中心建设和金融支持长三角一体化发展的意见》（2020年2月14日）。

要组成部分的支付清算结算体系。[①]

6.基础征信系统

2013 年 3 月实施的《征信业管理条例》奠定了征信业发展的法制基础，明确基础征信系统是由国家设立的金融信用信息基础数据库的定位，征信中心是金融信用信息基础数据库的专业运行、维护和管理机构。目前，我国的基础征信系统已经成为世界规模最大、收录信息全面、覆盖范围和使用广泛的信用信息数据库，基本上为国内每一个有信用活动的企业和个人建立了信用档案，通过建立企业和个人信用信息共享机制，有效解决金融交易中的信息不对称问题，全面精准助力放贷机构防范和化解信贷风险，帮助企业和个人获得融资，基础核心产品信用报告已成为反映企业和个人信用行为的“经济身份证”。征信中心将持续深入推进服务转型，着力在替代数据共享应用、数据治理和服务能力提升等方面锐意进取，助力建设与我国社会主义现代化国家相匹配的现代征信体系，推动我国经济社会高质量发展。[②]

三、金融监管的模式

（一）金融监管环节

金融监管是一个全方位、多层次的过程。这一过程不仅仅是简单的监督和管理，更是对金融机构从诞生到发展，再到可能地退出市场这一全生命周期的细致关照。根据金融机构存续的不同阶段和特性，金融监管可以被精准地划分为市场准入监管、市场运营监管和市场退出监管三个紧密衔接的环节。

1.市场准入监管

市场准入监管是指金融监管主体依法定标准对拟设立的金融机构进行严格甄别与审查，以此为依据，决定其是否获得入市许可。作为监管的起始环节，市场准入的严格把控是确保金融市场稳定运行和整个金融体系安全稳固的关键阀门。允许高质量的金融机构进入金融市场，并依据审慎性标准严格审批其业务范围，此举将有效减少金融机构的经营风险，提升管理水平和服务质量，进而推动金融行业的稳健发展。广义的金融机构准入监管包括三部分：机构准入监管、业务准入监管和高级管理人员准入监管。市场准入监管因为金融机构类型不同，其监管的事项以及标准也各有不同。以商业银行为例：机构准入监管要求商业银行具有符合要求的章程、注册资本最低限额、董事及高级管理人员、组织机构和管理制度和营业场所，安全防范措施和与业务有关的其他设施；业务准入监管则对商业银行的业务范围提出限制；[③]高级管理人员准入监管明确规定商业银

① 许多奇主编：《金融法精要》，法律出版社 2023 年第 5 版，第 259 页。

② 中国人民银行征信中心：《中心概述》，http://www.pbccrc.org.cn/zxzx/zxgk/gywm.shtml，最后访问日期：2025 年 1 月 6 日。

③ 参见《中华人民共和国商业银行法（2015 年修正）》第 8 条、第 9 条。

行从业人员的任职要求。[①]

2.市场运营监管

市场运营监管是指在金融机构获得核准并成立后，金融监管主体会根据法律法规的规定，对其日常市场运营活动进行必要的监管。在金融机构的运营过程中，风险是不可避免的，主要包括信用风险、国家和转移风险、市场风险、利率风险、流动性风险、操作风险、法律风险和声誉风险等八大类。这些风险中，有的是由宏观经济环境的变迁所引发，有的是金融机构自身无法掌控的外部因素所致，但更多的风险则源自金融机构过度追求高额利润或风险防范不足，因此对金融机构的运营监管显得尤为重要。金融机构因其从事的金融业务不同，监管的重点也各不相同。以商业银行为例，其监管的重点多集中于：

其一为资本充足率监管。资本充足率是指商业银行持有的、符合本办法规定的资本净额与风险加权资产之间的比率。资本充足率监管要求包括最低资本要求、储备资本和逆周期资本要求、系统重要性银行附加资本要求以及第二支柱资本要求。国家金融监督管理总局于 2023 年 9 月 8 日发布的《商业银行资本管理办法》对上述要求作了具体的规定。[②]

其二为资产质量监管。资产质量直接决定着银行的盈亏，更会影响银行资本充足率，最终影响银行业的安全和效率。但是基于影响商业银行的资产质量的因素多且不易监测和计量、借款人存在隐蔽信息且银行有高估自身资产质量的倾向等原因，准确评估商业银行资产质量状况并不容易。现行衡量银行资产质量的三个主要指标是：不良贷款率、拨备覆盖率、贷款拨备率。不良贷款率是指金融机构不良贷款占总贷款余额的比重。不良贷款是指在评估银行贷款质量时，把贷款按风险基础分为正常、关注、次级、可疑和损失五类，其中后三类合称为不良贷款。拨备覆盖率，即不良贷款拨备覆盖率，是指贷款损失准备对不良贷款的比率，主要反映商业银行对贷款损失的弥补能力和对贷款风险的防范能力。贷款拨备率是指贷款损失准备计提余额与贷款余额的比率，其是反映商业银行拨备计提水平的重要监管指标之一。贷款余额与存款余额之比不能超过 75%，否则就会违规，并存在很大风险。

其三为流动性监管。流动性风险是指商业银行无法以合理成本及时获得充足资金，用于偿付到期债务、履行其他支付义务和满足正常业务开展的其他资金需求的风险。当流动性不足时，银行无法以合理的成本获得所需的足够资金，因而不能及时满足客户提款或借款的需求，可能导致商业银行的运营危机。流动性风险监管指标包括流动性覆盖率、净稳定资金比例、流动性比例、流动性匹配率和优质流动性资产充足率。原银保监会在 2018 年 5 月 23 日正式颁布了《商业银行流动性风险管理办法》，该办法为商业银行的流动性风险监管指标制定了详细的规范。[③]

其四为内控性监管。银行内部控制是商业银行董事会、监事会、高级管理层和全体

---

① 参见中国银行业监督管理委员会：《银行业金融机构董事（理事）和高级管理人员任职资格管理办法》（2013 年 11 月 18 日）。

② 详见国家金融监督管理总局：《商业银行资本管理办法（2023 年修订）》（2023 年 10 月 26 日）。

③ 详见原中国银行保险监督管理委员会：《商业银行流动性风险管理办法》（2018 年 5 月 23 日）。

员工参与的，通过制定和实施系统化的制度、流程和方法，实现控制目标的动态过程和机制。商业银行应当建立健全内部控制制度，明确内部控制职责，完善内部控制措施，强化内部控制保障，持续开展内部控制评价和监督。金融监管当局通过非现场监管和现场检查等方式对商业银行内部控制实施持续监管，并根据相关法律法规，按年度对商业银行内部控制进行评估，提出监管意见，督促商业银行持续加以完善。对内部控制存在缺陷的商业银行，应当责成其限期整改；逾期未整改的，可以根据《中华人民共和国银行业监督管理法》第 37 条有关规定采取监管措施。

3.市场退出监管

市场退出监管是指金融机构在运营过程中出现特定的事由而被金融监管当局停止金融业务、被吊销金融营业许可证或被取消资质的情形。当金融机构陷入严重运营危机，救助无望或宣告失败时，若不及时采取退出市场的措施，不仅会使损失进一步扩大，债权人面临更大风险，更可能引发连锁反应，波及其他金融机构，进而演变为系统性或地区性的金融风险。因此，在这种情况下，必须及时启动市场退出机制，以防止风险进一步扩散，保护投资者的利益和金融市场的稳定。

一般来说，金融机构市场退出的形式可以划分为自愿退出和强制退出两种。金融机构自愿退出是指金融机构根据其章程或股东大会决议，经金融监管当局批准，自行终止金融业务，注销法人资格的行为。金融机构强制退出是指金融监管当局发布行政命令关闭金融机构的行为，或者法院根据《中华人民共和国企业破产法》的规定作出裁定，宣告金融机构破产的行为。

强制性市场退出的具体程序会根据所选择的退出方式（如撤销或破产）而有所差异。然而，在操作层面上，无论采取哪种方式，都需要遵循一系列共同的程序步骤：(1)作出市场退出决定并予以公告；(2)成立清算组，控制金融机构的所有活动；(3)确认债权，清收或变现资产；(4)支付个人储蓄存款本息，制订清算方案；(5)向债权人分配变现收入或财产；(6)结束退出工作。这些步骤确保市场退出的公正性、透明性和规范性，从而维护金融市场的稳定与健康发展。

（二）金融监管方法

金融监管方法在现代金融体系中扮演着至关重要的角色，确保金融机构的稳健运营，维护金融市场的公平、透明和稳定。传统型监管方法主要依赖于人工审查、现场检查和法律法规的执行。金融科技带来的复合性金融风险早已突破金融监管机构传统的监管半径和监管能力，从而倒逼监管机构不得不寻求监管工具与手段的创新。因此，充分运用大数据、云计算、区块链、人工智能等新兴信息技术的创新型监管方法已成为各国金融监管当局探寻监管创新、防控金融科技风险的现实趋势和不二选择。

1.传统型金融监管方法

其一为现场检查法。现场检查是金融监管机构为确保金融机构运营的合规性而采取的一种重要监管手段。在此过程中，监管机构会指派专业的检查人员或工作小组，深入金融机构的实地环境中，检验财务报表数据的准确性和可靠性，评估管理和内部控制的质量，检查遵守法律法规的情况，考察整体的经营管理水平，以确认其业务操作是否符合相关法律法规和监管要求。

根据检查的目的、范围和重点，现场检查可以分为常规性全面检查和专项检查。常规性全面检查是一种综合性的监管手段，旨在全面覆盖金融机构的各项主要业务及风险，同时深入评估其管理内控的各个领域。这种检查的目的在于对金融机构的总体经营和风险状况作出全面而准确的判断。常规性全面检查通常按照一定周期进行，一般每年或每一年半进行一次，以确保金融机构的稳健运营和合规性。而专项检查则更加具有针对性和目的性，它专注于对金融机构的某一项或几项特定业务进行重点检查。专项检查的目的在于深入了解和评估这些特定业务的风险状况、合规性以及管理内控的有效性。通过专项检查，监管机构能够更加精确地发现问题、识别风险，并采取相应的监管措施来确保金融机构的稳健运营。

其二为非现场检查法。非现场检查是指金融监管机构通过对金融机构定期提供的各种财务报表、统计报表等有关资料，依法进行全面的整理分析，以了解金融机构的业务经营情况，掌握金融政策的贯彻落实情况和金融市场的变化状况，及时有效地把握反馈信息，进一步调整、改进政策方针，使金融机构的运作符合宏观经济发展的要求。通过非现场检查，能够及时和连续监测金融机构的经营和风险状况；运用非现场分析，有助于明确现场检查的对象和重点，从而有利于合理分配监管力量，提高监管的质量和效率。非现场检查的有效性必须依赖于有效、完整、准确、及时的信息提供，因而完善的信息监督管理系统是非现场检查必不可少的工具。

非现场检查按照检查内容分为合规性检查和风险性检查两种。合规性检查是通过对财务报表和其他资料进行分析，检查各项监管指标是否符合金融监管当局制定的审慎政策及有关规定。风险性检查则是通过资料数据进行对比分析、趋势分析或者计量模型分析，评估金融机构的风险状况，预测金融机构的发展趋势。

其三为结构化早期介入法。结构化早期介入是指金融监管当局根据所发现的问题严重程度，对问题金融机构采取由弱渐强、以矫正为目标的系列监管措施，从而使问题金融机构恢复正常营运。结构化早期介入的实施依赖于一个前提条件，即出现问题的金融机构存在被救助的可能性，还没有走向破产的边缘。

结构化早期介入的实现主要依靠非正式与正式的监管措施。非正式的监管措施主要是指金融监管当局为避免相关金融机构信息外泄的负面影响，通过不公开的方式与出现问题的金融机构管理层进行直接的、秘密的沟通，指出其问题所在，并责成问题金融机构采取相应拯救措施。在非正式的监管措施不足以使金融机构的问题得以顺利解决之时，金融监管当局便会启动正式的监管措施，这种具体的监管措施一般不外乎以下几种情形：严格要求金融机构遵守法律的限制性规定；禁止问题金融机构从事某些特定的、高风险的经营业务；要求金融机构改良其内部管理结构与组织结构，提高内部治理与自律监管；免除董事、经理等高级管理人员的职务等。①

① 黎四奇：《析银行有效监管中"结构化早期介入"机制法律问题》，载《湖南大学学报》2008 年第 5 期。

其四为内外部稽核结合法。内外部稽核结合法是一种在金融监管中广泛采用的方法，旨在通过内部稽核与外部稽核的有机结合，达到对金融机构进行全面、有效、及时的风险管理和监督。内部稽核是金融机构内部设立的一种自我监督机制，由专门的内部稽核部门或人员负责。外部稽核则是由独立的第三方机构，如会计师事务所或审计师事务所，对金融机构的财务报表、内部控制、合规性等方面进行的审计和检查。

内外部稽核结合法强调内部稽核与外部稽核的互补性与协同性。通过内部稽核，金融机构可以建立有效的自我监督机制，及时发现和纠正潜在的风险和问题；而外部稽核则可以对金融机构的财务报告和内部控制体系进行独立、客观的评估和监督，确保金融机构的财务报告真实可靠以及内部控制体系健全有效。

2.创新型金融监管方法

其一为监管沙盒(Regulatory Sandbox)。监管沙盒是2015年11月由英国金融行为监管局(FCA)率先提出的创新监管理念，是指在确保金融消费者权益得到保障的前提下，给予具有创新性的金融机构在一定条件、一定范围、一定时期内进行金融创新的权利，而不必担心其创新活动将引发不利的监管后果。与此同时，金融监管当局也积极参与到监管沙盒的运作中，通过与金融机构的紧密合作，深入了解金融科技创新的全过程。基于监管沙盒的测试结果和观察，金融监管当局可以对创新产品与服务的上市作出更加科学和精准的决策。这种基于实际数据的监管决策方式，不仅能够确保金融市场的稳定和安全，还能够为金融科技创新提供更为宽松和包容的环境，促进金融行业的持续健康发展。

2021年中国人民银行金融科技委员会发布《中国金融科技创新监管工具白皮书》，确定中国版"监管沙盒"制度的正式官方名称为"中国金融科技创新监管工具"，由中国人民银行主导设计。中国人民银行于2020年10月21日发布《金融科技创新应用测试规范》，规定监管沙盒测试流程主要包括测试声明阶段、测试运行阶段、测试评估阶段和测试结束阶段。

①在测试声明阶段，金融机构应按要求填写金融科技创新应用声明书，通过金融科技创新管理服务平台提交申请。申请机构应对所申报创新应用，就金融科技创新应用声明书内容的真实性、准确性、完整性进行承诺。

②在测试运行阶段，金融机构需建立相应的风险内控、风险监测、风险处置和投诉建议机制，利用金融科技创新管理服务平台持续动态监测创新应用的运行状况，并定期向测试管理部门报告风险监控情况。

③在测试评估阶段，测试机构应通过系统测试、内部审计等方式，组织开展内部评估工作，形成自评报告。对于创新应用涉及的金融服务，测试机构可通过申请注册会计师审计等方式，对创新应用声明书相关承诺的落实情况进行评估，并获得证明材料。测试机构还应组织相关领域外部权威专家组成专家组(至少包括业务、技术、安全、自律等专家)，在自测自评基础上，结合外部评估情况进行综合评审论证。

④在测试退出阶段，申请机构应在停止服务前，至少提前15个工作日提出创新应用

退出申请。自律组织从保护金融消费者合法权益、维护金融稳定等方面进行综合评估，并将评估结果报测试管理部门后反馈给申请机构。申请机构应按照声明的退出方案执行退出程序。

其二为监管科技。监管科技系科技与监管之融合，是指能够高效地解决监管和合规性要求的新技术之总和。全球金融稳定理事会按照应用主体不同，将监管科技分为适用于合规端的监管科技与应用于监管端的监管科技两大类。前者又称“科技应对监管”，主体为金融机构；而后者称“科技执行监管”，主体为监管机构。鉴于我国“监管”一词通常蕴含着主体为肩负某种公共管理职责的国家机构，属于公法主体，行使国家公权力，行为指向的被监管对象一般为私法主体。本书所言“监管科技”是指面向金融监管端的监管科技，即特指金融监管机构将大数据、云计算、区块链、人工智能等新兴信息技术应用于某一具体场景以提升其监管（执法）效率和金融风险防控能力的一系列技术工具与解决方案的统称。[①]

实践中，监管科技在金融监管端的应用主要体现为数据采集和数据分析。数据采集着眼于形成报告（自动化合规报告、实时检测报告）、数据管理（数据解耦、数据整合、数据确认与可视化等）和引入虚拟助手（借助于虚拟助手采集市场信息，了解被监管对象的数据，与市场参与者之间进行互动交流）；数据分析则含市场交易行为的监管、不端行为的检测、微观审慎监管和宏观审慎监管四大核心领域，部分实践方法可见表 3-2。

表 3-2　部分实践方法

流程	方法	内容
数据采集	形成报告	奥地利央行建立数据报送平台，并向商业银行明确报送数据的具体要求。各银行的数据被传送到数据报送平台，通过机器清洗和解读，转化为标准化的完整数据报告，推送奥地利央行。 卢旺达央行通过设立电子数据仓库（EDW），从金融机构的 IT 系统中直接抓取数据，抓取频率一般为每 24 小时一次，各金融机构需要按照统一的规范导入数据，并放置于其 IT 系统的特定区域，以供卢央行抓取。
	数据管理	澳大利亚证券投资委员会依靠数据分析软件对所收集的数据进行自动核验和整合（包括将微观层面的数据高效地加工为宏观层面的数据，以及整合不同数据源的信息），并通过数据可视化分析应用程序，勾勒结构化数据源的时间、关联和因果关系，增加数据的可读性。
	虚拟助手	英国金融行为监管局（FCA）、美国证券交易委员会（SEC）使用聊天机器人的形式自动受理消费者的投诉，并向被投诉金融机构进行业务提醒；尝试通过使用聊天机器人的形式向金融机构解析监管政策等日常询问。

① 陈斌彬：《技法相融：应用监管科技防控金融风险的法治进路》，载《华侨大学学报》2023 年第 4 期。

续表

流程	方法	内容
数据分析	市场交易行为监管	澳大利亚证券投资委员会(ASIC)通过市场分析及情报平台(MAI)这一监管科技平台,对一级、二级市场的股票、衍生品的交易等进行实时监测,该平台一方面可在发现异常交易时立即预警,预警后工作流程自动暂停,并进入调查分析阶段来查找异常交易的源头;另一方面可基于实时监测积累的历史数据,利用大数据技术对整个市场的交易进行分析,从而识别是否存在系统性风险,帮助金融监管当局提出政策建议。
	不端行为检测	新加坡金管局创建双层数据分析系统,将在第一层筛查出的可疑机构导入子系统,再在子系统进一步抓取可疑机构的底层交易数据,深入分析这些机构之间的关系,找出可能的洗钱网络。

关于大湾区跨境金融监管沙盒的延伸阅读,可扫描二维码阅读文字材料:

第四节　国际金融监管的协调和合作

国际金融监管的协调和合作主要指国际经济组织、金融组织与各国监管机构以及各国监管机构之间,在金融政策、金融行动等方面采取共同步骤和措施,通过相互间的协调与合作,达到协同干预、管理与调节金融运动并提高其运行效率的目的。

生产和资本的国际化促使跨国公司在全球范围内扩张,大量资本从一个国家流动到另一个国家,从一种货币转换为另一种货币,从而推动金融业的国际化。与金融国际化如影随形的是金融风险的国际化。一方面金融国际化使得金融机构陡增外汇风险和国家风险,增加金融机构经营的不确定性。另一方面随着金融的国际化,金融风险越来越难以被限制在单一国家的地理区域内,各国金融机构将面临日益增加的国际金融风险。

关于20世纪90年代末亚洲金融危机的延伸阅读,可扫描二维码阅读文字材料:

由于经济发展的不平衡,各国为应对金融国际化带来的挑战而采取的金融监管政策存在差异。在一个存在金融监管政策差异的国际金融市场中,有可能出现两种现象:监

管竞争与监管套利。前者是指各国监管者之间为吸引金融资源而进行的放松监管的竞争，如部分发展中国家为增强对外资的吸引力，大幅减少国内金融管制措施、降低监管标准，虽然短期内确实对本国经济有一定增益，但长期来看一国金融监管的放松将会引发国际范围内金融安全市场的动荡。后者是指被监管者利用不同地区金融市场间监管政策的差异谋取利益，金融机构选择将业务或与业务相关的基础设施从监管偏严格的市场转入监管较松散的市场，从而导致金融机构母国对其实施的金融监管手段失效，同时使本国的金融机构数量达不到理想中的竞争状态，影响资源的有效配置。①

为有效防范金融风险国际化，解决监管竞争和监管套利困境，促进国际金融秩序稳定，国际金融监管的协调与合作提供了更为广袤的思维路径。如通过建立国际监管标准，提升危机应对能力；降低系统性风险，减轻金融脆弱性隐患；促进监管信息共享，完善多边交流机制；形成国际性约束制度，稳定各方金融秩序等。

目前，国际金融监管的协调和合作主要通过以下几种形式进行：

一是双边合作监管方式。两个国家、地区的金融监管机构就金融监管的一些法律性、技术性问题开展交流与协作，一般通过签订相互法律协助条约和谅解备忘录等双边协定来实现。在双边金融监管合作框架下，双方主权国家是重要的金融监管合作主体，该国家或地区内部的监管机构一般都是在政府当局的领导下对金融领域进行直接监管。截至 2023 年 11 月，中国证监会已与 67 个国家和地区签署了监管合作谅解备忘录；②银保监会与 30 多个“一带一路”沿线国家的金融监管当局签署了双边金融监管合作谅解备忘录或合作换文等。③

二是区域性合作监管方式。一般都是在地理上相邻的若干国家或地区之间构建起来的金融监管合作体系，如东盟。因为地理位置上的接近，某一区域范围内的国家和地区在历史文化和传统习俗上具有相似性，在经济体上也存有较大的互补性和嵌入性，因此具备合作的社会环境和制度条件。

三是区域性统一监管方式。由一个统一的监管机构来负责跨国的金融监管。目前，严格意义上的统一监管只有 2014 年 11 月 4 日正式启动的欧元区“银行单一监管机制”。

四是全球性合作监管方式。在全球范围内，各国通过彼此的协调和交流，成立国际金融监管组织，制定统一的监管标准，这些监管标准为各成员国金融监管当局所接受，并为各国金融监管当局所必须遵守，如巴塞尔银行监管委员会金融稳定理事会、国际证监会组织和国际保险监督官协会等。我国已加入巴塞尔银行监管委员会，先后参与了《有效银行监管核心原则》的起草和修订工作，并作出实施承诺。

在全球化的今天，金融监管已演变成一个跨越国界的复杂挑战，仅凭单一国家的力

---

① 黄达、张杰主编：《金融学》，中国人民大学出版社 2020 年第 5 版，第 751～752 页。

② 中国期货业协会：《与中国证监会签署〈证券期货监管合作谅解备忘录〉的国家和地区》，https://www.cfachina.org/aboutassociation/associationannouncement/202311/P020231124563871158372.pdf，最后访问日期：2025 年 1 月 20 日。

③ 《中国积极为“一带一路”提供国际金融公共产品》，https://bj.mof.gov.cn/ztdd/czysjg/jyjl/202312/t20231212_3921475.htm，最后访问日期：2025 年 1 月 20 日。

量难以有效应对。过去那种以邻为壑、追求零和博弈的旧有思维，已无法适应当前全球金融发展的新形势，以开放、包容的态度来面对国际金融监管的协调和合作，以共同承担风险、共享合作利益的方式，让各国在贡献中受益，在受益中贡献，这是当今时代建立和完善全球金融监管合作体系的必然选择和唯一途径。①

关于2008年“美国‘次贷’危机案”的延伸阅读，可扫描二维码阅读文字材料：

本章小测

一、客观题（扫码开始测试）

二、主观题

1.为什么要对金融行业进行监管？

2.金融监管包括哪些原则？

3.我国目前属于哪种金融监管体制？

4.如何理解金融监管科技作为新维度在金融监管法中得到体现？

5.思考我国金融监管机关、金融同业组织和金融机构内部控制之间的地位与制度衔接。

6.中国人民银行应如何依法对银行业金融机构的信用危机进行处置？采取何种措施？

7.试论国际金融监管协调与合作的必要性。

8.简述国际金融监管协调与合作的主要方式。

9.试论国际金融监管协调与合作的现行困境。

10.市场经济与金融危机的辩证关系是什么？

11.金融监管与金融监管法存在怎样的关系？

12.如何在金融市场中均衡金融安全与金融效率两种价值？

13.监管科技在现实生活中有哪些应用场景？

14.比较目前美国、日本、英国等发达经济体的金融监管体制，并分析其各自优劣。

① 王宝杰：《论金融监管的国际合作及我国的法律应对》，载《政治与法律》2009年第6期。

15.思考创新型监管方法对传统金融监管的风险和挑战。

16.试论我国的金融机构内部控制制度及其改进措施。

17.试述金融监管主体之间的监管重叠和监管空白。

18.试论我国应如何在国际金融监管机制中更好地发挥作用?

19.试论在监管科技高速发展的情况下,如何实现科技层面上的国际金融监管协调与合作?

第四章　商业银行法

思维导图

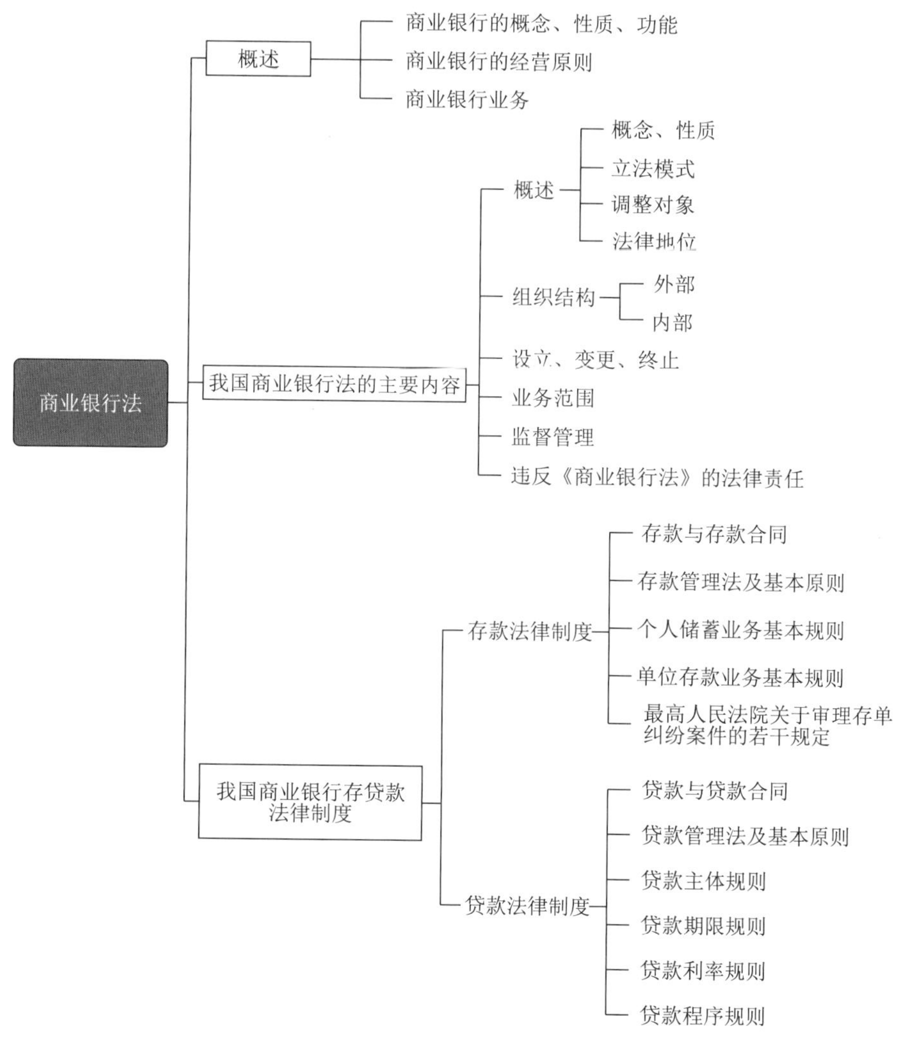

第一节　商业银行法概述

一、商业银行概述

（一）商业银行的概念

学界一般认为，商业银行是金融机构组织体系的主体，是指以营利为目的，以金融资产和负债作为经营对象的综合信用中介机构，是金融企业的一种。根据 2015 年修订的《中华人民共和国商业银行法》（以下简称《商业银行法》）第 2 条的规定，商业银行是指依照本法和《中华人民共和国公司法》（以下简称《公司法》）设立的吸收公众存款、发放贷款、办理结算等业务的企业法人。这表明：其一，在我国商业银行首先是企业法人，以营利为目的，区别于事业单位法人、机关法人、社会团体法人等其他法人；其二，其设立依据为我国《商业银行法》和《公司法》；其三，其业务范围包括吸收公众存款、发放贷款、办理结算等，并不局限于与货币直接相关的经营业务。

商业银行是经济发展的产物，在不同的经济发展时期，其内涵与外延也会随之有所变动。在前资本主义时期，应广泛的商品经济发展而产生的铸币兑换的需求，货币经营业最初的形式诞生——铸币兑换商。后来随着市场需求的多样化发展，铸币兑换商扩大业务范围，开始从事为商人们保管货币资产、平衡货币差额等业务。这与现代银行的存款业务、兑换外币的功能十分类似，但是此时的货币经营业还未演化为银行。直到铸币兑换商将手中集聚的大量的货币出借，进行信贷业务，并且逐步将信贷业务变成其日常业务时，信用出现了，才慢慢发展成现代商业银行。普遍认为，1694 年在英国政府支持下建立的英格兰银行，标志着西方资本主义商业银行的产生。

（二）商业银行的性质

商业银行区别于中央银行、政策性银行等其他银行，从各国有关商业银行的立法来看，商业银行一般具有以下共性：

第一，商业银行是企业法人。这个特性决定了其经营目的在于获取利益，有别于不以营利为目的的机关法人及事业单位法人；且商业银行具有法人资格，本身具有一定财产，称为“法人财产”，并以之为限对外承担责任，区别于股东无限责任的个人独资企业及合伙企业。

第二，商业银行是金融企业法人。区别于一般的工商企业法人，商业银行所经营的对象是金融资产和金融负债。对于商业银行的设立，各国大都采取“审批制”，即非经有关主管部门审查批准，不得设立。例如，德国银行法规定，从事银行业务的，须获得联邦监督局的书面许可。日本银行法规定，非经大藏大臣许可，不得经营银行业。我国《商业银行法》第 11 条第 1 款规定，设立商业银行，应当经国务院银行业监督管理机构审查批准;该条第2款规定,未经国务院银行业监督管理机构批准,任何单位和个人不得从事吸收公众存款等商业银行业务,任何单位不得在名称中使用“银行”字样。由此可见,商业银行属于特许经营的范畴。

第三,商业银行是特殊的金融企业法人。随着市场经济的不断发展,现代金融企业存在多种形式,包括信托银行、投资银行、储蓄银行、证券公司、保险公司、融资租赁公司等。与之相比,商业银行的业务范围更加广泛,不仅经营门市业务,也经营大额信贷业务。从命名中也可窥见一二,商业银行的专门性较弱,更为突出的是其综合性特质,能够较好地服务于瞬息万变、需求各异的商业领域。但是,随着西方国家对金融管制的放松,各种金融机构之间的业务日益交叉;商业银行在占据各国金融体系特殊重要地位的同时,综合性优势被削弱了不少。

（三）商业银行的功能

商业银行功能从其所经营的业务范围来看,大致可归纳出以下四点:

1.信用中介功能

信用中介功能是商业银行最本质、最基本的本位功能。这一功能实质体现为商业银行通过银行的负债业务,形成自己的资金池;再通过银行的资产业务,使资金流向经济各部门,为经济发展提供必要的资金支持。存款是商业银行的主要负债,商业银行通过支付利息和提供便捷的存取服务吸引公众存款,并向存款人提供一定的保证和安全性。商业银行利润的主要来源,便是银行通过其吸收的资金,进行放款或投资所赚取的利息差或投资收益。在这一过程中,商业银行在作为“中介人”促进实现资金融通的同时,也使自己成为通过买卖“资本商品”巧妙获取利益的大商人。

2.支付中介功能

支付中介功能是指商业银行作为支付中介所发挥的功能,具体表现为客户在商业银行开立存款账户,而商业银行通过该存款账户代理客户办理货币结算、货币收付、货币兑换等业务。在这一过程中,商业银行通过提供各种支付工具和支付服务,如支票、银行卡、电子支付等,实现个人和企业之间的资金转移、交易结算,成为政府、家庭、工商企业等商事主体的资金保管人、出纳人和支付代理人。这样一来,商业银行便具备了社会经济活动的支付中心、出纳中心的功能,成为整个社会信用链条的枢纽。商业银行的支付中介功能的发挥能够提高经济交易的效率和安全性,促进经济活动的顺利进行。值得一提的是,虽然支付宝与微信支付等第三方支付机构也提供支付中介服务,但是其服务的基础必须依赖商业银行的支付中介功能。第三方支付机构主要凭借着自己在通信、计算机和信息安全技术方面的优势,与各大商业银行签约,在用户与银行支付结算系统之间建立连接,提供收款、付款的支付中介服务。

3.信用创造功能

信用创造功能是商业银行最重要的特征,以此区别于其他金融机构。商业银行发挥其信用中介功能和支付中介功能的同时,信用创造功能相伴而生。在支票流通和转账结算的基础上,商业银行利用其吸收的各种存款发放贷款,而后贷款转化为存款,形成新的债权。如此循环，在存款不提现或不完全提现的情况下，无形中就增加了商业银行的资金来源。最后，数倍于原始存款的派生存款形成于整个商业银行体系内。但是，商业银行并不能无限制地创造信用，它受到原始存款的规模、中央银行的存款准备金率、自身的现金准备率、贷款付现率、贷款需求等多方面的限制。商业银行创造信用的实质，从整个社会再生产来看，是流通工具的创造。正是其独有的信用创造功能，使得各国立法对商业银行的监管严于其他金融机构。

4.金融服务功能

金融服务功能是金融自由化下商业银行业务综合化与全能化的现实表现。商业银行充分发挥其优势拓展其业务，广泛参与金融市场的交易活动，为客户提供多样化的金融产品和服务，如为客户提供投资理财、信息、咨询服务以及代交公共费用、代发工资、代理融资和保管物品等，满足不同需求。在现代经济生活中，金融服务已成为商业银行的重要功能之一。

二、商业银行的经营原则

关于“商业银行的经营原则”的详细阐释，可扫码收听音频：

为保障商业银行及其所涉领域规范经营、稳健运作，所有商业银行开展金融业务活动都必须遵循基本指导思想和基本行为准则，也就是商业银行的经营原则。我国《商业银行法》结合我国经济、金融体制的实际情况和改革发展的需要，将我国商业银行的经营原则予以立法明确。概言之，有以下八个原则：

1.安全性、流动性、效益性原则。《商业银行法》规定，商业银行以安全性、流动性、效益性为经营原则，实行自主经营，自担风险，自负盈亏，自我约束。

(1)安全性原则。其作为国际银行业普遍认可的最为重要的经营原则，是“三性原则”中的首要原则，主要通过对各种风险的防范和控制实现，表明人们对商业银行经营风险控制问题的高度重视。由于商业银行自有资本所占比重很低，主要是负债经营，商业银行在经营资产业务时，应当充分考虑到资金本息收回的可靠程度，保证银行资产的安全。

大体而言，商业银行经营资产业务主要存在四项风险：第一，信用风险，或称爽约风险，指债务到期，借款者不能完全归还贷款，放款者只能收回部分贷款金额而承受的风险损失。借款者的信用状况恶化，势必会影响银行资产安全，严重时甚至会引发挤兑和银行倒闭。第二，利率、汇率变动风险，体现为因市场利率和外汇汇率发生变化进而给商业银行的资产带来损失。第三，流动性风险，指商业银行因缺乏变现能力，不能及时地、充分地满足存款者提取存款和发放正常贷款的需求，引致银行信誉受损、出现挤兑，甚至破产倒闭的风险。第四，社会、政治风险，体现为因社会、政治、经济形势的重大变化而可能给商业银行带来的预期收益的损失,包括但不限于通货膨胀、经济衰退、战争、动乱、自然灾害等。

(2)流动性原则。流动性原则是指商业银行的资金运用可以随时变为现款,以便存款者能够随时依正常程序提取存款以及银行能够发放正常贷款,它包括资产的流动性和负债的流动性两个方面。资产的流动性是其主要方面,指商业银行的资产能够在无损的状态下迅速变现,通常由资产结构和负债结构的适当安排实现。负债的流动性是指商业银行能够以较低的成本迅速获取所需资金,如通过同业拆借、向中央银行借款或者发行金融债券等方式获取所需资金。

(3)效益性原则。效益性原则指商业银行的业务经营以营利为目标,追求最佳的经济效益。商业银行的企业性质决定了商业银行的基本经营目标就是最大限度地创造利润,实现经营利润的最大化。效益性原则是"三性原则"的最终目的。

商业银行的"三性原则"要求其保持资产与负债比例的适当性,并实行资产负债比例管理和全面风险管理,从而达到盈利的目的。商业银行在经营过程中必须有效地在三者之间寻求合理的平衡。

2."四自方针"。这是商业银行"企业化经营"的原则。《商业银行法》规定,商业银行实行自主经营、自担风险、自负盈亏、自我约束;商业银行依法开展业务,不受任何单位和个人的干涉;商业银行以其全部法人财产独立承担民事责任。由此可见,我国法律明确要求商业银行作为企业法人在商事活动中保持独立自主,进行企业化经营,不受任何单位和个人的干涉。这一原则的立法目的主要在于解决我国商业银行政企不分,职责权限不明,不能独立自主、自负盈亏地开展经营活动而导致的现实问题。

"自主经营"是商业银行作为企业法人、独立的金融业务经营者所应具备的基本条件,商业银行在符合国家产业政策和发展政策的前提下有权根据市场需要,自主地对经营计划、投资安排、公积金公益金的支配、金融产品的开拓以及银行内部的劳动、人事、工资奖金分配等方面作出决策并组织实施,不受地方政府和部门的干预。"自担风险"与"自主经营"相联系,只有允许银行自主经营,银行才对其自主经营的风险承担责任,具体是指商业银行要正确识别和认定资产的经营风险,并且能够在此基础上建立有效的风险防控机制。"自负盈亏"是商业银行作为独立法人的标志,商业银行以其全部法人财产独立承担民事责任。"自我约束"具体是指商业银行必须遵守国家的法律法规和金融监管机关的有关规定,建立自觉规范商业银行经营管理的内在机制。

3.平等、自愿、公平、诚实信用原则。商业银行与客户的业务往来,应当遵循平等、自愿、公平和诚实信用的原则。商业银行与其客户之间是平等主体之间的民事法律关系,因此也受到《中华人民共和国民法典》(以下简称《民法典》)的调整。商业银行与客户间的业务往来,从法律意义上来说,主要体现为缔结各种以金融产品为标的物的存款合同、借贷合同等,应遵循《民法典》相关规定以及《商业银行法》的规定,以平等、自愿为基础,公平交易,在交易进行的过程中,双方均应诚实、守信。

4.保护存款人利益原则。保护存款人利益是当下商业银行法律制度构建与改良的重要原则。商业银行应当保障存款人的合法权益不受任何单位和个人的侵犯。2015 年,我国颁布了《存款保险条例》,标志着我国存款保险制度的正式建立,有利于保护存款人利益，维护银行信用，稳定金融秩序。

5.严格贷款的资信担保、依法按期收回贷款本息的原则。商业银行开展信贷业务，应当严格审查借款人的资信，实行担保，保障按期收回贷款；商业银行依法向借款人收回到期贷款的本金和利息，受法律保护。这要求商业银行在开展信贷业务时，需要注重审查借款人的资信情况，建立科学的风险评估体系，评估借款人的还款能力和信用记录以降低不良贷款风险；并采取包括保证、抵押、质押等形式在内的担保，确保在借款人出现偿还困难时能够通过担保方进行风险分担或追偿提高贷款的可回收性和安全性。这些举措对于维护金融秩序、保障金融机构的健康发展以及促进经济稳定都具有重要意义。

6.依法营业，不得损害社会公益的原则。商业银行开展业务，应当遵守法律、行政法规的有关规定，不得损害国家利益和社会公共利益。这要求作为金融行业主要成员的商业银行在开展业务经营时，必须严格遵守《商业银行法》、《中华人民共和国银行业监督管理法》(以下简称《银行业监督管理法》)、《中华人民共和国反洗钱法》(以下简称《反洗钱法》)和《中华人民共和国外资银行管理条例》(以下简称《外资银行管理条例》)等法律法规。商业银行作为一种特殊的金融企业，其各项经营活动的开展不仅关系着银行本身存续发展的问题，更关系着广大的工商企业和人民大众的生产、生活问题，关系着整个社会、整个国家的经济秩序的稳定发展问题。

7.公平竞争原则。商业银行开展业务，应当遵守公平竞争的原则，不得从事不正当竞争。公平竞争原则其实是平等、自愿、公平、诚实信用原则的延伸，是其在经营者之间横向竞争方面以及经营者与消费者之间纵向联结的体现。作为商事主体的商业银行，在经营中必须遵守价值规律和市场内在的竞争规则，独立承担公平竞争的结果。

8.依法接受相关机构监管的原则。商业银行依法接受国务院银行业监督管理机构的监督管理，但法律规定其有关业务接受其他监督管理部门或者机构监督管理的，依照其规定。国家金融监督管理总局是我国银行业金融机构的主要监管机构之一，依法对除证券业之外的金融业实行统一监督管理，强化机构监管、行为监管、功能监管、穿透式监管、持续监管，促进金融业合法、稳健运行。

三、商业银行的业务演变及业务范围

商业银行经历了从古代金融活动到现代金融机构的演变过程，其业务范围与人类社会经济发展的需要和金融制度的完善密切相关。早期的银行活动可以追溯到古代文明时期。古巴比伦、古埃及、古希腊和古罗马等国家都存在类似的银行活动，主要是以接受存款和放贷为主。中世纪欧洲出现一些银行家家族，如佛罗伦萨的美第奇、佩鲁奇、巴尔迪等家族，他们开始从事贷款、兑换货币和汇兑业务。17 世纪至 18 世纪，随着欧洲资本主义经济体系的建立，现代商业银行逐渐形成。英国的巴克莱银行、荷兰的荷兰银行等开始发展成为现代商业银行的雏形。19 世纪，在工业革命的推动下，商业银行得到了进一步的发展，开始承担更多的信贷和投资业务，支持工商业的发展。20 世纪以来，随着金融全球化的发展，商业银行的业务范围不断扩大，服务功能不断增加，成为国民经济发展中不可或缺的重要组成部分。

商业银行发展至今,由以英国为代表的集中于短期性自偿性贷款的原始意义上的商业银行逐渐地转变为以德国为代表的综合式商业银行。商业银行的重要特征之一便是"综合性",它们通过发放短期商业贷款、提供周转资金、融通长期性的固定资金并直接投资于新兴企业、包销企业证券、参与企业决策和提供咨询服务等方式来满足商事活动中所产生的多种多样的资金需求。

由于各国的经济、金融形势不同,监管原则不同,各国在立法上对商业银行的业务范围的规定也不相同。一般来说,主要采取两种立法方式进行规定:一是列举式规定,优点是范围明确,缺点则是不利于金融业务创新;另一种方式是定义加限制式规定,即只规定商业银行所特有的活期存款和支票账户业务,其他业务由资产负债和风险管理进行限定,银行对于业务创新有较大操作空间。

商业银行业务,按资金来源和用途,可归纳为三大类:

一是负债业务。负债业务是商业银行处于债务人地位,通过一定形式获取来自存款人的资金从而形成资金来源的业务。其主要表现为吸收存款、发行金融债券、同业拆借等。商业银行最主要的负债业务是存款业务。

二是资产业务。资产业务是商业银行处于债权人地位,运用其积聚的货币资金从事各种信用活动的业务,包括贷款、债券投资、现金资产三大类。贷款业务是最主要的资产业务。

三是中间业务,或称表外业务。其是指商业银行在不动用自身资金的前提下,代理客户承办支付和其他委托事项并从中收取服务费的业务,主要包括:信托、办理国内外结算、代理兑付、承销政府债券、代理买卖外汇、提供信用证服务及担保等。在中间业务中,商业银行不处于债权人地位,也不处于债务人地位,而是代理人或金融中介人。因此,此类业务的开展不会引起商业银行资产与负债比例的变化。

第二节　我国商业银行法的主要内容

一、商业银行法概述

(一)商业银行法的概念、性质

商业银行法是调整商业银行组织机构及业务经营的法律规范的总称。在我国,商业银行法有广义、狭义之分。广义的商业银行法是指一切关于商业银行的组织及业务经营的法律、法规、行政规章的总称,除《商业银行法》外,还包括其他法律、法规、规章中涉及商业银行的组织机构及业务经营的规定,如《中国人民银行法》《银行业监督管理法》《外资银行管理条例》《储蓄管理条例》《个人贷款管理办法》《商业银行互联网贷款管理暂行办法》等。狭义的商业银行法仅指专门性法律,即1995年5月10日第八届全国人民代表大会常务委员会第十三次会议通过、2015年8月29日中华人民共和国第十二届全国人民代表大会常务委员会第十六次会议修订发布的《中华人民共和国商业银行法》。

修订后的《商业银行法》共计9章95条,内容涵盖立法目的,商业银行的法律地位、业务范围、经营原则,银行的设立、变更、接管与终止、清算和解散的条件、程序,银行业务规则、财务会计、监督管理及法律责任等。

商业银行法在性质上属于企业法,所规范的对象是"商业银行"这一特殊的金融企业。商业银行法内容涵盖行政、民事等诸多方面的内容,使其具有许多特质:第一,商业银行法具有公法的性质,如商业银行法中有关银行的设立、变更、终止及各项罚则等,均属于强制性规定,违者将会受到行政法乃至刑法的处罚。第二,商业银行法是特别法,优于普通法适用。民法是规定一般私法行为的法律,公司法属于民商法的范畴,而商业银行法是规范商业银行这种特殊企业的特殊商事行为的法律。相较于民法和公司法而言,商业银行法应属特别法而优先适用,只有当商业银行法未作规定时,才可适用公司法和民法的有关规定。第三,商业银行法由国内立法机关制定,属于国内法,其适用以本国领土为施行范围。因此,本国驻外银行机构一般不受本国商业银行法的制约;同时,外商独资银行、中外合资银行、外国银行分行、外国银行代表处等都要受东道国法律的约束。第四,商业银行法的内容多为义务性规范和禁止性规范,属于强行法。这是因为商业银行的营运资金大多来源于社会公众的存款,负债经营,且自有资本比例小,金融风险系数高,其经营状况必将与社会大众的利益直接挂钩,影响到整个社会的一般交易安全。因而,为维护商业银行的安全稳健经营,各国商业银行立法多为强行法。

(二)商业银行法的立法模式

关于商业银行法的立法模式,各国立法不尽相同。英国、法国、加拿大、瑞典、匈牙利等国将商业银行和中央银行的法律规范体现于同一部法律中,德国、日本、韩国、新加坡等国将商业银行和中央银行分别立法。

在我国,商业银行的立法模式经历了从合并到分立的发展历程。1986年1月7日国务院发布的《中华人民共和国银行管理暂行条例》(已于2001年10月6日废止)采取合并立法的形式,既有关于中央银行的法律规范,也有关于专业银行、信托投资公司、城乡信用合作社以及其他非银行金融机构的法律规范。这部暂行条例也是新中国成立后第一部规范商业银行的行政法规。在货币资金融通不太活跃的计划经济体制或有计划的商品经济体制时期,这种合并立法的形式尚能够应对现实问题。但是随着社会主义市场经济体制的实行与商品经济的进一步发展,这种形式的弊端展露无遗——规范内容过于简单,无法做到"因材施教",对于金融机构的不同性质、业务范围和经营管理方式,没有进行针对性的规范处理。在1994年开始的金融体制的全面改革中,我国在立法模式上,对中央银行、政策性银行和商业银行分别立法,银行业、保险业、证券业、信托业分业经营的原则得到贯彻落实。1995年5月10日第八届全国人民代表大会常务委员会第十三次会议通过了《中华人民共和国商业银行法》,这一单独立法专门规范商业银行的组织机构及业务经营。

关于《商业银行法(修改建议稿)》的详细阐释,可扫码收听音频和阅读文字材料:

(三)我国商业银行法的调整对象

我国《商业银行法》的调整对象是商业银行,即以吸收公众存款、发放贷款、办理汇兑结算业务为主的各类商业银行,如大型国有商业银行、股份制商业银行、城市商业银行、农村商业银行、邮政储蓄银行等。值得注意的是,我国目前对于外资商业银行另设有行政法规,即国务院 2019 年修订的《外资银行管理条例》。

2022 年修正的《中国银保监会农村中小银行机构行政许可事项实施办法》,对农村商业银行、农村信用合作联社、村镇银行等机构的设立、变更、终止、业务范围、法律责任等都作了明确规定。城市信用合作社、农村信用合作社虽然不属于完整意义上的商业银行的范畴,但其经营的业务主要是银行业务,从监管的需要出发,也应当适用《商业银行法》;但是这种适用是有条件的,只有当其在办理存款、贷款和结算等业务时,才受到我国《商业银行法》的调整。

信托投资公司、融资租赁公司、财务公司等非银行金融机构,虽然也从事某些融资业务,但并不受《商业银行法》的调整,而是由《保险法》《证券法》《信托法》等法律进行调整规范。这是因为这些非银行金融机构的性质、资格要求、组织形式等与商业银行存在很大区别;同时,对这些非银行金融机构另行制定法律、法规予以规范也是"保险业、证券业、信托业和银行业实行分业经营、分业管理"的原则精神的要求。另外,政策性银行也不在《商业银行法》的调整范围之列,将以单行条例的形式予以规范。

(四)商业银行法律地位

商业银行的法律地位,是指商业银行在从事金融活动、参与金融法律关系时是否具有独立法律主体资格。我国《商业银行法》从保护商业银行、存款人和其他客户的合法权益,规范商业银行的行为,保障商业银行的稳健运行,维护金融秩序,促进社会主义市场经济发展的目的出发,以较多的条款就商业银行的法律地位进行了明确的界定。

我国《商业银行法》明确规定,我国商业银行是指依照《商业银行法》和《公司法》设立的吸收公众存款、发放贷款、办理结算等业务的企业法人;商业银行依法开展业务,不受任何单位和个人的干涉;商业银行以其全部法人财产独立承担民事责任;商业银行与客户的业务往来,应遵循平等、自愿、公平和诚实信用的原则。由此可见,我国商业银行具有独立的法律主体资格,是企业法人,具有相应的权利能力和行为能力,依法自主经营、自负盈亏,以其全部法人财产对外独立承担民事责任。

至于商业银行分支机构的法律主体资格问题,《商业银行法》也作了明确规定,商业银行对其分支机构实行全行统一核算、统一调度资金、分级管理的财务制度。商业银行分支机构不具有法人资格，在总行授权范围内依法开展业务，其民事责任由总行承担。由此可知，我国商业银行都是独立的法人，但其依法报经审批设立的分支机构则不是独立法人，实行全行一级法人制。

二、商业银行的组织结构

商业银行的组织结构可以分为外部组织结构和内部组织结构。

（一）商业银行外部组织结构

各国商业银行法对其外部组织结构要求各不相同，一般而言，主要有以下四种类型：

1.单一银行制

单一银行制又称“独家银行制”，即根据法律的规定，商业银行只能成立一家独立的银行机构，不设立分支机构，银行业务由各自独立的商业银行经营。单一银行制在美国过去相当长时间实行。由于美国是典型的联邦制国家，各州权力较大且各个州之间经济发展极不平衡，为适应经济均衡发展的需求，特别是适应中小企业发展的需要，从一定程度上限制垄断，提倡自由竞争，美国各州都通过银行法，禁止或者限制银行开设分支行。自 20 世纪 80 年代以来，这一限制才有所放松。

单一银行制的优点是商业银行在各自地域内进行独立经营，将其影响限制在一个地区内，最大限度地防止垄断。同时，该类型的银行往往组织规模比较小，自主性强，管理模式灵活。其缺点也相当明显，由于商业银行经营范围受到地域的限制，不设分支机构，难以形成规模效应，在发展和同业竞争中常处于不利地位。而且单一银行制与经济的外向型发展和商品交换范围的扩大相矛盾，资本流动和金融创新都受到较多限制。

2.分支银行制

分支银行制又称为“总分行制”，指在法律允许的范围内，商业银行可以在同一地区、不同地区甚至国外设立分支机构，所有的分支机构由总行领导和管理的商业银行体制。这一体制是当今世界各国普遍采用的模式，如英国、日本、加拿大等。我国《商业银行法》规定，商业银行可以根据需要在中华人民共和国境内设立分支机构，设立分支机构必须经国务院银行业监督管理机构审查批准。在中华人民共和国境内的分支机构，不按行政区划设立。不按行政区划设立，是将分支机构的分管区域交由商业银行的总行根据业务发展需要自行决定。商业银行在我国境内设立分支机构，应当按照规定拨付与其经营规模相适应的营运资金，但是拨付各分支机构营运资金额的总和，不得超过总行资本金总额的 60%。我国商业银行对其分支机构实行全行统一核算、统一调剂资金、分级管理的财务制度。商业银行分支机构不具有法人资格，在总行授权范围内依法开展业务，其民事责任由总行承担。

分支银行制的优点十分明显，由于具有庞大的银行分支机构网络，商业银行可以进行广泛的业务覆盖，进而吸收大量存款，有效降低放款风险，形成规模效应，降低成本，提高竞争力。银行规模越大，向社会提供的服务范围越广，金融服务的质量也越来越高，有利于采用先进的设备和管理手段。其缺点是：由于规模效应加剧，极易形成垄断，不利于金融消费者权益的保护；商业银行分支机构过多，管理成本增加，内部有效治理难度大。

3.银行集团制

银行集团制又称“持股公司制”，是指由某一集团成立股权公司，再由该公司控制或收购两家以上银行机构。大银行通过持股公司可以把许多小银行置于自己的控制之下。在美国历史上，长期实行单一银行制，不允许商业银行设立分支机构，20 世纪 80 年代以来，对此虽有放松，但仍有较大限制。美国的商业银行为了冲破这种限制和适应日趋激烈的竞争，便纷纷建立多个银行的持股公司①。通过持股公司把多家银行变为附属机构的办法，起到类似设立分支机构、扩展银行的作用，使得大银行可以将一系列中小银行和金融机构置于自己控制之下。该模式随后在其他国家得到广泛发展。

银行集团制的优点在于：能够扩大资本总量，统一调配资金，提高资金的使用效率；提高抗御风险能力和竞争能力，弥补单一银行制的不足；经营非银行业务，拓宽盈利途径。其缺点也十分明显：该模式下进行银行业务或者非银行业务，容易规避法律限制性或禁止性规定，不利于金融稳定。

4.连锁银行制

连锁银行制又称“联合银行制”，是某一个人或集团通过购买多数股票的方式控制若干独立银行。连锁银行制的作用和集团银行制一样，都是为了在连锁的范围内发挥分行的作用，弥补单一银行制的不足，并规避现行法律对设置分支机构的限制。连锁银行制同银行集团制的区别在于：连锁银行制不需要成立控股公司，银行业务或者经营由某个个人或者集团控制即可。

（二）商业银行内部组织结构

商业银行究其本质是经营金融业务的企业，基于此，各国商业银行往往多采用公司形式存在，内部治理结构基本遵循决策、执行、监督三权分立的框架。

股东会或者股东大会是商业银行的决策（权力）机关。商业银行的股东应当通过股东（大）会合法行使权利。股东（大）会是商业银行的必设机构，负责决定商业银行重大事项。商业银行的执行机构包括董事会、行长等高级管理层和其领导下的各个职能部门。董事会下设专门委员会，各专门委员会根据董事会的授权履行职责。② 商业银行高级管理层负责执行董事会决策，在其职权范围内依法独立开展经营管理活动，接受监事会监督。监事会是商业银行的监督机关。监事会对股东大会负责，负责对董事、高级管理人员履行职责的行为进行监督，对违反法律法规、银行章程或者股东大会决议的董事、高级管理人员提出罢免建议；当董事、高级管理人员的行为损害银行利益时，可要求

---

①　1956 年美国《银行持股公司法》规定，凡直接、间接控制两家以上银行，且每家银行有表决权的股票在 25%以上的，为持股公司。1970 年美国对《银行持股公司法》又作了修改，即只控制一家银行 25%以上股权的持股公司，也要进行登记。

②　2021 年 6 月 2 日，中国银保监会印发的《银行保险机构公司治理准则》（银保监发〔2021〕14 号）第 55 条、第 56 条规定，银行保险机构董事会应当根据法律法规、监管规定和公司情况，单独或合并设立专门委员会，如战略、审计、提名、薪酬、关联交易控制、风险管理、消费者权益保护等专门委员会。

涉事人员予以纠正；对银行经营决策、风险管理和内部控制等经营管理行为进行监督。

我国《商业银行法》明确规定，商业银行的组织形式、组织机构适用《中华人民共和国公司法》规定。因此，我国《公司法》中关于股份有限公司与有限责任公司内部机构的规定对商业银行业同样适用。值得一提的是，2020 年发布的《商业银行法(修改建议稿)》中，对公司治理与股东资质的重视非常明显，并将公司治理单独作为一章，对组织形式、股东会、股东义务、董事会职责、董事职责、独立董事、专门委员会、监事会、高级管理层、内部控制、内部审计、信息披露、激励约束、关联交易管理等方面作了规定。同时需要指出的是，关于股东资质的规定和 2018 年发布的《商业银行股权管理暂行办法》基本一致。此外，采用国有独资形式的国有独资银行，其内部组织结构不设立股东会，由国有资产监督管理机构行使股东会职权，并且还可授权银行董事会行使股东会的部分职权，决定银行的重大事项。同时《商业银行法(修改建议稿)》还规定，国有独资商业银行设立监事会。监事会的产生办法由国务院规定。监事会对国有独资商业银行的信贷资产质量、资产负债比例、国有资产保值增值等情况以及高级管理人员违反法律、行政法规或者章程的行为和损害银行利益的行为进行监督。

三、商业银行的设立、变更和终止

(一)商业银行的设立

1.商业银行设立的条件

关于“商业银行设立条件”的详细阐释，可扫码收听音频：

各国商业银行法都对商业银行的产生从公司章程、最低注册资本要求、内部治理机制、任职人员资质、场地安全等方面设定了严格的准入条件。我国《商业银行法》也明确规定，商业银行是依据《商业银行法》和《公司法》成立的经营货币金融业的特殊企业法人。具体言之，设立商业银行应具备以下条件：

第一，我国商业银行需要具备符合《商业银行法》和《公司法》规定的章程。商业银行的章程是指商业银行必须具备的，由发起设立商业银行的股东制定的，并对商业银行、股东、董事、监事及银行高级管理人员均有约束力，调整银行内部组织关系和经营行为的自治规则。商业银行的章程内容包括商业银行的名称、组织机构、资本状况、经营范围、财务分配、设立、变更、解散事由等重要事项。商业银行章程一经主管审批机关批准即产生法律效力，是商业银行对内、对外的基本法律文件。

我国商业银行的组织形式有股份有限公司、有限责任公司和国有独资公司三种，相应的章程内容亦有所不同。以股份有限公司的形式为例，我国《公司法》规定，股份有限公司章程应当载明下列事项：公司名称和住所；公司经营范围；公司设立方式；公司注册资本、已发行的股份数和设立时发行的股份数，面额股的每股金额；发行类别股的，每一类别股的股份数及其权利和义务；发起人的姓名或者名称、认购的股份数、出资方式；董事会的组成、职权和议事规则；公司法定代表人的产生、变更办法；监事会的组成、职权和议事规则；公司利润分配办法；公司的解散事由与清算办法；公司的通知和公告办法；股东会认为需要规定的其他事项。

第二，具备我国《商业银行法》规定的最低限额的注册资本。《商业银行法》规定，设立全国性商业银行的注册资本最低限额为 10 亿元人民币，设立城市商业银行的注册资本最低限额为 1 亿元人民币，设立农村商业银行的注册资本最低限额为 5000 万元人民币；同时，注册资本应当是实缴资本。[①]《商业银行法》同时还规定，国家金融监督管理总局根据审慎监管的要求可以调高注册资本最低限额。

第三，有符合条件的股东或者发起人。商业银行的股东或发起人应当具有良好的社会声誉、诚信记录、纳税记录和财务状况。商业银行的主要股东、控股股东、实际控制人应当具备履行相应义务的能力和条件。2018 年施行的《商业银行股权管理暂行办法》，对商业银行的股东资质条件和股东责任作了明确的规定。

第四，有具备任职专业知识和业务工作经验的董事、高级管理人员。[②] 我国于 2013 年施行的《银行业金融机构董事(理事)和高级管理人员任职资格管理办法》规定，商业银行拟任、现任董事和高级管理人员的任职资格基本条件包括：具有完全民事行为能力，具有良好的守法合规记录，具有良好的品行、声誉，具有担任金融机构董事和高级管理人员职务所需的相关知识、经验及能力，具有良好的经济、金融从业记录，个人及家庭财务稳健，具有担任金融机构董事(理事)和高级管理人员职务所需的独立性，履行对金融机构的忠实与勤勉义务。2022 年修正的《中国银保监会中资商业银行行政许可事项实施办法》分别就中资银行实施任职资格管理的董事、高级管理人员任职资格条件、程序专章作了非常详细、具体的规定。

另外，我国《商业银行法》虽没有对董事、高级管理人员任职资格作出明确规定，但作了禁止性规定，即“有下列情形之一的，不得担任商业银行的董事、高级管理人员：(一)因犯有贪污、贿赂、侵占财产、挪用财产罪或者破坏社会经济秩序罪，被判处刑罚，或者因犯罪被剥夺政治权利的；(二)担任因经营不善破产清算的公司、企业的董事或者厂长、经理，并对该公司、企业的破产负有个人责任的；(三)担任因违法被吊销营业执照的公司、企业的法定代表人，并负有个人责任的；(四)个人所负数额较大的债务到期未清偿的”。

---

① 《商业银行法(修改建议稿)》将这个标准大幅度提高。《商业银行法(修改建议稿)》第 13 条规定：“设立全国性商业银行的注册资本最低限额为一百亿元人民币。设立城市商业银行的注册资本最低限额为十亿元人民币，设立农村商业银行的注册资本最低限额为一亿元人民币。注册资本应当是实缴资本。国务院银行业监督管理机构根据审慎监管的要求可以调整注册资本最低限额，但不得少于前款规定的限额。根据经济社会发展需要设立的村镇银行等其他类型商业银行，注册资本最低限额由国务院银行业监督管理机构确定，报国务院批准。”

② 《商业银行法(修改建议稿)》第 12 条将该项条件表述为，有具备任职专业知识和业务工作经验的董事、监事、高级管理人员。

第五，有健全的组织机构和管理制度。商业银行的组织机构，是指实施银行决策、经营管理和监督稽核的银行内部组织系统。《商业银行法》规定，商业银行的组织形式、组织机构适用《公司法》的规定。

第六，有符合要求的营业场所、安全防范措施和与业务有关的其他设施。商业银行可以根据业务开展需要设置若干营业场所，但是应当经工商行政管理部门登记。值得一提的是，商业银行的营业场所不仅包含物理网点，还包括数字化无形空间，如电子数据库等。

此外，设立商业银行，还应当符合其他审慎性条件。如《中国银保监会中资商业银行行政许可事项实施办法(2022修正)》规定，设立中资商业银行法人机构，还应当符合其他审慎性条件，至少包括：具有良好的公司治理结构；具有健全的风险管理体系，能有效控制各类风险；发起人股东中应当包括合格的战略投资者；具有科学有效的人力资源管理制度，拥有高素质的专业人才；具备有效的资本约束与资本补充机制；有助于化解现有金融机构风险，促进金融稳定。①

2.商业银行设立程序

一般来说，世界各国对商业银行的设立均采取特许制。我国《商业银行法》规定设立商业银行，应当经国务院银行业监督管理机构审查批准，未经批准，任何单位和个人不得从事吸收公众存款等商业银行业务，任何单位不得在名称中使用“银行”字样。2023年，我国金融监管组织体系大变革，国家金融监督管理总局成为国务院银行业监督管理机构，发挥监管职能。商业银行的设立可分为四个程序，分别是申请、审批、登记、公告。

(1)申请。设立商业银行，申请人应当向国家金融监督管理总局提交申请书、可行性研究报告以及监管机构规定提交的其他文件、资料。其中，申请书应当载明拟设立的商业银行的名称、所在地、注册资本、业务范围等内容。在具体流程操作上，国有商业银行法人机构、股份制商业银行法人机构的筹建申请，应当由发起人各方共同向国家金融监督管理总局提交，监管机构受理、审查并决定。城市商业银行法人机构的筹建申请，应当由发起人各方共同向拟设地监管机构提交，拟设地监管机构受理并初步审查，最后由国家金融监督管理总局审查并决定。

(2)审批。在我国，审批机构为国家金融监督管理总局及其派出机构。审批条件，由监管机构严格根据法定条件，并在对金融市场的竞争情况进行综合评估后，作出是否准许的决定。审批时限，监管机构应在规定的期限内作出是否许可的决定。如果不予许可，则应说明理由。国家金融监督管理总局应在收到开业申请文件之日起2个月内，以书面方式告知申请人是否准许。

(3)登记。拟设立的商业银行应当在收到开业核准文件并按规定领取金融许可证后，根据工商行政管理部门的规定办理登记手续，领取营业执照。国有商业银行、股份制商业银行法人机构应当自领取营业执照之日起6个月内开业，未能按期开业的，应当在

① 《商业银行法(修改建议稿)》第12条还增加了两项设立条件，具体是：有符合要求的信息科技架构、信息科技系统、安全运行技术与措施，有符合要求的风险管理和内部控制制度。

开业期限届满前1个月向国家金融监督管理总局提交开业延期报告，开业延期不得超过一次，开业延期的最长期限为3个月。城市商业银行法人机构应当自领取营业执照之日起6个月内开业，未能按期开业的，应当在开业期限届满前1个月向所在地省级派出机构提交开业延期报告，开业延期不得超过一次，开业延期的最长期限为3个月。中资商业银行法人机构未在前款规定期限内开业的，开业核准文件失效，由决定机关办理开业许可注销手续，收回其金融许可证，并予以公告。

(4)公告。国家金融监督管理总局或其派出机构在审批颁发金融许可证后，应在指定的全国性公开发行的报刊上进行公告。同时，国家金融监督管理总局应对商业银行的设立进行统一公告，市场监督管理机构也应发布企业登记公告。

3.商业银行分支机构的设立

我国《商业银行法》规定，设立商业银行分支机构，申请人应向国务院银行业监督管理机构提交下列文件、资料：

(1)申请书，申请书应当载明拟设立的分支机构的名称、营运资金额、业务范围、总行及分支机构所在地等；

(2)申请人最近两年的财务会计报告；

(3)拟任职的高级管理人员的资格证明；

(4)经营方针和计划；

(5)营业场所、安全防范措施和与业务有关的其他设施的资料；

(6)国务院银行业监督管理机构规定的其他文件、资料。①

经过批准设立的商业银行分支机构，由国家金融监督管理总局颁发经营许可证，根据工商行政管理部门的规定办理登记手续，领取营业执照。由于分支机构不具有法人资格，其在总行授权的范围内依法开展业务，总行对其分支机构实行全行统一核算、统一调度资金、分级管理的财务制度。商业银行在我国境内设立分支机构，应当按照规定拨付与其经营规模相适应的营运资金。分支机构虽然不具备独立法人资格，但是根据我国民事诉讼法规定，分支机构具有独立诉讼主体资格，能够单独进行诉讼活动。

关于“典型行政处罚案例”的延伸阅读，可扫描二维码阅读文字材料：

（二）商业银行的变更

商业银行的变更是指商业银行组织的变更和重大事项的改变，包括商业银行的分立、合并。我国《商业银行法》规定，商业银行有下列变更事项之一的，应当经国务院银行

① 《商业银行法(修改建议稿)》第21条还增加了两项设立条件：拟设立分支机构信息科技架构、信息科技系统、安全运行技术与措施，拟设立分支机构风险管理和内部控制制度。

业监督管理机构批准：(1)变更名称；(2)变更注册资本；(3)变更总行或者分支行所在地；(4)调整业务范围；(5)变更持有资本总额或者股份总额5%以上的股东；(6)修改章程；(7)国务院银行业监督管理机构规定的其他变更事项；(8)商业银行更换董事、高级管理人员时，应当报经国务院银行业监督管理机构审查其任职资格。另外，商业银行的分立、合并，适用《公司法》的规定，同时，商业银行的分立、合并，应当经国务院银行业监督管理机构审查批准。

此外，2022年修正的《中国银保监会中资商业银行行政许可事项实施办法》对商业银行法人机构变更、境内分支机构变更、境外机构变更等的条件、程序作了更为详细的规定。

(三)商业银行的接管与终止

1.接管

商业银行的接管是指商业银行已经或者可能发生信用危机，严重影响存款人的利益时，由国务院银行业监督管理机构派员进驻并在一定期间内对问题商业银行进行管理，以使其恢复正常经营能力的监管行为。接管在本质上是一种行政行为，是一种监管干预性质的临时性的救济措施。接管的目的是对被接管的商业银行采取必要措施，以保护存款人的利益，恢复商业银行的正常经营能力。应当注意到，商业银行被接管，其股东、股权结构及其产生的相关利益关系并未发生变动，其债权债务关系不因接管而变化，接管发生的法律后果仅仅是将商业银行的经营管理权利转移给接管组织。

我国《商业银行法》对于接管的具体规定如下：(1)接管决定应予以公告，公告应载明下列主要内容：被接管的商业银行的名称、接管的理由、接管组织、接管期限和接管的内容。(2)接管期限届满，国务院银行业监督管理机构可以决定延期，但接管期限最长不得超过两年。(3)接管期限届满则接管终止，但在期限届满之前，还存在两个法定终止接管的事由：一是接管期限届满前，该商业银行已恢复正常经营能力；二是接管期限届满前，该商业银行被合并或者被依法宣告破产。

2.终止

商业银行作为法人，其终止是指法人实体资格的丧失，即法人主体不再存在或失去法律地位的情况。我国《商业银行法》规定，商业银行因解散、被撤销和被宣告破产而终止。

(1)解散：商业银行因分立、合并或者出现公司章程规定的解散事由需要解散的，应当向国务院银行业监督管理机构提出申请，并附解散的理由和支付存款的本金和利息等债务清偿计划；经其批准后解散。商业银行解散的，应当在国务院银行业监督管理机构的监督下，自行依法成立清算组，进行清算，按照清偿计划及时偿还存款本金和利息等债务。

(2)被撤销：国务院银行业监督管理机构对批准设立的具有法人资格的金融机构依法采取行政强制措施，终止其经营活动，并予以解散。商业银行因吊销经营许可证被撤销的，2001年颁布的《金融机构撤销条例》对撤销决定、撤销清算、债务清偿、注销登记、法律责任等内容均作了明确规定。

(3)被宣告破产:商业银行不能支付到期债务,在取得国务院银行业监督管理机构同意之后,由人民法院依法宣告其破产。商业银行被宣告破产的,由人民法院组织成立清算组,清算组成员包括国务院银行业监督管理机构等有关部门和有关人员。商业银行作为企业法人,其破产一般情况下适用《中华人民共和国企业破产法》的相关规定。然而,在破产原因、破产宣告程序及破产财产的分配上,则应优先适用商业银行法律制度所作的特别规定。另外,从金融稳定角度出发,商业银行破产清算时,在支付清算费用、所欠职工工资和劳动保险费用后,应当优先支付个人储蓄存款的本金和利息。

关于"包商银行破产案"的延伸阅读,可扫描二维码阅读文字材料:

四、我国商业银行的业务范围

我国《商业银行法》采用的是列举式的立法模式,明确规定,我国商业银行可以经营下列部分或者全部业务:(1)吸收公众存款;(2)发放短期、中期和长期贷款;(3)办理国内外结算;(4)办理票据承兑与贴现;(5)发行金融债券;(6)代理发行、代理兑付、承销政府债券;(7)买卖政府债券、金融债券;(8)从事同业拆借;(9)买卖、代理买卖外汇;(10)从事银行卡业务;(11)提供信用证服务及担保;(12)代理收付款项及代理保险业务;(13)提供保管箱服务;(14)经国务院银行业监督管理机构批准的其他业务。经营范围由商业银行章程规定,报国务院银行业监督管理机构批准。商业银行经中国人民银行批准,可以经营结汇、售汇业务。

关于最高人民法院指导案例169号"徐欣诉招商银行股份有限公司上海延西支行银行卡纠纷案"的延伸阅读,可扫描二维码阅读文字材料:

此外,我国《银行业监督管理法》规定,银行业金融机构业务范围内的业务品种,应当按照规定经国务院银行业监督管理机构审查批准或者备案。需要审查批准或者备案的业务品种,由国务院银行业监督管理机构依照法律、行政法规作出规定并公布。

我国商业银行中间业务大体可以分为九类:(1)支付结算类中间业务,指由商业银行为客户办理因债权债务关系引起的与货币支付、资金划拨有关的收费业务,如支票结算、进口押汇、承兑汇票等。(2)银行卡业务,指由经授权的金融机构向社会发行的具有消费信用、转账结算、存取现金等全部或部分功能的信用支付工具。(3)代理类中间业务,指商业银行接受客户委托、代为办理客户指定的经济事务、提供金融服务并收取一定费用的业务,包括代理政策性银行业务、代收代付款业务、代理证券业务、代理保险业务、代理银行卡收单业务等。(4)担保类中间业务,指商业银行为客户债务清偿能力提供担保,承担客户违约风险的业务，包括银行承兑汇票、备用信用证、各类保函等。(5)承诺类中间业务，是指商业银行在未来某一日期按照事前约定的条件向客户提供约定信用的业务，包括贷款承诺、透支额度等可撤销承诺和备用信用额度、回购协议、票据发行便利等不可撤销承诺两种。(6)交易类中间业务，指商业银行为满足客户保值或自身风险管理的需要，利用各种金融工具进行的资金交易活动，包括期货、期权等各类金融衍生业务。(7)基金托管业务，是指有托管资格的商业银行接受基金管理公司委托，安全保管所托管的基金的全部资产，为所托管的基金办理基金资金清算款项。(8)咨询顾问类业务，是商业银行依靠自身在信息和人才等方面的优势，收集和整理有关信息，结合银行和客户资金运动的特点，形成系统的方案提供给客户，以满足其经营管理需要的服务活动，主要包括财务顾问和现金管理业务等。(9)其他类中间业务，包括保管箱业务以及其他不能归入以上八类的业务。

关于“中国银行‘原油宝’第一案”的延伸阅读，可扫描二维码阅读文字材料①：

五、商业银行的监督管理

商业银行是“高负债、高风险”的特殊金融企业，为维护银行业的合法、稳健运行，保护存款人的合法权益，构建公平有序的金融市场秩序，必须对商业银行进行有效的监督管理。商业银行的监督管理包括内部监管和外部监管两个方面。

（一）内部监管

商业银行内部监管是指商业银行以金融法律法规和监管主管机构的政策为依据，以安全性、流动性和营利性为原则，完善公司治理结构，加强内部控制，自我约束、自我纠错的行为总和。商业银行应当按照《商业银行法》的规定，制定本行的业务规则，建立、健全本行的风险管理和内部控制制度。商业银行应当建立、健全本行对存款、贷款、结算、呆账等各项情况的稽核、检查制度，商业银行对分支机构应当进行经常性的稽核和检查监督。

（二）外部监管

我国《商业银行法》规定，商业银行依法接受国务院银行业监督管理机构的监督管理，但法律规定其有关业务接受其他监督管理部门或者机构监督管理的，依照其规定。因此，国家金融监督管理总局承担监督管理商业银行的主要职能，同时其他国家机关，如中国人民银行、审计部门、财政部门、国有资产管理部门、税收管理部门、工商行政管理部门等，也分别从各自职能出发，依法对商业银行实施监督管理。

① 江茂均诉中国银行股份有限公司南通钟秀支行合同纠纷案，http://www.njglfy.gov.cn/ReformAdjustment/ggdy-3/e801180e-2506-469f-898d-fb279ed29340，最后访问日期：2025 年 1 月 30 日。

按照《银行业监督管理法》的规定，国务院银行业监督管理机构监管的事项主要有以下方面：(1)制定并发布对银行业金融机构及其业务活动监督管理的规章、规则。(2)审查批准银行业金融机构的设立、变更、终止以及业务范围。(3)申请设立银行业金融机构，或者银行业金融机构变更持有资本总额或者股份总额达到规定比例以上的股东的，国务院银行业监督管理机构应当对股东的资金来源、财务状况、资本补充能力和诚信状况进行审查。(4)银行业金融机构业务范围内的业务品种，应当按照规定经国务院银行业监督管理机构审查批准或者备案，需要审查批准或者备案的业务品种，由国务院银行业监督管理机构依照法律、行政法规作出规定并公布。(5)审查银行业金融机构的董事和高级管理人员实行任职资格管理。(6)依法制定银行业金融机构的审慎经营原则，包括风险管理、内部控制、资本充足率、资产质量、损失准备金、风险集中、关联交易、资产流动性等内容。(7)对银行业金融机构的业务活动及其风险状况进行非现场监管，建立银行业金融机构监督管理信息系统，分析、评价银行业金融机构的风险状况。(8)对银行业金融机构的业务活动及其风险状况进行现场检查。(9)对银行业金融机构实行并表监督管理。(10)建立银行业金融机构监督管理评级体系和风险预警机制，根据银行业金融机构的评级情况和风险状况，确定对其现场检查的频率、范围和需要采取的其他措施。(11)建立银行业突发事件的发现、报告岗位责任制度；会同中国人民银行、国务院财政部门等有关部门建立银行业突发事件处置制度，制定银行业突发事件处置预案，明确处置机构和人员及其职责、处置措施和处置程序，及时、有效地处置银行业突发事件。(12)负责统一编制全国银行业金融机构的统计数据、报表，并按照国家有关规定予以公布。(13)对银行业自律组织的活动进行指导和监督等。

六、违反《商业银行法》的法律责任

违反我国《商业银行法》的法律责任包括民事责任、行政责任以及刑事责任，这在《商业银行法》中均有明确规定。在模式上，它不是采取“假定条件＋行为模式＋法律后果”的一般立法模式，而是将“法律后果”另设第八章予以专门规定，或认为其是汇总性规定。在责任主体上，《商业银行法》最主要的法律责任主体是商业银行和商业银行的工作人员；其他组织和个人，包括政府机关及其工作人员、其他法人或非法人组织以及个人等，只有在特定情形下才会成为该法的责任主体。根据《商业银行法》《银行业监督管理法》《民法典》《刑法》《行政处罚法》等法律规定，商业银行承担的法律责任主要有：

第一，民事责任。商业银行存在无故拖延、拒绝支付存款本金和利息，违反票据承兑等结算业务规定，不予兑现，不予收付入账，压单、压票或者违反规定退票，非法查询、冻结、扣划个人储蓄存款或者单位存款，以及违反本法规定对存款人或者其他客户造成财产损害的其他行为，应当承担支付迟延履行的利息以及其他民事责任。商业银行以其全部法人财产独立承担民事责任，商业银行分支机构不具有法人资格，在总行授权范围内依法开展业务，其民事责任由总行承担。

商业银行工作人员利用职务上的便利，索取、收受贿赂或者违反国家规定收受各种名义的回扣、手续费，违规发放贷款或者提供担保；利用职务便利，贪污、挪用、侵占本银行或者客户资金；玩忽职守，造成损失；泄露在任职期间知悉的国家秘密、商业秘密的；为客户出具有虚假记载、误导性陈述或者重大遗漏的证明材料；违反规定徇私向亲属、朋友发放贷款或者提供担保造成损失的，应当承担全部或者部分赔偿责任。商业银行的工作人员对单位或者个人强令其发放贷款或者提供担保未予拒绝造成损失的，应当承担相应的赔偿责任。

单位或者个人强令商业银行发放贷款或者提供担保造成损失的，直接负责的主管人员和其他直接责任人员或者个人应当承担全部或者部分赔偿责任。

第二，行政责任。依据处罚权主体的不同，还可以将行政责任分为来自国家金融监督管理总局以及来自中国人民银行的行政责任。依据我国《商业银行法》的规定，商业银行有下列情形之一，由国家金融监督管理总局责令改正，有违法所得的，没收违法所得，违法所得五十万元以上的，并处违法所得一倍以上五倍以下罚款；没有违法所得或者违法所得不足五十万元的，处五十万元以上二百万元以下罚款；情节特别严重或者商业银行逾期不改正的，可以责令停业整顿或者吊销其经营许可证：(1)未经批准设立分支机构的；(2)未经批准分立、合并或者违反规定对变更事项不报批的；(3)违反规定提高或者降低利率以及采用其他不正当手段，吸收存款，发放贷款的；(4)出租、出借经营许可证的；(5)未经批准买卖、代理买卖外汇的；(6)未经批准买卖政府债券或者发行、买卖金融债券的；(7)违反国家规定从事信托投资和证券经营业务、向非自用不动产投资或者向非银行金融机构和企业投资的；(8)向关系人发放信用贷款或者发放担保贷款的条件优于其他借款人同类贷款的条件的；(9)拒绝或者阻碍国务院银行业监督管理机构检查监督的；(10)提供虚假的或者隐瞒重要事实的财务会计报告、报表和统计报表的；(11)未遵守资本充足率、资产流动性比例、同一借款人贷款比例和国务院银行业监督管理机构有关资产负债比例管理的其他规定的。①

国家金融监督管理总局享有处罚权的事项还有：商业银行未经批准在名称中使用“银行”字样的；未经批准购买商业银行股份总额5%以上的；将单位的资金以个人名义开立账户存储的；不按照规定向国务院银行业监督管理机构报送有关文件、资料的；未经批准，擅自设立商业银行，或者非法吸收公众存款、变相吸收公众存款等。

为规范国家金融监督管理总局及其派出机构行政处罚裁量权，维护银行业市场秩序，保护行政相对人合法权益，2024年新颁布了《国家金融监督管理总局行政处罚裁量权实施办法》。该办法对国家金融监督管理总局行使行政处罚的裁量阶次、适用情形以及罚款力度等都作了更为明确的规定。

中国人民银行享有处罚权的事项包括：不按照规定向中国人民银行报送有关文件、资料的，未经批准办理结汇、售汇的，未经批准在银行间债券市场发行、买卖金融债券或者到境外借款的，违反规定同业拆借的，拒绝或者阻碍中国人民银行检查监督的，提供虚假的或者隐瞒重要事实的财务会计报告、报表和统计报表的，未按照中国人民银行规定

---

① 《商业银行法(修改建议稿)》扩充了该条的适用情形和处罚力度，包括增加对商业银行股东、实际控制人以及风险事件直接责任人员的处罚规则；引入限制股东权利等措施，强化问责追责；提高罚款上限，增强立执法力度。

的比例交存存款准备金的。针对不同的情形，视情节严重程度以及商业银行悔改态度，还设有不同的罚款、没收财产等处罚规则。

第三，刑事责任。根据《商业银行法》的规定，存在以下情形的，构成犯罪的，应当追究其刑事责任：(1)未经批准设立分支机构的；(2)未经批准分立、合并或者违反规定对变更事项不报批的；(3)违反规定提高或者降低利率以及采用其他不正当手段，吸收存款，发放贷款的；(4)出租、出借经营许可证的；(5)未经批准买卖、代理买卖外汇的；(6)未经批准买卖政府债券或者发行、买卖金融债券的；(7)违反国家规定从事信托投资和证券经营业务、向非自用不动产投资或者向非银行金融机构和企业投资的；(8)向关系人发放信用贷款或者发放担保贷款的条件优于其他借款人同类贷款的条件的；(9)拒绝或者阻碍国务院银行业监督管理机构检查监督的；(10)提供虚假的或者隐瞒重要事实的财务会计报告、报表和统计报表的；(11)未遵守资本充足率、资产流动性比例、同一借款人贷款比例和国务院银行业监督管理机构有关资产负债比例管理的其他规定的；(12)未经批准办理结汇、售汇的；(13)未经批准在银行间债券市场发行、买卖金融债券或者到境外借款的；(14)违反规定同业拆借的；(15)拒绝或者阻碍中国人民银行检查监督的；(16)未按照中国人民银行规定的比例交存存款准备金的；(17)未经国务院银行业监督管理机构批准，擅自设立商业银行，或者非法吸收公众存款、变相吸收公众存款的；(18)伪造、变造、转让商业银行经营许可证的；(19)借款人采取欺诈手段骗取贷款的；(20)商业银行工作人员利用职务上的便利，索取、收受贿赂或者违反国家规定收受各种名义的回扣、手续费的；(21)商业银行工作人员利用职务上的便利，贪污、挪用、侵占本行或者客户资金的；(22)商业银行工作人员违反本法规定玩忽职守造成损失的；(23)商业银行工作人员泄露在任职期间知悉的国家秘密、商业秘密的。

第三节　我国商业银行存贷款法律制度

按照资金来源与用途的不同，我国商业银行业务可以分为三大类：负债业务、资产业务和中间业务。商业银行的负债业务主要由自有资本、存款和借款构成。商业银行通过此项业务形成资金来源，为其开展资产业务和中间业务奠定基础。其中，自有资本以及包括同业拆借在内的借款仅占银行负债的小部分，存款才是商业银行最重要的负债业务。在负债业务中，商业银行处于债务人地位，承担着还款的义务。商业银行的资产业务作为商业银行取得收益的主要途径，商业银行主要通过包括发放贷款、进行投资、租赁业务、买卖外汇、票据贴现等方式运用其积聚的货币资金从事各种信用活动。其中，最主要的资产业务是贷款业务和投资业务。在资产业务中，商业银行是债权人，借款人是债务人。

一、存款法律制度

(一)存款与存款合同

存款主要是指留存在金融机构存款账户上的属于客户所有并且可以随时按照约定还本付息的货币资金。它是商业银行最基本也是最主要的负债业务。存款人和商业银行之间的法律关系主要是通过存款合同进行界定。在实务中,存款合同往往表现为存单、进账单、对账单、银行卡及存款合同等形式。

存款合同与其他合同相比,具有以下特点:(1)无名性,存款合同属于典型的无名合同,世界各国合同立法多数如此规定,我国民法典亦是如此;(2)实践性,存款人必须实际将货币资金交付给存款机构后才能成立存款合同;(3)格式性,合同条款往往由银行事先拟就,存款人一般并不参与合同内容的制定,只能选择填写;(4)书面性,必须以书面形式订立,表现为银行发给的存单、进账单、银行卡等。存款合同一旦成立,存款所有权即发生转移,存款人与商业银行之间就形成债权债务关系。商业银行由此负有在其营业时间内满足存款人债权请求权的义务。

关于"存款与存款合同"的详细阐释,可扫码收听音频:

(二)存款管理法及基本原则

存款管理法律法规是调整存款法律关系的总称,目前我国尚未有统一的存款管理法。有关存款的法律规范散见于以下文件:《民法典》《商业银行法》《储蓄管理条例》《关于执行〈储蓄管理条例〉的若干规定》《存款保险条例》《人民币单位存款管理办法》《人民币利率管理规定》《通知存款管理办法》《教育储蓄管理办法》《个人存款账户实名制规定》《最高人民法院关于审理存单纠纷案件的若干规定》等。基于上述法律规章,我国存款制度主要有以下几个基本原则:

第一,存款业务经营特许制。未经国务院银行业监督管理机构批准,任何单位和个人不得从事吸收公众存款等商业银行业务,任何单位不得在名称中使用"银行"字样。

第二,依法缴存存款准备金。商业银行应当按照人民银行的规定,交存存款准备金,留足备付金。存款准备金是指商业银行依据法律和中央银行的规定,按吸收存款的一定比例缴存于中央银行。存款准备金制度对存款人来说是一种金融制度安排,通过维护金融稳定、保障存款安全和影响利率水平等方式,间接地影响存款人的利益和存款环境。

第三,财政性存款专营原则。财政性存款和存款准备金由中国人民银行专营,不允许任何金融机构占用。

第四,存款实名制。在我国境内依法设立和经营个人存款业务的金融机构和在金融机构开设个人存款账户的个人(包括外国人),在开立个人人民币、外币存款账户时,应当使用符合法律、行政法规和国家有关规定的身份证件上使用的姓名,不得使用化名、假名、笔名等。① 值得一提的是,2022 年,中国人民银行、中国银保监会、中国证监会联合印发了《金融机构客户尽职调查和客户身份资料及交易记录保存管理办法》。该文件进一步明确规定金融机构对客户身份的识别审查责任,金融机构应当勤勉尽责,遵循"了解你的客户"的原则,识别并核实客户及其受益所有人身份,针对具有不同洗钱或者恐怖融资风险特征的客户、业务关系或者交易,采取相应的尽职调查措施。

第五,保护存款人利益原则。(1)商业银行办理个人储蓄存款业务,应当遵循存款自愿、取款自由、存款有息、为存款人保密的原则。(2)对于个人或者单位存款,商业银行有权拒绝任何单位或者个人查询,但法律、行政法规另有规定的除外;有权拒绝任何单位或者个人冻结、扣划,但法律另有规定的除外。(3)商业银行如果破产清算,先于国家税款清偿个人储蓄存款债务。

(三)个人储蓄业务基本规则

储蓄是个人将其所有或者合法持有的人民币或外币,自愿存入中国境内储蓄机构形成的存款,是居民个人与商业银行之间自愿发生的一种信用关系。我国规范个人储蓄存款的法律规章,除《商业银行法》外,主要是《储蓄管理条例》(1992 年 12 月 11 日国务院令第 107 号发布,2011 年修订)、《关于执行〈储蓄管理条例〉的若干规定》(1993 年 1 月 12 日中国人民银行发布,2010 年 12 月 29 日修正,2011 年 1 月 8 日施行)。储蓄业务主要遵循以下基本规则:

第一,储蓄存款利率、结息及计息规则。(1)我国实行储蓄存款利率制度,存款利率由中国人民银行拟定,经国务院批准后公布,或者由国务院授权中国人民银行制定、公布。储蓄机构必须挂牌公告储蓄存款利率,不得擅自变动。(2)未到期的定期储蓄存款,全部提前支取的,按支取日挂牌公告的活期储蓄存款利率计付利息;部分提前支取的,提前支取的部分按支取日挂牌公告的活期储蓄存款利率计付利息,其余部分到期时按存单开户日挂牌公告的定期储蓄存款利率计付利息。(3)逾期支取的定期储蓄存款,其超过原定存期的部分,除约定自动转存的外,按支取日挂牌公告的活期储蓄存款利率计付利息。(4)定期储蓄存款在存期内遇有利率调整,按存单开户日挂牌公告的相应的定期储蓄存款利率计付利息。活期储蓄存款在存入期间遇有利率调整,按结息日挂牌公告的活期储蓄存款利率计付利息。全部支取活期储蓄存款,按清户日挂牌公告的活期储蓄存款利率计付利息。(5)储户认为储蓄存款利息支付有错误时,有权向经办的储蓄机构申请复核;经办的储蓄机构应当及时受理、复核。

---

① 根据《个人存款账户实名制规定》的规定,实名是指符合法律、行政法规和国家有关规定的身份证件上使用的姓名。下列证件为实名证件:(1)居住在境内的中国公民,为居民身份证或者临时居民身份证。(2)居住在境内的 16 周岁以下的中国公民,为户口簿。(3)中国人民解放军军人,为军人身份证件;中国人民武装警察,为武装警察身份证件。(4)香港、澳门居民,为港澳居民往来内地通行证;台湾居民,为台湾居民来往大陆通行证或者其他有效旅行证件。(5)外国公民,为护照。

第二，存款支取规则。(1)一般支取。存款人依法享有随时支取存款的权利，但是取款时，必须向存款机构提供有效的存款凭证，必要时还需提供有效身份证明文件。(2)提前支取。储户支取未到期的定期储蓄存款，必须持存单和本人居民身份证明(居民身份证、户口簿、军人证，外籍储户凭护照、居住证)办理。代他人支取未到期定期存款的，代支取人还必须出具其居民身份证明。办理提前支取手续，出具其他身份证明无效，特殊情况的处理，可由储蓄机构业务主管部门自定。储蓄机构对于储户要求提前支取定期存款，在具备上述条件下，验证存单开户人姓名与证件姓名一致后，即可支付该笔未到期定期存款。

第三，挂失规则。储户遗失存单、存折或者预留印鉴的印章的，必须立即持本人身份证明，并提供储户的姓名、开户时间、储蓄种类、金额、账号及住址等有关情况，向其开户的储蓄机构书面申请挂失。在特殊情况下，储户可以用口头或者函电形式申请挂失，但必须在 5 天内补办书面申请挂失手续。储蓄机构受理挂失后，必须立即停止支付该储蓄存款；受理挂失前该储蓄存款已被他人支取的，储蓄机构不负赔偿责任。

第四，查询、冻结、扣划个人储蓄存款规则。储蓄机构及其工作人员对储户的储蓄情况负有保密责任。储蓄机构不代任何单位和个人查询、冻结或者划拨储蓄存款，国家法律、行政法规另有规定的除外。2002 年发布的《金融机构协助查询、冻结、扣划工作管理规定》，对查询、冻结和扣划个人储蓄存款的条件和程序作了明确规定。

第五，存款过户和支取规则。对于储蓄存款的所有权发生争议，涉及办理过户的，储蓄机构依据人民法院发生法律效力的判决书、裁定书或者调解书办理过户手续。此外，中国人民银行、最高人民法院、最高人民检察院等联合发布的《关于查询、停止支付和没收个人在银行的存款以及存款人死亡后的存款过户或支付手续的联合通知》，明确规定涉及所有权争议的储蓄存款的过户规则。

第六，储蓄业务禁止规则。主要禁止公款私存。任何单位和个人不得将公款以个人名义开立储户存储。

(四)单位存款业务基本规则

单位存款是指企业、事业、机关、部队和社会团体等在商业银行机构存入的货币资金。在单位存款业务中，允许存款人在银行开立账户，并且可以申请使用支票，办理托收等业务。《商业银行法》《人民币单位存款管理办法》《通知存款管理办法》《现金管理暂行条例》等法律规章是对单位存款进行规制的直接法律渊源。上述法律规章主要规定以下基本业务规则：

第一，强制交存。各单位必须将其所有或者持有的超过核定库存现金限额的货币资金存入银行，不得自行保存。

第二，限制支出。根据有关规定，各开户单位对其存款的使用支出，必须按照规定方式进行，结算起点金额以上的应当通过银行办理支付结算。

第三，监督使用。商业银行对各机构存款人的存款使用负有监督权，发现违法使用者可以给予制裁。

第四，存款及计息。(1)存款单位支取定期存款只能以转账方式将存款转入其基本存款账户，不得将定期存款用于结算或从定期存款账户中提取现金。支取定期存款时，须出具证实书并提供预留印鉴，存款所在金融机构审核无误后为其办理支取手续，同时收回证实书。(2)单位定期存款在存期内按存款存入日挂牌公告的定期存款利率计付利息，遇利率调整，不分段计息。(3)单位定期存款可以全部或部分提前支取，但只能提前支取一次。全部提前支取的，按支取日挂牌公告的活期存款利率计息；部分提前支取的，提前支取的部分按支取日挂牌公告的活期存款利率计息，其余部分如不低于起存金额由金融机构按原存期开具新的证实书，按原存款开户日挂牌公告的同档次定期存款利率计息；不足起存金额则予以清户。(4)单位活期存款按结息日挂牌公告的活期存款利率计息，遇利率调整不分段计息。

第五，变更、挂失。(1)因存款单位人事变动，需要更换单位法定代表人章(或单位负责人章)或财会人员印章时，必须持单位公函及经办人身份证件向存款所在金融机构办理更换印鉴手续，如为单位定期存款，应同时出示金融机构为其开具的证实书。(2)因存款单位机构合并或分立，其定期存款需要过户或分户，必须持原单位公函、工商部门的变更、注销或设立登记证明及新印鉴(分户时还须提供双方同意的存款分户协定)等有关证件向存款所在金融机构办理过户或分户手续，由金融机构换发新证实书。(3)存款单位的密码失密或印鉴遗失、损毁，必须持单位公函，向存款所在金融机构申请挂失。金融机构受理挂失后，挂失生效。如存款在挂失生效前已被人按规定手续支取，金融机构不负赔偿责任。

第六，协助查询、冻结和扣划。商业银行负有保密义务，有权拒绝除法律、行政法规另有规定以外的任何单位或个人查询；有权拒绝除法律另有规定以外的任何单位冻结、扣划。2002 年发布的《金融机构协助查询、冻结、扣划工作管理规定》，对查询、冻结和扣划单位存款的条件和程序作了明确规定。

(五)最高人民法院关于审理存单纠纷案件的若干规定

2020 年 12 月最高人民法院修订的《关于审理存单纠纷案件的若干规定》(法释〔2020〕18 号)，对我国金融活动中的存款纠纷及其处理规则作了明确规定。

所谓存单纠纷案件是指当事人以存款合同为凭证向人民法院提起诉讼请求金融机构支付本金和利息的案件。存单纠纷案件包括一般存单纠纷、以存单为表现形式的借贷纠纷和存单质押纠纷三种类型。

1.一般存单纠纷

所谓一般存单纠纷是指当事人以存单或进账单、对账单、存款合同等凭证为主要证据向人民法院提起诉讼的存单纠纷案件和金融机构向人民法院提起的确认存单或进账单、对账单、存款合同等凭证无效的存单纠纷案件。

人民法院在审理一般存单纠纷案件中，除应审查存单、进账单、对账单、存款合同等凭证的真实性外，还应审查持有人与金融机构间存款关系的真实性，并以存单、进账单、对账单、存款合同等凭证的真实性以及存款关系的真实性为依据，作出正确处理，具体如下。

(1)持有人以上述真实凭证为证据提起诉讼的，金融机构应当对持有人与金融机构间是否存在存款关系负举证责任。如金融机构有充分证据证明持有人未向金融机构交付上述凭证所记载的款项的，人民法院应当认定持有人与金融机构间不存在存款关系，并判决驳回原告的诉讼请求。

(2)持有人以上述真实凭证为证据提起诉讼的，如金融机构不能提供证明存款关系不真实的证据，或仅以金融机构底单的记载内容与上述凭证记载内容不符为由进行抗辩的，人民法院应认定持有人与金融机构间存款关系成立，金融机构应当承担兑付款项的义务。

(3)持有人以在样式、印鉴、记载事项上有别于真实凭证，但无充分证据证明系伪造或变造的瑕疵凭证提起诉讼的，持有人应对瑕疵凭证的取得提供合理的陈述。如持有人对瑕疵凭证的取得提供了合理陈述，而金融机构否认存款关系存在的，金融机构应当对持有人与金融机构间是否存在存款关系负举证责任。如金融机构有充分证据证明持有人未向金融机构交付上述凭证所记载的款项的，人民法院应当认定持有人与金融机构间不存在存款关系，判决驳回原告的诉讼请求；如金融机构不能提供证明存款关系不真实的证据，或仅以金融机构底单的记载内容与上述凭证记载内容不符为由进行抗辩的，人民法院应认定持有人与金融机构间存款关系成立，金融机构应当承担兑付款项的义务。

(4)存单纠纷案件的审理中，如有充足证据证明存单、进账单、对账单、存款合同等凭证系伪造、变造，人民法院应在查明案件事实的基础上，依法确认上述凭证无效，并可驳回持上述凭证起诉的原告的诉讼请求或根据实际存款数额进行判决。

2.以存单为表现形式的借贷纠纷

以存单为表现形式的借贷纠纷，在司法实践中主要表现为：以存单为表现形式的一般借贷纠纷、以存单为表现形式的委托贷款和信托贷款纠纷。

(1)以存单为表现形式的一般借贷纠纷

在出资人直接将款项交与用资人使用，或通过金融机构将款项交与用资人使用，金融机构向出资人出具存单或进账单、对账单或与出资人签订存款合同，出资人从用资人或从金融机构取得或约定取得高额利差的行为中发生的存单纠纷案件，为以存单为表现形式的借贷纠纷案件。

以存单为表现形式的借贷，属于违法借贷，出资人收取的高额利差应充抵本金，出资人、金融机构与用资人因参与违法借贷均应当承担相应的民事责任。可分以下几种情况处理：

第一，出资人将款项或票据(以下统称资金)交付给金融机构，金融机构给出资人出具存单或进账单、对账单或与出资人签订存款合同，并将资金自行转给用资人的，金融机构与用资人对偿还出资人本金及利息承担连带责任；利息按人民银行同期存款利率计算至给付之日。

第二，出资人未将资金交付给金融机构，而是依照金融机构的指定将资金直接转给用资人，金融机构给出资人出具存单或进账单、对账单或与出资人签订存款合同的，首先由用资人偿还出资人本金及利息，金融机构对用资人不能偿还出资人本金及利息部分承担补充赔偿责任；利息按人民银行同期存款利率计算至给付之日。

第三，出资人将资金交付给金融机构，金融机构给出资人出具存单或进账单、对账单或与出资人签订存款合同，出资人再指定金融机构将资金转给用资人的，首先由用资人返还出资人本金和利息。利息按人民银行同期存款利率计算至给付之日。金融机构因其帮助违法借贷的过错，应当对用资人不能偿还出资人本金部分承担赔偿责任，但不超过不能偿还本金部分的40%。

第四，出资人未将资金交付给金融机构，而是自行将资金直接转给用资人，金融机构给出资人出具存单或进账单、对账单或与出资人签订存款合同的，首先由用资人返还出资人本金和利息。利息按人民银行同期存款利率计算至给付之日。金融机构因其帮助违法借贷的过错，应当对用资人不能偿还出资人本金部分承担赔偿责任，但不超过不能偿还本金部分的20%。

(2)以存单为表现形式的委托贷款和信托贷款纠纷

存单纠纷案件中，出资人与金融机构、用资人之间按有关委托贷款的要求签订有委托贷款协议的，人民法院应认定出资人与金融机构间成立委托贷款关系。金融机构向出资人出具的存单或进账单、对账单或与出资人签订的存款合同，均不影响金融机构与出资人间委托贷款关系的成立。出资人与金融机构间签订委托贷款协议后，由金融机构自行确定用资人的，人民法院应认定出资人与金融机构间成立信托贷款关系。

委托贷款协议和信托贷款协议应当用书面形式。口头委托贷款或信托贷款，当事人无异议的，人民法院可予以认定；有其他证据能够证明金融机构与出资人之间确系委托贷款或信托贷款关系的，人民法院亦予以认定。

构成委托贷款的，金融机构出具的存单或进账单、对账单或与出资人签订的存款合同不作为存款关系的证明，借款方不能偿还贷款的风险应当由委托人承担。如有证据证明金融机构出具上述凭证是对委托贷款进行担保的，金融机构对偿还贷款承担连带担保责任。委托贷款中约定的利率超过人民银行规定的部分无效。构成信托贷款的，按人民银行有关信托贷款的规定处理。

3.存单质押纠纷

存单质押纠纷是指存款人持存单向金融机构办理存单质押贷款而引起的纠纷。存单持有人以伪造、变造的虚假存单质押的，质押合同无效。接受虚假存单质押的当事人如以该存单质押为由起诉金融机构，要求兑付存款优先受偿的，人民法院应当判决驳回其诉讼请求，并告知其可另案起诉出质人。

存单持有人以金融机构开具的、未有实际存款或与实际存款不符的存单进行质押，以骗取或占用他人财产的，该质押关系无效。接受存单质押的人起诉的，该存单持有人与开具存单的金融机构为共同被告。利用存单骗取或占用他人财产的存单持有人对侵犯他人财产权承担赔偿责任，开具存单的金融机构因其过错致他人财产权受损，对所造成的损失承担连带赔偿责任。接受存单质押的人在审查存单的真实性上有重大过失的，开具存单的金融机构仅对所造成的损失承担补充赔偿责任。明知存单虚假而接受存单质押的，开具存单的金融机构不承担民事赔偿责任。

以金融机构核押的存单出质的，即便存单系伪造、变造、虚开，质押合同均为有效，金融机构应当依法向质权人兑付存单所记载的款项。

案例分析:2022 年 5 月,某行大东支行工作人员吴某以拉存款为由,向科创公司实际经营人李某支付 360 万元利息后,要求李某到苏某所在的某行望花分理处存款 2000 万元。苏某在为科创公司办理开户过程中,用科创公司印鉴预先加盖了七张空白结算业务申请书,后称望花分理处开不了二级账户。吴某带科创公司人员到于洪支行开立了银行账户,科创公司预留了财务专用章、法人名章等印鉴,在留存印鉴卡上记载客户联系电话,此后该账户共存入 2100 万元。后吴某持苏某提供的加盖科创公司印鉴的空白结算业务申请书,自行找到于洪支行工作人员田某填写转款内容,将科创公司账户中的 19659657.44 元转至吴某与苏某为股东的公司。苏某在担任望花分理处负责人期间,为其他储户办理开户手续时用预留印鉴私自加盖结算业务申请书,并以储户名义将款项转出。另案刑事判决书载明:2022 年 2 月至 4 月苏某在担任某行望花分理处负责人期间,与吴某合谋,高息揽储,并利用职务便利挪用款项,苏某、吴某被判决挪用资金罪。

思考:

1.本案中,存款合同各方主体的责任如何认定?

2.高息揽储中,存款人李某是否也有过错?

二、贷款法律制度

(一)贷款与贷款合同

贷款是指金融机构依法将货币资金提供给借款人使用,借款人按照约定还本付息的一种信用活动。贷款是商业银行的资产业务,是商业银行所有业务的核心,是其资金收益的最主要来源。商业银行与借款人之间的权利义务主要由贷款合同进行规制,贷款合同一般具有以下特征:(1)贷款合同的标的物为货币,属于特殊标的物;(2)货币所有权的转让,与存款合同一样,贷款合同是转移标的货币资金占有、使用、收益和处分的合同;(3)诺成性,区别于存款合同的实践性,贷款合同只需要借款人与贷款人之间就合同内容达成合意,合同即成立生效;(4)双务有偿性,贷款合同成立生效后,商业银行与借款人互负债权债务,同时该合同为有偿性合同,商业银行在出借资金时可以在合同条款中约定收取一定的利息作为放贷的条件。

(二)贷款管理法及基本原则

贷款管理法律法规是调整贷款法律关系的总称,目前我国尚未有统一的贷款管理法。我国《商业银行法》对商业银行开展贷款业务作了基础性规定,同时贷款业务还需要遵循《民法典》、《贷款通则》[①]、《个人贷款管理办法》、《商业银行互联网贷款管理暂行办

① 《贷款通则》发布于 1996 年,随着金融业务的创新和金融监管政策的变化,该通则的许多规定已经完全落后,许多业界人士和学者都纷纷建议修改或废止该通则。

法》、《商业银行贷款损失管理办法》、《流动资金贷款管理办法》、《固定资产贷款管理办法》、《汽车贷款管理办法》、《银行保险机构操作风险管理办法》、《商业银行金融资产风险分类办法》等法律、法规、规章的规定办理。根据上述法律规章，贷款业务基本原则主要有以下几条：

第一，商业银行贷款，应当坚持风险可控和服务实体经济原则，对借款人的借款用途、偿还能力、还款方式等情况进行严格审查；商业银行贷款，应当实行审贷分离、分级审批制度。我国商业银行在长期的贷款实践中建立了贷前调查、贷中审查、贷后检查和审贷分离、分级审批的"三查""两分"制度，目的在于提升贷款的安全性和可靠性。

第二，任何单位和个人不得强令商业银行发放贷款或者提供担保。商业银行有权拒绝任何单位和个人强令要求其发放贷款或者提供担保。这体现的是商业银行发放贷款之自主决定权。在明确商业银行与其客户之间属于平等关系的同时，也表明商业银行不受政府行政权力的非法干预。商业银行与政府之间并不存在行政隶属关系。

第三，商业银行贷款，应当与借款人订立书面合同，合同应当约定贷款种类、借款用途、金额、利率、还款期限、还款方式、违约责任和双方认为需要约定的其他事项。商业银行应当按照中国人民银行规定的贷款利率的上下限，确定贷款利率。商业银行不得违反规定提高或者降低利率以及采用其他不正当手段，吸收存款，发放贷款。其目的在于禁止商业银行之间为争抢客户而展开"利率战"，进而使得商业银行之间处于良性合理的竞争之中，尽可能维护稳定的金融秩序。

值得一提的是，中国人民银行于 2013 年宣布全面放开金融机构贷款利率管制，取消了之前规定的金融机构贷款利率不能低于存款利率 0.7 倍的下限。全面放开贷款利率管制后，金融机构与客户协商定价的空间将进一步扩大，有利于促进金融机构采取差异化的定价策略，降低企业融资成本；有利于金融机构不断提高自主定价能力，转变经营模式，提升服务水平，加大对企业、居民的金融支持力度；也有利于优化金融资源配置，更好地发挥金融支持实体经济的作用，更有力地支持经济结构调整和转型升级。

第四，商业银行贷款，应当遵守资产负债比例管理的规定：资本充足率不得低于 8%，流动性资产余额与流动性负债余额的比例不得低于 25%，对同一借款人的贷款余额与商业银行资本余额的比例不得超过 10%，国务院银行业监督管理机构对资产负债比例管理的其他规定。

第五，商业银行的工作人员应当遵守法律、行政法规和其他各项业务管理的规定，不得违反规定徇私向亲属、朋友发放贷款或者提供担保。

（三）贷款主体规则

贷款合同双方，即借款人和贷款人，二者是贷款合同的主体，应当遵守下列规则：

1.借款人的资格、条件

借款人指从经营贷款业务的金融机构取得贷款的人，具体包括企业、事业单位法人、其他经济组织、个体工商户或者是具有我国国籍，并具有完全民事行为能力的自然人。机关法人及其分支机构不得申请贷款，不可以是借款人。

借款人申请借款，必须具备以下条件：(1)有按期还本付息能力；(2)除自然人和不需要工商部门核准登记的事业法人外，应当经过工商部门办理年检手续；(3)已开立基本存款账户或者一般存款账户；(4)除国务院规定外，有限责任公司和股份有限公司对外股本权益性投资累计额未超过其净资产总额的50%；(5)借款人资产负债率符合贷款人要求；(6)申请中期、长期贷款的，新建项目的企业法人所有者权益与项目所需总投资的比例不低于国家规定的投资项目的资本金规定。

2.借款人权利义务

借款人权利一般包括：(1)可以自主地向商业银行机构申请贷款，并根据约定的条件取得贷款；(2)有权按照借款合同的规定取得全部贷款，并在合同规定的使用范围内自主地使用贷款，贷款银行不得以任何理由要求借款人在本行留存一部分贷款资金，也不得对贷款利息作提前扣除；(3)有权向贷款人的上级行、中国人民银行和国务院银行业监督管理机构反映、举报有关不合规情况；(4)有权拒绝借款合同以外的附加条件，如向借款人索取财物或回扣等；(5)在征得贷款人的同意后，有权向第三人转让返还贷款的债务。

借款人义务一般包括：(1)应当如实提供贷款人要求的资料(法律规定不能提供者除外)，应当向贷款人如实提供所有开户行、账号及存贷款余额情况，配合贷款人的调查、审查和检查；(2)应当接受贷款人对其使用信贷资金情况和有关生产经营、财务活动的监督；(3)应当按借款合同约定用途使用贷款；(4)应当按借款合同约定及时清偿贷款本息；(5)将债务全部或部分转让给第三人的，应当取得贷款人的同意；(6)有危及贷款人债权安全情况时，应当及时通知贷款人，同时采取保全措施。

借款人除了遵守上述义务以外，《贷款通则》还进一步对借款人行为作出如下限制：(1)借款人不得同时向同一辖区的贷款人的不同分支机构分别借款。(2)借款人不得向贷款人提供虚假的或者隐瞒重要事实的资产负债表、损益表等有关生产经营的情况。(3)借款人不得利用贷款从事股本权益性的投资。(4)借款人不得将所贷款项做有价证券、期货方面的投机经营。(5)除依法取得经营房地产资格的借款人之外，其他任何机构和个人均不得用贷款从事房地产业务；依法取得房地产经营业务资格的借款人，亦不得将贷款用于房地产投机。(6)借款人不得套取贷款，以用于借贷牟取非法收入。(7)不得违反国家外汇管理的规定使用外币贷款。(8)不得采取欺诈手段骗取贷款。

3.贷款人的资格、条件

贷款人是指中国境内依法设立的经营贷款业务的金融机构。贷款人发放贷款时，必须持有国家金融监督管理总局颁发的金融机构法人许可证或者金融机构营业许可证，并且经工商行政管理部门核准登记，领取营业执照。

4.贷款人权利义务

贷款人权利一般包括：(1)要求借款人提供与借款有关的资料；(2)根据借款人的条件，决定贷与不贷、贷款金额、期限和利率等；(3)了解借款人的生产经营活动和财务活动；(4)依合同约定从借款人账户上划收贷款本金和利息；(5)借款人未能履行借款合同规定义务的，贷款人有权依合同约定要求借款人提前归还贷款或停止支付借款人尚未使用的贷款；(6)在贷款将受或已受损失时，可依据合同规定，采取使贷款免受损失的措施。

贷款人义务一般包括：(1)应当公布所经营的贷款的种类、期限和利率，并向借款人提供咨询。(2)应当公开贷款审查的资信内容和发放贷款的条件。(3)贷款人应当审议借款人的借款申请，并及时答复贷与不贷。短期贷款答复时间不得超过 1 个月，中期、长期贷款答复时间不得超过 6 个月；国家另有规定者除外。(4)应当对借款人的债务、财务、生产、经营情况保密，但对依法查询者除外。

贷款人发放贷款必须严格执行我国《商业银行法》关于资产负债比例管理的有关规定，关于不得向关系人发放信用贷款、向关系人发放担保贷款的条件不得优于其他借款人同类贷款条件的规定。《贷款通则》第 24 条第 2 款规定，“借款人有下列情形之一者，不得对其发放贷款：(1)不具备本通则第四章第十七条所规定的资格和条件的；(2)生产、经营或投资国家明文禁止的产品、项目的；(3)违反国家外汇管理规定的；(4)建设项目按国家规定应当报有关部门批准而未取得批准文件的；(5)生产经营或投资项目未取得环境保护部门许可的；(6)在实行承包、租赁、联营、合并(兼并)、合作、分立、产权有偿转让、股份制改造等体制变更过程中，未清偿原有贷款债务、落实原有贷款债务或提供相应担保的；(7)有其他严重违法经营行为的”。

(四)贷款期限规则

贷款期限由借贷双方当事人协商确定，一般要考虑以下几个因素：(1)贷款用途；(2)借款人的生产经营周期；(3)借款人的资金状况和还款能力；(4)贷款人的资金供给能力等。

贷款到期后，是否展期依据借贷双方之间的意思表示。借款人不能按期归还贷款的，应当在期满之日前，向贷款人申请贷款展期。借款人的贷款如果属于保证贷款、抵押贷款或质押贷款的，还应当由保证人、抵押人和质押人出具同意贷款展期的书面证明。[①] 短期贷款的展期期限累计不得超过原贷款期限；中期贷款的展期期限累计不得超过原贷款期限的一半；长期贷款的展期期限累计不得超过 3 年，但国家对某些重大项目另有规定的除外。不能展期的情况，如借款人未申请展期或展期申请未被批准的，其贷款从到期日次日起，转入逾期贷款账户。

关于“贷款展期，借新还旧”的详细阐释，可扫码收听音频：

① 在实践中，很多借款人由于资金困难无法及时还款或者获得贷款展期，往往采用借新还旧的方式进行还本付息。借新还旧作为商业银行在贷款的发放和收回过程中经常采用的操作方式，是指贷款到期(含展期后到期)后不能按时收回，又重新发放贷款用于归还部分或全部原贷款的行为。针对借新还旧中担保人的法律责任问题，《最高人民法院关于适用〈中华人民共和国民法典〉有关担保制度的解释》作了明确规定。

（五）贷款利率规则

（1）贷款人应当按照中国人民银行的贷款利率政策，确定每笔贷款利率，并在借款合同中载明。（2）贷款人和借款人应当按借款合同和中国人民银行有关计息规定按期计收或交付利息。（3）贷款的展期期限加上原期限达到新的利率期限档次时，从展期之日起，贷款利息按新的期限档次利率计收。（4）逾期贷款按规定计收罚息。（5）根据国家政策，为了促进某些产业和地区经济的发展，有关部门可以对贷款补贴利息。（6）除国务院决定外，任何单位和个人无权决定停息、减息、缓息和免息。贷款人应当依据国务院决定，按照职责权限范围具体办理停息、减息、缓息和免息。

（六）贷款程序规则

1.贷款申请

借款人应当填写包括借款金额、借款用途、偿还能力及还款方式等主要内容的《借款申请书》并提供相关资料。

2.对借款人的信用等级评估

应当根据借款人的领导者素质、经济实力、资金结构、履约情况、经营效益和发展前景等因素，评定借款人的信用等级。评级可由贷款人独立进行，内部掌握，也可由有权部门批准的评估机构进行。

3.贷款调查

贷款人受理借款人申请后，应当对借款人的信用等级以及借款的合法性、安全性、盈利性等情况进行调查，核实抵押物、质物、保证人情况，测定贷款的风险度。

4.贷款审批

贷款人应当建立审贷分离，分级审批的贷款管理制度。审查人员应当对调查人员提供的资料进行核实、评定，复测贷款风险度，提出意见，按规定权限报批。

5.签订借款合同

所有贷款应当由贷款人与借款人签订借款合同。借款合同应当约定借款种类，借款用途、金额、利率，借款期限，还款方式，借、贷双方的权利、义务，违约责任和双方认为需要约定的其他事项。

保证贷款应当由保证人与贷款人签订保证合同，或保证人在借款合同上载明与贷款人协商一致的保证条款，加盖保证人的法人公章，并由保证人的法定代表人或其授权代理人签署姓名。抵押贷款、质押贷款应当由抵押人、出质人与贷款人签订抵押合同、质押合同，需要办理登记的，应依法办理登记。

6.贷款发放

贷款人要按借款合同规定按期发放贷款。贷款人不按合同约定按期发放贷款的，应偿付违约金。借款人不按合同约定用款的，应偿付违约金。

7.贷后检查

贷款发放后，贷款人应当对借款人执行借款合同情况及借款人的经营情况进行追踪调查和检查。

8.贷款归还

借款人应当按照借款合同规定按时足额归还贷款本息。贷款人在短期贷款到期1个星期之前、中长期贷款到期1个月之前,应当向借款人发送还本付息通知单;借款人应当及时筹备资金,按期还本付息。

贷款人对逾期的贷款要及时发出催收通知单,做好逾期贷款本息的催收工作。贷款人对不能按借款合同约定期限归还的贷款,应当按规定加罚利息;对不能归还或者不能落实还本付息事宜的,应当督促归还或者依法起诉。

借款人提前归还贷款,应当与贷款人协商。

案例分析:2021年5月,甲银行与乙企业达成借贷合同,合同约定甲自2021年6月起为乙提供8000万元的贷款,为期1年。乙以价值2000万元的生产设备做抵押,并进行了抵押物登记。后来,乙由于经营困难无法按时偿还上述借款,2022年5月双方又达成新的贷款合同,并且双方私下约定该贷款用以偿还前一笔贷款,不知情的丙为该贷款合同做了担保。上述第二笔贷款合同到期后,乙依然不能偿还贷款,甲银行要求丙承担保证责任。丙以受到欺诈,不知该贷款目的是用来借新还旧为由提出异议,认为该担保合同无效。

解析:《最高人民法院关于适用〈中华人民共和国民法典〉有关担保制度的解释》第16条规定,主合同当事人协议以新贷偿还旧贷,债权人请求旧贷的担保人承担担保责任的,人民法院不予支持。债权人请求新贷的担保人承担担保责任的,按照下列情形处理:(1)新贷与旧贷的担保人相同的,人民法院应予支持;(2)新贷与旧贷的担保人不同,或者旧贷无担保新贷有担保的,人民法院不予支持,但是债权人有证据证明新贷的担保人提供担保时对以新贷偿还旧贷的事实知道或者应当知道的除外。根据上述规定,本案中担保人丙无需承担担保责任。

本章小测

一、客观题(扫码开始测试)

二、主观题

1.什么是商业银行?其性质和功能有哪些?

2.商业银行的“三性原则”规定,安全性原则是其首要原则,这一变化主要源于商业银行法的修订,这一立法变化说明了什么问题?

3.我国商业银行的组织形式与普通公司有何异同?

4.我国商业银行设立的条件和程序是什么?《商业银行法(修改建议稿)》当中对于设立条件有何变化,为什么?

5.商业银行的接管条件是哪些? 包头商业银行破产有何启示?

6.存款合同具有哪些特点? 在我国有哪些法律规范文件对其进行了规制?

7.商业银行贷款业务涉及哪些当事人? 借贷双方的权利与义务如何界定?

第五章　非银行金融机构法律制度

思维导图

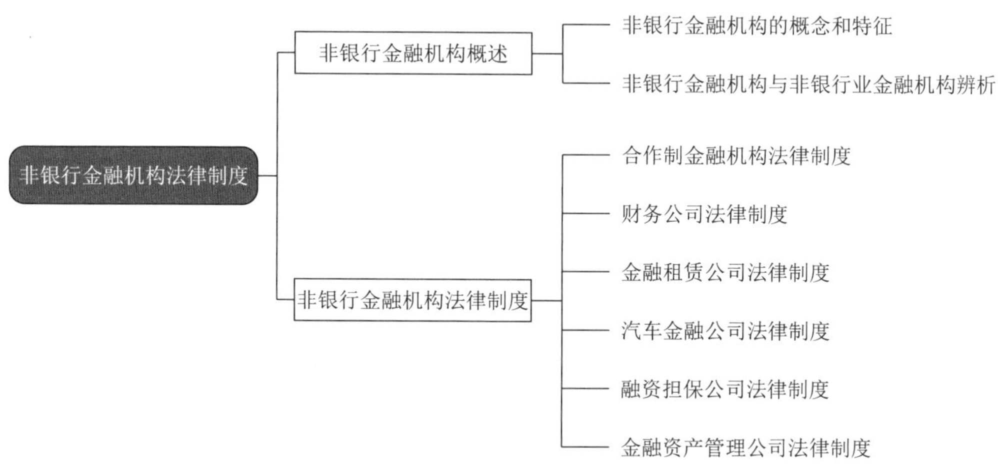

非银行金融机构法是规范非银行金融机构的性质、设置、组织形式、业务范围和金融活动开展的法律规范的总称。改革开放以来，我国非银行金融机构发展迅速，它们与银行相配合，共同成为我国金融机构体系中不可缺少的组成部分。然而，非银行金融机构在组织形式、业务范围、管理规定等方面与商业银行有很大的不同。本章先总体介绍非银行金融机构的概念、特征，然后以农村信用合作社、城市信用合作社、财务公司、金融租赁公司、汽车金融公司及金融资产管理公司为例，具体阐释这六种重要的常见的非银行金融机构在我国的发展概况及相关的立法规定。[①]

第一节　非银行金融机构概述

一、非银行金融机构的概念和特征

（一）非银行金融机构的概念

非银行金融机构（non-bank financial intermediaries），顾名思义，是指除银行以外的各种金融机构，或者说是指那些名称上未冠以“银行”字样却经营金融业务的机构。通常而言，我国银行主要分为三类：中央银行、政策性银行与商业银行，那么非银行金融机构可以理解为是这三类银行以外的、经过监管当局批准成立的所有金融机构。

按照不同的标准，我们可以对非银行金融机构作多种分类：按所有制划分，可以分为国有制非银行金融机构、集体所有制非银行金融机构、混合所有制非银行金融机构；按组织层级划分，可以分为全国性非银行金融机构与区域（地方）性非银行金融机构；按业务范围划分，可分为综合性非银行金融机构和专业性非银行金融机构；按业务性质划分，可分为存款性非银行金融机构与非存款性非银行金融机构。

在上述分类标准中，最重要且最常见的就是按业务性质将非银行金融机构划分为存款性非银行金融机构与非存款性非银行金融机构。前者在我国主要是指城市信用合作社、农村信用合作社、邮政储蓄机构等，其经过国家金融监督管理总局的批准，可在有限范围内办理类似商业银行吸收存款、发放贷款与资金结算等业务；后者则在种类和数量上占优势，包括证券公司、保险公司、基金公司、期货公司、信托公司、财务公司、金融租赁公司、资产管理公司等，其共性是经营传统商业银行货币借贷业务之外的其他各种金融性业务，本身并不具备信用创造的功能。

（二）非银行金融机构的特征

非银行金融机构与银行金融机构共同构成了金融机构体系。虽然非银行金融机构

---

① 金融市场还活跃着许多准金融机构，包括小额贷款公司、融资担保公司、典当行、商业保理公司以及金融科技企业等，由于缺乏全国性统一立法或者全国性立法还在探索阶段，鉴于本书属于教材性质，由此本章不对以上准金融机构的法律制度作详细介绍。

在某些情形下可以和银行一样从事一些融资业务，如以信用方式聚集资金，形成金融资产，以获取利润等，但与银行金融机构特别是商业银行相比，非银行金融机构在名称、性质、组织形式、业务范围等方面都有很大的差别，具体表现在：

1.非银行金融机构的名称上不带有“银行”字样的表述。根据《商业银行法》第 11 条第 2 款之规定，任何单位和个人未经批准不得在名称中使用“银行”字样。因此，即使部分非银行金融机构（如上述提及的城市信用合作社、农村信用合作社等）理论上可以经营商业银行同类业务，但未经批准其名称不得使用“银行”字样。反之，经批准可以在其名称上使用“银行”字样的，一概属于银行金融机构，如我国原“邮政储蓄机构”在经批准改名为“中国邮政储蓄银行”之后，就成为银行金融机构。①

2.非银行金融机构绝大多数不具备信用创造功能，这也是非银行金融机构与商业银行最本质的区别。商业银行在发放贷款过程中具有创造存款货币的“乘数”效应功能，即商业银行在转移贷款使用权时，可通过自身的存贷款机制，增加货币供给和需求量，从而创造出数倍于最初存款货币的货币。而非银行金融机构仅在货币存量既定的条件下转移资金，充其量只是加速货币的周转，对货币的供给和需求没有直接的影响。因此，各国中央银行在制定和执行货币政策时，都着眼于调节和控制商业银行创造存款货币的基础和能力，一般不将非银行金融机构作为宏观控制的重点对象。

3.非银行金融机构的设立、组织、运营及监管一般都有各自专门的法律、行政法规或部门规章可循，不像各商业银行有统一法律（如《商业银行法》《银行业监督管理法》）可资适用。这是因为非银行金融机构所处的行业不同，相互间的业务种类、风险特质千差万别。加之很多国家对不同类型的非银行金融机构设置了不同的监管机关，因而在机构的业务运营与监管方面都很难适同一部法律加以调整。以我国为例，不同的非银行金融机构所对应的监管机关就不一致。像城市与农村信用合作社、邮政储蓄机构、信托公司、典当行、金融资产管理公司以及保险公司等各种专业或兼业保险中介机构由国家金融监督管理总局监管；证券公司、基金公司、期货公司由中国证券监督管理委员会负责监管。

4.非银行金融机构的组织形式更为灵活，其既可以像商业银行一样采取有限公司或股份公司的形式，也可采取其他更为灵活的形式，如契约型或合伙型的组织形式。像国际上的私募股权基金或对冲基金，其更多地采用有限合伙的组织形式。而商业银行，根据我国《商业银行法》第 17 条的规定，其在我国的组织形式、组织机构只能严格适用《公司法》的规定，即采取有限公司或股份公司的形式。

---

① 2006 年 12 月 31 日，经国务院同意，中国银监会正式批准原来隶属于国家邮政集团公司的“邮政储蓄机构”改名为“中国邮政储蓄银行”。成立后的中国邮政储蓄银行将继续依托原来邮政储蓄机构固有的邮政网络经营优势，按照公司治理架构和商业银行管理要求，建立内部控制和风险管理体系，实行市场化经营管理，为城市社区和广大农村地区居民提供基础金融服务。

二、非银行金融机构与非银行业金融机构辨析

（一）非银行金融机构与非银行业金融机构的区别

我国《银行业监督管理法》第 2 条将银行业金融机构定义为“在中华人民共和国境内设立的商业银行、城市信用合作社、农村信用合作社等吸收公众存款的金融机构以及政策性银行”。据此不难推断，非银行业金融机构就是指商业银行、城市信用合作社、农村信用合作社等吸收公众存款的金融机构以及政策性银行之外的其他行业的金融机构。最为常见的有人们较为熟悉的证券业金融机构、保险业金融机构与信托业金融机构等。

“非银行业金融机构”与“非银行金融机构”虽只有一字之差，但两者并不能简单等同。这是因为非银行业金融机构必定是非银行金融机构，而非银行金融机构却未必属于非银行业金融机构。像前文列举的城市信用合作社、农村信用合作社等，其是非银行金融机构，但在非银行业金融机构的行列之外，属于我国上述立法条款所定义的“银行业金融机构”。

（二）非银行金融机构的功能

根据西方经济学理论，非银行金融机构的本质功能是金融中介。所谓金融中介，是指将资金盈余单位的资金提供、转移给资金赤字单位的管道或媒介。如果说商业银行是大家所熟知的间接金融市场的主要中介，那么非银行金融机构就是直接金融市场的主要中介。在间接金融市场中，商业银行金融以负债的形式从资金的盈余一方取得资金，然后以资产的形式提供给资金的需求一方，从而完成了储蓄向投资的转化。在这一过程中，商业银行扮演着债权人和债务人的双重身份。而在直接金融市场中，非银行金融机构既不是债务人也不是债权人，其作为金融市场交易的中介提供各种专门性的金融服务，包括金融经纪业务、自营业务、租赁业务与资产管理业务等，意在减少投融资双方的信息不对称和为各种流动性资产提供保值与增值的空间。随着我国金融经济的纵深发展，金融市场从以间接金融为主的单边市场逐渐过渡为间接金融与直接金融并存的混合市场，非银行金融机构的中介地位与功能的发挥则是推动我国金融市场结构转型不可或缺的组成动力。

简言之，大力发展我国的非银行金融机构，一方面将有助于拓宽融资渠道，促进金融商品的多元化，适应多种经济成分对多种形式金融服务的需求，推动金融市场的繁荣；另一方面，则有助于多样化降低投资风险，调整期限结构以最大限度地缩小流动性危机的可能性，从而强化金融市场上的竞争，打破银行金融机构的信用垄断，激励各类金融机构不断加强管理，改善服务，提高效益。

案例分析：A 公司主要经营“医疗按摩、疗养院、医疗辅助”等服务，申请注册了“健康银行”商标。B 银行业协会针对该商标向行政机关提出商标无效宣告请求。商标评审委员会作出裁定，对“健康银行”商标作出无效宣告。A 公司不服，向法院提起行政诉讼，认为“银行”具有“储存”的第二含义，不会被误认为是金融机构。请问：A 公司是否可以以“健康银行”作为商标申请注册？

解析:"银行"是依法成立的经营货币信贷业务的金融机构,其具有严格的设立审批和监管标准。本案中,A公司并非金融机构,也不具备"银行"资质,其将争议商标核定使用在"医疗按摩、疗养院、医疗辅助"等服务上,易使相关公众认为上述服务的提供者与银行业相关,从而对服务的内容、性质等特点产生错误认识,属于不得作为商标使用的情形。

第二节　非银行金融机构法律制度

一、合作制金融机构法律制度

(一)合作制与合作组织的概念

合作制是一种产权制度和企业运作模式,以此为基础建立和管理的企业就称为合作组织或合作社。自1860年德国第一家信用合作社成立以来,合作组织在全球已有百余年的发展历史,对经济发展和社会进步起到了积极作用。根据成立于1895年的国际合作社联盟(International Cooperative Alliance,ICA)在1995年所作的归纳,合作组织的运作遵循如下七个原则:

1.社员自愿与开放。合作组织是以社员为基础的人合组织。社员包括自然人和法人,加入和退出均遵循自愿开放的原则。

2.社员民主管理。合作组织是由社员管理的民主组织,社员参与决策,选举的代表对社员负责。

3.社员的经济参与。合作组织的资本由社员公平出资并民主管理。

4.自治与独立。合作组织是由社员管理的自治、自助组织。即使与其他组织签订协议,也必须确保社员的民主管理和合作组织的自治。

5.教育、培训和宣传。合作组织为社员、代表、管理人员和雇员提供教育和培训,以有效服务于合作组织的发展。

6.合作组织间的合作。各合作组织通过地区、全国、区域和国际结构共同努力,以最有效地服务社员并强化合作运动。

7.关注社区。合作组织在满足社员需求的同时,推动社区的可持续发展。

实践中,以合作制为基础的合作组织,可以有不同的名称,可以涉及不同的领域,可以建立不同的层面。其中,主要为社员提供金融服务的合作组织,称为合作金融机构。目前在我国,合作金融机构主要有农村信用合作社、县(市、区)农村信用合作社联合社、县(市、区)农村信用合作联社、地(市)农村信用合作社联合社、省(自治区、直辖市)农村信用社联合社、农村合作银行与农村商业银行七种。[①] 它们基本上符合以上七个原则要

① 参见《合作金融机构行政许可事项实施办法》第2条之规定。

求。其本质特征是：由社员入股组成，实行民主管理，主要为社员提供信用服务。需要强调的是，农村合作银行和农村商业银行是银行金融机构，其他则属于非银行金融机构。

（二）农村信用合作社的概况

农村信用合作社，简称“农村信用社”，是指经中国人民银行批准设立，由社员入股组成，实行社员民主管理，主要为社员提供金融服务的农村合作金融机构。在我国，农村信用社按省、市、县及县以下四级建制，即农村信用合作社、县（市、区）农村信用合作社联合社、县（市、区）农村信用合作联社、地（市）农村信用合作社联合社、省（自治区、直辖市）农村信用社联合社。它们均是独立的企业法人，自主经营、自担风险、自负盈亏、自我约束。农村信用合作社以其全部资产对其债务承担责任，其社员以出资额为限承担风险和民事责任。

（三）农村信用合作社主要法律规定

为加强对农村信用合作社的管理，促进其组织发展。自20世纪末，中国人民银行就颁布了一系列有关农村信用社的规范文件，主要包括：1997年9月15日颁布的《农村信用合作社管理规定》和《农村信用合作社县级联合社管理规定》、1998年4月20日颁布的《农村信用合作社机构管理暂行办法》、1999年5月18日颁布的《对农村信用合作社贷款管理暂行办法》。此外，2006年中国银监会颁布了《合作金融机构行政许可实施办法》，对各级农村信用合作社的市场准入和设立程序作了详尽规定。

（四）我国农村信用合作社的改革

2003年6月27日，为深化农村信用社改革，改善农村金融服务，促进农业发展、农民增收与农村全面建成小康社会，国务院颁布了《深化农村信用社改革试点方案》，并确定浙江、江苏、江西、贵州、吉林、陕西和重庆等8省市进行试点。该方案明确规定，深化农村信用社改革应遵循以下原则：按照市场经济规则，明晰产权关系，促进信用社法人治理结构的完善和经营机制转换，使信用社成为自主经营、自我约束、自我发展、自担风险的市场主体；以“三农”服务为方向，改进服务方式，完善服务功能，提高服务水平；因地制宜、分类指导，积极探索和分类实施股份制、股份合作制、合作制等产权制度，建立适应各地经济发展和管理水平的组织形式和运行机制；按照权责利相结合原则，发挥各方面积极性，明确信用社监督管理体制，落实风险防范和处置责任。此外，试点要求解决两个主要问题：一是以法人为单位，改革信用社产权制度，明晰产权关系，完善法人治理结构。具体做法包括：有条件的地区可进行股份制改造，组建农村商业银行；暂不具备条件的地区可比照股份制原则实行股份合作制，组建农村合作银行；股份制改造有困难但适合合作制的地区可进一步完善信用合作社。二是按照“国家宏观调控、加强监管、省级政府依法管理、落实责任、信用社自我约束、自担风险”的思路，改革信用社管理体制。省级人民政府负责信用社管理职能，银监会作为国家银行业监管机构承担金融监管职能。

2007年7月，由银监会牵头，16个部委和单位组成的农村金融改革发展专题小组向国务院提交了《关于加快农村金融改革发展的意见》，提出了农村金融改革发展的总体要求和主要任务，明确了农村信用社市场化、商业化的改革方向，并力争在5～10年内将农村信用社分期分批改造为产权清晰、经营特色鲜明的现代金融企业。该意见还提出，加快农村信用社改革的关键是优化股权结构，鼓励和支持符合条件的农村信用社和农村合作银行改制为农村商业银行。在法人治理方面，按照社区机构特点，建立“形式灵活、结构规范、运行科学、治理有效”的模式。

2009年，为进一步深化农村信用合作社改革，中国银监会发布了《关于推进农村信用合作社改革试点工作的通知》。该通知旨在扩大和深化自2003年起的试点改革，强调将更多的农村信用合作社转型为农村商业银行。这一转型强调市场化运作，要求改革后的银行完善治理结构，提高服务质量，专注于服务“三农”（农业、农村和农民），并加强资本和风险管理。

2012年，银监会发布了《关于深化农村信用社综合改革试点工作的指导意见》。该意见强调，农村信用社需扩大农业相关金融产品供应，提升服务质量与效率，特别通过信息技术优化信贷流程，扩展电子银行服务到偏远农区。同时，意见要求加强风险管理，健全内部控制系统，确保资产质量和操作安全。为提升管理水平和市场竞争力，意见鼓励探索多样化的组织形式和运营模式，包括股份合作制和合作制，以及通过合并重组优化资源配置。此外，加强法人治理结构，确保产权关系清晰和决策机制高效，也是改革的重要内容。这些措施共同推动了农村信用社系统的现代化，更好地服务于农业发展和农村经济的全面提升。

二、财务公司法律制度

（一）财务公司的概况

财务公司在我国是为企业集团成员提供财务管理服务的非银行金融机构，旨在加强集团资金集中管理和提高资金使用效率，是我国金融体系的重要组成部分。我国财务公司有两个突出特点：一是集团性，由企业集团投资设立，仅为集团成员单位提供金融服务；二是业务多样性，虽然总体上仍以分业经营为主，但财务公司可依法经营相对全面的业务，实现混业经营。

财务公司起源于18世纪的法国，随后在美国和英国等国相继设立。如今，西方财务公司的业务范围已大幅扩展，在消费信贷、企业信贷和财务投资咨询等方面具有重要地位。我国自1987年第一家财务公司——东风汽车工业集团财务公司成立以来，近40年间，财务公司行业整体发展稳健，为所属集团的发展在资金管理和降低财务费用方面做了重大贡献。

为支持大型企业集团发展，加强对财务公司的监管，银监会于2004年7月27日颁布了《企业集团财务公司管理办法》，并于2006年12月28日进行了修订和完善。为进一步规范财务公司的设立工作，确保市场准入健康、有序进行，银监会于2007年1月26日印发了《申请设立企业集团财务公司操作规程》。2022年10月13日，原银保监会颁布了《企业集团财务公司管理办法》。随着金融监管机构的改革，非金融机构的监管职责由国家金融监督管理总局接替原银保监会行使。2023年10月9日，国家金融监督管理总局颁布了《非银行金融机构行政许可事项实施办法》，详细规定财务公司在设立、变更、终止过程中所需的行政许可事项及审批程序，以确保其合法合规运营和有效监管。

（二）财务公司的主要法律规定

1.财务公司的设立

根据《非银行金融机构行政许可事项实施办法》第6条的规定，设立企业集团财务公司需满足多项条件以确保运营合法性和效率。首先，需证明存在集中管理企业集团资金的需求，并能预测达到一定业务规模。公司章程应符合《中华人民共和国公司法》关于股东结构、注册资本、公司治理、内部控制和风险管理等条款的基本规定。财务公司注册资本需一次性实缴，最低为10亿元人民币或等值可自由兑换货币。关键岗位需配备至少1名具有3年以上相关金融从业经验的人员。从业人员中，至少2/3需有3年金融或财务工作经验，至少1/3需有5年以上经验，并至少引进一名具有5年以上银行业经验的高级管理人员。公司需建立有效的治理结构、内部控制和风险管理体系，并配备支持业务运营的信息科技架构和安全的信息系统。此外，财务公司需具备适合业务运营的营业场所及必要的安全防范措施，确保操作符合国家金融监督管理总局的其他审慎性条件。这些严格要求旨在确保财务公司在提供服务的同时，维护市场稳定和保护投资者利益。

根据《非银行金融机构行政许可事项实施办法》第8条的规定，企业集团申请设立财务公司需满足以下条件：符合国家产业政策，有明确核心主业；具备2年以上企业集团内部财务和资金集中管理经验；总资产不低于300亿元人民币或等值的可自由兑换货币，净资产占比至少30％，作为财务公司控股股东的，最近1个会计年度末净资产不低于总资产的40％；最近2个会计年度营业收入总额每年营业收入不低于200亿元人民币或等值的可自由兑换货币，税前利润总额每年不低于10亿元人民币或等值的可自由兑换货币，作为财务公司控股股东的，应最近3个会计年度连续盈利；最近2个会计年度末的货币资金余额不低于50亿元人民币或等值的可自由兑换货币；权益性投资余额原则上不得超过本企业净资产的50％（含本次投资金额），作为财务公司控股股东的，权益性投资余额原则上不得超过本企业净资产的40％（含本次投资金额），国务院规定的投资公司和控股公司除外；正常经营的成员单位不少于50家，确需通过财务公司提供资金集中管理和服务；母公司具有良好的公司治理结构或有效的组织管理方式，无不当关联交易，有良好的社会声誉、诚信记录和纳税记录，最近2年内无重大违法违规行为；母公司最近1个会计年度末的实收资本不低于50亿元人民币或等值的可自由兑换货币；母公司入股资金为自有资金，不得使用委托或债务资金。设立过程分为筹建和开业两个阶段，确保规范性和透明度。

首先是筹建阶段。企业集团母公司作为申请人，需向拟设地省级派出机构提交设立财务公司的申请。省级派出机构初审后提交国家金融监督管理总局进行审查和决定。审查决定应在受理之日起4个月内完成，结果可以是批准或不批准的书面决定。若财务公司未能在批准后的6个月内完成筹建，需在筹建期限届满前1个月向国家金融监督管理总局及省级派出机构提交筹建延期报告，延期最多一次，且不超过3个月。若逾期未提交开业申请，筹建批准文件将失效，决定机关注销筹建许可。

其次是开业阶段。母公司作为申请人，需向拟设地省级派出机构提交开业申请，机构负责受理和审查，并在2个月内作出书面决定，并将决定抄报给国家金融监督管理总局。一旦收到开业核准文件并领取金融许可证，申请人应办理工商登记并领取营业执照。财务公司须在领取营业执照之日起6个月内正式开业。如不能按期开业，需在开业期限届满前1个月提交开业延期报告，延期不得超过一次且不超过3个月。如果未在规定期限内开业，开业核准文件将失效，决定机关将注销开业许可，发证机关收回金融许可证并公告。

2.财务公司的业务范围和经营准则

根据《企业集团财务公司管理办法》的规定，财务公司拥有广泛的业务权限，旨在为企业集团内部提供全面的金融服务。具体包括：财务公司被授权经营本外币业务，包括吸收成员单位存款、为成员单位办理贷款和票据贴现、处理资金结算与收付，以及提供委托贷款、债券承销、非融资性保函、财务顾问、信用鉴证及咨询代理服务。

符合条件的财务公司可向国家金融监督管理总局申请扩展业务范围，包括同业拆借、票据承兑、买方信贷、消费信贷、投资固定收益类证券、套期保值类衍生产品交易等经批准的其他金融服务。财务公司不得从事未明确规定的离岸或跨境业务，业务范围获批后须在章程中载明，禁止发行金融债券或对外直接投资。分公司和境外子公司业务范围需母公司授权并备案，确保所有业务符合监管要求。这些规定确保了财务公司及其分支机构操作的规范性和安全性。

此外，财务公司在经营业务时需遵守一系列严格的监管指标，以确保财务健康和业务稳定。

3.财务公司的重要事项变更

财务公司的变更事项包括：变更名称，变更股权或调整股权结构，变更注册资本，变更住所，修改公司章程，分立或合并，以及国家金融监督管理总局规定的其他变更事项。

4.财务公司的终止

财务公司在特定情况下可以申请解散。这些情况包括：公司章程规定的营业期限届满，或出现章程规定的其他解散事由；股东会议作出解散决定；公司因合并或分立需要解散；出现其他法定解散事由；以及组建财务公司的企业集团解散时，财务公司必须随之申请解散。

解散过程要求财务公司向所在地的国家金融监督管理总局省级派出机构提交解散申请。省级派出机构初审后，提交至国家金融监督管理总局进行最终审查和决策。国家金融监督管理总局必须在受理申请之日起3个月内作出书面决定，批准或不批准解散。这一规定确保了解散过程的透明度和规范性，同时保证解散活动符合所有相关法律和监管要求，确保各方利益得到妥善处理。

案例分析：A财务公司与B公司签订了借款合同，约定A公司给B公司发放借款。但B公司并非A财务公司的成员单位。请问：A财务公司是否违反《企业集团财务公司管理办法》，双方签订的借款合同是否有效？

解析：根据《企业集团财务公司管理办法》第 19 条第 2 项的规定，财务公司仅能向成员单位发放贷款。因此 A 财务公司向 B 公司发放贷款，违反了该办法。但双方的借款合同仍有效。《企业集团财务公司管理办法》属于部门规章，且属于管理性强制规定，不影响民事合同的效力。

三、金融租赁公司法律制度

（一）金融租赁公司的概况

金融租赁，又称“融资租赁”，是指出租人根据承租人的特定要求和认可的供货人，出资向出卖人购买租赁物并出租给承租人使用，承租人按约定分期支付租金的信用活动。金融租赁作为一种金融工具，兼有融资和融物的双重功能，与经营性租赁不同。金融租赁在促进企业技术改造、降低负债率、盘活资产、促进消费、提高产品竞争力以及引进外资方面具有独特优势。[①] 金融租赁公司是指经国家金融监督管理总局批准设立，以经营融资租赁业务为主的非银行金融机构。公司名称中必须标明“金融租赁”字样，未经批准，任何机构不得在名称中使用“金融租赁”字样。

（二）金融租赁公司主要法律规定

为加强对金融租赁公司的管理，中国银监会于 2007 年公布了《金融租赁公司管理办法》（以下简称《办法》），于 2014 年 3 月公布修订版。该《办法》分总则，机构设立、变更与终止，业务范围，经营规则，监督管理，附则 6 章 61 条。从实践来看，《金融租赁公司管理办法》自发布以来，在促进金融租赁行业健康发展、支持中小微企业设备融资方面发挥了重要作用。随着我国经济金融形势的发展变化，原《办法》已无法满足行业高质量发展和有效监管的需求。2024 年 1 月 5 日，国家金融监督管理总局发布了《金融租赁公司管理办法（征求意见稿）》，在做好与现行监管法规衔接的基础上，结合金融租赁行业实际情况，补充完善了风险管理和经营规则等内容，为支持和促进金融租赁行业高质量发展创造了良好环境。

1.金融租赁公司的设立

设立金融租赁公司的条件包括一系列具体要求，旨在确保公司运营稳健和合规。申请成立金融租赁公司必须有符合《中华人民共和国公司法》相关规定和国家金融监督管理总局规定的公司章程，主要发起人须符合特定条件。金融租赁公司还必须建立有效的公司治理、内部控制和风险管理体系，配备符合业务和监管需求的信息科技架构，确保信息系统必要、安全且合规，并具备维护业务连续运营的技术和措施。此外，公司应具备与业务经营相适应的营业场所、安全防范措施和其他必要设施。这些条件共同构成了金融租赁公司在申请设立时必须满足的严格标准，以确保其操作的合法性、安全性和长期的财务健康。

---

① 岳彩申、盛学军主编：《金融法学》，中国人民大学出版社 2010 年版，第 132 页。

2.金融租赁公司的业务范围和监管指标

金融租赁公司被授权开展一系列核心的本外币业务。基础业务包括直接操作、转让及受让融资租赁资产，向非银行股东借款，从事同业拆借和向金融机构融资。此外，公司还可以发行非资本类债券和接受租赁保证金，为金融租赁公司提供资金来源和流动性管理。

在专项业务方面，符合条件的金融租赁公司可以向国家金融监督管理总局及其派出机构申请开展更为专业化的服务，包括设立项目公司专门开展融资租赁业务、向专业子公司和项目公司发放股东借款及提供担保、从事固定收益类投资和资本补充工具的发行。金融租赁公司还可以进行资产证券化、提供咨询服务及交易套期保值类衍生产品，以优化资产结构和强化风险管理。这些专项业务允许金融租赁公司根据市场需求和监管标准，扩展服务范围并提升业务深度和广度。

金融租赁公司必须遵循一系列严格的监管指标，以确保公司运营的稳定性和有效的风险控制。监管指标涵盖资本充足率、杠杆率、财务杠杆倍数、拨备覆盖率、融资集中度、关联交易限制及流动性管理等方面。

国家金融监督管理总局保留对特定行业和企业在单一客户融资集中度、单一集团客户融资集中度、单一客户关联度、全部关联度和单一股东关联度等要求进行调整的权利，以适应不同行业的特定情况。这些综合性的监管指标旨在强化金融租赁公司的内部控制和市场行为，保障金融系统的稳定和安全。

3.金融租赁公司的重要事项变更

金融租赁公司在遇到关键的组织和运营变更时，必须遵循严格的规定，确保这些变化得到适当的监管批准或进行必要的报告。这些变更事项包括：变更名称需向国家金融监督管理总局或其派出机构提交申请，变更组织形式如从有限责任公司转为股份有限公司需监管批准，调整业务范围需核准，变更注册资本需报告，股权变更或调整需获批准，修改章程需报备，变更公司住所需报备，更换董事或高级管理人员需报告以进行背景和资格审查，合并或分立需监管审批，以及遵守国家金融监督管理总局规定的其他变更事项。这些规定确保金融租赁公司在变更关键业务或结构时保持透明、合规，接受适当的监管审查，以保护股东、客户和金融市场的整体利益。

4.金融租赁公司的终止

金融租赁公司的终止包括吊销经营许可证、撤销、解散和破产四种情形。金融租赁公司存在《中华人民共和国银行业监督管理法》规定的应当吊销经营许可证情形的，由国家金融监督管理总局派出机构依法吊销其经营许可证。公司有违法经营、经营管理不善等情形，不予撤销将严重危害金融秩序、损害公众利益的，国家金融监督管理总局有权予以撤销。公司出现以下情况时，经国家金融监督管理总局批准后，予以解散：(1)章程规定的解散事由出现；(2)股东会决议解散；(3)因分立或合并不再继续存在；(4)依法被吊销营业执照、经营许可证或被撤销；(5)其他法定事由。这些规定为公司解散提供了法律依据和程序指导，保护股东和债权人利益，确保公司在面对不可逆转的变更时能够合法有序地进行。公司符合《中华人民共和国企业破产法》规定的破产情形的，国家金融监督管理总局可向人民法院提出重整或破产清算申请。破产重整后的主要股东应当符合设立金融租赁公司的行政许可条件。国家金融监督管理总局派出机构应根据进入破产程序公司的业务和风险状况，采取暂停相关业务等监管措施。

四、汽车金融公司法律制度

(一)汽车金融公司的概况

汽车金融公司是经国家金融监督管理总局批准设立的非银行金融机构，专门提供汽车金融服务。公司名称中应标明“汽车金融”字样，未经批准，任何单位和个人不得在名称中使用“汽车金融”“汽车信贷”“汽车贷款”等字样。

汽车金融公司根据国内汽车消费市场的现状和入市承诺设立，主要业务是为中国境内的汽车购买者及销售者提供贷款。其诞生一方面将改变我国汽车消费信贷市场主体单一的现状，促进市场竞争多元化；另一方面，将对我国汽车工业的发展产生积极而深远的影响。由于汽车金融公司通常隶属于较大的汽车工业集团，其首要市场定位是促进汽车及其相关产品的销售。专业化的汽车金融公司凭借其行业背景，向消费者提供完整的专业服务，推动汽车业的健康发展。

(二)汽车金融公司主要法律规定

为加强对汽车金融公司的监督管理，促进我国汽车金融业的健康发展，2023 年 7 月 10 日，国家金融监督管理总局修订发布了《汽车金融公司管理办法》，详细规定了汽车金融公司的设立、业务范围、经营管理和监督管理等方面的内容，以确保汽车金融公司的合法合规运营，促进汽车产业的健康发展。

1.汽车金融公司的设立

根据《汽车金融公司管理办法》第 5 条的规定，设立汽车金融公司法人机构需满足一系列严格条件，以确保其合法性、稳健性和监管适应性。首先，公司必须有符合《中华人民共和国公司法》规定和国家金融监督管理总局要求的公司章程、合格出资人和足够的注册资本。公司需要配备符合任职资格条件的董事、高级管理人员和熟悉汽车金融业务的合格从业人员。公司还需建立有效的公司治理、内部控制和风险管理体系，以及与业务和监管要求相适应的信息科技架构，确保业务安全、合规并具备必要技术支持。公司需具备适合业务运营的营业场所、安全防范措施和其他设施。此外，还需满足国家金融监督管理总局规定的其他审慎性条件，以通过严格的监管审查，确保资质充分的机构进入市场，保障消费者利益并维护金融市场稳定。

汽车金融公司的设立须经筹建和开业两个阶段。筹建期由主要出资人作为申请人向拟设地省级派出机构提交申请，经初步审查后由国家金融监督管理总局审查并决定，自受理之日起 4 个月内作出书面决定。筹建期为批准决定之日起 6 个月，未按期完成筹建的，应在筹建期限届满前 1 个月向国家金融监督管理总局和拟设地省级派出机构提交筹建延期报告，延期不得超过一次且不超过 3 个月。申请人应在规定期限届满前提交开业申请，逾期未提交的，筹建批准文件失效，由决定机关注销筹建许可。

开业期由主要出资人作为申请人向拟设地省级派出机构提交申请，经省级派出机构受理和审查，自受理之日起 2 个月内作出书面决定，并抄报国家金融监督管理总局。申请人应在收到开业核准文件并领取金融许可证后办理工商登记，领取营业执照。公司应自领取营业执照之日起 6 个月内开业，未按期开业的，应在期限届满前 1 个月提交开业延期报告，延期不得超过一次且不超过 3 个月。未在规定期限内开业的，开业核准文件失效，由决定机关注销开业许可，发证机关收回金融许可证并公告。

2.汽车金融公司的业务范围

汽车金融公司被授权从事一系列本外币业务，包括接受其股东及所在集团母公司和控股子公司的定期存款或通知存款，接受汽车经销商和售后服务商的贷款保证金及承租人汽车租赁的保证金，从事同业拆借及向其他金融机构借款，发行非资本类债券以筹集资金，提供汽车及附加品的贷款和融资租赁服务，向汽车经销商和售后服务商提供库存采购、展厅建设、零配件和维修设备购买等商业贷款业务，转让或受让汽车及附加品贷款和融资租赁资产，从事汽车残值评估、变卖及处理业务，提供与汽车金融相关的咨询、代理和服务。这些授权活动为汽车金融公司提供多样化经营选择，帮助其在合法合规的前提下灵活开展金融服务，并促进汽车产业的健康发展。

符合条件的汽车金融公司可申请经国家金融监督管理总局及其派出机构批准的其他本外币业务，如发行资本工具、资产证券化业务、套期保值类业务等。申请需遵循相关行政许可规定，确保业务扩展在严格监管框架下进行，旨在增强公司资本结构和业务范围，同时维护市场稳定性和透明度。

3.汽车金融公司的整顿与撤销

汽车金融公司违反《汽车金融公司管理办法》规定的，国家金融监督管理总局及其派出机构将责令限期整改；逾期未整改或行为严重危及公司稳健运行、损害客户合法权益的，国家金融监督管理总局及其派出机构可依照《中华人民共和国银行业监督管理法》等法律法规，采取责令暂停部分业务、限制股东权利等监管措施并实施行政处罚。汽车金融公司已发生或可能发生信用危机，严重影响债权人和其他客户合法权益的，国家金融监督管理总局可依法对其实行接管或促成机构重组。汽车金融公司违法经营、经营管理不善，不撤销将严重危害金融秩序、损害公众利益的，国家金融监督管理总局有权依法撤销。公司符合《中华人民共和国企业破产法》规定的破产情形的，经国家金融监督管理总局同意，公司或其债权人可向人民法院提出重整、和解或破产清算申请。破产重整后的公司股东应符合汽车金融公司的出资人条件。国家金融监督管理总局派出机构应根据进入破产程序的公司业务活动和风险状况，采取暂停相关业务等监管措施。

五、融资担保公司法律制度

1.融资担保公司的概况

融资担保是指担保人为借款、发行债券等提供担保。融资担保公司是依法设立的有限责任公司或股份有限公司，必须遵守法律法规，诚实守信，不得损害国家、社会和他人的合法权益。

融资担保公司主要为借款人或债券发行者提供担保，促进资金流通和支持普惠金融。运营中需审慎经营，确保不损害国家和社会公共利益及其他合法权益。国家及地方政府通过政策、资本投入和风险分担机制支持这些公司，尤其是服务小微企业和农业领域的公司，推动行业健康发展。

为加强对融资担保公司的监督管理，促进我国普惠金融的发展以及促进资金的融通，2017 年 8 月 2 日，国务院发布了《融资担保公司监督管理条例》，旨在规范融资担保公司的设立、运营和监管，以保障其合法合规运作和防范金融风险。

2.融资担保公司主要法律规定

(1)融资担保公司的设立

根据《融资担保公司监督管理条例》第 6 条至第 8 条的规定，设立融资担保公司需遵循以下规定：经营融资担保业务必须获得监管部门批准，并在公司名称中标注“融资担保”字样。公司股东须有良好信誉，近 3 年无重大违法记录；注册资本不低于 2000 万元人民币，且为实缴货币资本。董事、监事和高级管理人员需熟悉相关法律法规，具备从业经验。公司还需建立完善的业务规范和风险控制制度。申请设立时，需向监管部门提交申请书及相关证明材料，监管部门将在 30 日内作出决定并公告，确保申请过程透明公正。

(2)融资担保公司的业务范围

融资担保公司主要从事借款担保和发行债券担保业务。表现良好、财务稳健的公司可扩展至投标担保、工程履约担保、诉讼保全担保等非融资担保业务，并提供相关咨询服务。

融资担保公司应遵循审慎经营原则，建立完善的风险管理制度，包括项目评审、担保后管理和代偿追偿。政府支持的担保公司应利用大数据技术，为小微企业和“三农”提供融资支持。

融资担保公司不得从事吸收存款、自营或受托贷款及受托投资等活动。这些限制防止公司偏离核心业务，确保行业稳定和健康发展。通过这些规定，监管部门维护市场秩序，保护投资者和公众利益，促进融资担保业务的可持续发展。

(3)融资担保公司的整顿与撤销

违反《融资担保公司监督管理条例》规定，未经批准设立融资担保公司或经营融资担保业务的，由监督管理部门取缔或责令停止经营，处 50 万至 100 万元罚款，有违法所得的，没收违法所得；构成犯罪的，依法追究刑事责任。未经批准在名称中使用融资担保字样的，责令限期改正；逾期不改正的，处 5 万至 10 万元罚款，有违法所得的，没收违法所得。

融资担保公司若存在不规范行为，包括未经批准的合并、分立、减少注册资本或跨区域设立分支机构，以及不符合规定的担保责任余额比例、为关联方提供优先条件的融资担保、未提取准备金或自有资金使用不符合规定，监管部门将责令限期改正，并处 10 万至 50 万元罚款，没收违法所得。逾期未改正的，责令停业整顿或吊销许可证。严重违规行为如拒绝监督检查、提供虚假资料或拒绝执行监督管理措施，还可能被追究治安管理或刑事责任。这些措施确保融资担保公司的合规运营，保护市场秩序和投资者权益。

六、金融资产管理公司法律制度

金融资产管理公司原是指国家全资设立的特殊国有独资非银行金融机构，旨在收购、管理和处置国有银行不良贷款。在我国，原来主要是指 1999 年 3 月至 10 月间国务院组建的华融、长城、东方和信达四家公司，这四家公司分别负责收购、管理和处置从中国工商银行、中国农业银行、中国银行及中国建设银行剥离的不良资产。当时，我国组建金融资产管理公司的目的有三方面：一是改善四大国有独资银行的资产负债状况，化解金融风险，提高国内外资信度；二是利用金融资产管理公司的特殊法律地位和专业优势，通过专业化经营实现不良贷款价值回收最大化，减少损失；三是通过金融资产管理，对符合条件的企业实行“债转股”，支持国有大中型亏损企业摆脱困境，转换经营机制，建立规范的法人治理结构。从国家国有资产管理局在 1996 年发布《关于认真做好清产核资中不良资产处置委托工作的通知》开始，我国逐步建立健全不良资产经营的监管框架体系，具体包括《金融资产管理公司条例》《金融资产管理公司内部控制办法》《金融资产管理公司改革发展意见》《金融资产管理公司并表监管指引（试行）》《金融资产管理公司监管办法》《金融资产管理公司资本管理办法（试行）》等相关规定。其中，最主要依据是 2000 年国务院颁布的《金融资产管理公司条例》，包括总则、公司的设立和业务范围、收购不良贷款的范围、额度及资金来源等共 7 章 34 条。近年来，金融资产管理公司陆续改制，业务也有很大的拓展。例如，2010 年 6 月，信达金融管理公司整体改制为股份有限公司。2012 年 4 月，引进全国社保基金、瑞银、中信资本和渣打银行等四家战略投资者。2013 年 12 月 12 日，在香港联交所主板上市，成为首家登陆国际资本市场的中国金融资产管理公司。改制后信达的主要业务包括不良资产经营业务和金融服务业务，其中不良资产经营是核心业务。当前，中国信达资产管理股份有限公司在全国设有 33 家分公司，在内地和香港拥有 9 家直接管理的从事不良资产经营和金融服务业务的平台子公司。[①]在这种背景下，包括《金融资产管理公司条例》在内的众多规章制度已经不适应金融资产管理公司的管理需要，亟待制度建设上与时俱进。

关于“地方资产管理公司”的详细阐释，可扫码收听音频和阅读文字材料：

① 中国信达资产管理股份有限公司简介，https://www.cinda.com.cn/home/pc/cn/xdjt/gyxd/gsjs/gsjj/list_1.shtml，最后访问日期：2025 年 2 月 3 日。

本章小测

一、客观题（扫码开始测试）

二、主观题

1.何谓非银行金融机构？我国主要有哪些非银行金融机构？

2.非银行金融机构与非银行业金融机构有何区别？

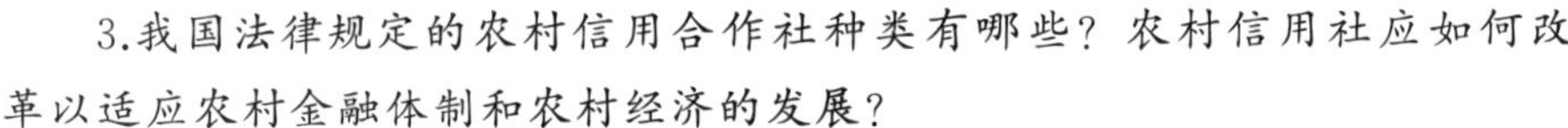

3.我国法律规定的农村信用合作社种类有哪些？农村信用社应如何改革以适应农村金融体制和农村经济的发展？

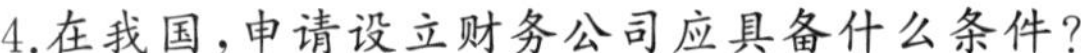

4.在我国，申请设立财务公司应具备什么条件？

第六章　支付结算法

思维导图

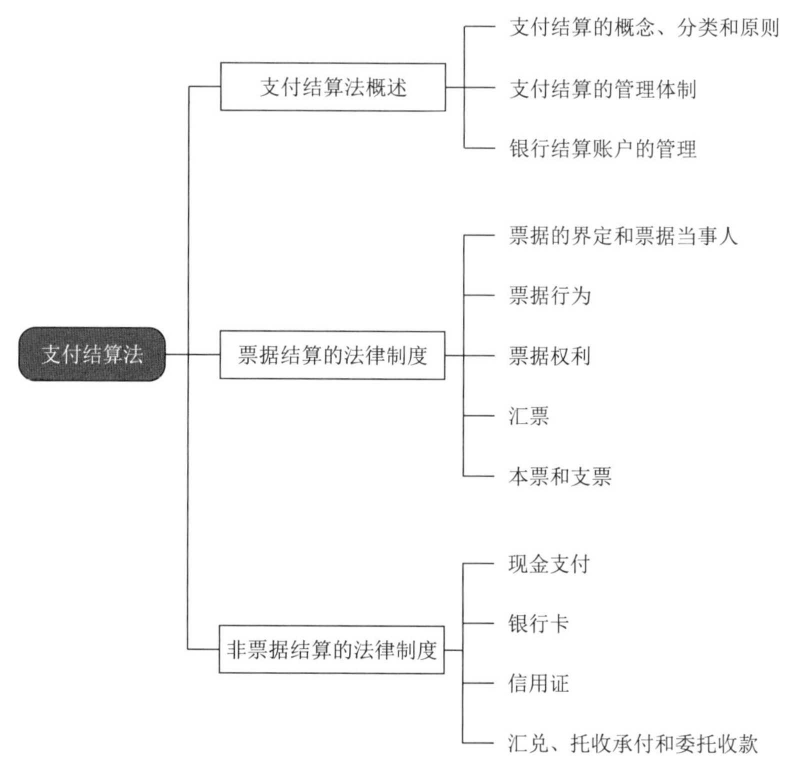

在现代商业活动中，由于货物买卖、服务提供、资金调拨等交易事项，交易当事人之间形成的债权债务，有赖于通过货币资金的收付予以清结。在法律上，这一活动被称为支付结算。相应地，调整支付结算活动中发生的社会关系的法律规范的总称被称为支付结算法。支付结算法对于保障交易安全、促进交易效率、维护交易方合法权益具有重要意义。本章首先概述我国支付结算法的基础内容，然后分别从票据结算和非票据结算两个方面来介绍相关法律制度。

第一节　支付结算法概述

一、支付结算的概念、分类和原则

（一）支付结算的概念

《支付结算办法》[①]第3条规定“本办法所称支付结算是指单位、个人在社会经济活动中使用票据、信用卡和汇兑、托收承付、委托收款等结算方式进行货币给付及其资金清算的行为”。值得注意的是，随着电子商务、数字货币的蓬勃发展，支付结算的方式也在不断丰富。

从形式上看，“支付结算”由“支付”和“结算”组合而成，但“支付”和“结算”这两个词无论是各自单独使用，[②]还是组合在一起使用，所表达的含义基本一致，都意指通过货币资金的收付以清结交易当事人之间的债权债务。

（二）支付结算的分类

1.现金支付与非现金支付

根据是否直接使用现金，支付结算可分为现金支付与非现金支付。

现金支付，是指直接使用现金来清结交易当事人之间的债权债务；非现金支付，是指使用非现金方式来清结交易当事人之间的债权债务。

2.票据结算与非票据结算

根据是否使用票据，支付结算可分为票据结算与非票据结算。

票据结算，是指通过使用汇票、本票、支票等来清结交易当事人之间的债权债务；非票据结算，是指通过使用现金、银行卡、信用证、第三方支付等方式来清结交易当事人之间的债权债务。

---

① 中国人民银行于1997年9月发布《支付结算办法》，自1997年12月1日起施行。2024年2月，中国人民银行发布《关于修改〈支付结算办法〉的决定》。

② 参见《商法学》编写组编：《商法学》，高等教育出版社2022年第2版，第191页；施天涛：《商法学》，法律出版社2020年第6版，第453页。

3.国内结算与国际结算

根据发生区域的不同，支付结算可分为国内结算与国际结算。

国内结算，是指一国境内的交易当事人之间为清结债权债务所发生的货币资金收付行为；国际结算，是指不同国家的交易当事人之间为清结债权债务所发生的货币资金收付行为。

（三）支付结算的原则

支付结算原则是交易当事人、支付中介机构等在结算活动中应当遵循的基本准则。根据《支付结算办法》《非银行支付机构监督管理条例》等法律规定，支付结算原则主要包括：

1.履约付款原则

该原则是诚实信用原则在支付结算领域的具体体现。一项交易的达成是交易当事人的合意体现，并且交易当事人应当依照善意的方式行使权利、履行义务。该原则要求结算当事人应根据事先的约定，如期足额地履行付款义务，不得无故拖延或者拒绝支付。需要注意的是，在商业实践中，付款人的履约付款往往需要收款人的积极配合以及支付中介机构的服务提供，由此才能充分实现合同利益、促进交易发展。

2.高效安全原则

该原则要求在结算活动中要兼顾结算效率和安全，从而实现当事人利益的最大化。一方面，商事交易以营利为目的，而结算成本是交易总成本的组成部分之一。因此，当事人要尽可能地通过简便迅捷的方式来进行结算，从而达到降低结算成本、加速资金周转和商品流通的目的；另一方面，结算活动在追求效率的同时，也要注重资金安全、网络安全、数据安全，否则当事人的利益也得不到保障。为此，在银行结算账户、银行卡、信用证、第三方支付、票据等结算活动中，相关制度安排从实体、程序等方面予以规范，旨在确保结算活动的高效和安全。

3.支付中介不垫款原则

该原则要求在结算活动中，无论是银行业金融机构，还是非银行支付机构只是充当支付中介，负责根据客户的支付指令进行货币资金的转移，而不能为客户垫付资金。该原则的目的在于将支付中介机构的资金与客户资金严格分开，保障支付中介机构的资金安全。换言之，如果支付中介机构为客户垫付资金，则相当于向客户提供融资，从而违反了支付业务规则的一般规定。不过该原则也存在例外，如在银行承兑汇票业务中，若出票人的账户余额不足，则银行有义务在汇票到期日用自己的资金先行垫付。①

二、支付结算的管理体制

目前，我国支付结算领域实行政府监管与行业自律相结合的管理体制。

在政府监管方面，一方面，根据《中国人民银行法》第 4 条、《支付结算办法》第 20 条

① 朱崇实、刘志云主编：《金融法》，法律出版社 2022 年第 5 版，第 165 页。

和《非银行支付机构监督管理条例》第 4 条等的规定，中国人民银行负责拟订全国支付体系发展规划，会同有关方面研究拟订支付结算政策和规则，维护支付清算系统的正常运行，组织建设和管理中国现代化支付系统，推进支付工具的创新，依法对非银行支付机构实施监督管理，等等。此外，在人民银行系统内部，对于支付结算业务，人民银行总行与省（区、市）分行之间实行集中统一和分级管理相结合的体制。并且，随着人民银行从大区分行制回归省级分行制，这一体制安排重新具备了现实基础。另一方面，根据《银行业监督管理法》第 2 条、《商业银行法》第 3 条的规定，国家金融监督管理总局负责对全国银行业金融机构及其业务活动实施监督管理。因此，结算业务作为银行业金融机构的三大基本业务之一，其审批、运作的合规性监管具体由国家金融监督管理总局负责。

在行业自律方面，2011 年 5 月 23 日成立的中国支付清算协会（Payment & Clearing Association of China，缩写为 PCAC）是我国支付清算服务行业的自律组织。该协会是由支付清算行业相关单位和个人自愿结成的全国性、行业性社会团体，是非营利性社会组织，其主要职责是对支付清算服务行业进行自律管理，维护支付清算服务市场的竞争秩序和会员的合法权益，防范支付清算风险，促进支付清算行业高质量发展。①

三、银行结算账户的管理

在我国，各种支付结算方式基本上都直接或间接与银行结算账户有关联。关于银行结算账户，中国人民银行颁布了《人民币银行结算账户管理办法》（中国人民银行令〔2020〕第 2 号修改）、《人民币银行结算账户管理办法实施细则》（中国人民银行公告〔2020〕第 3 号修改）、《企业银行结算账户管理办法》（银发〔2019〕41 号）等规章制度予以规范管理。

（一）银行结算账户的概念和功能

银行结算账户是指银行业金融机构（以下简称“银行”）为存款人开立的办理资金收付结算的人民币活期存款账户，是个人或单位办理存款、贷款和资金收付活动的基础。

按使用主体的不同，银行结算账户可分为个人银行结算账户和单位银行结算账户。其中，这里的“单位”包括机关、团体、部队、企业、事业单位和其他组织。个体工商户凭营业执照以字号或经营者姓名开立的银行结算账户也纳入单位银行结算账户管理。

银行结算账户与非银行结算账户并称为银行账户，但二者的功能不同。银行结算账户用来办理支付结算，账户状态比较活跃，有收有付，账户余额经常发生变动。而非银行结算账户是存款人与银行之间的一种存款合约，不具有结算功能，如个人活期储蓄账户、个人定期储蓄账户等，账户余额一般只在存入、计息和支取时才发生变化，账户状态相对静止。②

---

① 参见《中国支付清算协会章程》，https://www.pcac.org.cn/eportal/ui? pageId=594992，最后访问日期：2025 年 1 月 25 日。

② 中国人民银行金融消费权益保护局：《金融知识普及读本》，中国金融出版社 2017 年第 2 版，第 89 页。

（二）银行结算账户的开立

1.个人银行结算账户的开立

根据《关于落实个人银行账户分类管理制度的通知》（银发〔2016〕302 号）等相关规定，中国人民银行对个人银行结算账户实行分类管理，具体将其分为Ⅰ类银行结算账户、Ⅱ类银行结算账户和Ⅲ类银行结算账户（以下分别简称Ⅰ类户、Ⅱ类户和Ⅲ类户）。Ⅰ类户是全功能账户，可以为存款人提供存款、购买投资理财产品等金融产品、转账、消费和缴费支付、支取现金等服务。常见的借记卡就属于Ⅰ类户；Ⅱ类户和Ⅲ类户是虚拟的电子账户（Ⅱ类户也可配发实体卡片），仅具备有限功能且需要与Ⅰ类户绑定使用。其中，Ⅱ类户可以为存款人提供存款、购买投资理财产品等金融产品、限定金额的消费和缴费支付等服务；Ⅲ类户可以为存款人提供限定金额的消费和缴费支付服务。此外，同一个人在同一家银行（以法人为单位）只能开立一个Ⅰ类户，已开立Ⅰ类户，再新开户的，应当开立Ⅱ类户或Ⅲ类户。

根据《关于改进个人银行账户服务　加强账户管理的通知》（中国人民银行公告〔2020〕第 3 号修改）的相关规定，银行可通过柜面、自助机具和电子渠道为开户申请人开立个人银行结算账户。一是柜面开户。通过柜面受理开户申请的，银行可为开户申请人开立Ⅰ类户、Ⅱ类户或Ⅲ类户。二是自助机具开户。通过远程视频柜员机和智能柜员机等自助机具受理开户申请，银行工作人员现场核验开户申请人身份信息的，银行可为其开立Ⅰ类户；银行工作人员未现场核验开户申请人身份信息的，银行可为其开立Ⅱ类户或Ⅲ类户。三是电子渠道开户。通过网上银行和手机银行等电子渠道受理开户申请的，银行可为其开立Ⅱ类户或Ⅲ类户。

银行为开户申请人开立账户时，应当落实个人银行结算账户实名制。一是审核身份证件。银行应要求申请人提供本人有效身份证件，并对身份证件的真实性、有效性和合规性进行认真审查。若通过有效身份证件仍无法准确判断申请人身份，银行应要求其出具户口簿、护照、机动车驾驶证、居住证等辅助身份证明材料。二是核验身份信息。银行可利用政府部门数据库、本银行数据库、其他银行账户信息等，采取多种手段对申请人身份信息进行多重交叉验证，以确保身份信息核验的安全和可靠。三是冒名开户的处置。银行在办理开户业务时，发现个人冒用他人身份开立账户的，应当及时向公安机关报案并将被冒用的身份证件移交公安机关。

2.单位银行结算账户的开立

以单位名称开立的银行结算账户是单位银行结算账户。按用途的不同，单位银行结算账户分为基本存款账户、一般存款账户、专用存款账户和临时存款账户。

根据《人民币银行结算账户管理办法》的相关规定，基本存款账户是办理日常转账结算和现金收付的主办账户，且只能由单位在银行开立一个；一般存款账户是单位因借款或其他结算需要，在基本存款账户开户银行以外的银行营业机构开立的银行结算账户；专用存款账户是单位按照法律、行政法规和规章，对其特定用途资金进行专项管理和使用而开立的银行结算账户；临时存款账户是单位因临时需要并在规定期限内使用而开立的银行结算账户。

单位银行结算账户的开立同样实行实名制，即单位应以实名开立银行结算账户，并对其出具的开户申请资料实质内容的真实性负责，以及银行应负责对开户申请资料的真实性、完整性和合规性进行审查。至于开户申请材料的类型，以申请开立基本存款账户为例，企业应向银行出具营业执照正本、税务部门颁发的税务登记证，而其他单位则需要向银行出具有关部门签发的批文、证明或登记证书等。

（三）银行结算账户的变更和撤销

1.个人银行结算账户的变更和撤销

对于Ⅰ类户，个人应持本人有效身份证件、银行卡等材料去银行营业网点或银行指定渠道办理账户的变更或销户业务。其中，账户变更的事由主要是个人姓名、居民身份证号码、手机号码等事项发生了改变。对于Ⅱ类户和Ⅲ类户，银行可以通过柜面或电子渠道为个人办理有关的变更或销户业务，并采取措施核实申请人的身份信息、变更信息的真实性。关于具体的业务操作规范，相关主体应当遵照《关于落实个人银行账户分类管理制度的通知》。

2.单位银行结算账户的变更和撤销

根据《人民币银行结算账户管理办法》和《人民币银行结算账户管理办法实施细则》的相关规定，单位银行结算账户的变更事由主要包括主动提出变更、被通知变更、有关证件到期等。第一，在单位名称变更、单位的法定代表人或主要负责人变更、住址以及其他开户资料发生变更时，单位应于5个工作日内向开户银行提出变更申请并提供有关证明。这属于主动提出变更的情形。第二，银行发现企业名称、法定代表人或单位负责人发生变更的，应当及时通知企业办理变更手续。若企业未在合理期限内办理变更手续且未提出合理理由，银行有权采取措施适当控制账户交易。这属于被通知变更的情形。第三，企业营业执照、法定代表人或单位负责人有效身份证件列明有效期的，银行应当于到期日前提示企业及时更新。有效期到期后，若单位未在合理期限内办理变更手续且未提出合理理由，银行应当按照有关规定中止为其办理业务。这属于有关证件到期的情形。

单位银行结算账户应予撤销的情形主要包括：(1)被撤并、解散、宣告破产或关闭的；(2)注销、被吊销营业执照的；(3)因迁址需要变更开户银行的；(4)其他原因需要撤销银行结算账户的。另外，在办理账户撤销过程中还应当注意以下事项：一是单位尚未清偿其开户银行债务的，不得申请撤销该账户；二是单位撤销银行结算账户，必须与开户银行核对银行结算账户存款余额，交回各种重要空白票据及结算凭证和开户登记证，银行核对无误后方可办理销户手续；三是在撤销顺序上，应先撤销一般存款账户、专用存款账户、临时存款账户，将账户资金转入基本存款账户后，方可办理基本存款账户的撤销。

第二节　票据结算的法律制度

从历史渊源来看，现代票据制度主要是西方商品经济发展的产物。改革开放后，我国也开始逐步建立并完善现代票据制度，主要表现为我国于1995年颁布了《票据法》，并在2004年进行了修正；中国人民银行于1997年发布了《票据管理实施办法》(2011年修订)，于2009年发布了《电子商业汇票业务管理办法》；中国人民银行和原中国银保监会于2022年修订发布了《商业汇票承兑、贴现与再贴现管理办法》，以及最高人民法院在2000年公布了《关于审理票据纠纷案件若干问题的规定》(2020年修正)。

关于"外国票据的起源及发展"的详细阐释，可扫码收听音频和阅读文字材料：

一、票据的界定和票据当事人

(一)票据的界定

在学理上，票据有广义和狭义之分。其中，广义的票据是指各类有价证券，即代表一定财产价值的各种凭证，包括股票、债券、汇票、本票、支票、提单、仓单等；而狭义的票据是指我国《票据法》中所规定的汇票、本票和支票，其内涵通常被表述为：由出票人签发的、约定由自己或委托付款人在见票时或指定的日期向收款人或持票人无条件支付一定金额的有价证券。

狭义的票据主要具有以下特征：(1)票据是设权证券。所谓"设权"是创设权利的意思，即票据上表彰的权利是由票据出票行为所创设出来的。这不同于股票、债券、提单、仓单等对已存在权利进行表彰的证权证券。(2)票据是要式证券。票据的签发和使用需要遵守一系列程式性要求，否则会影响票据本身的效力。(3)票据是文义证券。票据行为的内容只能以票据上的文字记载为准，即使文字记载与实际情形不一致，仍以文字记载的内容确定其效力，不得以其他证据推翻文字记载的内容。① (4)票据是无因证券。所谓"无因"是不以原因为要件的意思，即一经签发和交付，票据本身的效力就与作为其原因的基础关系相分离，由此基础关系的效力不影响票据本身的效力。(5)票据是流通证券。票据代表一定的金钱债权，可以通过背书行为而被直接转让给他人。

依据分类性质的不同，票据可以被区分为两大类。具体而言，一是法律上的分类。各国的票据立法对票据种类一般采取法定主义，不允许当事人自由创设。我国的票据立

① 吕来明：《票据法学》，北京大学出版社2017年第2版，第12页。

法亦是如此，即我国《票据法》规定的票据种类是汇票、本票和支票。这一划分主要是基于票据法律关系的不同。二是学理上的分类。比如，根据付款人的不同，票据可以分为由出票人自己付款的自付票据和由出票人委托他人付款的委付票据；根据付款日期的不同，票据可以分为见票即付的即期票据和在指定的日期支付的远期票据；根据票据载体的不同，票据可以分为纸质票据和电子票据。

（二）票据当事人

票据当事人是票据法律关系中的主体，是在票据法律关系中享有票据权利、承担票据义务的人。根据是否随出票行为而产生，票据当事人分为基本当事人和非基本当事人。

1.基本当事人

票据的基本当事人是指在票据作成和交付时就已经存在的人，包括出票人、付款人和收款人。

出票人是签发票据的人。在我国，出票人可以是银行、个人或企业等组织，如支票的出票人可以是个人或企业等组织；本票和银行汇票的出票人都是银行；商业汇票的出票人是企业等组织。另外，出票人签发票据后，即承担保证该票据承兑和付款的责任，以及在票据得不到承兑或者付款时，出票人应当向持票人进行清偿。

付款人是向收款人或持票人支付票据款项的人。例如，支票和银行汇票的付款人都是银行；在商业汇票中，商业承兑汇票的付款人是企业，而银行承兑汇票的付款人是银行。需要说明的是，在我国，本票的出票人和付款人是同一家银行，所以本票的基本当事人中不含付款人。

收款人是有权要求付款人向其支付票据款项的人。例如，商业汇票的收款人是企业，银行汇票、本票和支票的收款人可以是企业或个人。

2.非基本当事人

票据的非基本当事人是指在票据作成并交付后，通过一定的票据行为加入票据关系而享有一定权利、承担一定义务的人，包括承兑人、背书人、被背书人和保证人。[①]

承兑人是指承诺在指定日期支付票据款项的人。由于只有远期票据需要承兑、即期票据不需要承兑，所以在我国只有商业汇票中存在承兑人。承兑人一般由商业汇票中出票人所记载的付款人担任。

背书人和被背书人是一对会同时出现的概念。所谓背书，是指在票据背面或者粘单上记载有关事项并签章的行为。相应的，背书人是在票据背面或粘单上予以签章记载，用以表明其愿意将票据转让给他人或将票据权利授予他人行使的人；被背书人是经背书人所为的背书行为而取得票据的人。[②]

保证人是指为特定票据债务人履行票据债务提供担保的人。保证人由出票人、背书人、承兑人等票据债务人以外的第三人担任。

---

① 刘志云主编：《银行法学》，厦门大学出版社 2013 年版，第 348 页。

② 陈锋：《票据法》，四川大学出版社 2017 年版，第 33 页。

二、票据行为

票据行为是票据法律关系中的客体，有广义和狭义之分。其中，广义的票据行为是能够引起票据法律关系发生、变更和消灭的各类活动，包括出票、背书、承兑、保证、保付，以及付款、参加付款、划线、涂销等；狭义的票据行为则仅指以发生或转移票据上的权利、负担票据上的债务为目的的要式法律行为，其以负担票据上的债务为目的。一般所称的票据行为是指狭义的票据行为，而根据我国的票据立法，其仅包括出票、背书、承兑和保证。①

（一）出票

出票是指出票人签发票据并将其交付给收款人的行为。从这一定义中可以看出，出票行为包括两个紧密相关的子行为：一是签发票据，即在原始票据上记载法定事项并签章；二是交付票据，即把票据交给收款人，以实现票据占有的实际转移。

在资金要求方面，根据《票据法》第 21 条的规定，出票人必须具有支付票据金额的可靠资金来源。另外，对于委付票据，出票人还必须与付款人具有真实的委托付款关系，并且不得签发无对价的票据以骗取银行或者其他票据当事人的资金。

在记载事项方面，依据其效力的不同，出票记载事项可分为绝对必要记载事项、相对必要记载事项、任意记载事项和禁止记载事项。其一，对于绝对必要记载事项，出票人在签发票据时必须予以记载，否则票据无效。这类事项主要有表明票据种类的字样、出票日期、出票人签章。其二，对于相对必要记载事项，如出票地点，出票人在签发票据时如果予以记载，就会产生相应法律效力；而如果没有记载，则按照法律的有关规定予以执行。其三，对于任意记载事项，如“不得转让”字样，出票人在签发票据时如果记载“不得转让”，就会产生票据不能转让的法律效力；而如果没有记载，则意味着不产生法律效力，即该票据可以转让。其四，对于禁止记载事项，具体又分为记载本身无效的事项，如支票上另行记载付款日期的，该记载无效；以及因记载使票据归于无效的事项，如票据金额的中文大写和数码若不一致，则票据无效。

（二）背书

根据背书目的的不同，背书可分为转让背书和非转让背书。通常意义的背书大多是指转让背书，即持票人（背书人）通过背书行为而将票据权利完整转让给受让人（被背书人），由此被背书人成为新的持票人。并且，背书人以背书转让票据后，即承担保证其后手所持票据承兑和付款的责任。至于非转让背书，则是指非为转让票据而别有特殊目的的背书，包括委托收款背书和设质背书。其中，委托收款背书，又称委任背书，是指背书人以委托被背书人代为收取票据款项、在票据背面记载“委托收款”字样的背书。《票据法》第 35 条第 1 款对这种背书作了规定。设质背书是一种权利质押行为，具体是指背书人以票据上的权利为被背书人设定质权的背书。《票据法》第 35 条第 2 款对设质背书作了规定。②

---

① 《商法学》编写组：《商法学》，高等教育出版社 2022 年第 2 版，第 205 页。

② 刘心稳：《票据法》，中国政法大学出版社 2015 年第 3 版，第 149 页。

在记载事项方面，依据其效力的不同，背书记载事项可分为绝对必要记载事项、相对必要记载事项和任意记载事项。第一，背书的绝对必要记载事项包括背书人签章和被背书人名称。不过，后者可以被授权补记，即《关于审理票据纠纷案件若干问题的规定》(2020 年修正)第 48 条规定“背书人未记载被背书人名称即将票据交付他人的，持票人在票据被背书人栏内记载自己的名称与背书人记载具有同等法律效力”。第二，背书的相对必要记载事项是背书日期，即背书未记载日期的，视为在票据到期日前背书。第三，背书的任意记载事项是“不得转让”字样，即背书人在票据上记载“不得转让”字样，其后手再背书转让的，原背书人对后手的被背书人不承担保证责任。

在背书连续方面，根据《票据法》第 31 条的规定，以背书转让的票据，背书应当连续。所谓背书连续，是指在票据转让中，转让票据的背书人与受让票据的被背书人在票据上的签章依次前后衔接。具体而言，票据第一次背书转让的背书人是票据的收款人，前次背书转让的被背书人是后一次背书转让的背书人，依次前后衔接，最后一次背书转让的被背书人是票据的最后持票人。① 另外，背书连续只是对转让背书的要求，而委托收款背书、设质背书等非转让背书不影响背书的连续性。

此外，在背书效力和后果方面，《票据法》第 33 条、第 36 条还作了以下规定：(1)背书不得附有条件。背书时附有条件的，所附条件不具有票据上的效力。换言之，在附条件背书的情况下，条件本身无效，但背书仍然有效。(2)将票据金额的一部分转让的背书或者将票据金额分别转让给二人以上的背书无效。其中，前者被称为部分背书，而后者被称为分别背书。这两种背书行为都是无效的。(3)期后背书的情形，即票据被拒绝承兑、被拒绝付款或者超过付款提示期限的，不得背书转让；背书转让的，背书人应当承担票据责任。

(三)承兑

承兑是商业汇票中独有的票据行为，是指商业汇票的付款人承诺在商业汇票到期日支付票据金额的行为。

在承兑程序方面，承兑包括提示承兑和受理承兑两个步骤：(1)持票人的提示承兑。根据《票据法》第 39 条的规定，提示承兑是指持票人向付款人出示商业汇票，并要求付款人承诺付款的行为。对于不同到期日情形的商业汇票，提示承兑的时间要求各不相同，其中对于定日付款或者出票后定期付款的商业汇票，持票人应当在商业汇票到期日前向付款人提示承兑，而对于见票后定期付款的商业汇票，持票人应当自出票日起 1 个月内向付款人提示承兑。此外，如果商业汇票未按照规定期限被提示承兑，那么持票人会丧失对其前手的追索权，而只能要求出票人予以清偿。(2)付款人的受理承兑。根据《票据法》第 41 条的规定，一方面，付款人收到向其提示承兑的商业汇票时，应当向持票人签发收到汇票的回单；另一方面，付款人应当自收到向其提示承兑的商业汇票之日起 3 日内承兑或者拒绝承兑。

在记载事项方面，依据其效力的不同，承兑记载事项可分为绝对必要记载事项和相

① 刘志云主编：《银行法学》，厦门大学出版社 2013 年版，第 370 页。

对必要记载事项。其中,表明“承兑”的字样和承兑人签章属于绝对必要记载事项;承兑日期属于相对必要记载事项。如果商业汇票上未记载承兑日期,应当以收到提示承兑的商业汇票之日起3日内的最后1日为承兑日期。

在承兑效力方面,根据《票据法》第43条和第44条的规定,第一,付款人在承兑后,转变为承兑人,即应当承担商业汇票到期付款的责任,并且是商业汇票的第一债务人,而其他票据债务人则是第二顺位的债务人。第二,付款人承兑商业汇票时,不得附有条件;若附有条件,则视为拒绝承兑。

(四)保证

保证是票据债务人以外的第三人担保特定票据债务人履行票据债务的行为。我国《票据法》规定了汇票和本票的保证,而鉴于支票的性质,对支票则没有规定保证。

在保证人身份方面,一是保证人应当是票据债务人以外的第三人;二是按照《关于审理票据纠纷案件若干问题的规定》(2020年修正)第59条的规定,国家机关、以公益为目的的事业单位、社会团体作为票据保证人的,票据保证无效,但经国务院批准为使用外国政府或者国际经济组织贷款进行转贷,国家机关提供票据保证的除外。对此,《民法典》第683条作了相似的规定,即“机关法人不得为保证人,但是经国务院批准为使用外国政府或国际经济组织贷款进行转贷的除外。以公益为目的的非营利法人、非法人组织不得为保证人”。这主要是因为上述主体没有可以自由支配的财产,缺乏偿付能力,所以不能作为保证人。

在记载事项方面,依据其效力的不同,保证记载事项可分为绝对必要记载事项、相对必要记载事项和禁止记载事项。第一,绝对必要记载事项包括表明“保证”的字样和保证人签章。第二,相对必要记载事项包括:(1)保证人名称和住所。其中,保证人的名称在保证人签章中已有体现,所以即便未记载也没有影响;未记载保证人住所的,则以保证人的营业场所、住所地或者经常居住地为保证人住所。(2)被保证人的名称。未记载被保证人名称的,若是已承兑的票据,则以承兑人为被保证人;若是未承兑的票据,则以出票人为被保证人。(3)保证日期。未记载保证日期的,出票日期为保证日期。第三,禁止记载事项。这具体属于记载本身无效的事项,即保证不得附有条件;若附有条件的,所附条件无效,不影响对票据的保证责任。

在保证效力方面,根据《票据法》第50条至第52条的规定,一是保证人应当与被保证人对持票人承担连带责任;二是保证人为二人以上的,保证人之间承担连带责任;三是保证人清偿票据债务后,可以行使持票人对被保证人及其前手的追索权。

三、票据权利

票据权利属于票据法律关系中的内容,是指持票人向票据债务人请求支付票据金额的权利,包括第一顺位的付款请求权和第二顺位的追索权。票据权利实质上是一种债权。

(一)付款请求权

付款请求权是持票人向票据的第一债务人出示票据并要求支付票据金额的权利。

其中，不同票据的第一债务人各不相同，如银行汇票和支票以记载的付款人为第一债务人，商业汇票以记载的承兑人为第一债务人，本票以记载的出票人为第一债务人。

付款请求权的行使程序主要包括：一是持票人的提示付款。根据《票据法》和《支付结算办法》相关规定，首先，持票人应当按照规定期限提示付款。其中，对于即期票据，银行汇票的提示付款期限是自出票日起 1 个月内；本票的提示付款期限是自出票日起 2 个月内；支票的提示付款期限是自出票日起 10 日内；而对于远期票据，在商业汇票被承兑之后，持票人应当自票据到期日起 10 日内向承兑人提示付款。其次，持票人未按照规定期限提示付款的，在作出说明后，付款人、承兑人或出票人等第一债务人仍应当继续对持票人承担付款责任。不过，根据《电子商业汇票业务管理办法》第 66 条的规定，电子商业汇票的持票人超过法定期限提示付款的，会丧失对除出票人和承兑人以外的其他票据前手的追索权。最后，通过委托收款银行或者通过票据交换系统向付款人提示付款的，视同持票人提示付款。

二是第一债务人的付款审查和实际付款。根据《票据法》第 57 条和第 60 条的规定，其一，第一债务人付款时，应当审查票据背书的连续，并审查提示付款人的合法身份证明或者有效证件；其二，第一债务人以恶意或者有重大过失付款的，应当自行承担责任；其三，第一债务人依法足额付款后，全体票据债务人的责任解除。

（二）追索权

追索权是第二顺位的请求权，其权利人既可以是行使付款请求权未果的持票人，也可以是代为清偿票据债务后而取得票据的背书人、保证人等。其中，根据《票据法》第 61 条的规定，持票人行使付款请求权未果的情形主要有：(1)票据款项被第一债务人拒绝支付的；(2)商业汇票被拒绝承兑的；(3)第一债务人死亡、逃匿的；(4)第一债务人被依法宣告破产的或者因违法被责令终止业务活动的。

追索权人行使追索权时，需要确定被追索人。关于被追索人的确定，根据《票据法》第 68 条的规定，一是票据的出票人、背书人、承兑人和保证人对追索权人承担连带责任；二是追索权人可以不按照票据债务人的先后顺序，对其中任何一人、数人或者全体行使追索权；三是追索权人对票据债务人中的一人或者数人已经进行追索的，对其他票据债务人仍可以行使追索权；四是被追索人清偿债务后，与持票人享有同一权利。换言之，清偿债务的被追索人成为再追索权人，有权向其前手、出票人等行使追索权。

追索权的行使程序主要包括：(1)取得有关证明。根据《票据法》第 62 条的规定，持票人行使追索权时，应当提供被拒绝承兑或者被拒绝付款的有关证明。比如，承兑人或者付款人出具的拒绝证明或退票理由书，人民法院出具的承兑人或者付款人依法宣告破产的司法文书，有关行政主管部门公布的承兑人或者付款人因违法被责令终止业务活动的处罚决定。(2)书面通知被追索人。根据《票据法》第 66 条的规定，持票人应当自收到被拒绝承兑或者被拒绝付款的有关证明之日起 3 日内，将被拒绝事由书面通知其前手，或者持票人也可以同时向各票据债务人发出书面通知。未按照规定期限通知的，持票人仍可以行使追索权，但应当承担由此给其前手或者出票人造成损失的赔偿责任。

追索的数额分为两种情形，一是根据《票据法》第70条的规定，行使付款请求权未果的持票人可以请求被追索人支付被拒绝付款的票据金额、票据金额自到期日或者提示付款日起至清偿日止，按照中国人民银行规定的利率计算的利息以及取得有关拒绝证明和发出通知书的费用；二是根据《票据法》第71条的规定，被追索人代为清偿票据债务后，可以向其他票据债务人行使再追索权，要求支付已清偿的全部金额、前项金额自清偿日起至再追索清偿日止，按照中国人民银行规定的利率计算的利息以及发出通知书的费用。

案例分析：甲公司为支付货款向乙公司开具了一张商业承兑汇票，其中载明收款人是乙公司、付款人为A公司。乙公司随后将该汇票背书转让给丙公司，并由丁公司担任保证人。然后，丙公司向A公司提示承兑，但A公司拒绝承兑。请问：丙公司可以对哪些人行使追索权？

解析：丙公司可以向甲公司（出票人）、乙公司（背书人）、丁公司（保证人）行使追索权。

（三）票据权利的取得

行使票据权利的前提是取得票据权利，而票据权利的取得方式则包括原始取得和继受取得。

1.原始取得

原始取得的第一种情形，也是最为常见的情形，即基于出票行为而取得票据权利。一般而言，需要满足以下基本条件，持票人才能依出票行为取得票据权利：一是持票人主观上是善意的。所谓善意，是指无恶意和无重大过失。相应的，根据《票据法》第12条的规定，一方面，以欺诈、偷盗或者胁迫等手段取得票据的，或者明知有前列情形，出于恶意取得票据的，不得享有票据权利；另一方面，持票人因重大过失取得票据的，也不得享有票据权利。另外，根据《关于审理票据纠纷案件若干问题的规定》（2020年修正）第14条的规定，非善意的表现还包括与票据债务人有直接债权债务关系并且不履行约定义务的，以及明知票据债务人与出票人或者与持票人的前手之间存在抗辩事由而取得票据的情形。二是持票人客观上须支付对价。根据《票据法》第10条的规定，票据的取得，必须给付对价，即应当给付票据双方当事人认可的相对应的代价。三是票据记载事项符合票据法的规定，以及出票人将票据交付给收款人。

原始取得的第二种情形是票据的善意取得，即持票人从无票据处分权人处无过失地受让票据，依法定条件取得票据权利的法律事实。例如，在票据的出票阶段，持票人不知出票人无开立票据的权利，而向对方支付对价并获得票据；在票据的流通阶段，受让人不知对方不享有票据权利而支付对价并获得票据。[①]

① 陈锋编：《票据法》，四川大学出版社2017年版，第37页。

2.继受取得

继受取得是指持票人从有票据处分权人处以法定方式取得票据权利。这里的“有票据处分权人”指的是出票人以外的前手权利人，所以继受取得发生在票据流通阶段。

继受取得的情形包括两类，一是原持票人通过背书或者交付而将票据权利转让给新持票人。根据《票据法》的相关规定，记名票据的转让必须采取背书的方式。所以，我国票据法上的汇票、本票以及记名式支票必须通过背书方式实现继受取得，而无记名支票则可以通过直接交付的方式实现继受取得。[①] 二是依一般民事权利的转让规则而实现继受取得。实践中，这主要发生在税收、继承、赠与、企业合并或分立等情况中。

（四）票据权利的时效期间

为了督促持票人及时行使权利，各国票据法一般都规定了票据权利的时效期间，即票据权利在时效期间内若不行使，则会发生票据权利消灭的后果。

关于“什么是票据利益偿还请求权”的详细阐释，可扫码收听音频和阅读文字材料：

关于“票据利益偿还请求权纠纷案例”的延伸阅读，可扫描二维码阅读文字材料：

根据《票据法》第17条的规定，票据权利在下列期限内不行使而消灭：(1)商业汇票的持票人对出票人和承兑人的权利，自票据到期日起2年；(2)银行汇票、本票的持票人对出票人的权利，自出票日起2年；(3)支票的持票人对出票人的权利，自出票日起6个月；(4)持票人对出票人以外的前手的追索权，自被拒绝承兑或者被拒绝付款之日起6个月；(5)持票人对出票人以外的前手的再追索权，自清偿日或者被提起诉讼之日起3个月。

另外，根据《关于审理票据纠纷案件若干问题的规定》(2020年修正)第19条的规定，当票据债务人为多个时，票据权利时效发生中断的，只对发生时效中断事由的当事人有效。

（五）票据权利的补救

票据权利与作为其载体的票据是紧密相关的，所以当票据本身因灭失、毁损、遗失、被盗等情形而丧失时，持票人将面临票据权利行使不能的风险，如票据遗失后，票据债务人向票据的拾获者支付了票据款项。为此，各国票据法都规定了票据丧失后的补救措施

① 张德荣主编：《票据基础理论与票据纠纷处理》，法律出版社2018年版，第30～31页。

以防范相关风险。[①] 根据我国《票据法》第15条的规定，票据权利的补救措施包括挂失止付、公示催告和提起诉讼。

1.挂失止付

挂失止付是指失票人将票据丧失情况及时通知付款人，请求其暂停支付票据款项的救济措施。

可以适用挂失止付的票据在丧失之前，需要已确定付款人或代理付款人。对此，根据《支付结算办法》第48条的规定，这类票据包括：(1)已承兑的商业汇票；(2)支票；(3)填明“现金”字样和代理付款人的银行汇票；(4)填明“现金”字样的本票。立法之所以做这样的限定，是因为一方面失票人进行挂失止付时，本来就是向付款人发出暂停支付的通知，而在付款人或代理付款人不确定时，也就无法明确通知对象，自然无法适用挂失止付；另一方面付款人或代理付款人是票据的绝对必要记载事项，而当付款人或代理付款人不确定时，票据本身无效，也就不存在挂失止付的问题了。[②]

在挂失止付的适用程序方面，根据《票据法》和《票据管理实施办法》的相关规定，一是失票人通知票据的付款人或者代理付款人挂失止付时，应当填写挂失止付通知书并签章；二是付款人或者代理付款人收到挂失止付通知书，应当立即暂停支付；三是失票人应当在通知挂失止付后3日内，也可以在票据丧失后，依法向人民法院申请公示催告，或者向人民法院提起诉讼；四是付款人或者代理付款人自收到挂失止付通知书之日起12日内没有收到人民法院的止付通知书的，自第13日起，挂失止付通知书失效；五是付款人或者代理付款人在收到挂失止付通知书前，已经依法向持票人付款的，不再接受挂失止付。

2.公示催告

可以背书转让的票据是我国公示催告程序的主要适用对象。所谓公示催告，是指人民法院根据申请人的申请，以公示方式催告不明的利害关系人在法定期间内申报权利，如果逾期无人申报权利，将根据申请人的申请依法作出除权判决的程序。[③]

在公示催告的程序方面，根据《票据法》《民事诉讼法》的相关规定，第一，失票人应当在通知挂失止付后3日内，向票据支付地的基层人民法院申请公示催告，也可以在失票后直接申请公示催告。第二，人民法院决定受理申请，应当同时通知支付人停止支付，并在3日内发出公告，催促利害关系人申报权利。第三，支付人收到人民法院停止支付的通知，应当停止支付，至公示催告程序终结。第四，没有人申报的，人民法院应当根据申请人的申请，作出判决，宣告票据无效。自判决公告之日起，申请人有权向支付人请求支付。第五，有人申报的，人民法院应当裁定终结公示催告程序，并通知申请人和支付人。申请人或者申报人可以向人民法院起诉。

---

① 刘志云主编：《银行法学》，厦门大学出版社2013年版，第360页。

② 董惠江主编：《票据法学》，高等教育出版社2022年版，第137页。

③ 张卫平：《民事诉讼法》，法律出版社2019年第5版，第492页。

3.提起诉讼

除了上述人民法院在裁定终结公示催告程序后，申请人或者申报人向人民法院诉请确认其合法票据权利人身份的情形，根据《关于审理票据纠纷案件若干问题的规定》(2020 年修正)第 34 条至第 36 条的规定，失票人提起诉讼的情形主要包括：一是失票人在票据权利时效届满以前请求出票人补发票据而引发的诉讼；二是失票人请求票据债务人付款遭到拒绝而引发的诉讼；三是失票人为行使票据所有权，向非法持有票据人请求返还票据而引发的诉讼。

此外，失票人提起诉讼时，应向人民法院说明曾经持有票据及丧失票据的情形，人民法院应当根据案件的具体情况，决定当事人是否应当提供担保和担保的数额。

四、汇票

汇票是出票人签发的，委托付款人在见票时或者在指定日期无条件支付确定的金额给收款人或者持票人的票据。根据出票人的不同，汇票分为银行汇票和商业汇票。

(一)银行汇票

根据《支付结算办法》第 53 条的规定，银行汇票是出票银行签发的，由其在见票时按照实际结算金额无条件支付给收款人或者持票人的票据。

银行汇票具有以下特征：(1)银行汇票的出票银行为银行汇票的付款人，所以银行汇票是自付票据；(2)银行汇票主要用于异地支付结算，所以付款银行一般是接受出票银行委托的异地代理付款行；(3)银行汇票是即期票据，由付款银行在见票时付款；(4)银行汇票由付款行按照实际结算金额进行支付。

按照具体用途的不同，银行汇票可以分为转账银行汇票和现金银行汇票。其中，转账银行汇票是用于转账的银行汇票，即支付金额直接通过账户进行划转；现金银行汇票是用于支取现金的汇票，在出票时需要被填明“现金”字样。此外，现金银行汇票只适用于申请人和收款人均为个人的情形，并且现金银行汇票不得背书转让。

根据《支付结算办法》的相关规定，银行汇票的一般使用流程主要包括：(1)申请人申请出票。申请人应向出票银行填写“银行汇票申请书”，填明相关事项并签章。(2)出票银行签发和交付。出票银行受理银行汇票申请书，收妥款项后签发银行汇票，并将银行汇票和解讫通知一并交给申请人，其中的解讫通知是银行之间往来的记账凭证。(3)收款人受理银行汇票。申请人应将银行汇票和解讫通知一并交付给汇票上记明的收款人，收款人应在出票金额以内，根据实际需要的款项办理结算，并将实际结算金额和多余金额准确、清晰地填入银行汇票和解讫通知。(4)收款人提示付款。收款人或持票人向银行提示付款时，必须同时提交银行汇票和解讫通知，否则银行不予受理。(5)付款银行支付票据款项。付款银行按照实际结算金额无条件支付给收款人或者持票人。当实际结算金额低于出票金额时，其多余金额由出票银行退交申请人。

(二)商业汇票

根据《支付结算办法》第 72 条的规定，商业汇票是出票人签发的，委托付款人在指定日期无条件支付确定的金额给收款人或者持票人的票据。

商业汇票具有以下特征：(1)商业汇票的出票人是企业，而付款人是银行或者其他企业，所以商业票据是委付票据；(2)商业汇票由付款人在指定日期进行支付，所以商业汇票是远期票据，具有融资功能；(3)商业汇票需要被承兑以提高安全性。

在商业汇票的种类方面，一是按照承兑人的不同，商业汇票分为银行承兑汇票、财务公司承兑汇票和商业承兑汇票。其中，银行承兑汇票的承兑人是银行和农村信用合作社；财务公司承兑汇票的承兑人是企业集团财务公司；商业承兑汇票的承兑人是银行、农村信用合作社、财务公司以外的法人或非法人组织。二是按照载体形式的不同，商业汇票分为纸质形式的商业汇票和电子形式的商业汇票。

根据《支付结算办法》《电子商业汇票业务管理办法》《商业汇票承兑、贴现与再贴现管理办法》的相关规定，商业汇票的一般使用流程主要包括：

第一，在出票环节，主要包括：(1)签发主体的要求。银行承兑汇票应由在承兑银行开立存款账户的存款人签发；商业承兑汇票可以由付款人签发并承兑，也可以由收款人签发交由付款人承兑。(2)出票人的资格要求。商业汇票的出票人应当与付款人具有真实的委托付款关系，具有支付汇票金额的可靠资金来源。除此之外，电子商业汇票的出票人还应当与银行签约开办对公业务的企业网银等电子服务渠道，并签订《电子商业汇票业务服务协议》。(3)记载事项要求。纸质形式的商业汇票必须记载表明“商业承兑汇票”或“银行承兑汇票”的字样、无条件支付的委托、确定的金额、付款人名称、收款人名称、出票日期和出票人签章。在此基础上，电子形式的商业汇票还必须记载出票人名称和票据到期日。(4)付款期限要求。所谓付款期限，是指商业汇票的出票日至票据到期日之间的时间范围。其中，纸质商业汇票的付款期限，最长不得超过6个月；电子商业票据的付款期限，最长不得超过1年。

第二，在承兑环节，主要包括：(1)承兑时序要求。商业汇票可以在出票时向付款人提示承兑后使用，也可以在出票后先使用再向付款人提示承兑。(2)风险控制要求。银行、农村信用合作社、财务公司承兑人开展承兑业务时，应当严格审查出票人的真实交易关系和债权债务关系以及承兑风险，出票人应当具有良好资信。(3)银行承兑汇票的承兑协议和手续费。银行承兑汇票的承兑银行应当与符合规定和承兑条件的出票人签订承兑协议，并按票面金额向其收取一定的手续费。(4)出具文件要求。商业汇票的付款人接到向其提示承兑的汇票时，应当向出票人或持票人签发收到汇票的回单，记明汇票提示承兑日期并签章。如果付款人拒绝承兑，则必须出具拒绝承兑的证明。

第三，在付款环节，相关要求除参照前述付款请求权的内容外，还包括：(1)持票人应在提示付款期限内通过开户银行委托收款或直接向付款人提示付款。如果持票人超过提示付款期限提示付款，那么持票人开户银行则不予受理。(2)商业承兑汇票的付款人收到付款通知，应在当日通知银行付款。银行在办理划款时，付款人存款账户不足支付的，应填制付款人未付票款通知书并转交持票人。(3)银行承兑汇票的出票人应于汇票到期前将票据款项足额交存其开户银行。即便出票人未能足额交存票据款项，承兑银行仍需向持票人无条件付款，并对出票人尚未支付的票据金额按照一定比例每天计收利息。(4)商业汇票的付款人存在合法抗辩事由拒绝支付的，应当出具拒绝付款证明并转交持票人。

五、本票和支票

（一）本票

本票是出票人签发的，承诺自己在见票时无条件支付确定的金额给收款人或者持票人的票据。

本票具有以下特征：(1)在我国，本票的出票人只能是银行，所以本票是指银行本票；(2)出票银行承诺由自己支付票据款项，所以本票是自付票据；(3)本票由出票银行在见票时予以支付，所以本票是即期票据。

在本票的种类方面，根据《支付结算办法》第98条、第99条的规定，一是按照具体用途的不同，本票分为转账银行本票和现金银行本票；二是按照票面金额是否固定，本票分为不定额本票和定额本票，其中，定额银行本票面额为1000元、5000元、1万元和5万元。

根据《票据法》和《支付结算办法》的相关规定，本票的一般使用流程主要包括：(1)申请人申请出票。申请人使用银行本票，应向银行填写“银行本票申请书”，填明相关事项并签章。(2)银行出票。出票银行受理“银行本票申请书”和收妥款项后，签发银行本票并交给申请人；申请人应将银行本票交付给本票上记明的收款人。(3)记载事项要求。本票上必须记载表明“本票”的字样、无条件支付的承诺、确定的金额、收款人名称、出票日期和出票人签章。(4)付款期限要求。本票自出票日起，付款期限最长不得超过2个月。(5)出票银行付款。出票银行在持票人提示见票时，必须承担付款责任。

（二）支票

支票是出票人签发的，委托办理支票存款业务的银行或者其他金融机构在见票时无条件支付确定的金额给收款人或者持票人的票据。

支票具有下列特征：(1)支票的出票人既可以是单位，也可以是个人；(2)支票是出票人委托有关银行支付票据款项，所以支票是委付票据；(3)支票由有关银行在见票时予以支付，所以支票是即期票据。

在支票的种类方面，根据《支付结算办法》第115条的规定，一是按照具体用途的不同，支票分为现金支票和转账支票。其中，支票上印有“现金”字样的为现金支票，现金支票只能用于支取现金；支票上印有“转账”字样的为转账支票，转账支票只能用于转账。二是根据是否在普通支票上划线，普通支票分为一般普通支票和划线支票。其中，支票上未印有“现金”或“转账”字样的为普通支票，普通支票可以用于支取现金，也可以用于转账；在普通支票左上角划两条平行线的，为划线支票，划线支票只能用于转账，不得支取现金。

根据《票据法》《支付结算办法》《票据管理实施办法》的相关规定，支票的一般使用流程主要包括：(1)出票人应当在其开户银行开立支票存款账户。(2)出票人领购支票，必须填写票据和结算凭证领用单并签章，签章应与预留银行的签章相符。(3)出票人签发支票时，必须记载表明“支票”的字样、无条件支付的委托、确定的金额、付款人名称、出票日期和出票人签章;支票的金额、收款人名称,可以由出票人授权补记。(4)持票人可以委托开户银行收款或直接向付款人提示付款;超过提示付款期限提示付款的,持票人开户银行不予受理,付款人不予付款。(5)出票人在付款人处的存款足以支付支票金额时,付款人应当在见票当日足额付款。若出票人在付款人处的存款无法足额支付支票金额,则构成空头支票。对于空头支票,一是付款人应予以退票,并由中国人民银行对出票人处以相应罚款;二是持票人有权要求出票人予以相应赔偿。

案例分析:A 公司向 B 公司购买了一个元器件,应付价款为 960 元。A 公司为付款开出了一张支票,因金额较小,财务人员不小心将票据金额仅填写了数码的"¥960 元",没有记载票据金额的中文大写。B 公司业务员没有细看,拿到支票后就放入文件袋。请问:B 公司是否享有票据权利?

解析:B 公司享有票据权利,但该支票在使用前应补记票据金额的中文大写。

第三节　非票据结算的法律制度

非票据结算方式主要包括现金、银行卡、信用证、汇兑、托收承付、委托收款以及第三方支付等。

一、现金支付

在商事交易中,现金支付是最基本的结算方式。不过,使用现金进行支付也存在明显的短板,即大额支付中存在携带不便、不安全的问题,而小额支付中存在找零困难的问题。所以,随着社会经济的发展,现金支付在支付结算体系中的地位逐渐式微,甚至有被刷卡支付、移动支付等完全取代的趋势。但是,"无现金社会"的到来也引发了新的问题,如随着现金使用场景的大幅减少,一些经营者不再主动提供现金收付服务,甚至直接拒收现金。这给对现金支付依赖较强的老年人等群体带来了极大的不便。又如在国内现金使用场景减少和外卡受理成本高昂的背景下,习惯于现金支付和刷卡支付的外籍来华人员也面临支付不便的问题。

为此,2024 年 2 月 23 日国务院常务会议审议通过了《关于进一步优化支付服务　提升支付便利性的意见》。其中,关于现金支付,该意见明确提出:(1)要坚持现金兜底的支付定位,持续改善现金使用环境,不断提升外币兑换和现金服务水平;(2)要充分考虑老年人、外籍来华人员等群体的特殊需求,做好适老化、国际化等服务安排;(3)主要消费场所要支持包括现金在内的多样化支付方式,以保障消费者的支付选择权。

关于"合力打通支付服务堵点"的详细阐释,可扫码收听音频和阅读文字材料:

二、银行卡

日常生活中，除了现金支付、第三方支付，使用银行卡进行支付也是非常普遍的。并且，银行卡本身也发挥着支撑其他支付方式顺利运转的作用。相应的，关于银行卡，我国金融管理部门相继颁布了《银行卡业务管理办法》(银发〔1999〕17 号)、《商业银行信用卡业务监督管理办法》(银监会令〔2011〕第 2 号)、《银行卡收单业务管理办法》(中国人民银行公告〔2013〕第 9 号)和《银行卡清算机构管理办法》(中国人民银行、中国银行业监督管理委员会令〔2016〕第 2 号)等规章制度予以规范管理。

(一)银行卡的含义和种类

银行卡是由商业银行向社会发行的具有消费信用、转账结算、存取现金等全部或部分功能的支付工具。

按照不同的标准，银行卡可以被分为不同的种类，其中常见的分类主要有：(1)按结算币种的不同，银行卡分为人民币卡、外币卡；(2)按发行对象的不同，银行卡分为单位卡、个人卡；(3)按信息载体的不同，银行卡分为磁条卡、芯片卡、磁条芯片复合卡；[①](4)按流通范围的不同，银行卡分为地区卡、国际卡；(5)按信誉等级的不同，银行卡分为普通卡、金卡等不同等级。

除了以上分类，最重要的分类是根据是否具有透支功能，银行卡分为借记卡、信用卡。

其中，借记卡不具有透支功能。根据《银行卡业务管理办法》的有关规定，借记卡按功能的不同可以分为转账卡(含储蓄卡)、专用卡、储值卡。转账卡是实时扣账的借记卡，具有转账结算、存取现金和消费功能；专用卡是具有专门用途、在特定区域使用的借记卡，具有转账结算、存取现金的功能，这里的“专门用途”是指在百货、餐饮、饭店、娱乐行业以外的用途；储值卡是发卡银行根据持卡人要求将其资金转至卡内储存，交易时直接从卡内扣款的预付钱包式借记卡。

不同于借记卡，信用卡具有透支功能。信用卡按是否向发卡银行交存备用金分为贷记卡、准贷记卡。其中，贷记卡是指发卡银行给予持卡人一定的信用额度，持卡人可在信用额度内先消费、后还款的信用卡；准贷记卡是指持卡人须先按发卡银行要求交存一定金额的备用金，当备用金账户余额不足支付时，可在发卡银行规定的信用额度内透支的信用卡。

(二)银行卡业务的开办审批

在我国，商业银行开办银行卡业务需要事先通过银行业监督管理机构的审批。根据《银行卡业务管理办法》的有关规定，商业银行开办银行卡业务应当具备下列条件：(1)开业 3 年以上，具有办理零售业务的良好业务基础；(2)符合银行业监督管理机构颁布的资

---

① 在安全性、便捷性、应用范围等方面，芯片(IC)卡比磁条卡具有更大优势。根据中国人民银行发布的《关于推进金融 IC 卡应用工作的意见》，自 2015 年 1 月 1 日起，我国商业银行停止发行磁条卡，新发行的银行卡均含有芯片。

产负债比例管理监控指标，经营状况良好；(3)已就该项业务建立了科学完善的内部控制制度，有明确的内部授权审批程序；(4)合格的管理人员和技术人员、相应的管理机构；(5)安全、高效的计算机处理系统；(6)发行外币卡还须具备经营外汇业务的资格和相应的外汇业务经营管理水平；(7)银行业监督管理机构规定的其他条件。

另外，根据《商业银行信用卡业务监督管理办法》的有关规定，商业银行申请开办信用卡业务，应当满足以下基本条件：(1)公司治理良好，主要审慎监管指标符合银行业监督管理机构有关规定，具备与业务发展相适应的组织机构和规章制度，内部控制、风险管理和问责机制健全有效；(2)信誉良好，具有完善、有效的内控机制和案件防控体系，最近3年内无重大违法违规行为和重大恶性案件；(3)具备符合任职资格条件的董事、高级管理人员和合格从业人员，高级管理人员中应当具备有信用卡业务专业知识和管理经验的人员至少1名，具备开展信用卡业务必需的技术人员和管理人员，并全面实施分级授权管理；(4)具备与业务经营相适应的营业场所、相关设施和必备的信息技术资源；(5)已在境内建立符合法律法规和业务管理要求的业务系统，具有保障相关业务系统信息安全和运行质量的技术能力；(6)开办外币信用卡业务的，应当具有经国务院外汇管理部门批准的结汇、售汇业务资格和银行业监督管理机构批准的外汇业务资格(或外汇业务范围)；(7)符合银行业监督管理机构规定的其他审慎性条件。

(三)银行卡法律关系

在个人或单位使用银行卡进行支付的过程中，往往会涉及发卡银行、持卡人、特约商户、收单机构和清算机构等多方主体。由此，各方主体之间会形成不同类型的法律关系，以下主要介绍：

1.发卡银行与持卡人之间的关系

发卡银行与持卡人之间的关系主要是基于银行卡领用合约、银行卡章程等协议而产生的。这些协议一般是发卡银行单方提供的格式合同，经持卡人签字后，即在双方之间产生合同效力。所以，如果事后双方发生纠纷，则应当按照《民法典》有关格式条款的规定来加以处理。

在借记卡业务中，基于借记卡的存取现金、转账结算、消费、理财、缴费等功能，发卡银行与持卡人之间一般存在储蓄关系和委托支付关系。其中，储蓄关系是指持卡人在借记卡中存取款项被视为在银行的活期存款，由发卡银行按活期存款计付利息；委托支付关系是指持卡人在进行转账结算或进行汇兑时，持卡人是委托人，而发卡银行是持卡人的代理人。而在信用卡业务中，发卡银行与持卡人之间一般不存在储蓄关系，而是存在：(1)委托支付关系。(2)消费借贷关系。由于信用卡具有透支功能，即发卡银行给予持卡人一定信用额度，持卡人可在信用额度内先支付后还款，所以在这种情况下，发卡银行是债权人，持卡人是债务人。(3)担保关系。持卡人在申领信用卡时须提供担保，如保证金、抵押物、第三人担保，从而在发卡银行与持卡人之间形成担保关系。[①]

---

① 施天涛：《商法学》，法律出版社2020年第6版，第468页。

2.收单机构与特约商户之间的关系

收单机构与特约商户之间的关系主要围绕着银行卡收单业务而产生，即收单机构与特约商户签订银行卡受理协议，在特约商户按约定受理银行卡并与持卡人达成交易后，由收单机构为特约商户提供交易资金结算服务，并向其收取一定比例的手续费。

根据《银行卡收单业务管理办法》第3条的规定，收单机构主要有三种类型：一是从事银行卡收单业务的银行业金融机构，如各家商业银行；二是获得银行卡收单业务许可、为实体特约商户提供银行卡受理并完成资金结算服务的支付机构，如易宝支付、快钱支付；三是获得网络支付业务许可、为网络特约商户提供银行卡受理并完成资金结算服务的支付机构，如支付宝。

根据《银行卡收单业务管理办法》第29条和第30条的规定，关于特约商户的收单银行结算账户，特约商户为单位的，其收单银行结算账户应当为其同名单位银行结算账户，或者其指定的、与其存在合法资金管理关系的单位银行结算账户；特约商户为个体工商户和自然人的，可使用其同名个人银行结算账户作为收单银行结算账户。另外，收单机构应按银行卡受理协议约定及时将交易资金结算到特约商户的收单银行结算账户，资金结算时限最迟不得超过持卡人确认可直接向特约商户付款的支付指令生效之日起30个自然日，因涉嫌违法违规等风险交易需延迟结算的除外。

3.收单机构与发卡银行、清算机构之间的关系

在银行卡业务中，清算机构的角色是为发卡银行和收单机构提供银行卡的机构间交易处理服务，以协助完成资金结算。随着我国稳步开放银行卡清算市场，我国目前有中国银联、连通公司和万事网联公司三家银行卡清算机构。[①] 基于所提供的服务，清算机构向发卡银行和收单机构分别收取网络服务费。网络服务费实行政府指导价，目前的费率为不高于交易金额的0.0325％(单笔收费金额不超过3.25元)。

另外，发卡银行会向收单机构收取发卡行服务费。发卡行服务费同样实行政府指导价，其中借记卡交易的费率不高于交易金额的0.35％(单笔收费金额不超过13元)，贷记卡交易的费率不高于交易金额的0.45％(单笔收费金额上不封顶)。[②]

(四)银行卡的风险管理

银行卡的风险管理主要集中在信用卡方面。至于借记卡的风险管理，由于借记卡不具有透支功能，其申领、使用等按照银行结算账户的相关规定办理即可。

根据《银行卡业务管理办法》、《关于进一步促进信用卡业务规范健康发展的通知》(银保监规〔2022〕13号)等相关规定，信用卡的风险管理主要包括：一是银行业金融机构应当认真审查信用卡申请人的资信状况，根据申请人的资信状况确定有效担保及担保方式。银行业金融机构应当对信用卡持卡人的资信状况进行定期复查，并应当根据资信状

---

① 英草卓玛：《第二家境外银行卡清算机构获批》，载《中国银行保险报》2023年11月21日第3版。

② 参见《银行卡刷卡手续费项目及费率上限标准表》(国家发展改革委、中国人民银行发改价格〔2016〕557号)。

况的变化调整其信用额度。二是银行业金融机构经营信用卡业务，应当依法保护客户合法权益和相关信息安全。未经客户授权，不得将相关信息用于本行信用卡业务以外的其他用途。三是银行业金融机构经营信用卡业务，应当建立健全信用卡业务风险管理和内部控制体系，严格实行授权管理，有效识别、评估、监测和控制业务风险。四是银行业金融机构经营信用卡业务，应当充分向持卡人披露相关信息，揭示业务风险，建立健全相应的投诉处理机制。五是银行业金融机构、收单机构、清算机构应当建立健全对套现、盗刷等异常用卡行为、非法资金交易的监测分析和拦截机制，对可疑信用卡、可疑交易依法采取管控措施，持续有效防控套现、欺诈风险，防范信用卡被用于违法犯罪活动。

三、信用证

在国际贸易中，买卖双方往往会存在互信不足的情况，即出口商担心发货后，对方不付款或不及时付款，而进口商也会有付款后无法收到货物的担心，由此交易中存在着较大的结算风险。于是，在19世纪中叶，国际贸易活动中逐渐形成了信用证结算方式。为统一各国不同的信用证结算规则和习惯，国际商会在1933年正式公布了《跟单信用证统一惯例》(Uniform Customs and Practice for Documentary Credits)，以供国际银行界自愿采用。经过多次修订后，该惯例目前使用的是2007年1月1日生效的修订本，即《跟单信用证统一惯例》(国际商会第600号出版物，以下简称UCP600)。此外，在我国国内贸易活动中，信用证结算也得到了广泛应用。对于国内信用证结算，相关机构颁布了一系列制度安排予以规范。

(一)信用证概述

1.信用证的定义和当事人

根据UCP600第2条的规定，“信用证是指一项不可撤销的安排，无论其如何被命名或描述，该安排构成开证行对相符交单予以兑付的确定承诺”。

在这一定义中，“开证行”(issuing bank)是指应申请人要求或代表自己开立信用证的银行。“相符交单”(complying presentation)是指与信用证的条款、本惯例的相关适用条款和国际标准银行实务相一致的交单。“兑付”(honour)则包括三种情况：一是若信用证是即期付款，则立即予以付款；二是若信用证是延期付款，则在到期日予以付款；三是对于承兑信用证，是先在汇票上履行承兑手续，待汇票到期时再行付款。

除了开证行，信用证的当事人主要还包括：(1)开证申请人(applicant)，是指向开证行申请开立信用证的人，在国际贸易中通常为进口商，即买方；(2)受益人(beneficiary)，是指享有信用证利益的人，在国际贸易中通常为出口商，即卖方；(3)通知行(advising bank)，是指应开证行的请求，而将信用证通知受益人的银行；(4)保兑行(confirming bank)，是指根据开证行的授权或要求，而对信用证予以保证兑付的银行；(5)议付行(negotiating bank)，是指愿意买入或贴现受益人提交的符合信用证规定的汇票、单据的银行；(6)被指定行(nominated bank)，是指信用证可在其处被承付或议付的银行，如信用证可在任一银行被承付或议付，则任一银行均为被指定银行。

2.信用证结算的流程

信用证结算的基本流程主要是:(1)买卖双方在签订贸易合同时约定采用信用证进行结算。(2)开证申请人向开证行申请开立信用证。其中,开证申请人是进口商,也就是贸易合同中的买方,而开证行一般是进口商的开户银行。(3)开证行通过邮寄、电传等方式将信用证送交通知行,并由通知行代为通知或转交给受益人。其中,通知行一般为受益人所在地的银行。(4)受益人收到通知或转交的信用证后,按照信用证的规定制作单据、汇票等,并向议付行等被指定行提交单据、汇票。(5)议付行等被指定行在相符交单的情况下,向受益人进行议付或承付。(6)议付行等被指定行将受益人提交的单据寄交开证行并向其索偿。(7)开证行偿付后,通知开证申请人付款赎单,然后开证申请人凭赎回的单据提取货物。

3.信用证的特征

信用证具有以下特征:

第一,信用证体现了银行信用。一般来说,在商品跨期交易中,只有作为收款方的卖方愿意相信作为付款方的买方,或者说卖方认可买方的信用时,该交易才会达成。但在国际贸易中,跨期、跨地域等因素的存在使得出口商对进口商信用的可靠性难免存疑,由此阻碍了交易活动的顺利开展。于是,在国际贸易中引入信用证结算方式,意味着开证行的银行信用取代了进口商的商业信用。申言之,在信用证业务中,开证行以自己的信用向受益人作出付款保证,并且开证行承担第一性的付款义务,即只要交单相符,被指定行或开证行就必须付款,其付款不以进口商的付款为前提。①

第二,信用证具有独立性,不依附于其他合同而存在。根据 UCP600 第 4 条的规定,就其性质而言,信用证是与作为其基础的买卖合同或其他合同相互独立的交易。即使信用证中援引此类合同,各家银行也与该合同无关或不受其约束。因此,当银行承诺兑付、议付或履行信用证项下的任何其他义务时,不受申请人因其与开证行或受益人的关系而提出的索赔或抗辩的影响。

第三,信用证是单据化业务。根据 UCP600 第 5 条的规定,各家银行处理的是单据,而不是单据可能涉及的货物、服务或履约行为。因此,信用证结算方式是一种纯粹的单据业务,只要交单相符,被指定行或开证行就必须付款。至于货物存在质量等与单据无关的问题,并不影响银行履行其付款义务。②

(二)国内信用证

为规范信用证在国内贸易活动中的使用,中国人民银行和原中国银保监会在 2016 年联合颁布了修订后的《国内信用证结算办法》。依据该《办法》,中国支付清算协会和中国银行业协会随后联合印发了《国内信用证审单规则》。此外,最高人民法院在 2005 年公布了《关于审理信用证纠纷案件若干问题的规定》(2020 年修正),以用于指导信用证纠纷案件的审理。

---

① 苏宗祥、徐捷:《国际结算》,中国金融出版社 2008 年第 4 版,第 224～225 页。

② 刘震:《国际结算》,中国人民大学出版社 2014 年第 2 版,第 107 页。

1.国内信用证概述

根据《国内信用证结算办法》第 2 条的规定，国内信用证是指银行（包括政策性银行、商业银行、农村合作银行、村镇银行和农村信用社）依照申请人的申请开立的、对相符交单予以付款的承诺。并且，国内信用证是以人民币计价、不可撤销的跟单信用证。其中，“不可撤销”是指在信用证有效期内，未经信用证所有当事人同意，开证行不得单方面撤销或修改信用证；“跟单信用证”是指凭附带货物单据的汇票或仅凭货物单据付款的信用证。

在适用范围方面，国内信用证只适用于国内企事业单位之间货物和服务贸易的结算，由此个人之间、个人与企事业单位之间的交易结算不能使用信用证。并且，国内信用证只限于转账结算，不得支取现金。

在独立性方面，国内信用证的相关规定与 UCP600 相一致，即国内信用证与作为其依据的贸易合同相互独立，即使信用证含有对此类合同的任何援引，银行也与该合同无关，且不受其约束；银行对信用证作出的各项承诺不受申请人与开证行、申请人与受益人之间关系而产生的任何请求或抗辩的制约；受益人在任何情况下，不得利用银行之间或申请人与开证行之间的契约关系。

在分类方面，国内信用证按付款期限分为即期信用证和远期信用证。对于即期信用证，开证行应在收到相符单据次日起 5 个营业日内付款；对于远期信用证，开证行应在收到相符单据次日起五个营业日内确认到期付款，并在到期日付款，而付款期限最长不超过 1 年。

2.国内信用证的业务办理

在办理国内信用证业务过程中，主要会涉及以下流程环节：(1)开证，包括申请开立信用证、受理开证、基本条款、开立方式和开证行的义务等事项；(2)保兑，包括保兑行的责任、指定银行拒绝时的义务和开证行对保兑行的偿付义务等事项；(3)修改，包括信用证修改的具体要求和保兑行对于是否将保兑扩展至修改的选择权；(4)通知，包括通知行的确定及其责任、开证行与通知行之间的沟通事项等；(5)转让，包括转让行的指定、转让次数的限制、转让交单、部分转让和第二受益人的权益等事项；(6)议付，包括议付的明示要求、受益人与议付行之间的沟通事项、索偿和追索权的行使等事项；(7)寄单索款，包括受益人委托交单行交单和自行直接交单等事项；(8)付款，包括开证行或保兑行的单据审核义务、付款义务、书面拒付通知和信用证欺诈例外等事项；(9)注销，包括未在信用证有效期内收到单据时的注销处理和其他情况下的注销处理。

3.单据审核的基本原则

根据《国内信用证审单规则》的相关规定，国内信用证的单据审核原则主要包括：第一，信用证与作为其依据的贸易合同相互独立；第二，银行处理的是单据，而不是单据所涉及的货物或服务；第三，银行应仅以单据本身为依据，认真审核信用证规定的所有单据，以确定是否为相符交单；第四，银行只对单据进行表面审核，且不审核信用证没有规定的单据；第五，对于单据在邮寄或电传过程中发生的延误、遗失或差错以及因不可抗力而中断营业导致的一切后果，银行都不承担责任。

案例分析：中国甲公司与德国乙公司签订了出口红枣的合同，约定品质为二级，信用证方式支付。后因库存二级红枣缺货，甲公司自行改装一级红枣，虽发票注明品质为一级，货价仍以二级计收。但在银行办理结汇时遭拒付。请问：银行是否可以拒付？

解析：信用证交易处理的是单据，处理单据时应遵循单证相符原则，即对相符交单予以承付。所以，当发票与信用证不符时，银行可以拒绝收单付款。

四、汇兑、托收承付和委托收款

随着各类电子支付方式的崛起，汇兑、托收承付与委托收款在商业活动中的使用频次已大幅减少，不过它们仍是我国法定的支付结算方式。对此，《支付结算办法》第167条至第204条作了相应规范。

（一）汇兑

1.汇兑的概念和分类

汇兑是汇款人委托银行将其款项支付给收款人的结算方式。单位和个人的各种款项的结算，均可使用汇兑结算方式。在汇兑活动中，当事人主要包括汇款人、汇出行、汇入行和收款人。

根据汇兑凭证传递方式的不同，汇兑可分为信汇、电汇两种，由汇款人选择使用。其中，信汇是指汇款人委托汇出行通过邮寄的方式将汇兑凭证寄给汇入行；电汇是指汇款人委托汇出行通过电报的方式将汇兑凭证寄给汇入行。

2.汇兑凭证的记载事项

汇款人签发汇兑凭证时，必须记载下列事项：(1)表明“信汇”或“电汇”的字样；(2)无条件支付的委托；(3)确定的金额；(4)收款人名称；(5)汇款人名称；(6)汇入地点、汇入行名称；(7)汇出地点、汇出行名称；(8)委托日期；(9)汇款人签章。

其中，汇兑凭证记载的汇款人名称、收款人名称，其在银行开立存款账户的，必须记载其账号，否则银行不予受理；委托日期是指汇款人向汇出银行提交汇兑凭证的当日。

3.受理与汇出

汇出行受理汇款人签发的汇兑凭证，经审查无误后，应及时向汇入行办理汇款，并向汇款人签发汇款回单。汇款回单只能作为汇出行受理汇款的依据，不能作为该笔汇款已转入收款人账户的证明。

汇入行对开立存款账户的收款人，应将汇给其的款项直接转入收款人账户，并向其发出收账通知。收账通知是银行将款项确已收入收款人账户的凭据。

4.撤销与退汇

汇款人对汇出行尚未汇出的款项可以申请撤销。申请撤销时，应出具正式函件或本人身份证件及原信、电汇回单。汇出行查明确未汇出款项的，收回原信、电汇回单，方可办理撤销。

汇款人对汇出行已经汇出的款项可以申请退汇。对在汇入行开立存款账户的收款人，由汇款人与收款人自行联系退汇；对未在汇入行开立存款账户的收款人，汇款人应出具正式函件或本人身份证件以及原信、电汇回单，由汇出行通知汇入行，经汇入行核实汇款确未支付，并将款项汇回汇出行，方可办理退汇。汇入行对于收款人拒绝接受的汇款，应即办理退汇。汇入行对于向收款人发出取款通知，经过 2 个月无法交付的汇款，应主动办理退汇。

（二）托收承付

1.托收承付的概念和适用范围

托收承付是根据购销合同由收款人发货后委托银行向异地付款人收取款项，由付款人向银行承认付款的结算方式。由此，托收承付包括“托收”即委托收款和“承付”即承认付款两个环节。另外，托收承付结算款项的划回方法，分邮寄和电报两种，由收款人选用。

在适用范围方面，第一，使用托收承付结算方式的收款单位和付款单位，必须是国有企业、供销合作社以及经营管理较好，并经开户银行审查同意的城乡集体所有制工业企业。第二，办理托收承付结算的款项，必须是商品交易，以及因商品交易而产生的劳务供应的款项。代销、寄销、赊销商品的款项，不得办理托收承付结算。

2.托收承付的基本办理要求

一是收付双方使用托收承付结算必须签有购销合同，并在合同上订明使用托收承付结算方式；二是收付双方办理托收承付结算，必须重合同、守信用；三是收款人办理托收，必须具有商品确已发运的证件，若没有发运证件，收款人依规可凭其他有关证件办理托收；四是托收承付结算每笔的金额起点应符合要求。

3.托收承付凭证的记载事项

收款人签发托收承付凭证时，必须记载下列事项：(1)表明“托收承付”的字样；(2)确定的金额；(3)付款人名称及账号；(4)收款人名称及账号；(5)付款人开户银行名称；(6)收款人开户银行名称；(7)托收附寄单证张数或册数；(8)合同名称、号码；(9)委托日期；(10)收款人签章。

4.托收承付的办理流程

在托收方面，第一，收款人应在按照签订的购销合同发货后，再行委托银行办理托收；第二，收款人应将托收凭证并附发运证件或其他符合托收承付结算的有关证明和交易单证送交银行；第三，收款人开户银行接到托收凭证及其附件后，应当按照托收的范围、条件和托收凭证记载的要求认真进行审查，必要时，还应查验收付款人签订的购销合同。凡不符合要求或违反购销合同发货的，不能办理。

在承付方面，第一，付款人开户银行收到托收凭证及其附件后，应当及时通知付款人；第二，付款人应在承付期内审查核对，安排资金；第三，承付货款分为验单付款和验货付款两种，由收付双方商量选用，并在合同中明确规定；第四，付款人在承付期满日银行营业终了时，如无足够资金支付，其不足部分，即为逾期未付款项，按逾期付款处理；第五，在符合法定情形时，付款人在承付期内，可向银行提出全部或部分拒绝付款。

（三）委托收款

1.委托收款的概念和适用范围

委托收款是收款人委托银行向付款人收取款项的结算方式。由此，委托收款包括“委托”和“付款”两个环节。另外，委托收款结算款项的划回方式，分邮寄和电报两种，由收款人选用。

在适用范围方面，第一，单位和个人凭已承兑商业汇票、债券、存单等付款人债务证明办理款项的结算，均可以使用委托收款结算方式；第二，委托收款在同城、异地均可以使用；第三，在同城范围内，收款人收取公用事业费或根据国务院的规定，可以使用同城特约委托收款。

2.委托收款凭证的记载事项

收款人签发委托收款凭证时，必须记载下列事项：(1)表明“委托收款”的字样；(2)确定的金额；(3)付款人名称；(4)收款人名称；(5)委托收款凭据名称及附寄单证张数；(6)委托日期；(7)收款人签章。

此外，委托收款以银行以外的单位为付款人的，委托收款凭证必须记载付款人开户银行名称；以银行以外的单位或在银行开立存款账户的个人为收款人的，委托收款凭证必须记载收款人开户银行名称；未在银行开立存款账户的个人为收款人的，委托收款凭证必须记载被委托银行名称。欠缺记载的，银行不予受理。

3.委托收款的办理流程

在委托方面，收款人办理委托收款应向银行提交委托收款凭证和有关的债务证明。

在付款方面，第一，银行接到寄来的委托收款凭证及债务证明，审查无误后办理付款；第二，银行在办理划款时，付款人存款账户不足支付的，应通过被委托银行向收款人发出未付款项通知书；第三，付款人审查有关债务证明后，对收款人委托收取的款项需要拒绝付款的，可以办理拒绝付款。

本章小测

一、客观题(扫码开始测试)

二、主观题

1.简述支付结算原则。

2.狭义的票据具有哪些特征？

3.简述信用卡的风险管理。

第七章　证券法律制度

思维导图

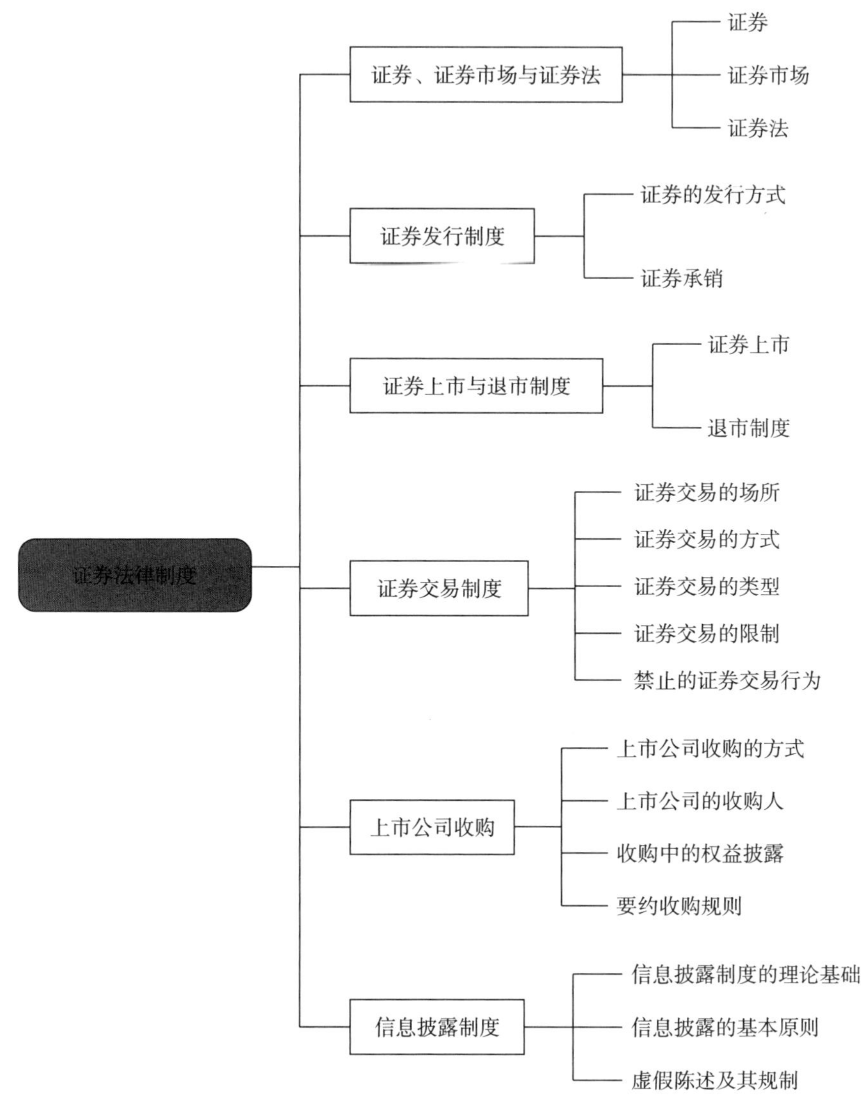

第一节　证券、证券市场与证券法

一、证券

一旦将某种金融产品界定为证券，就意味着它被纳入了证券法的调整范畴，因此正确认识什么是证券，是学习证券法的第一步。使用概括的方式抽象表述证券的内涵十分困难，因此在制定证券法时，立法者往往采用列举的办法来框定证券的各种类别，即着重表述证券的外延。

表 7-1　我国《证券法》中“证券”概念表述的变化

1998 年 2004 年	在中国境内，股票、公司债券和国务院依法认定的其他证券的发行和交易，适用本法。本法未规定的，适用公司法和其他法律、行政法规的规定。 政府债券的发行和交易，由法律、行政法规另行规定。
2005 年 2013 年 2014 年	在中华人民共和国境内，股票、公司债券和国务院依法认定的其他证券的发行和交易，适用本法；本法未规定的，适用《中华人民共和国公司法》和其他法律、行政法规的规定。 政府债券、证券投资基金份额的上市交易，适用本法；其他法律、行政法规有特别规定的，适用其规定。 证券衍生品种发行、交易的管理办法，由国务院依照本法的原则规定。
2019 年	中华人民共和国境内，股票、公司债券、存托凭证和国务院依法认定的其他证券的发行和交易，适用本法；本法未规定的，适用《中华人民共和国公司法》和其他法律、行政法规的规定。 政府债券、基金份额的上市交易，适用本法；其他法律、行政法规另有规定的，适用其规定。 资产支持证券、资产管理产品发行、交易的管理办法，由国务院依照本法的原则规定。 在中华人民共和国境外的证券发行和交易活动，扰乱中华人民共和国境内市场秩序，损害境内投资者合法权益的，依照本法有关规定处理并追究法律责任。

如表 7-1 所示，我国自 1998 年制定《证券法》以来，历经几次修改，均采用了列举的方法，明文列举几类证券，并将“国务院依法认定的其他证券”作为兜底条款，只不过在修法过程中不断对列举的证券品种扩容，至 2019 年《证券法》，已包括股票、公司债券、存托凭证、政府债券、投资基金、资产支持证券及资产管理产品等。

关于“美国法中‘证券’概念的演变”的详细阐释，可扫码收听音频和阅读文字材料：

（一）股票（stock）

在我国，股票的定义是由《公司法》界定的。《公司法》第 147 条第 1 款规定：“公司的股份采取股票的形式。股票是公司签发的证明股东所持股份的凭证。”需要特别说明的是，我国法律中所说的股票仅存在于股份有限公司的概念中，有限责任公司的股东所持有的股权凭证是出资证明书，不包括在证券法的研究范围内。如果把股份有限公司的注册资本比作蛋糕，将这个蛋糕均等地分割为若干份，投资者只能按整数倍进行购买，每一份就对应着一股，而承载股份的载体就叫作股票。拥有股份的人即公司的股东，基于股份产生的权利则是股权，股权的权能主要包括表决权和收益权两个方面，同时具有这两种权利的股份称为普通股。在此基础上，公司可以对表决权和收益权进行调整，发行不同的类别股，包括优先或者劣后分配利润或者剩余财产的股份、每一股的表决权数多于或者少于普通股的股份，但对上市公司则一般要求同股同权，不得对表决权作出差异化安排，除非是在公开发行股份（IPO）之前已经发行的。国内的投资者参与认购和交易的一般是人民币普通股股票，即以人民币标明面值并使用人民币交易的上市公司股票。此外，还有主要面向境外投资者的人民币特种股票，即在境内发行、以外币购买的 B 股；在中国香港发行，以港币购买的 H 股；在美国发行，以美元购买的 N 股等。

（二）债券（bond）

公司可以通过发行股票来融资，称之为股权融资，投资者成为公司的股东；也可以通过发行债券来融资，称之为债权融资，投资者成为公司的债权人。债券是一种“约定按期还本付息的有价证券”，根据发行主体大致可分为政府债券、金融债券和企业债券。

1.政府债券

政府债券是指政府为筹集公共财政资金而发行的以政府信用作为担保承诺到期还本付息的债务凭证。由于其风险小、安全性高，因此也被称为“金边债券”。《证券法》并未将政府债券的发行纳入调整范围，但其上市交易适用《证券法》。

关于“我国政府债券的发展”的详细阐释，可扫码收听音频和阅读文字材料：

2.金融债券

金融债券是金融机构法人在全国银行间债券市场发行的、按约定还本付息的有价证券。在欧美国家，金融债券被视作公司债券的一种，而在日本、中国（大陆）以及中国台湾地区，则将其单独列示出来称为金融证券，这与我国金融体制的发展改革模式有关。

金融债券的发行必须经过中国人民银行的核准，只有商业银行、非银行金融机构和其他金融机构以及经中国人民银行批准的非金融机构等机构投资者能够参与交易，不对个人投资者开放。

3.企业债券

企业债券是指企业发行的约定在一定期限内还本付息的债券，包括公司债券和非公司企业债券。企业是公司的上位概念，因此企业债券和公司债券并没有本质区别，包含着相同的风险因素，但目前二者在发行主体、发行条件、审批手续上都存在着差异，由此造成了法制与市场的不统一，应当随着经济改革的进一步推进而逐渐消除。

证券法调整的主要是公司债券的发行与交易，值得注意的是，上市公司除了普通的公司债券之外，还能发行可转换公司债券，即在一定期间内依据约定的条件可以转换成股份的公司债券。该类债券同时具有债权和期权两种权利，债券持有人既可以要求公司还本付息，也可以选择行使期权成为公司的股东。

案例分析：百航股份公司（以下简称“百航公司”）为上市公司，为解决A项目的资金缺口，百航公司于2020年5月25日通过公开发行公司债券的方式，募集资金1亿元，聘请嘉德证券公司为债券受托管理人。请问：若百航公司到期不能兑付债券本息，嘉德证券公司是否可接受部分债券持有人的委托，以自己的名义代表债券持有人起诉？［法律职业资格考试（新）2020年客观二商经知第21题］

解析：可以。若百航公司到期不能兑付债券本息，直接损害了债券持有人的利益，债券受托管理人作为为全体债券持有人服务的机构，有权受全体或部分债券持有人的委托，以自己的名义提起代位诉讼。

（三）存托凭证（depositary receipts）

存托凭证是指由存托人签发、以境外证券为基础在中国境内发行、代表境外基础证券权益的证券，2019年修法时正式纳入《证券法》的调整范围，成为法定证券之一。

为吸引已在境外上市的优质红筹企业回归A股市场，2018年3月，国务院批准了《关于开展创新企业境内发行股票或存托凭证试点的若干意见》，将存托凭证认定为证券，并明确了存托凭证的基础制度框架，将符合国家战略、掌握核心技术、市场认可度高，属于互联网、大数据、云计算、人工智能、软件和集成电路、高端装备制造、生物医药等高新技术产业和战略性新兴产业，且达到相当规模的创新企业纳入试点范围。2021年9月17日，证监会发布《关于扩大红筹企业在境内上市试点范围的公告》，将属于新一代信息技术、新能源、新材料、新能源汽车、绿色环保、航空航天、海洋装备等高新技术产业和战略性新兴产业的红筹企业，纳入试点范围，支持优质红筹企业通过发行存托凭证的方式在境内资本市场上市，进一步增强资本市场包容性，助力我国高新技术产业和战略性新兴产业发展壮大，推动经济高质量发展。存托凭证制度加速了中国证券市场制度与发达国家资本市场的对接，也为境内市场投资者提供了更加多元化的投资产品选择。

（四）证券投资基金（fund）

证券投资基金是由基金管理人依法向投资者公开或非公开募集的专项资产管理计划或集合资产管理计划，其本质上是若干证券的组合，由基金管理人按照一定的比例在市场上挑选并组合成基金，再均分成若干份出售，因此也称为证券投资基金份额，其最显著的特点就在于集合投资、分散风险和专家理财。

与其他证券品种不同的是，除了《证券法》之外，还有规范证券投资基金的特别法《证券投资基金法》，二者共同构成了调整证券投资基金的基本法。《证券投资基金法》第2条明确规定："在中华人民共和国境内，公开或者非公开募集资金设立证券投资基金（以下简称基金），由基金管理人管理，基金托管人托管，为基金份额持有人的利益，进行证券投资活动，适用本法；本法未规定的，适用《中华人民共和国信托法》、《中华人民共和国证券法》和其他有关法律、行政法规的规定。"

案例分析：某基金管理公司在2003年曾公开发售一只名为"基金利达"的封闭式基金。该基金原定封闭期15年，现即将到期，拟转换为开放式基金继续运行。请问：该基金的转换是否应保持一定比例的现金或政府债券？（国家统一法律职业资格考试2017年卷三第33题）

解析：应当。根据《证券投资基金法》第68条的规定，开放式基金应当保持足够的现金或者政府债券，以备支付基金份额持有人的赎回款项，基金财产中应当保持的现金或者政府债券的具体比例，由国务院证券监督管理机构规定。

（五）资产支持证券（asset-backed securities）

资产支持证券，是指符合要求的证券公司、基金管理公司子公司等相关主体作为管理人，通过设立资产支持专项计划或者证监会认可的其他特殊目的载体，以基础资产所产生的现金流为偿付支持，通过交易结构设计等方式进行信用增级，在此基础上所发行的证券，其本质是一种债权性质的金融工具。

我国于2004年开始进行资产证券化的实践，但2007年爆发的美国次贷危机引发了市场关于资产证券化风险的争议，我国的相关探索也暂时搁置，直到2012年前后才再次启动，作为刺激经济发展的一个重要的金融配套措施。根据上海证券交易所和深圳证券交易所于2024年3月29日发布的《资产支持证券业务规则》，资产支持证券的基础资产可以是物权、债权、收益权等权利类型，但应当法律属性界定清晰，权属明确、内容和范围明确，可特定化，具备可转让性，不存在担保负担或权利限制，现金流独立、持续、稳定、可预测，涉及的交易合同和经营活动真实、合法、有效，交易对价公允。

（六）资产管理产品（asset management products）

资产管理产品是由资产管理公司向投资者募集资金，再购买其认为有获利可能的权益资产，包括股票、债权、投资基金、存托凭证、资产支持证券、央行票据、同业存单等，为投资者获取较高收益的投资产品。其产品组合方式与资产证券化类似，但在操作程序上则与其相反：先制订资产投资管理计划，据此向投资者募集资金并购买资产组成资产池，到期之后回收资金实现投资者回报（见表7-2）。

资产管理业务在21世纪之后才在我国逐渐发展起来，由于其回应了民众期待较高回报率的投资需求，因此发展迅猛，监管和规范难以及时跟上，一度出现发展混乱的情况。2018年4月27日，中国人民银行、银保监会、证监会和国家外汇管理局公布的《关于规范金融机构资产管理业务的指导意见》，尝试统一资管业务规则。2018年10月22日，证监会发布《证券期货经营机构私募资产管理业务管理办法》及《证券期货经营机构私募资产管理计划运作管理规定》，作为《关于规范金融机构资产管理业务的指导意见》的配套实施细则。2019 年《证券法》则将资管计划份额视为证券，将证券公司的资管业务划入基金法的适用范围，首先在证券体系内部理顺了功能监管的范围与边界（见图 7-1）。

表 7-2　我国资产管理行业外延

机构类型	资产管理业务
基金管理公司及其子公司	公募基金、集合资产管理计划、单一资产管理计划、各类养老金、企业资产支持证券
私募机构	私募证券投资基金、私募股权投资基金、创业投资基金、私募资产配置基金及其他私募投资基金
信托公司	单一资金信托、集合资金信托
证券公司及其子公司	公募基金、集合资产管理计划、单一资产管理计划、私募子公司私募基金、各类养老金、企业资产支持证券
期货公司及其子公司	集合资产管理计划、单一资产管理计划
保险公司、保险资产管理公司	公募基金、万能险、投连险、管理企业年金、养老保障及其他委托管理资产、资产支持计划
银行及其理财子公司	非保本银行理财产品、私人银行业务

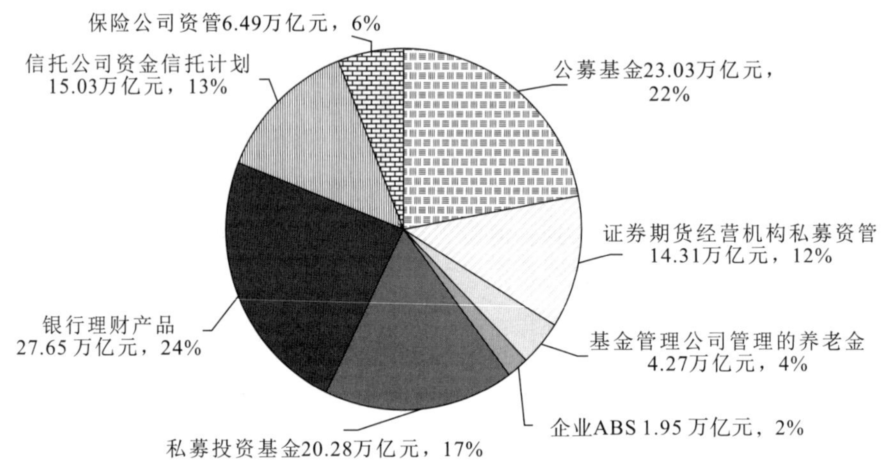

图 7-1　2022 年年末资产管理行业规模构成

资料来源：中国证券投资基金业年报（2023）

二、证券市场

（一）证券市场的功能

市场是将买方和卖方联系在一起的机构或者机制，使产品、服务或资源得到更便利的交换，换言之，市场就是一个交易场所。罗纳德·哈里·科斯认为市场是为了方便交换而产生的制度,能够减少开展交易活动的成本。市场的发展始于偶发性交易,如路边摆摊。随着交换需求的增长,偶发性交易变成了定期交易,于是产生了集市。交换频率的提升,要求市场持续存在,于是定期交易转变为了固定交易,出现了店铺、菜场等。随着买卖双方交易品种和交易需求多样化的发展,逐渐形成了有组织的市场,如大型商超。而现在,随着互联网技术的出现,网上市场成为更为便捷的交易形态,人们更喜欢从各种电商平台购买所需要的商品。

证券市场的出现和发展也是同样的原理,只不过买卖双方交易的标的比较特殊。早期的证券交易也是偶发性的"一对一"交易方式,因此交易双方都需要搜寻能够进行交易信息匹配的交易对手,想办法消除信息不对称,并自行承担交易的违约风险等,交易效率并不高。并且在这种偶发性的交易中,交易价格完全靠双方谈判形成,并没有可供参考的市场价格。随着交易频率的增加,对于获取交易信息的需求就变得格外突出,专门收集和转让信息的中介应运而生,这就是后来的经纪商。规模化的交易同时提升了对固定交易场所的需求,证券交易所的产生成为必然。

证券交易所是证券买卖双方公开交易的场所,是一个高度组织化、集中进行证券交易的市场,是整个证券市场的核心。证券交易所本身并不买卖证券,也不决定证券价格,而是为证券交易提供一定的场所和设施,配备必要的管理和服务人员,并对证券交易进行周密的组织和严格的管理,为证券交易顺利进行提供一个稳定、公开、高效的市场。

关于"纽约证券交易所的产生"的详细阐释,可扫码收听音频和阅读文字材料:

（二）证券市场的要素

1.证券市场的主体

发行人与投资者是证券市场的交易主体。发行人为了筹措资金而在证券市场中推销股票或债券,投资者则通过购买股票或债券谋求收益。在此过程中逐渐形成了证券市场的发行交易规则,仰赖个体信用的"一对一"交易模式不复存在,要消除交易双方存在的信息不对称、控制交易成本、保障交易安全,就需要建立以维护市场信用为核心、以信息披露为重点的规则体系。随着市场规模扩容、产品类型丰富、投资者群体发展,逐渐形成了政府监管与自律监管相结合的监管模式。

除交易主体之外,证券市场中还存在提供信用认证服务的中介机构,如会计师、律师等,对发行人提供的信息提供专业鉴证意见。券商则提供专业的交易服务,可以接受投资者委托办理证券买卖业务,即证券经纪商;可以协助发行人发行证券,即证券承销商;也可以以自己的名义及自有资金直接参与证券交易,即证券自营商。需要说明的是,当券商从事自营业务时,就不能将其认定为中介机构,而应当是交易主体。

证券市场具有高度复杂性和逐利性,为确保其平稳有序运行,需要进行严格的监督管理。证券监管组织并不实际参与证券市场交易活动，但其密切关注证券市场活动的展开，通过市场准入的前端控制方式及对违法违规行为处罚的后端控制方式，影响证券市场活动，因此也是证券市场不可或缺的主体。监管主体既包括依法享有证券市场监督管理权利的国家机关或部门，如我国的证监会；也包括对证券市场活动进行自我监管的自律监管组织，如证券交易所、证券登记结算公司、证券业协会等。

2.证券交易的平台

市场存在的意义就在于减少交易成本、提高交易效率。资本市场的存在能够提供高效、快速的交易服务，降低市场参与者的成本。为了满足不同主体的交易需求、适应不同成本的交易模式，就需要建立多元化的资本市场。从功能来看，有发行市场与交易市场；从交易品种来看，有股票市场、债券市场、基金市场和衍生品市场；从组织形式来看，有场内市场和场外市场。

3.证券交易的标的

证券市场为市场主体转让证券提供成本更低的流动性可能，因此，理论上所有有价证券都可以成为证券交易的标的。目前我国证券市场中主要的交易标的包括股票、债券、存托凭证、证券投资基金份额、权证、资产支持证券、交易型开放式指数基金等，以及以此为基础证券的衍生品证券，如股指期货、股指期权等。

（三）我国的多层次资本市场

我国资本市场经过持续性改革，已经形成了以上海证券交易所、深圳证券交易所、北京证券交易所为主的场内交易市场和以新三板为主的场外交易市场，金字塔型的多层次资本市场结构已经基本建成。

1.主板

在我国，主板市场指的是上海证券交易所及深圳证券交易所的主板市场。主板市场是随着现代企业制度的建立和完善逐渐发展起来的，它是资本市场中最重要的组成部分。我国的主板市场起源于20世纪90年代初，上海证券交易所和深圳证券交易所的成立，标志着我国现代证券市场的正式起步。在经历了初期的快速发展后，市场逐步进入规范化发展阶段，国家对上市公司的营业期限、股本大小、盈利水平等方面设定了更高的标准，以确保上市企业的质量和市场的稳定运行。随着时间的推移，我国主板市场不断完善相关制度，提高透明度和效率，吸引了越来越多的大型成熟企业上市，增强了市场的代表性和影响力。目前，我国主板市场已经成为国内外企业重要的融资渠道，也是投资者进行价值投资的重要场所。

关于“中小板”的详细阐释，可扫码收听音频和阅读文字材料：

2.创业板

创业板市场起源于20世纪70年代的美国，90年代兴起，并逐渐在全球范围内推广。

它的核心宗旨是降低门槛以吸引有发展潜力的中小型企业上市，同时加强监管以确保市场的健康运作。我国创业板的成立也是在这样的全球背景下，结合国内经济发展的需要而设立的。

2005年中小板市场作为创业板的前奏率先出现，为后续创业板的设立奠定了基础。2006年，证监会表示将适时推出创业板，随后国务院也批复了以创业板为重点的多层次资本市场体系建设方案。2009年10月23日，中国创业板举行开板启动仪式，10月30日正式上市，标志着创业板的正式成立。2020年8月24日，创业板注册制首批企业挂牌上市，这是资本市场全面改革的重要一步。创业板的成立和发展是我国资本市场深化改革的重要成果，它不仅为中小企业提供了资金支持和成长空间，也为投资者提供了更多的投资机会。

3.科创板

科创板的成立是为了满足科技创新型企业的特殊需求，这些企业往往在初期尚未盈利，但具有巨大的成长潜力。通过设立科创板，可以提供更为宽松的上市条件，增强对这类企业的包容性和适应性，从而促进风投市场的规范性和扩大流动性。

证监会于2019年1月30日发布了《关于在上海证券交易所设立科创板并试点注册制的实施意见》，标志着科创板的正式设立。这是为了服务于国家战略，支持突破关键核心技术的企业，特别是那些面向世界科技前沿、经济主战场和国家重大需求的企业。科创板主要服务于新一代信息技术、高端装备、新材料、新能源、节能环保以及生物医药等高新技术产业和战略性新兴产业。这些行业的企业往往需要大量资金投入研发，科创板为它们提供了更为灵活的融资渠道。科创板的推出也带来了一系列制度创新，如注册制的落地，这不仅增加了证券公司的业务机会，还促使它们从单一的佣金收入向多维度全流程参与转化，深度参与企业的成长过程。此外，科创板的跟投制度要求承销商以自有资金跟投，这也提高了对证券公司资本金的要求和对投资能力的挑战。科创板的成立是我国资本市场深化改革的重要里程碑，它不仅为科技创新型企业提供了资金支持，也为投资者提供了分享创新企业发展成果的机会。

4.北交所

北京证券交易所（简称"北交所"）的成立是我国资本市场改革的重要一步，北交所的前身是新三板市场，特别是其中的精选层。为了进一步促进中小企业的成长和发展，提高资本市场对中小企业的服务能力，我国决定设立专门的交易所服务这一板块的企业。

2021年9月3日，北京证券交易所正式注册成立。它的成立为创新型中小企业提供了更加广阔的融资平台，同时也是我国深化资本市场改革、完善资本市场体系的重要举措。北交所的成立，不仅有利于优化资本市场结构，也有助于提升资本市场服务实体经济的能力。北交所在制度设计上有所创新，如实行了注册制，这有助于简化上市流程，降低企业上市的门槛。同时，它也坚持与新三板创新层、基础层一体发展和制度联动，确保市场的平稳过渡。

5.新三板

新三板的发展经历了从地方性试点到全国性市场的扩展，逐渐成为我国资本市场的重要组成部分。

2001 年我国推出为两网公司和退市公司服务的“股权代办转让系统”，当时我国资本市场已经有了主板市场和中小板市场，因此新出现的股转系统就被称为“三板”。其后，为支持高新技术企业的发展，2006 年在北京中关村科技园区成立了新的股份转让系统。为了与以前的股转系统相区分，新股转系统被称为“新三板”。这一市场最初是作为老三板的补充，旨在为非上市股份公司提供股份报价转让服务。2012 年，新三板开始扩容，不仅覆盖北京中关村，还将上海张江、武汉东湖、天津滨海高新区纳入试点范围。到了 2013 年年底，证监会宣布新三板扩大到全国，对所有符合条件的公司开放，这标志着新三板真正成为全国性的证券交易市场。

在发展过程中，新三板也面临流动性不足等问题。为解决这些问题，监管部门逐步推出了一系列政策，如私募做市扩容、降低投资者门槛、推出大宗交易平台等，以增强市场的活力和吸引力。新三板的发展是我国资本市场改革和完善的重要成果，它为广大中小企业提供了融资渠道，也为投资者提供了更多的投资机会。随着市场的不断成熟和完善，新三板将继续在我国多层次资本市场体系中发挥重要作用。

三、证券法

（一）证券法的渊源

《证券法》《公司法》《证券投资基金法》是我国证券法体系中的三部基本法律。《证券法》于 1998 年 12 月 29 日第九届全国人民代表大会常务委员会第六次会议通过，并于 2004 年、2005 年、2013 年、2014 年和 2019 年历经 5 次修改，规定了证券发行、证券交易、证券服务和证券监管等各方面的基本问题，专设信息披露、投资者保护章节，并对上市公司收购、证券交易所、证券公司、证券登记结算机构、证券交易服务机构、证券业协会和证券监督管理机构的问题作了基本的规定，构建了证券法律体系最核心、最基本的框架。《公司法》中的“股份有限公司的股份发行和转让”“公司债券”等有关章节的规定构成了证券法律体系中的重要部分。《证券投资基金法》则是专门规范证券投资基金份额这一证券类型的法律，在性质上属于特别法。除此之外，《民法典》《刑法》中的部分条款也对证券市场活动起着规范作用，也被视为证券法的渊源。

由于证券活动所具有的高度专业性和技术性，证券立法只规定了原则性的规范，更多的具体性的规定多见于行政法规和部门规章。因此，行政法规在证券法体系中占有相当重要的分量。具体来看，我国规范证券活动的行政法规主要有：《股票发行与交易管理暂行条例》《公司债券发行与交易管理办法》《金融资产管理公司条例》《证券公司风险处置条例》《证券公司监督管理条例》《证券交易所风险基金管理暂行办法》《证券期货投资咨询管理暂行办法》等。

证券市场活动的具体监督与管理是由国务院相关部门具体负责，因此根据监管需要制定了数量可观的部门规章，如《首次公开发行股票注册管理办法》《首次公开发行股票并上市辅导监管规定》《上市公司证券发行注册管理办法》《证券发行上市保荐业务管理办法》《证券交易所管理办法》《证券发行与承销管理办法》《证券登记结算管理办法》等。

数量众多的部门规章构成了我国证券法律体系的重要组成部分，证券主管部门根据市场规范的需要不断对部门规章进行调整更新，为证券立法积累了丰富的素材。

此外，证券交易所、证券业协会等自律性组织，制定了数量众多的公约、章程、准则、细则等，虽然并不由国家强制力保证实施，但由于市场主体认可这些规则的效力，因此也将其作为广义上证券法的渊源。

值得注意的是，上海证券交易所和深圳证券交易所及其高级管理人员都接受证监会的领导和管理，证券交易所制定的各种规则也都是证监会意志的贯彻，因此证券交易所既为证券交易提供场所和条件，也承担着一线监管职责，因此证券交易所制定的规则、准则对于证券市场活动发挥着重要的规范作用，其涵盖的范围非常广泛，包括发行、上市、交易、组织、会员、服务等多种类型的业务规则，如《深圳证券交易所股票上市规则》《深圳证券交易所上市公司重大资产重组审核规则》《深圳证券交易所首次公开发行证券发行与承销业务实施细则》《深圳证券交易所主板股票异常交易实时监控细则》《深圳证券交易所转融通证券出借交易实施办法(试行)》《上海证券交易所会员管理规则》《上海证券交易所与伦敦证券交易所互联互通中国存托凭证上市预审核业务指引》等。

(二)证券法的基本原则

证券法的基本原则，是体现证券法的性质和宗旨，在调整证券法律关系时所普遍遵循和适用的原则。学者们对于证券法基本原则的观点各不相同：部分学者认为应当包括公开、公正、公平原则，平等、自愿、有偿、诚实信用原则，证券活动依法进行原则，分业经营、分业管理原则，国家统一监管和证券业自律管理、审计监督相结合的原则。[①] 有学者则认为证券法的原则性规定并不等同于证券法的基本原则，证券法的基本原则应当是公开、公正、公平和效率。[②] 虽然学者们的观点不一而足，但都达成了共识，即证券法的基本原则应当包括“三公”原则。

由于证券市场是一个零和博弈的市场，证券法的重要功能就是减少因信息不对称而引发的不公平交易，进而实现保护投资者利益的最终目标。因此，证券法应当立足公开、公平、公正的基本原则，以此保障证券法对证券市场的外部干预效果，与市场的自我监管形成合力，打造更为健康的证券市场。不可否认，安全、效率、投资者保护等原则也很重要，但在“三公”基本原则得以实现的基础上，其他原则都是其目标原则。

公开原则意指信息公开。有效市场理论认为，信息因素是决定股票价格波动的最重要原因，[③]因此各国的证券法基本都以信息披露为核心开展证券监管活动。发行人必须依照法定要求与程序向投资者披露可能影响证券价格的信息，如在证券发行阶段，须通过招股说明书披露与投资者决策有关的所有信息；在公司上市后，须通过定期报告和临时报告及时向公众披露信息，以便投资者获知其经营状况等。

---

① 范健、王建文：《证券法》，法律出版社 2020 年版，第 51～58 页。

② 李东方：《证券法》，北京大学出版社 2020 年版，第 9 页。

③ 胡金众、郭峰：《有效市场理论论争与中国资本市场实践——2013 年度诺贝尔经济学奖获奖成就实证检验》，载《经济学动态》2013 年第 12 期。

公平原则意在保障证券交易的参与者之间地位平等、权利义务对等。具体而言，包括适格主体具有进入市场参与交易的机会，投资者群体在平等获得信息的前提下进行投资决策，禁止内幕交易、操纵市场等违法行为。在公平原则得以实现的基础上，“风险买者自负”才是一种公平的责任分配机制。

公正原则是对证券市场监管者提出的要求，在履行职责时应当不偏不倚，在执法和司法过程中对监管对象一视同仁，既不偏袒也不打压，既不放过任何扰乱证券市场秩序的违法行为，也不随意阻碍市场正常的发展创新，确保其监管行为的合法性、合理性和正当性。

第二节　证券发行制度

一、证券的发行方式

我国《公司法》《证券法》均未对证券发行的概念作出明确界定，通俗来说，证券发行其实就是公司为了募集资金而作出证券并卖给投资者的活动，此时公司被称为发行人，而购买证券的持有人则被称为投资者。由于这是证券被制作出来并首次投放到市场中的活动，由此而形成的市场就被称为一级市场；发行之后证券会在不同的投资者手中被转手买卖，是证券的二次交易，因此将之形成的市场称为二级市场。

（一）公开发行

《证券法》虽然未明确界定发行行为，但在第 9 条第 2 款界定了公开发行行为：“有下列情形之一的，为公开发行：向不特定对象发行证券；向特定对象[①]发行证券累计超过二百人，但依法实施员工持股计划的员工人数不计算在内；法律、行政法规规定的其他发行行为。”可见，《证券法》重点关注的是公开发行行为。如果是公司首次公开发行股票，也被称为 IPO（Initial Public Offering）。公开发行是证券发行中最常用也是最基本的发行方式，其涉及的投资者众多，募集资金成功率更高，但也可能因为发行人进行虚假的信息披露而给公众投资者带来损失，甚至给整个证券市场带来风险，因此，各国一般都对证券的公开发行设定严格的条件和程序。我国的证券发行制度经历了审批制、核准制与注册制三种模式的变革。

审批制是对证券发行实行“额度控制”，拟发行公司需先向地方政府或中央企业主管部门提出发行股票的申请，经过初步审核后，转报至证券管理部门。证券管理部门受理申请并审核同意后，转报证监会核准发行额度。获得批准后，公司方可进行股票发行。这种制度体现了中国证券市场发展初期的特点，即高度依赖政府的计划和指导。在我国

① 《证券法》并未对特定对象与不特定对象进行界定，但《非上市公众公司监督管理办法》第 43 条明确了特定对象的范围：(1)公司股东；(2)公司的董事、监事、高级管理人员、核心员工；(3)符合投资者适当性管理规定的自然人投资者、法人投资者及其他非法人组织。

证券市场建立之初，还需要“摸着石头过河”时，审批制能够有效控制股票市场的供应，防止市场过热，确保风险可控，保护投资者利益，有其存在的必要性。随着市场的发展，审批制的过度行政干预可能抑制市场的自主性和创新力，限制了市场的自然发展，并且过于严格的控制也导致市场资源配置的效率低下。

核准制，也称为“准则制”或“实质审查制”，要求发行人在申请发行证券时，不仅要公开全部可以供投资者判断的材料，还要符合证券发行的实质性条件。证券主管机关对发行人提出的申请以及有关材料，进行实质性审查。不仅仅关注信息披露的完整性，还关注发行人的资质和发行条件的符合性，作出价值判断。1999年7月1日，我国《证券法》正式实施，第10条确立了我国证券发行的双轨制：“公开发行证券，必须符合法律、行政法规规定的条件，并依法报经国务院证券监督管理机构或者国务院授权的部门核准或者审批；未经依法核准或者审批，任何单位和个人不得向社会公开发行证券。”第11条明确公开发行股票实行核准制，而公开发行债券则实行审批制。2005年《证券法》修订，取消了双轨制，股票与债券的公开发行一律实行核准制。核准制之下，通过证券监管机构的实质性审查，有助于把控准入端的发行人质量，降低欺诈发行的概率，对促进我国证券市场的稳定发展和保护投资者利益发挥了重要作用。但与此同时，核准制也存在明显的弊端：发行成本高、时间周期长，甚至出现了“堰塞湖”现象；投资者过分依赖监管者的价值判断，对投资缺乏必要的风险意识；发行定价机制不合理，导致一级市场与二级市场价格悬殊，股民热衷于“打新股”；公开发行成为一种稀缺资源，必然出现权力寻租现象。

注册制又称为“申报制”“登记制”，目前全球主要的证券交易所对于IPO几乎都采用了注册制，虽然注册制没有统一的模式，各国（地区）在立法方面也存在差异，但注册制的核心是信息披露这一点是毫无疑问的。发行人依法将与发行证券相关的信息资料按要求申报及公布，证券监管机构不再对发行行为及证券本身作出价值判断，只要发行人符合基本要求，提供的信息真实，便可注册发行。“企业是不是公开发行股票、何时发行、发行的价格如何，这都是由市场决定。也就是说由发行人、承销商和投资者等市场的主体来博弈……注册制仍然是要审核的，但这个审核是以信息披露为中心，以投资者的需求为导向……审核机关主要是对文件的齐备性、一致性和可理解性负责。但是它对上市公司是不背书的。上市公司有没有投资的前景、有没有价值，审核机关是很难对此作出判断的，这些都要交给市场主体来作出判断。”①

案例分析：为扩大生产规模，筹集公司发展所需资金，鄂神股份有限公司拟发行总值为1亿元的股票，请问：鄂神股份有限公司是否可以溢价发行股票？（国家统一法律职业资格考试2012年卷三第34题）

解析：可以。为了实现公司的资本维持原则，股票发行价格可以平价，也可以溢价，但不得折价发行，股票发行采取溢价发行的，其发行价格由发行人与承销的证券公司协商确定。

① 《谈注册制、退市力度、公司分红……肖钢在这个会上都说了些啥》，https://www.yicai.com/news/100691224.html，最后访问日期：2025年1月24日。

关于“我国证券发行注册制的改革”的详细阐释，可扫码收听音频和阅读文字材料：

（二）非公开发行

非公开发行又称为“私募发行”或“定向发行”，由于发行人仅面向少数特定的投资人募集资金，因此发行程序相对简单，发行成本也较低。很多国家对于非公开发行的信息披露要求都很宽松，只需备案或者登记即可。

我国《证券法》中涉及非公开发行的条文有 2 个。第 9 条第 3 款要求“非公开发行证券，不得采用广告、公开劝诱和变相公开方式”，否则就会被视为变相公开发行。第 12 条第 2 款规定：“上市公司发行新股，应当符合经国务院批准的国务院证券监督管理机构规定的条件，具体管理办法由国务院证券监督管理机构规定。”由于上市公司的发行行为涉及众多中小投资者，即使非公开发行也要受到严格监管。据此，证监会曾经专门出台了《上市公司证券发行管理办法》与《上市公司非公开发行股票实施细则》两部法律文件（二者已被《上市公司证券发行注册管理办法》取代）对上市公司非公开发行中涉及的发行条件、信息披露、审核要求、承销保荐、转让限制等问题作出安排。

二、证券承销

证券发行具有很强的专业性与技术性，发行条件严格、程序复杂，存在较大的风险，因此发行人自身通常难以处理发行事宜。因此，我国《公司法》第 155 条规定：“公司向社会公开募集股份，应当由依法设立的证券公司承销，签订承销协议。”《证券法》第 26 条第 1 款也规定：“发行人向不特定对象发行的证券，法律、行政法规规定应当由证券公司承销的，发行人应当同证券公司签订承销协议。证券承销业务采取代销或者包销方式。”承销是证券的间接发行方式，承销主体必须是具有合法资质的证券公司，也被称为承销商，依靠自身在证券市场中的信誉和业务渠道，成为沟通发行人和投资者的桥梁，提高证券发行的成功率。

（一）承销方式

承销包括代销与包销两种方式。为规范承销工作，证监会专门发布了《证券发行与承销管理办法》。

证券代销，是指证券公司代发行人发售证券，在承销期（最长不超过 90 日）结束时，将未售出的证券全部退还给发行人。证券公司与发行人之间是一种委托代理关系，证券公司不保证发行一定能够达到预期效果，发行失败的风险由发行人自行承担，因此证券公司收费也较低。

证券包销，是指证券公司将发行人的证券按照协议全部购入或者在承销期结束时将售后剩余证券全部自行购入的承销方式。前者称为全额包销，后者称为余额包销。此时，证券公司与发行人之间是一种买卖关系，证券卖不出去的风险会部分或者全部转移给证券公司，证券公司会动用自有资金购买发行人的证券，如果卖不出去就会被套牢。包销方式下证券有两个价格：一是发行人卖给承销商的价格；二是承销商卖给投资者的价格，即发行价。后者必然高于前者，二者的价差就是承销报酬。

在注册制改革之前，由于一级市场和二级市场的价格差异问题，申购新股往往意味着可观的收益，为防止承销商利用自己的优势地位优先购买证券，我国《证券法》第 31 条还特别规定，证券公司在代销、包销期内，对所代销、包销的证券应当保证先行出售给认购人，不得为本公司事先预留所代销的证券和预先购入并留存所包销的证券。

如果证券发行的数额比较小，一家证券公司就能够完成承销任务，自行承担相关的风险。但如果发行数额很大，则需要由多家证券公司组成承销团，共同承担承销工作，集中客户网络资源提高资金募集成功的可能性，也能分散承销风险。此时需要选定一家证券公司担任主承销商，一般由竞标或协商方式确定，代表承销团与发行人签订承销协议，并与其他承销商签订分销协议，明确彼此的权利和义务。

（二）承销商的特殊权利与义务

1.确定发行价格

2004 年以前，我国新股发行价格是政府定价模式，一般发行价格不得超过 20 倍市盈率。二级市场上的交易价格高达 100 多倍市盈率，一、二级市场的价格存在畸形差，这是股民热衷于打新股的根源。2004 年证监会发布《关于首次公开发行股票试行询价制度若干问题的通知》，尝试向市场定价机制转型。2006 年的《证券发行与承销管理办法》则进一步细化了询价制度。2013 年证监会发布了新的《证券发行与承销管理办法》，不再强制要求发行人在首次公开发行股票时向特定类别的机构投资者询价，而是既可以向“具备丰富的投资经验和良好的定价能力”的网下投资者询价，也可以“与主承销商自主协商直接定价”，把发行定价权都交给了市场。目前主板定价采取直接定价与询价两种方式，而科创板对新股发行定价不设限制，建立以机构投资者为参与主体的询价、定价、配售等机制，充分发挥机构投资者的专业能力。

2.核查发行文件

发行人通过招股说明书等招募文件向社会公众进行信息披露，而承销商则运用其专业技能与经验协助发行人制作完成相关文件，因此承销商具有掌握发行人真实情况的条件，有义务确保披露信息的真实、准确与完整。《证券法》第 29 条规定：“证券公司承销证券，应当对公开发行募集文件的真实性、准确性、完整性进行核查。发现有虚假记载、误导性陈述或者重大遗漏的，不得进行销售活动；已经销售的，必须立即停止销售活动，并采取纠正措施。”一旦信息披露义务人未按照规定披露信息，或者公告的证券发行文件、定期报告、临时报告及其他信息披露资料存在虚假记载、误导性陈述或者重大遗漏，致使投资者在证券交易中遭受损失，信息披露义务人应当承担赔偿责任；承销的证券公司及其直接责任人员，应当与发行人承担连带赔偿责任，除非能够证明自己没有过错。

3.超额配售选择权

超额配售选择权，又称为“绿鞋选择权”，由美国的绿鞋公司在发行中首创该做法。

它是由发行人授予主承销商一项选择权，获此授权的主承销商可以根据市场认购情况，在股票发行上市后的1个月内，按同一发行价格超额发售一定比例的股份(通常在15%以内)，即主承销商按不超过包销额115%的股份向投资者发售，发行人取得按包销额发售股份所募集的资金。新股上市后的1个月内，如果市价跌破发行价，主承销商用超额发售股份取得的资金从二级市场购回股票，分配给提出申购的投资者；如果市价高于发行价，主承销商可以要求发行人增发这部分股份，分配给提出申购的投资者，发行人取得增发这部分股份所募集的资金。这样，主承销商在未动用自有资金的情况下，通过行使超额配售选择权，以平衡市场对某只股票的供求，起到稳定市价的作用。我国于2001年发布《超额配售选择权试点意见》引入该制度，目前已经广泛运用于证券发行阶段。当然，由于行使超额配售选择权有操纵市场的可能性，因此一方面要对增发的数量予以限制，即最多不超过15%；另一方面其实施应当遵守证券交易所、证券登记结算机构和中国证券业协会的规定。

(三)保荐制度

保荐，即保证与推荐之意。保荐制度，又称为"保荐人制度"，是指在证券发行、上市期间由符合资质的证券公司担任保荐人，推荐发行人证券发行上市，持续督导发行人履行相关义务的制度。证券法引入保荐制度源于内地企业赴港上市，由于发行H股的公司注册与管理都在内地，其行为不受香港地区法律管辖，两地的公司法律体系差异性较大，发行人对于香港的发行上市规则也不熟悉。为了接纳更多的H股公司上市并保证其质量，香港证券交易所对H股实行保荐制度，确保H股公司与香港公司适用同样的发行上市标准与公司治理要求。

证监会于2004年发布《证券发行上市保荐制度暂行办法》，正式引入保荐制度，明确了保荐机构和保荐代表人的责任，并建立了责任追究机制，强化了中介机构在股票发行过程中的职责，提高了信息披露的质量，保护了投资者利益。根据最新修订的《证券发行上市保荐业务管理办法》，"发行人从事下列发行事项，依法采取承销方式的，应当聘请具有保荐业务资格的证券公司履行保荐职责：(一)首次公开发行股票；(二)向不特定合格投资者公开发行股票并在北京证券交易所(以下简称北交所)上市；(三)上市公司发行新股、可转换公司债券；(四)公开发行存托凭证；(五)中国证券监督管理委员会(以下简称中国证监会)认定的其他情形"。

需要注意的是，保荐制度的引入时间比较晚，2005年修订《证券法》时才在法律层面上确立了这一制度，在此之前《证券法》中只有承销人的相关规定。而承销人和保荐人都负有确保发行人依法进行信息披露的义务，因此实务中通常保荐人也同时担任主承销商。最高人民法院在《关于审理证券市场因虚假陈述引发的民事赔偿案件的若干规定》中明确，"证券承销商、证券上市推荐人或者专业中介服务机构，知道或者应当知道发行人或者上市公司虚假陈述，而不予纠正或者不出具保留意见的，构成共同侵权，对投资人的损失承担连带责任"。而在《关于审理证券市场虚假陈述侵权民事赔偿案件的若干规定》中延续了这一思路，规定承担连带责任的当事人之间的责任分担与追偿，按照《民法典》第178条“连带责任”的规定处理，保荐机构、承销机构等责任主体以存在约定为由，请求发行人或者其控股股东、实际控制人补偿其因虚假陈述所承担的赔偿责任的，人民法院不予支持。这种裁判思路进一步压实了中介机构“看门人”的责任。

关于“万福生科欺诈发行保荐人担责案件”的延伸阅读，可扫描二维码阅读文字材料：

第三节　证券上市与退市制度

一、证券上市

在我国《证券法》中，证券上市是指公开发行的证券进入证券交易所挂牌交易的过程，如果挂牌交易的是股票，则发行人就被称为上市公司。[①] 而在场外市场如新三板挂牌交易的公司，并非真正意义的上市公司。

（一）证券上市的意义

证券发行形成了一级市场，交易形成了二级市场，而上市则是沟通一、二级市场的中间环节。证券发行能够帮助发行人解决募集资金的问题，当发行完毕，则发行人的目的已经达成，是否上市看似并无影响。但事实上，上市之后能够借助证券交易所的便利，将买卖双方的交易意愿充分汇聚起来，打破时间、空间的限制，提供集中撮合服务，匹配交易信息，减少“一对一”谈判和自行寻找交易对手的交易成本，极大地提高了交易的成功率，从而提升了证券的流通性，这也是规模化的证券市场的优势所在。投资人可以通过二级市场进行投资或者投资变现，且上市公司面对更为严格的信息披露要求与监管规则，能够有效消除信息不对称，极大程度上打消投资者的顾虑，使发行成功的可能性更高，也能为公司未来再次募集资金打下良好的市场基础。

证券上市对于发行人、投资者都具有十分重要的意义。

从发行人的角度来看，首先，由于证券上市必须满足一定的标准和条件，这就意味着上市公司往往在经营业绩、公司治理水平等方面都是行业的佼佼者，一旦公司上市，就能够大幅提升其公司地位和社会形象。其次，上市公司通过信息披露、证券交易所每日行情揭示及新闻媒体的报道等，曝光率很高，相当于一种广告效应，能够提升其知名度。此

---

① 股票、债权、基金、存托凭证等证券都能够在证券交易所上市，由于本节重点关注的是公司上市、退市问题，而证券交易所的规则也重点关注股票上市规则，因此在无特殊说明的情况下，本节中所指称的证券上市、退市即特指股票的上市、退市。

外，证券上市后流通性增强，未来增发新股或发行债券融资会得到更多投资者响应，为公司的发展提供了重要保障。

从投资者的角度来看，上市公司面临更为严格的强制信息披露制度，为投资者作出投资决策提供了更为充分的参考。上市证券能够以公司价值为基础，通过市场供求关系的影响形成更为合理的市场价格，消除了投资者议价能力的差别。同时，证券上市后的高流通性让投资者的投资收益更为多元化，投资者不仅可以通过分红的方式分享上市公司的经营利益，还能够通过"炒股"来迅速赚取差价获益，激发投资者的投资热情。

（二）证券上市的监管

证券发行与证券上市是两个截然不同的环节。通过证券发行活动，闲散的社会资本能够聚集起来成为产业资本，在全社会甚至全球范围内实现资源的优化配置，是一个产生证券增量的行为。而证券上市则是投资者之间进行资金互换的基础，为存量证券在投资者之间换手提供条件，交易资金并不会进入实体经济。因此，发行监管与上市监管应当由不同的主体负责。在注册制之下，发行监管的关注重点在于注册文件是否符合信息披露的要求，而不需要对证券的质量与投资价值作出判断。上市监管则是对拟上市证券的价值进行审查，包括发行人的资质、发行条件、发行规模、盈利前景、财务数据的真实性等。

有些国家会将证券发行与上市相分离，将审核的权利赋予不同主体，如英国。在英国如果通过专业证券市场（the professional securities market）上市，不需要提供监管当局审批的招股说明书。但要在主板市场（main market）上市，则要先由英国上市监管署（UKLA）对其招股说明书进行实质审核，审核通过则获得"正式名单"（official list）资格，其后发行人再通过交易所的上市审核。

我国则将证券发行与上市合二为一，公开发行必然要上市，而上市也必须以公开发行为前提。这种捆绑模式导致证券交易所的上市审核权限事实上被架空，通常只要发行人获得了证监会的公开发行许可，就必定能够通过证券交易所的上市审核。1998 年《证券法》第 43 条规定，"股份有限公司申请其股票上市交易，必须报经国务院证券监督管理机构核准。国务院证券监督管理机构可以授权证券交易所依照法定条件和法定程序核准股票上市申请"。在立法层面上将发行和上市的审核统一交由证监会决定，证券交易所对于上市事宜并无独立判断的空间。值得一提的是，当时股票上市的具体条件规定在《公司法》"上市公司"一节中，而债券上市条件却放在《证券法》中，这种割裂的做法给操作层面徒增不便，其合理性值得商榷。2005 年《证券法》对于上市制度作了大幅调整："申请证券上市交易，应当向证券交易所提出申请，由证券交易所依法审核同意，并由双方签订上市协议。证券交易所根据国务院授权的部门的决定安排政府债券上市交易。"从字面意义上看，上市审核权交给了证券交易所，但在公开发行与上市不可分割的制度安排下，证券交易所并未获得事实上的审核权。2005 年修法时，将原《公司法》中的股票上市条件吸收调整，使《公司法》和《证券法》的分工更为明晰，这一做法值得肯定。其后，《证券法》又历经 2013 年、2014 年两次修正，但都未再涉及上市制度。直至 2019 年修法，结合注册制改革的背景，证监会与证券交易所重新明确分工定位，以审监分离为原则，对上市制度作出根本性调整，第 47 条规定："申请证券上市交易，应当符合证券交易所上市规则规定的上市条件。证券交易所上市规则规定的上市条件，应当对发行人的经营年限、财务状况、最低公开发行比例和公司治理、诚信记录等提出要求。"彻底将上市审核的权限交给证券交易所，对于上市条件仅作出要素安排，由证券交易所自行制定具体的上市标准。目前，《上海证券交易所股票上市规则》《深圳证券交易所股票上市规则》《北京证券交易所股票上市规则》共同构建了我国多层次资本市场的上市标准，针对不同板块的股票提出包容性、多元化的上市要求，为资本市场扩容，助力实体经济解决融资难问题。

不仅如此，鉴于审核工作的专业性与业务量，证监会将发行审核的工作也交由证券交易所完成，交易所形成审核意见后报送证监会，再由证监会作出是否同意注册的最终决定。

关于"公开发行募集资金到位却被叫停上市的案件"的延伸阅读，可扫描二维码阅读文字材料：

二、退市制度

一个健康的证券市场不仅要关注准入机制，也要有完善合理的退出机制，让真正具有投资价值的公司留在市场中。然而在我国证券市场设立之初，无论是投资者还是监管部门，都没有意识到淘汰机制的重要性。

最早对股票发行交易进行监管的依据是 1993 年国务院发布的《股票发行与交易管理暂行条例》，其中并无退市规则的安排，使得股市变成了一个"有进无出"的池子，这种设计缺陷也让发行人把上市看作是终点，进入股市之后就可以"躺平"，也是许多上市公司突然业绩变脸的重要原因。直到 1994 年 7 月 1 日《公司法》正式实施，第 157 条、第 158 条①成为我国上市公司退市制度的雏形，其制度设计是分两步走：公司出现相关情形会触发暂停上市，若后果严重或限期未能消除才会终止上市，也即真正的退市。但由于退市问题涉及社会稳定与政治安定，因此终止上市迟迟无法真正落实，长达七年的时间并无一家公司退市，即使已经触发《公司法》的退市条件。反倒是对于已实施暂停上市的公司，为满足股东的流通需求，证监会于 1999 年 6 月 21 日对上海、深圳证券交易所报送

① 《公司法》(1993)第 157 条："上市公司有下列情形之一的，由国务院证券管理部门决定暂停其股票上市：(一)公司股本总额、股权公布等发生变化不再具备上市条件；(二)公司不按规定公开其财务状况，或者对财务会计报告作虚假记载；(三)公司有重大违法行为；(四)公司最近三年连续亏损。"第 158 条："上市公司有前条第(二)项、第(三)项所列情形之一经查实后果严重的，或者有前条第(一)项、第(四)项所列情形之一，在限期内未能消除，不具备上市条件的，由国务院证券管理部门决定终止其股票上市。公司决议解散、被行政主管部门依法责令关闭或者被宣告破产的，由国务院证券管理部门决定终止其股票上市。"

的《关于发布〈股票暂停上市相关事项的处理规则〉的请示》和《关于报批〈上市公司股票暂停上市处理规则〉的报告》作出批复，同意公司股票暂停上市后实行特别转让（particular transfer），简称“PT 规则”。相较于正常的集合竞价交易，PT 规则的特别之处在于：(1)公司股票简称前冠以“PT”样；(2)投资者在每周星期五开市时间内进行转让委托申报；(3)申报价格幅度在上一次转让价格上下 5%以内的，为有效申报；(4)证券交易所在每周星期五收市后对有效申报按集合竞价方法进行撮合成交，成交当日向交易所会员发出成交回报；(5)转让信息由指定报刊设专门栏目在次日公告，不在交易行情中显示，成交数据不计入指数计算和市场统计。2001 年 4 月，证监会发布实施《上市公司股票特别转让处理规则》。PT 规则虽然形式上是对股票已被暂停上市的公司进行退市预警，但结合当时的市场环境与监管压力，事实上是一种缓冲机制，如果公司被暂停上市至摘牌，其股票流通性大幅减弱，尚且持有该类公司股票的投资者就可能因为无法交易离场而出现严重的投资损失。PT 规则在实施过程中也进行过多次调整，包括跌幅限制、申请宽限期、延长暂停上市期限等，该制度作为一种过渡性措施，在我国平稳实施退市制度的进程中发挥了重要作用。①

为理顺证券监管工作的权限安排，2005 年《公司法》与《证券法》同步修改的过程中，退市规则正式从《公司法》移交到《证券法》，并明确规定股票终止上市由证券交易所决定。然而从 2001 年至 2019 年，退市的公司总计 69 家，其中有 21 家属于吸收合并后退市，真正依照退市规则而退市的公司仅有 47 家。这并不意味着我国上市公司普遍质量很高，而是核准制之下上市难、排队久，借壳上市②就成为一条捷径，导致“壳资源”稀缺，即使上市公司业绩平平甚至举步维艰，但也能够通过卖壳的方式继续留在市场中。

2014 年开始，我国退市制度得到了迅速发展。证监会发布的《关于改革完善并严格实施上市公司退市制度的若干意见》，提出了七方面的要求：(1)健全上市公司主动退市制度；(2)实施重大违法公司强制退市制度；(3)严格执行不满足交易标准要求的强制退市指标；(4)严格执行体现公司财务状况的强制退市指标；(5)完善与退市相关的配套制度安排；(6)加强退市公司投资者合法权益保护；(7)进一步落实退市工作责任。通过附表明确了主动退市与强制退市共计 26 种具体情形，为退市制度提供了更为细致、更具可操作性的标准，其中“上市公司股票连续 20 个交易日（不含停牌交易日）每日股票收盘价

---

① 2001 年 4 月 23 日，已连续四年亏损的“PT 水仙”申请宽限期未获上海证券交易所批准，证监会作出决定，“PT 水仙”终止上市，成为我国证券市场上第一支被摘牌的股票，上海水仙电器股份有限公司成为我国第一家因连年亏损而依法退市的上市公司。2002 年 1 月 1 日，证监会正式实施《亏损上市公司暂停上市和终止上市实施办法（修订）》，取消了 PT 规则。而上海证券交易所和深圳证券交易所也于同年 2 月修订《股票上市规则》，不再提供特别转让服务，PT 股票正式退出历史舞台。

② 借壳上市就是一家非上市公司选定一家市值较低的上市公司，通过股权收购、资产置换等方式获得其控制权，并通过该上市公司使母公司资产达到上市的目的。如 2016 年 5 月 22 日，顺丰控股全体股东与鼎泰新材、刘某鲁及其一致行动人刘某云签订《重大资产置换及发行股份购买资产协议》。2017 年 2 月 23 日，顺丰借壳鼎泰新材（股票代码 002352）在深圳证券交易所上市，次日证券简称由“鼎泰新材”变更为“顺丰控股”，股票代码不变。其间仅历时 9 个月时间，远比一般的 IPO 项目要快速。

均低于股票面值”也被称为“面值退市”标准，是 2014 年之后上市公司退市最主要的原因。

回顾我国证券市场发展历程，为解决企业融资难问题，我国过去近 30 年来一直致力于为资本市场做加法，不断优化资本市场准入制度，提升直接融资比例，通过股权分置改革、注册制改革等一系列措施给准入端松绑、减负，IPO 开始常态化，上市公司数量激增。截至 2024 年 4 月 24 日，A 股上市公司已达 5364 家。而在 2004 年，我国上市公司仅有 1377 家，20 年间差不多翻了两番。然而在上市数据一路高歌猛进的同时，退市公司的数量却不到 300 家，二者呈现严重倒挂现象。优质公司才能吸引更多的投资者进入证券市场交易，证券交易所的宗旨就是筛选具有良好业绩、成长性好或市场认可度高的公司挂牌上市。如果上市公司表现不佳还允许其继续留在交易所市场中，会分散投资者的资金，挤占优质企业能够获得的资源空间，增加不必要的交易成本和信息成本。因此，退市制度是衡量证券市场健康与否的重要标准，优化退市制度势在必行。上海证券交易所和深圳证券交易所通过《股票上市规则》对退市问题作了系统安排，并将强制退市制度作为重点规范领域，细分为交易类强制退市、财务类强制退市、规范类强制退市及重大违法类强制退市。同时，为保障投资者利益，设置了退市整理期，在此期间公司证券代码不变，股票简称后冠以退标识，退市整理股票进入风险警示板交易。退市整理期为 15 个交易日，原则上不停牌，确需全天停牌的，停牌期间不计入退市整理期。

此外，《股票上市规则》还涉及重新上市问题，除欺诈发行强制退市情形外，其他股票退市后均可以在满足条件的情况下重新申请上市。

关于“长生生物强制退市案”的延伸阅读，可扫描二维码阅读文字材料：

第四节　证券交易制度

证券交易[①]形成了二级市场，与融资为目的的证券发行不同，证券交易承担的功能是

① 我国证券法一直注意区分“交易”与“转让”。依照《证券法》第 37 条的规定，“公开发行的证券，应当在依法设立的证券交易所上市交易或者在国务院批准的其他全国性证券交易场所交易。非公开发行的证券，可以在证券交易所、国务院批准的其他全国性证券交易场所、按照国务院规定设立的区域性股权市场转让”。可见只有公开发行的证券才能“交易”，其中包括上市交易的证券和在新三板挂牌的证券。

实现证券的流动性，为买卖双方提供交易成本更小的交易机会。[①] 证券法的任务之一就是规范好二级市场的交易秩序，确保股票高质量的流动，保护投资者的合法权益。因此，证券法规范证券交易的方式一是建立基本交易规则，如证券交易场所、证券交易方式、证券交易类型等；二是明确证券市场禁止的交易行为，如内幕交易、操纵市场等。

一、证券交易的场所

证券交易具有无形性、公众性、高频次、标准化等特点，要求其必须在固定的交易场所开展，依托规范化的交易基础设施与自律管理规则，以保障交易安全、提高交易效率、促进价格形成、防范交易风险。[②]

公开发行的证券应当在依法设立的证券交易所上市交易或者在国务院批准的其他全国性证券交易场所交易。目前，我国已形成上海证券交易所、深圳证券交易所、北京证券交易所三足鼎立之势，其中北京证券交易所是证监会为深化新三板改革，以新三板精选层为基础于 2021 年 9 月组建。只有在三大证券交易所进行的证券交易才能称之为上市交易，而在国务院批准的其他全国性证券交易场所进行的交易一般只能称之为挂牌交易。

2019 年《证券法》修订时将新三板明确定位为“国务院批准的全国性证券交易场所”，新三板挂牌公司为“股票在国务院批准的其他全国性证券交易场所交易的公司”，为与《证券法》的这一变动保持一致，全国中小企业股份转让系统有限责任公司对《全国中小企业股份转让系统股票转让规则》进行了修订，并更名为《全国中小企业股份转让系统股票交易规则》，并将条文中“股票转让”有关概念修改为“股票交易”，于 2019 年 12 月 27 日发布实施。其后，全国股转公司又修改了《全国中小企业股份转让系统交易单元管理细则（试行）》《全国中小企业股份转让系统做市商评价指引（试行）》等 16 件业务规则的部分表述，将涉及“股票转让”的相关概念修改为“股票交易”，于 2020 年 9 月 29 日发布。

二、证券交易的方式

依照证券交易价格的形成方式，证券交易可以通过集中竞价交易、做市交易和协议交易等方式来完成。

---

① 一方面，证券交易形成的二级市场的价格变化理论上不会影响发行人筹集资金的行为，因为此时发行人募集的资金已经到位，在公司不减少注册资本的情况下，证券交易是发生在投资者之间的资金与证券的交换行为，与作为发行人的公司无关。另一方面，二级市场的价格变化会对发行人未来的筹资行为产生影响。首先，证券交易形成了市场价格，发行人再次募集资金时，往往要参考市场价格来确定发行价格；其次，如果发行人在二级市场中的股价大幅下跌，尤其跌破发行价的情况下，会影响其市场声誉，削弱甚至打消投资人的投资意愿，导致该公司未来的筹资活动难以开展。基于这些考量，上市公司一般都很关心自己的股价，有些公司还很注重公司分红政策的连续性，都是为了让本公司的股价能够维持在一个相对合理稳定的水平。

② 上海证券交易所、深圳证券交易所及北京证券交易所都在主要职能中列明：提供证券集中交易的场所、设施和服务，组织和监督证券交易。

（一）集中竞价交易

集中竞价是证券交易所采用的最典型的交易方式。该模式下买卖双方通过公开竞价来确定证券的成交价格，在这个过程中，所有买方之间和所有卖方之间都存在竞争。集中竞价又分为集合竞价与连续竞价两种模式，前者是指对一段时间内接受的买卖申报进行一次性撮合成交的竞价方式，后者是指对买卖双方的申报连续撮合成交的竞价方式。

集中竞价以电子化自动交易技术为依托，我国的三大证券交易所及新三板都具备相应的技术基础，因此都以集中竞价作为交易方式之一。区别在于三大证券交易所既有集合竞价也有连续竞价，而新三板目前仅引入了集合竞价方式。上海证券交易所和北京证券交易所通过集合竞价方式确定每个交易日的开盘价格，而深圳证券交易所的开盘价格和收盘价格均通过集合竞价方式确定。集合竞价方式下成交价格的确定原则为：(1)成交量最大的价位；(2)高于成交价格的买入申报与低于成交价格的卖出申报全部成交；(3)与成交价格相同的买方或卖方，至少有一方的订单全部成交。若有两个以上价位符合条件的：上海证券交易所取使未成交量最小的申报价格作为成交价格，若仍有两个以上的申报价格符合上述条件的，则取其中间价作为成交价格。深圳证券交易所取在该价格以上的买入申报累计数量与在该价格以下的卖出申报累计数量之差最小的价格为成交价，在买卖申报累计数量之差仍存在相等的情况下，开盘价取最接近即时行情显示的前收盘价的价格为成交价，收盘价则取最接近最近成交价的价格为成交价。北京证券交易所取在该价格以上的买入申报累计数量与在该价格以下的卖出申报累计数量之差最小的价格为成交价，如果在买卖申报累计数量之差仍存在相等的情况下，取最接近最近成交价的价格为成交价，当日无成交的情况下，取最接近前收盘价的价格为成交价。

在连续竞价时间内，交易连续不停地进行，此时根据“价格优先、时间优先”的规则对买卖双方的交易信息进行匹配。价格优先是指价格较高的买入申报优于价格较低的买入申报，价格较低的卖出申报优于价格较高的卖出申报。时间优先是指买卖订单方向相同且价格相同的，先申报者优于后申报者，该优先顺序按照交易所的主机接受申报的时间确定。

（二）做市交易

做市交易，也称为“做市商交易模式”，即报价转让，在该模式下，买卖双方不需要等待交易对手出现，而是由做市商（market maker）持续不断地为特定证券向投资者报出买卖价格，并在该价位上接受投资者的买卖交易，“为卖而买、为买而卖”，以此来促进交易的进行，为市场制造流动性。做市商通常是一些资金实力雄厚、市场信誉良好的证券公司，在监管部门注册登记后，取得做市商资格。所有交易都是在投资者和做市商之间完成的，做市商作为买者和卖者的中介，解决了买卖双方在出价时间上的不对称问题。

我国于2022年10月31日启动科创板的做市商制度，首批参与做市商的券商共14家，涉及的股票共42只，其中包括22家科创50成份股，做市商包括国泰君安、华泰证券、中信证券、招商证券、东吴证券等。2023年1月19日，北京证券交易所发布了《北京证券交易所股票做市交易业务细则》和《北京证券交易所股票做市交易业务指引》，正式确立了做市商制度，并于2月20日正式启动做市商制度，共有15家券商获批参与做市交易，涉及36家做市标的股票。做市交易有助于提升股票流动性、释放市场活力、增强市场韧性、平衡投融两端，同时有利于降低投资者交易成本、提升市场定价效率。

（三）协议交易

协议交易是与集中竞价交易对应的一种证券交易方式，在我国证券市场中通常适用于大宗交易，即单笔买卖申报达到证券交易所规定的数量或金额时，证券交易所对其采用的特殊交易方式。（具体见表7-3）

有价格涨跌幅限制证券的协议大宗交易的申报价格在该证券当日涨跌幅限制价格范围内确定。无价格涨跌幅限制证券的协议大宗交易的申报价格，上海证券交易所、深圳证券交易所规定不得高于该证券当日竞价交易实时成交均价的120%和已成交最高价的孰低值，且不得低于该证券当日竞价交易实时成交均价的80%和已成交最低价的孰高值；北京证券交易所规定不高于前收盘价的130%或当日已成交的最高价格中的较高者，且不低于前收盘价的70%或当日已成交的最低价格中的较低者。大宗交易不纳入本所即时行情和指数的计算，成交量在大宗交易结束后计入该证券成交总量。

表7-3　大宗交易标准

<table>
<tr><th rowspan="2"></th><th colspan="2">股票</th><th rowspan="2">基金</th></tr>
<tr><th>A股</th><th>B股</th></tr>
<tr><td>上海证券交易所</td><td rowspan="2">单笔买卖申报数量应当不低于30万股，或者交易金额不低于200万元人民币</td><td>单笔买卖申报数量不低于30万股，或者交易金额不低于20万美元</td><td rowspan="2">单笔买卖申报数量应当不低于200万份，或者交易金额不低于200万元人民币</td></tr>
<tr><td>深圳证券交易所</td><td>单笔交易数量不低于3万股，或者交易金额不低于20万港币</td></tr>
<tr><td>北京证券交易所</td><td colspan="2">单笔申报数量不低于10万股，或者交易金额不低于100万元人民币</td><td>—</td></tr>
</table>

三、证券交易的类型

（一）现货交易

现货交易即通常所说的“一手交钱一手交货”，要求买方在交易时点即时支付交易价款，以获得卖方所出售的证券，而卖方须即时出售证券以获得相应的资金。但与日常生活中见到的现货交易不同的是，证券交易需要依托系统完成清算交割，而这一工作会在每个交易日收盘后完成，因此证券交易的最终交收时间要晚于实际交易时间。

现货交易是所有交易类型中投机性最小、风险最低的，能够满足公众投资与变现的需求，是各国证券交易的主要类型。但现货交易模式下，只有证券价格持续不断地上涨，才能实现所有投资者的盈利期待，对当前手中未持有证券但又看跌的投资者而言，在现货交易模式下则寻求不到投资机会，由此，容易形成“单边市”。我国在保障资本市场稳步发展的基础上，也在不断探索多品种交易制度的发展，并在2019年《证券法》中得到了明显的体现。

(二)期货交易

期货交易是指买卖双方在达成协议时约定在未来特定时点完成交割的交易方式。由于交易价格在签约时就已锁定，为保障交易安全、确保买卖双方按时履约，期货交易的标的是由中国金融期货交易所制作的标准化合约，同时实行保证金制度。① 期货合约到期时，可以通过实物交割或现金结算的方式来履行，但证券期货领域实行实物交割的情况很少，一般多根据合约的盈亏支付或收取现金。目前中国金融期货交易所发行的证券期货合约主要有两类：权益类的股指期货与利率类的国债期货(见表7-4、表7-5)。

期货交易能够套期保值并具有价格发现的功能，但交易风险较大，因此证券期货交易已经越来越少，出现频率更高的是期权交易(option trading)。期权交易模式下，买卖双方约定的交易内容是在未来可以行使特定的买入或者卖出特定证券的权利，即卖出期权的一方获得期权费，以此为对价，买入期权的一方获得上述权利。依据期权合约中权利的内容是买入还是卖出证券，期权分为看涨期权和看跌期权两种。以看跌期权为例，买入期权的一方通常是看空标的证券的价格，认为其未来的价格走势是下跌，但为了避免判断错误，在交易时以支付期权费的方式获得一项未来卖出的权利，期权费相较于现货交易判断错误而导致的损失来说是较小的对价。当买方对价格走势判断正确时，即可要求行权，以约定好的价格(高于此时的市场价格)卖出证券。

表7-4　沪深300股指期货合约表

合约标的	沪深300指数	最低交易保证金	合约价值的8%
合约乘数	每点300元	最后交易日	合约到期月份的第三个周五，遇国家法定假日顺延
报价单位	指数点	交割日期	同最后交易日
最小变动价位	0.2点	交割方式	现金交割
合约月份	当月、下月及随后两个季月	交易代码	IF
交易时间	上午：9:30—11:30； 下午：1:00—3:00	上市交易所	中国金融期货交易所
每日价格最大波动限制	上一个交易日结算价的±10%		

① 期货交易的参与者通过在期货交易所购买或出售期货合约来开立头寸。购买合约的一方持有多头头寸，出售合约的一方持有空头头寸。为了确保期货交易的正常进行，交易者必须向经纪人支付保证金，相当于保证交易执行的存款。通常包括开仓时支付的初始保证金和维持头寸时所需的维持保证金两种。

表 7-5　上证 50 股指期权合约表

合约标的物	上证 50 指数
合约乘数	每点人民币 100 元
合约类型	看涨期权、看跌期权
报价单位	指数点
最小变动价位	0.2 点
每日价格最大波动限制	上一交易日上证 50 指数收盘价的±10%
合约月份	当月、下 2 个月及随后 3 个季月
行权价格	行权价格覆盖上证 50 指数上一交易日收盘价上下浮动 10%对应的价格范围对当月与下 2 个月合约:行权价格≤2500 点时,行权价格间距为 25 点;2500 点＜行权价格≤5000 点时,行权价格间距为 50 点;5000 点＜行权价格≤10000 点时,行权价格间距为 100 点;行权价格＞10000 点时,行权价格间距为 200 点。对随后 3 个季月合约:行权价格≤2500 点时,行权价格间距为 50 点;2500 点＜行权价格≤5000 点时,行权价格间距为 100 点;5000 点＜行权价格≤10000 点时,行权价格间距为 200 点;行权价格＞10000 点时,行权价格间距为 400 点
行权方式	欧式
交易时间	9:30—11:30,13:00—15:00
最后交易日	合约到期月份的第三个星期五,遇国家法定假日顺延
到期日	同最后交易日
交割方式	现金交割
交易代码	看涨期权:HO 合约月份-C-行权价格 看跌期权:HO 合约月份-P-行权价格
上市交易所	中国金融期货交易所

资料来源:中国金融期货交易所(http://www.cffex.com.cn/)

(三)融资融券交易

融资融券交易,也被称为“信用交易”或“保证金交易”,是指投资者向具有证券交易所会员资格的证券公司提供担保物,借入资金买入证券或借入证券并卖出的行为,前者称为融资交易,后者称为融券交易。(融资、融券交易图见图 7-2、图 7-3)根据《证券法》的规定,证券公司从事融资融券业务必须经过中国证监会批准,并且应当以自己的名义,在证券登记结算机构分别开立融券专用证券账户、客户信用交易担保证券账户、信用交易证券交收账户和信用交易资金交收账户,[①]在商业银行分别开立融资专用资金账户和客

① 融券专用证券账户用于记录证券公司持有的拟向客户融出的证券和客户归还的证券,不得用于证券买卖;客户信用交易担保证券账户用于记录客户委托证券公司持有、担保证券公司因向客户融资融券所生债权的证券;信用交易证券交收账户用于客户融资融券交易的证券结算;信用交易资金交收账户用于客户融资融券交易的资金结算。

户信用交易担保资金账户。①

开立融资专用资金账户和客户信用交易担保资金账户

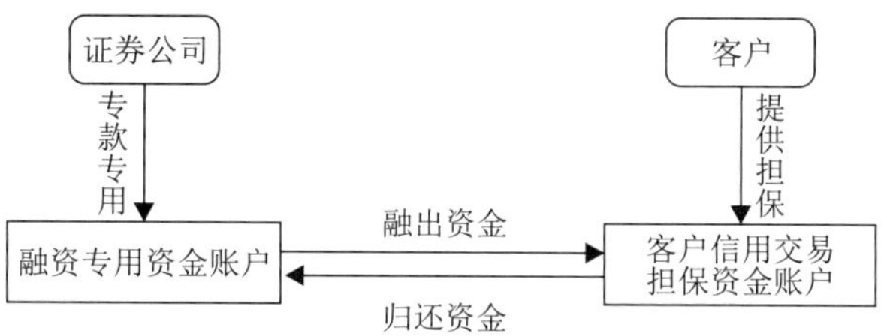

（直接还款或卖券还款）

图 7-2　融资业务示意图

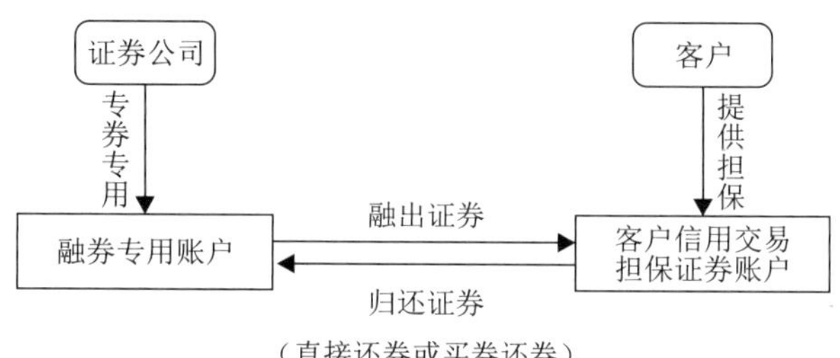

图 7-3　融券业务示意图

“两融”业务中证券公司给予投资者信用，从而扩大了证券交易量。从积极意义上来说，该种交易方式能够活跃市场交易量；但同时也会使证券的价格涨跌更加剧烈，增加投资者的交易风险。为保障“两融”业务的有序开展，证监会发布了《证券公司融资融券业务管理办法》，三大证券交易所也都出台了相应的交易实施细则，对“两融”业务流程、标的证券、保证金和担保物、信息披露和报告、风险控制等事项作了详细规定。保证金和能够充当保证金的担保证券，是为了防止“两融”交易过程中因证券价格变动而给证券公司带来授信风险，因此设置合理的保证金比例对于“两融”业务的健康发展至关重要；同时，调整保证金比例也能够调节证券市场投资情绪。例如，为落实证监会近期发布的活跃资本市场、提振投资者信心的一揽子政策安排，促进融资融券业务功能发挥，更好地满足投资者合理交易需求，经中国证监会批准，2023 年 9 月 8 日起，上海证券交易所、深圳证券交易所、北京证券交易所发布通知，将融资保证金最低比例由 100%降至 80%。

关于“‘伞形信托’的监管”的详细阐释，可扫码收听音频和阅读文字材料：

① 融资专用资金账户用于存放证券公司拟向客户融出的资金及客户归还的资金，客户信用交易担保资金账户用于存放客户交存的、担保证券公司因向客户融资融券所生债权的资金。

四、证券交易的限制

为保障证券市场交易的公平性，各国证券法都会对交易主体进行一定的限制，可能是基于职务或业务关系而被法律禁止参与证券交易，也可能是在一定期限内能够接触到敏感信息而被禁止从事交易。我国《证券法》与《公司法》共同规范了能够参与证券交易的主体资质，并作了一定限制。

（一）投资者准入限制

为打造多层次资本市场，我国针对证券市场不同板块的挂牌条件作了不同的要求，挂牌条件越宽松，相对参与交易的主体来说就需要具备更高的风险识别能力与风险承受能力，因此参与科创板及北京证券交易所交易的个人投资者都需要符合投资者适当性管理的要求。

根据《上海证券交易所交易规则》和《北京证券交易所投资者适当性管理办法》的要求，个人投资者参与科创板或北京证券交易所股票交易，至少应当符合下列条件：(1)申请权限开通前20个交易日证券账户及资金账户内的资产日均不低于人民币50万元(不包括该投资者通过融资融券融入的资金和证券)；(2)参与证券交易24个月以上。已开通科创板交易权限的个人投资者可直接申请开通北京证券交易所交易权限。

此外，《证券期货投资者适当性管理办法》将《证券法》规定的投资者，《证券投资基金法》规定的投资人、基金份额持有人，以及《期货和衍生品法》规定的交易者等划分为普通投资者与专业投资者两类。专业投资者包括：(1)经有关金融监管部门批准设立的金融机构，包括证券公司、期货公司、基金管理公司及其子公司、商业银行、保险公司、信托公司、财务公司等；经行业协会备案或者登记的证券公司子公司、期货公司子公司、私募基金管理人。(2)上述机构面向投资者发行的理财产品，包括但不限于证券公司资产管理产品、基金管理公司及其子公司产品、期货公司资产管理产品、银行理财产品、保险产品、信托产品、经行业协会备案的私募基金。(3)社会保障基金、企业年金等养老基金，慈善基金等社会公益基金，合格境外机构投资者、人民币合格境外机构投资者。(4)同时符合下列条件的法人或者其他组织：①最近1年末净资产不低于2000万元；②最近1年末金融资产不低于1000万元；③具有2年以上证券、基金、期货、黄金、外汇等投资经历。(5)同时符合下列条件的自然人：①金融资产不低于500万元，或者最近3年个人年均收入不低于50万元；②具有2年以上证券、基金、期货、黄金、外汇等投资经历，或者具有2年以上金融产品设计、投资、风险管理及相关工作经历，或者属于第(1)项规定的专业投资者的高级管理人员、获得职业资格认证的从事金融相关业务的注册会计师和律师。

该种分类标准看似是对投资者准入作了限制，实际上是为了让经营机构在销售产品或者提供服务的过程中，勤勉尽责，审慎履职，全面了解投资者情况，深入调查分析产品或者服务信息，科学有效评估，充分揭示风险，基于投资者的不同风险承受能力以及产品或者服务的不同风险等级等因素，提出明确的适当性匹配意见，将适当的产品或者服务销售或者提供给适合的投资者，并对违法违规行为承担法律责任。普通投资者在信息告知、风险警示、适当性匹配等方面享有特别保护。

关于“中行‘原油宝’穿仓事件”的延伸阅读，可扫描二维码阅读文字材料：

（二）对证券监管人员及从业人员的限制

依照《证券法》第40条的规定，证券交易场所、证券公司和证券登记结算机构的从业人员，证券监督管理机构的工作人员以及法律、行政法规规定禁止参与股票交易的其他人员，在任期或者法定限期内，不得直接或者以化名、借他人名义持有、买卖股票或者其他具有股权性质的证券，也不得收受他人赠送的股票或者其他具有股权性质的证券。任何人在成为前述所列人员时，其原已持有的股票或者其他具有股权性质的证券，必须依法转让。

此种限制一方面是考虑到相关主体由于工作性质有机会知悉内幕信息，希望从根本上杜绝内幕交易的发生；另一方面则是若允许其进行证券交易，则可能与其工作职责产生利益冲突，为追逐私利而违背职业伦理。

为落实上述要求，《证券法》第187条规定了相应的法律责任：直接或者以化名、借他人名义持有、买卖股票或者其他具有股权性质的证券的，责令依法处理非法持有的股票、其他具有股权性质的证券，没收违法所得，并处以买卖证券等值以下的罚款；属于国家工作人员的，还应当依法给予处分。

（三）对证券服务机构及其人员的限制

证券服务机构及其人员在接受发行人委托后，就有接触到内幕信息的可能性，因此有必要在一定期限内限制其从事证券交易。具体要求为：为证券发行出具审计报告或者法律意见书等文件的证券服务机构和人员，在该证券承销期内和期满后6个月内，不得买卖该证券。为发行人及其控股股东、实际控制人，或者收购人、重大资产交易方出具审计报告或者法律意见书等文件的证券服务机构和人员，自接受委托之日起至上述文件公开后5日内，不得买卖该证券。实际开展上述有关工作之日早于接受委托之日的，自实际开展上述有关工作之日起至上述文件公开后5日内，不得买卖该证券。若违反前述规定买卖证券，责令依法处理非法持有的证券，没收违法所得，并处以买卖证券等值以下的罚款。

（四）对公司关联主体的限制

上市公司持有5%以上股份的股东、实际控制人、董事、监事、高级管理人员，以及其他持有发行人首次公开发行前发行的股份或者上市公司向特定对象发行的股份的股东，或者由于其在公司中的特殊地位容易接触到内幕信息，或者由于其取得股份的对价容易引发不公平交易，因此上述主体在转让其持有的本公司股份时，必须遵守法律、行政法规和国务院证券监督管理机构关于持有期限、卖出时间、卖出数量、卖出方式、信息披露等方面的规定，并应当遵守证券交易所的业务规则。

根据《公司法》的规定，公司公开发行股份前已发行的股份，自公司股票在证券交易所上市交易之日起一年内不得转让。公司董事、监事、高级管理人员应当向公司申报所持有的本公司的股份及其变动情况，在就任时确定的任职期间每年转让的股份不得超过其所持有本公司股份总数的25%；所持本公司股份自公司股票上市交易之日起一年内不得转让。上述人员离职后半年内，不得转让其所持有的本公司股份。

此外，《上市公司股东减持股份管理暂行办法》还针对上市公司的股东和实际控制人作了针对性的减持限制。当大股东出现以下情形时，不得减持：(1)该股东因涉嫌与本上市公司有关的证券期货违法犯罪，被中国证监会立案调查或者被司法机关立案侦查，或者被行政处罚、判处刑罚未满6个月的；(2)该股东因涉及与本上市公司有关的违法违规，被证券交易所公开谴责未满3个月的；(3)该股东因涉及证券期货违法，被中国证监会行政处罚，尚未足额缴纳罚没款的，但法律、行政法规另有规定，或者减持资金用于缴纳罚没款的除外。

当上市公司出现以下情形时，其控股股东、实际控制人不得减持：(1)上市公司因涉嫌证券期货违法犯罪，被中国证监会立案调查或者被司法机关立案侦查，或者被行政处罚、判处刑罚未满6个月的；(2)上市公司被证券交易所公开谴责未满3个月的；(3)上市公司可能触及重大违法强制退市情形，在证券交易所规定的限制转让期限内的。

此外，《证券法》还设置了短线交易规则。上市公司、股票在国务院批准的其他全国性证券交易场所交易的公司持有5%以上股份的股东、董事、监事、高级管理人员，将其持有的该公司的股票或者其他具有股权性质的证券在买入后6个月内卖出，或者在卖出后6个月内又买入，由此所得收益归该公司所有，公司董事会应当收回其所得收益。但是，证券公司因购入包销售后剩余股票而持有5%以上股份，以及有国务院证券监督管理机构规定的其他情形的除外。前述所称董事、监事、高级管理人员、自然人股东持有的股票或者其他具有股权性质的证券，包括其配偶、父母、子女持有的及利用他人账户持有的股票或者其他具有股权性质的证券。而近年来也频频出现董监高因其近亲属违规进行短线交易而被监管部门处罚的现象。

案例分析：Z公司董事长配偶短线交易案。李某某自2011年1月至今任Z公司董事长。张某某系李某某配偶。2023年3月3日至2024年3月14日，张某某累计买入Z公司股票3343296股，累计买入成交金额153669067.94元；累计卖出Z公司股票3342596股，累计卖出成交金额154417295.06元，存在买入后6个月内卖出，卖出后6个月内买入的行为。李某某作为Z公司董事长，配偶张某某6个月内买入卖出Z公司股票的行为，导致李某某违反《证券法》第44条第1款、第2款的规定，构成《证券法》第189条所述的违法行为。根据当事人违法行为的事实、性质、情节与社会危害程度，依据《证券法》第189条的规定，中国证券监督管理委员会天津监管局决定：对李某某给予警告，并处以800000元的罚款。

思考：

1.《证券法》在禁止内幕交易的基础上，为何还设置了短线交易规则？

2.将持有5%以上股份的股东、董事、监事、高级管理人员的配偶、父母、子女纳入短线交易规制的主体，并由股东、董监高来担责，其合法性、合理性如何评价？

五、禁止的证券交易行为

证券投资者与证券市场的其他参与者在证券交易活动中都应当秉持“三公”原则与诚实信用原则，严禁任何人利用资金优势、信息优势或其他优势地位转嫁风险、损害中小投资者利益、扰乱证券市场的正常交易秩序。我国《证券法》第5条明确规定：“证券的发行、交易活动，必须遵守法律、行政法规；禁止欺诈、内幕交易和操纵证券市场的行为。”禁止内幕交易、操纵市场、欺诈投资者也是世界各国证券法通行的规则安排。

（一）内幕交易

内幕交易又称“内部交易”“内线交易”“知情人交易”等。我国《证券法》第50条与《刑法》第180条均对内幕交易行为进行了界定。内幕交易是指内幕信息的知情人和非法获取内幕信息的人，在涉及证券的发行、交易或者其他对证券价格有重大影响的信息尚未公开前，买入或者卖出该证券，或者泄露该信息，或者明示、暗示他人买卖该证券的行为。内幕交易的实质是一部分人利用信息优势先行一步作出反应，在证券交易中“抢跑”，先于其他投资者用较低的价格买入证券获取更多利润或以较高价格卖出证券减少损失，将交易风险转嫁给获取信息相对滞后而处于不利地位的广大中小投资者。内幕交易行为既违反了“三公”原则，也实质影响了信息披露制度，打击了投资者对上市公司的信心，严重损害了证券市场的健康发展，是证券市场中最严重的违法行为。

1.内幕交易的主体

我国内幕交易的主体可以分为以下两类：

（1）内幕信息知情人。包括：①发行人的董事、监事、高级管理人员；②持有公司5%以上股份的股东及其董事、监事、高级管理人员，公司的实际控制人及其董事、监事、高级管理人员；③发行人控股或实际控制的公司及其董事、监事、高级管理人员；④由于所任公司职务或者因与公司业务往来可以获取公司有关内幕信息的人员；⑤上市公司收购人或者重大资产交易方及其控股股东、实际控制人、董事、监事和高级管理人员；⑥因职务、工作可以获取内幕信息的证券交易所、证券公司、证券登记结算机构、证券服务机构的有关人员；⑦因职务、工作可以获取内幕信息的证券监督管理机构工作人员；⑧因法定职责对证券发行、交易或者对上市公司及其收购、重大资产交易进行管理可以获取内幕信息的有关主管部门、监管机构的工作人员；⑨国务院证券监督管理机构规定的可以获取内幕信息的其他人员。

（2）非法获取内幕信息的人。包括：①利用窃取、骗取、套取、窃听、利诱、刺探或者私下交易等手段获取内幕信息的；②内幕信息知情人员的近亲属或者其他与内幕信息知情人员关系密切的人员，在内幕信息敏感期内，从事或者明示、暗示他人从事，或者泄露内幕信息导致他人从事与该内幕信息有关的证券、期货交易，相关交易行为明显异常，且无正当理由或者正当信息来源的；③在内幕信息敏感期内，与内幕信息知情人员联络、接触，从事或者明示、暗示他人从事，或者泄露内幕信息导致他人从事与该内幕信息有关的证券、期货交易，相关交易行为明显异常，且无正当理由或者正当信息来源的。[①]

2.内幕信息

《证券法》第 52 条采用“概括＋列举”的方式对内幕信息作出界定：“证券交易活动中，涉及发行人的经营、财务或者对该发行人证券的市场价格有重大影响的尚未公开的信息，为内幕信息。本法第八十条第二款、第八十一条第二款所列重大事件属于内幕信息。”[②]由此可知，内幕信息应具有两个特征：一是对价格有重大影响[③]，二是尚未公开[④]。

《证券法》第 80 条、第 81 条分别针对公司发行股票和债券的情形下须通过临时报告进行信息披露的具体情形，由此可见，信息披露与内幕交易息息相关。第 80 条第 2 款列举了股票内幕交易中的内幕信息，包括：(1)公司的经营方针和经营范围的重大变化；(2)公司的重大投资行为，公司在一年内购买、出售重大资产超过公司资产总额 30%，或者公司营业用主要资产的抵押、质押、出售或者报废一次超过该资产的 30%；(3)公司订立重要合同、提供重大担保或者从事关联交易，可能对公司的资产、负债、权益和经营成果产生重要影响；(4)公司发生重大债务和未能清偿到期重大债务的违约情况；(5)公司发生重大亏损或者重大损失；(6)公司生产经营的外部条件发生的重大变化；(7)公司的董事、1/3 以上监事或者经理发生变动，董事长或者经理无法履行职责；(8)持有公司 5%以上股份的股东或者实际控制人持有股份或者控制公司的情况发生较大变化，公司的实际控制人及其控制的其他企业从事与公司相同或者相似业务的情况发生较大变化；(9)公司分配股利、增资的计划，公司股权结构的重要变化，公司减资、合并、分立、解散及申请破产的决定，或者依法进入破产程序、被责令关闭；(10)涉及公司的重大诉讼、仲裁，股东大会、董事会决议被依法撤销或者宣告无效；(11)公司涉嫌犯罪被依法立案调查，公司的控股股东、实际控制人、董事、监事、高级管理人员涉嫌犯罪被依法采取强制措施；(12)国务院证券监督管理机构规定的其他事项。

第 81 条第 2 款列举了股票内幕交易中的内幕信息，包括：(1)公司股权结构或者生产经营状况发生重大变化；(2)公司债券信用评级发生变化；(3)公司重大资产抵押、质押、出售、转让、报废；(4)公司发生未能清偿到期债务的情况；(5)公司新增借款或者对外提供担

---

① “非法获取内幕信息的人”相较于法定的内幕信息知情人来说，其情形更为复杂，因此《证券法》并未采用列举的方法界定其外延。但在《最高人民法院、最高人民检察院关于办理内幕交易、泄露内幕信息刑事案件具体应用法律若干问题的解释》第 2 条中尝试对“非法获取内幕信息”行为进行了描述，并在第 3 条中指出，应结合时间吻合程度、交易背离程度和利益关联程度等方面综合认定何为“相关交易行为明显异常”。

② 该条第 2 款表述不够严谨，公司对于相关重大信息负有信息披露义务，而只有该类重大信息在尚未公开的情形下方属于内幕信息。

③ 重大影响意指对投资者的决策起着至关重要的作用，若投资者知情，可能会作出相反的决策，即价格敏感性。

④ 尚未公开是指社会公众并不知情，交易相对方也不知情。

保超过上年末净资产的20%;(6)公司放弃债权或者财产超过上年末净资产的10%;(7)公司发生超过上年末净资产10%的重大损失;(8)公司分配股利,作出减资、合并、分立、解散及申请破产的决定,或者依法进入破产程序、被责令关闭;(9)涉及公司的重大诉讼、仲裁;(10)公司涉嫌犯罪被依法立案调查,公司的控股股东、实际控制人、董事、监事、高级管理人员涉嫌犯罪被依法采取强制措施;(11)国务院证券监督管理机构规定的其他事项。

可以看出,我国《证券法》对于内幕信息的界定是围绕发行人展开的,绝大多数情形下,内幕信息也确实来源于发行人。但随着证券市场交易品种和交易方式的多元化,此种认定标准无法囊括一些特殊情形,如基金中常见的"老鼠仓"现象。基金体量大、操作时对应买卖的证券数量多,必然会对相应的证券价格产生显著影响。基金经理提前建仓,再运用所管理的基金资金买入对应的股票,等价格上涨之后再将自己仓位中的股票卖出。对社会公众而言,基金经理的相应操作即运用了不为公众所知的、具有价格敏感性的信息而完成的交易。但由于该信息并不在《证券法》所明确列举的内幕信息之列,也并非以发行人为核心产生,因此类似的"老鼠仓"案件多运用《证券法》第54条予以规制:"禁止证券交易场所、证券公司、证券登记结算机构、证券服务机构和其他金融机构的从业人员、有关监管部门或者行业协会的工作人员,利用因职务便利获取的内幕信息以外的其他未公开的信息,违反规定,从事与该信息相关的证券交易活动,或者明示、暗示他人从事相关交易活动。利用未公开信息进行交易给投资者造成损失的,应当依法承担赔偿责任。"以最高人民检察院2016年发布的第七批指导性案例中的"马乐利用未公开信息交易案"为例,2011年3月9日至2013年5月30日期间,马乐担任博时基金管理有限公司旗下博时精选股票证券投资基金经理,全权负责投资基金投资股票市场,掌握了博时精选股票证券投资基金交易的标的股票、交易时点和交易数量等未公开信息。马乐在任职期间利用其掌控的上述未公开信息,操作自己控制的"金某""严某进""严某雯"三个股票账户,通过临时购买的不记名神州行电话卡下单,从事相关证券交易活动,先于、同期或稍晚于其管理的"博时精选"基金账户,买卖相同股票76只,累计成交金额人民币10.5亿余元,非法获利人民币19120246.98元,如前文所述"马乐案"即被认定为"利用未公开信息交易罪"。《最高人民法院、最高人民检察院关于办理利用未公开信息交易刑事案件适用法律若干问题的解释》中将"内幕信息以外的其他未公开的信息"界定为:(1)证券、期货的投资决策、交易执行信息;(2)证券持仓数量及变化、资金数量及变化、交易动向信息;(3)其他可能影响证券、期货交易活动的信息。

3.内幕交易行为表现

根据《证券法》第53条的规定,内幕交易行为主要是指内幕信息的知情人和非法获取内幕信息的人,在内幕信息公开前,自行买卖该公司的证券,或者泄露该信息,或者建议他人买卖该证券。

4.内幕交易的法律责任

《证券法》第191条规定了内幕交易的行政责任:证券交易内幕信息的知情人或者非法获取内幕信息的人违反规定从事内幕交易的,责令依法处理非法持有的证券,没收违法所得,并处以违法所得一倍以上十倍以下的罚款;没有违法所得或者违法所得不足五十万元的,处以五十万元以上五百万元以下的罚款。单位从事内幕交易的,还应当对直接负责的主管人员和其他直接责任人员给予警告，并处以二十万元以上二百万元以下的罚款。国务院证券监督管理机构工作人员从事内幕交易的，从重处罚。《刑法》第180条规定了内幕交易罪与泄露内幕信息罪。实践中对于内幕交易行为也多为追究行政与刑事责任，民事责任极为罕见，但这并不意味着内幕交易行为不用承担民事责任。事实上，《证券法》第53条第3款为追究民事责任提供了合法性基础："内幕交易行为给投资者造成损失的，应当依法承担赔偿责任。"该规定看似十分明晰，但在实际操作中存在诸多障碍，尤其在因果关系的证明方面最为困难，包括：在定性方面，内幕交易行为与受损害的投资者的行为之间是否存在因果关系，即如果知道存在内幕交易行为，受损害的反向投资者是否必然不会进行交易；在定量方面，内幕交易行为与受损害的反向投资者的损失之间是否存在因果关系。因此，我国数起内幕交易民事诉讼案件中，原告多因无法证明因果关系而撤案或败诉。

关于"光大证券内幕交易案"的延伸阅读，可扫描二维码阅读文字材料：

（二）操纵市场

证券市场具有资源配置功能，然而如果人为操纵市场供求关系、扭曲市场交易价格，就会影响该功能的发挥。因此，证券法对于利用资金优势或信息优势操纵市场的行为都要进行严格规制。我国主要通过《证券法》第55条、《刑法》第182条、《最高人民法院、最高人民检察院关于办理操纵证券、期货市场刑事案件适用法律若干问题的解释》对操纵市场行为予以规范，并设置了严格的责任条款。

操纵市场行为在学理上可分为市场力量型操纵、技术优势型操纵、交易型操纵、信息型操纵及跨市场型操纵等类型。[①] 信息型操纵市场与内幕交易常常存在诸多相似之处，按照《证券法》对操纵市场行为的界定，行为人通过多种手段"影响或者意图影响证券交易价格或者证券交易量"，这一表述是区分二者的关键点，即内幕交易是通过交易本身牟利，而操纵市场则是通过交易来影响相应证券的价格及交易量，通过"羊群效应"对相关交易起到带动作用，进而牟利。当然，操纵市场的认定不以实际结果为构成要件，只要主观上"意图影响"即可。《证券法》明确列举了常见的操纵市场的若干种行为表现，包括：(1)单独或者通过合谋，集中资金优势、持股优势或者利用信息优势联合或者连续买卖；(2)与他人串通，以事先约定的时间、价格和方式相互进行证券交易；(3)在自己实际控制的账户之间进行证券交易；(4)不以成交为目的，频繁或者大量申报并撤销申报；(5)利用虚假或者不确定的重大信息，诱导投资者进行证券交易；(6)对证券、发行人公开作出评价、预测或者投资建议，并进行反向证券交易；(7)利用在其他相关市场的活动操纵证券市场；(8)操纵证券市场的其他手段。

---

① 何海锋：《证券法通识》，中国法制出版社2002年版，第186页。

案例分析：吴某操纵证券市场案。大学毕业后一直以炒股为业的吴某上过电视台荐股，当过“黑嘴”，在圈内“小有名气”。2016年7月，吴某与上海某投资咨询公司负责人协商并达成协议后，借用该公司投资咨询的牌照，成立上海证券之星陕西分公司、四川分公司。2016年10月以来，吴某指使手下搭建了7个境外网站，用于发布“盘后票”。所谓“盘后票”是指股市收盘后才发布、推荐给股民的股票。吴某发布“盘后票”信息，是为“抢帽子”交易服务。吴某等人首先提前大量买入股票建仓，而后通过发布“盘后票”的途径对股票走势给出预测、评价，提出投资建议，诱骗投资者跟风买入。不明真相的股民根据推荐跟风买进，吴某等人借机反向卖出获利，当天买入的股民受制于T+1规则当天无法卖出止损，最终上当受骗。

此后，吴某与马某合作组建操盘团队，并在西安、成都等地搭建操盘窝点。至此，交易端、发布端和推票端团队建立。在具体操作上，吴某、马某选好股票，由操盘人员买入，随后由身处菲律宾马尼拉的发布人员，在每个交易日收盘后分别发布2只股票，即“盘后票”，陕西分公司、四川分公司则负责推广，诱导股民买入，拉升股价，操盘人员则在开盘后反向卖出获利。

“盘后票”网站有了影响力之后，吴某还专门收取佣金帮别人出货。吴某先在“盘后票”网站上挂出要出货的股票，第二天在股票被拉升后，庄家便可以出货，既可以选择由吴某团队来操作账户，也可以庄家自己操作账户。

据统计，在2016年10月至2019年3月，吴某团伙的“盘后票”网站发布股票推荐信息1149次，吴某、马某等人通过其控制的278个账户对所发布的股票进行“抢帽子”交易，共计操纵股票322只，“抢帽子”交易操纵股票465次，非法获利2.7亿元。

“抢帽子”交易并非吴某团伙唯一的股票操纵手段。涉案账户的交易数据显示，2017年上半年，吴某、马某等人经事先合谋，控制使用多个账户，以李某等人提供的资金及配资，集中资金优势、持股优势，指挥操盘手，采用连续买卖、对倒交易等方式交易7只股票，影响股票成交价和成交量，获利2.64亿元。

2019年3月，吴某等人相继被公安机关抓获，公安机关于2020年1月23日和6月22日分两批将该案移送金华市检察院审查起诉。同年8月5日，该院依法向法院提起公诉。金华市中级人民法院经审理后，于2021年8月16日对此案作出一审判决，以操纵证券市场罪、非法经营罪、侵犯公民个人信息罪等罪，数罪并罚，判处被告人吴某有期徒刑19年，并处罚金7903万元；以操纵证券市场罪判处被告人马某有期徒刑6年，其余13名被告人也分别被判处相应刑罚。

思考：

1.为何吴某等人的行为属于操纵市场而非内幕交易？

2.吴某等人的行为分别属于哪几种操纵行为？

第五节　上市公司收购

上市公司收购是指收购人通过取得股份的方式成为上市公司控股股东，或通过投资关系、协议、其他安排的途径成为上市公司实际控制人，或者同时采取上述方式和途径取得上市公司控制权[①]的行为。通过持股方式获得控制权被称为直接收购，通过其他途径获得控制权则通常称为间接收购。由于上市公司具有明显的公众性特征，因此其控制权发生变化可能影响中小投资者的利益，鉴于此，世界各国普遍对上市公司收购进行专门立法。我国在1993年国务院发布的《股票发行与交易管理暂行条例》中即对上市公司收购作出明确规定。自《证券法》诞生以来，虽历经数次修改，但上市公司收购始终以专章形式予以规定，对该问题的重视可见一斑。

一、上市公司收购的方式

《证券法》第62条规定："投资者可以采取要约收购、协议收购及其他合法方式收购上市公司。"可见上市公司收购的主要形式即要约收购与协议收购。当然，学理上对于上市公司收购的分类标准非常多元，如依照预定收购股票数量，分为部分收购和全面收购；依照目标公司管理层与收购方是否在收购时进行合作，分为友好收购与敌意收购；依照公司收购行为是否是收购者的法定强制性义务，分为自愿收购和强制收购；依据支付收购对价的形式，分为现金收购、换股收购和混合收购。而无论如何划分，最终投资者都要采用要约收购、协议收购或兼采两者的方式获得上市公司的控制权，因此我国的上市公司收购制度也是围绕这两种收购方式构建的。

（一）要约收购（tender offer）

要约收购又称为"公开收购"，是指收购人向目标公司所有股东发出要约，表明其愿意以要约规定的条件购买股东所持有的目标公司的部分股份或全部股份，从而获得目标公司控制权的行为。购买部分股份的要约被称为部分要约，购买全部股份的要约被称为全面要约。要约收购是上市公司收购中最传统、最重要也是最基本的形式。若投资者自愿采用要约方式收购上市公司股份，则其预定收购的股份比例不得低于该上市公司已发行股份的5%。而无论投资者采取何种方式，持有一个上市公司的股份达到该公司已发行股份的30%，继续增持股份时，应当采取要约方式进行，即强制要约收购。在要约收购

---

① 根据《上市公司收购管理办法》第84条的规定，获得上市公司控制权是指符合以下情形之一：(1)投资者为上市公司持股50%以上的控股股东；(2)投资者可以实际支配上市公司股份表决权超过30%；(3)投资者通过实际支配上市公司股份表决权能够决定公司董事会半数以上成员选任；(4)投资者依其可实际支配的上市公司股份表决权足以对公司股东大会的决议产生重大影响；(5)中国证监会认定的其他情形。

中，收购人应当公平对待被收购公司的所有股东，持有同一种类股份的股东获得的交易条件应当是相同的。

（二）协议收购

协议收购是指收购人与目标公司的部分股东达成股份转让协议，商定收购条件、价格、期限等事项，进而获得目标公司控制权的行为。协议收购在实践中多发生在目标公司股权比较集中的情形，且收购人一般是与大股东及其一致行动人签订转让协议。由于协议收购具有"一对一""非公开"等特点，许多国家的证券法都对其持谨慎态度，限制甚至禁止其适用。而我国上市公司普遍存在股权集中的现象，协议收购方式有其存在的必要性与合理性。与要约收购不同，协议收购中卖方可以提出个性化的条件，买方也可根据自身需要及谈判情况灵活调整收购条件。当目标公司股权比较分散而收购人又想采用协议收购方式时，通常以目标公司管理层作为协议对象，由管理层向股东发出交易建议，此时管理层成为收购人的助力，与收购人进行协作，支持其完成收购，因此协议收购一般为友好收购。

二、上市公司的收购人

《证券法》第四章使用了"投资者"与"收购人"两个不同的表述，《上市公司收购管理办法》第 5 条则明确了二者的关系：收购人包括投资者及一致行动的他人。[①] 上市公司收购过程中包括收购活动和权益变动两个要素，参与对目标公司收购活动的主体都可称为收购人，其协同一致的行为最终导致公司控制权发生变更。而投资者更为显著的特征是为上市公司收购投入了资金，涉及股份权益变动问题，因此称其为投资者更为恰当。从主体资质方面来说，无论是理论层面还是实践层面，《民法典》中规定的各类完全民事行为能力人均可以成为上市公司的收购人。

（一）收购人的主体资质

从主体资质方面来说，无论是理论层面还是实践层面，《民法典》中规定的各类完全民事行为能力人均可以成为上市公司的收购人。外国投资者也可以参与上市公司收购，但应当取得国家相关部门的批准，适用中国法律，服从中国的司法、仲裁管辖。

若收购人为自然人，则不可存在《公司法》第 178 条规定的情形，包括：(1)无民事行为能力或者限制民事行为能力；(2)因贪污、贿赂、侵占财产、挪用财产或者破坏社会主义市场经济秩序，被判处刑罚，或者因犯罪被剥夺政治权利，执行期满未逾 5 年，被宣告缓刑的，自缓刑考验期满之日起未逾 2 年；(3)担任破产清算的公司、企业的董事或者厂长、经理，对该公司、企业的破产负有个人责任的，自该公司、企业破产清算完结之日起未逾 3 年；(4)担任因违法被吊销营业执照、责令关闭的公司、企业的法定代表人，并负有个人责任的，自该公司、企业被吊销营业执照、责令关闭之日起未逾 3 年；(5)个人因所负数额较大债务到期未清偿被人民法院列为失信被执行人。将公司董监高任职资格的禁止性

① 下文的表述也遵循此种区分方式，收购人包括《证券法》中所称的投资者和通过协议、其他安排与投资者共同持有一个上市公司已发行的有表决权股份的一致行动人。

要件应用于收购人，一方面是基于我国公司治理的现状，通常上市公司的控股股东或实际控制人也同时具有董监高的身份；另一方面，上市公司具有很强的公众性，若收购人具有上述负面情形，会对上市公司及其广大中小股东造成不利影响。如收购人有重大违法行为或正在接受行政处罚，可能表明其缺乏合法合规意识，未来可能无法保障上市公司的合法合规经营；再如收购人自身负债累累，到期未清偿且被列为失信被执行人，则可能会影响收购完成后公司的投资和运营能力，甚至收购人可能利用其对上市公司的控制力将公司资产用于偿还个人债务，损害公司和其他股东利益。

收购人为法人或非法人组织，不能具有以下情形：(1)负有数额较大债务，到期未清偿，且处于持续状态；(2)最近3年有重大违法行为或者涉嫌有重大违法行为；①(3)最近3年有严重的证券市场失信行为。②

（二）一致行动人(persons acting in concert)

根据《证券法》的规定，投资人可以通过协议、其他安排与他人共同收购上市公司股份，在收购过程中进行权益披露时，也要将投资者与该他人的有表决权股份合并计算。实践中，投资人与他人共同完成收购是一种普遍现象，故此，对于一致行动人的认定殊为重要，但《证券法》中并没有说明何为一致行动，哪些关系可以被认定为一致行动人。《上市公司收购管理办法》对此进行了一定程度的弥补，第83条第1款认为，所谓一致行动，是指投资者通过协议、其他安排，与其他投资者共同扩大其所能够支配的一个上市公司股份表决权数量的行为或者事实。第2款则界定了一致行动人的内涵及外延："在上市公司的收购及相关股份权益变动活动中有一致行动情形的投资者，互为一致行动人。如无相反证据，投资者有下列情形之一的，为一致行动人：(1)投资者之间有股权控制关系；(2)投资者受同一主体控制；(3)投资者的董事、监事或者高级管理人员中的主要成员，同时在另一个投资者担任董事、监事或者高级管理人员；(4)投资者参股另一投资者，可以对参股公司的重大决策产生重大影响；(5)银行以外的其他法人、其他组织和自然人为投资者取得相关股份提供融资安排；(6)投资者之间存在合伙、合作、联营等其他经济利益关系；(7)持有投资30%以上股份的自然人，与投资者持有同一上市公司股份；(8)在投资者任职的董事、监事及高级管理人员，与投资者持有同一上市公司股份；(9)持有投资者30%以上股份的自然人和在投资者任职的董事、监事及高级管理人员，其父母、配偶、子女及其配偶、配偶的父母、兄弟姐妹及其配偶、配偶的兄弟姐妹及其配偶等亲属，与投资者持有同一上市公司股份；(10)在上市公司任职的董事、监事、高级管理人员及其前项所述亲属同时持有本公司股份的，或者与其自己或者其前项所述亲属直接或者间接控制的企业同时持有本公司股份；(11)上市公司董事、监事、高级管理人员和员工与其所控制或

---

① 原则上，涉及公司经营活动且被财政、税务、审计、海关、市场监督管理部门等给予罚款以上行政处罚的行为，都视为重大违法行为，但作出处罚的机关依法认定该行为不属于重大违法行为并能够依法作出合理说明的除外。因犯有贪污、贿赂、侵占财产、挪用财产罪或破坏社会主义市场经济秩序罪被判处刑罚，执行期满未逾3年的，也应视为最近3年有重大违法行为。

② 达到被证券交易所公开谴责以上程度的失信行为一般被认为构成严重的证券市场失信行为。

者委托的法人或者其他组织持有本公司股份;(12)投资者之间具有其他关联关系。”一旦被认定为一致行动人,则投资者计算其所持有的股份时,应当包括登记在其名下的股份和登记在其一致行动人名下的股份。当然,这种一致行动关系是一种推定,可由投资者向中国证监会提供相反的证据予以否认。我国对于一致行动人的界定在立法精神与实质内容方面借鉴了域外先进的立法例,同时也考虑到了中国特色,如对自然人投资者的一致行动人认定时所划定的亲属范围,兼具现实性和可操作性。

三、收购中的权益披露

(一)预警式披露规则

一旦股东直接或者间接持有上市公司发行在外的有表决权股份达到5%,就会被认定为该上市公司的主要股东,触发预警式披露规则,也称为“大股东报告义务”,证券市场俗称“举牌”。各国证券法在设计这一制度时基本都包括两方面的义务:信息披露和停止交易。学界将前者称为“公开规则”,后者称为“慢走规则”。

2019年《证券法》实施之前,我国的“公开规则”与“慢走规则”都以5%作为触发标准。要求收购人持有一个上市公司已发行的有表决权股份达到5%时,应当在该事实发生之日起3日内,向国务院证券监督管理机构、证券交易所作出书面报告,通知该上市公司,并予公告,在上述期限内不得再行买卖该上市公司的股票,但国务院证券监督管理机构规定的情形除外。此后,其所持该上市公司已发行的有表决权股份比例每增加或者减少5%,应当依照前款规定进行报告和公告,在该事实发生之日起至公告后3日内,不得再行买卖该上市公司的股票,但国务院证券监督管理机构规定的情形除外。

新法实施之后,“公开规则”作了调整,加重了收购人的信息披露义务。新增要求收购人持有一个上市公司已发行的有表决权股份达到5%后,其所持该上市公司已发行的有表决权股份比例每增加或者减少1%,应当在该事实发生的次日通知该上市公司,并予公告。

值得注意的是,上述规则中仅要求达到5%的预警线时与其后每增减5%时需要遵守“公开规则”与“慢走规则”,并未强制要求收购人不得一次性交易5%以上的有表决权股份。也就是说,规则层面上并没有要求明确要求收购人“首次达到5%→停止收购并进行披露→再增持5%→再次停止收购并进行披露……”。因此,收购人一次性购入超过5%的有表决权股份的操作比比皆是。减持时亦然。实践中,监管部门十分重视5%及其整数倍的变动关键点,通过一次性交易跨越关键点的收购或减持行为,都可能被认定为违法、违规。

预警式披露规则一方面是提醒公众投资者注意上市公司股份交易的变化趋势,以便对可能发生的收购产生合理预期;另一方面则是交易量的显著增加往往会引起该上市公司股票价格的明显波动,通过“公开规则”与“慢走规则”能够有效预防因收购而出现的内幕交易或操纵市场行为。但要有效落实预警式披露规则,则必须有明确的法律后果设定,因此《证券法》和《上市公司收购管理办法》针对违反“慢走规则”买入上市公司有表决权的股份的收购人,要求其在买入后的36个月内,对该超过规定比例部分的股份不得行使表决权。

(二)权益变动报告书

收购人在对外公开自己所拥有的上市公司权益时，需要通过权益变动报告书的形式进行披露，包括登记在其名下的股份与未登记在其名下但受其实际支配表决权的股份。权益变动报告书包括简式与详式两种，对应不同的披露要求，见表7-6。

表 7-6　权益变动报告书适用情形

<table>
<tr><th rowspan="2">信息披露要求</th><th colspan="2">适用情形</th></tr>
<tr><th>拥有权益的股份(P)</th><th>是否成为第一大股东或实际控制人</th></tr>
<tr><td>详式权益变动报告书＋财务顾问核查意见</td><td>30%≥P≥20%</td><td>是</td></tr>
<tr><td rowspan="2">详式权益变动报告书</td><td>30%≥P≥20%</td><td>否</td></tr>
<tr><td>20%>P≥5%</td><td>是</td></tr>
<tr><td rowspan="2">简式权益变动报告书</td><td>20%>P≥5%</td><td>否</td></tr>
<tr><td>P首次达到5%</td><td></td></tr>
</table>

1.简式权益变动报告书

当收购人在一个上市公司中拥有权益的股份首次达到该上市公司已发行股份的5%时，就应当在该事实发生之日起3日内编制简式权益变动报告书。其后所拥有权益的股份在未达到20%且不是公司第一大股东或者实际控制人的，只要权益变动占该上市公司已发行股份的比例每增加或者减少达到或者超过5%的，都要编制简式权益变动报告书。需要披露的信息包括：(1)投资者及其一致行动人的姓名、住所；投资者及其一致行动人为法人的，其名称、注册地及法定代表人。(2)持股目的，是否有意在未来12个月内继续增加其在上市公司中拥有的权益。(3)上市公司的名称，股票的种类、数量、比例。(4)在上市公司中拥有权益的股份达到或者超过上市公司已发行股份的5%或者拥有权益的股份增减变化达到5%的时间及方式、增持股份的资金来源。(5)在上市公司中拥有权益的股份变动的时间及方式。(6)权益变动事实发生之日前6个月内通过证券交易所的证券交易买卖该公司股票的简要情况。(7)中国证监会、证券交易所要求披露的其他内容。

2.详式权益变动报告书

当收购人拥有权益的股份达到或者超过一个上市公司已发行股份的20%但未超过30%的，应当编制详式权益变动报告书，应披露的事项在简式权益变动报告书的基础上增加以下内容：(1)投资者及其一致行动人的控股股东、实际控制人及其股权控制关系结构图。(2)取得相关股份的价格、所需资金金额，或者其他支付安排。(3)投资者、一致行动人及其控股股东、实际控制人所从事的业务与上市公司的业务是否存在同业竞争或者潜在的同业竞争，是否存在持续关联交易；存在同业竞争或者持续关联交易的，是否已作出相应的安排，确保投资者、一致行动人及其关联方与上市公司之间避免同业竞争以及保持上市公司的独立性。(4)未来12个月内对上市公司资产、业务、人员、组织结构、公司章程等进行调整的后续计划。(5)前24个月内投资者及其一致行动人与上市公司之间的重大交易。(6)不存在《上市公司收购管理办法》第 6 条规定的不得收购上市公司的情形。(7)能够按照《上市公司收购管理办法》第 50 条的规定提供相关文件。

若收购人同时获得了上市公司第一大股东或者实际控制人的地位,还应当聘请财务顾问对上述权益变动报告书所披露的内容出具核查意见,但国有股行政划转或者变更、股份转让在同一实际控制人控制的不同主体之间进行、因继承取得股份的除外。投资者及其一致行动人承诺至少 3 年放弃行使相关股份表决权的,可免于聘请财务顾问和提供前述第(7)项规定的文件。

值得注意的是,虽然《上市公司收购管理办法》明确规定需要编制详式权益变动报告书的仅有上述一种情况,但当收购人拥有权益的股份达到一个上市公司已发行股份的5%未达到 20%,但成为上市公司第一大股东或者实际控制人的,以及因公司减少股本可能导致收购人成为公司第一大股东或者实际控制人的,也需要按照详式权益变动报告书的披露事项进行披露。由此可见,编制权益变动报告书时,更主要的考量因素是对于上市公司控制力的获得。

四、要约收购规则

要约收购[①]是《证券法》在"上市公司的收购"一章中主要规制的内容,也是程序最为复杂的收购形式,要求收购人向目标公司的所有股东公开发出要约,并要恪守公平对待原则。[②] 当收购人持有一个上市公司的股份达到该公司已发行股份的 30%时,继续增持股份就会触发强制要约收购。为保障上市公司广大中小股东的利益,收购要约必须遵守强制性要求。

1.价格条件

对同一种类股票的要约价格,不得低于要约收购提示性公告日前 6 个月内收购人取得该种股票所支付的最高价格。要约价格低于提示性公告日前 30 个交易日该种股票的每日加权平均价格的算术平均值的,收购人聘请的财务顾问应当就该种股票前 6 个月的交易情况进行分析,说明是否存在股价被操纵、收购人是否有未披露的一致行动人、收购人前 6 个月取得公司股份是否存在其他支付安排、要约价格的合理性等。

2.要约期限

收购要约约定的收购期限不得少于 30 日,并不得超过 60 日;但是出现竞争要约的

---

① 要约收购包括自愿要约收购与强制要约收购两种类型,但《证券法》只针对后者进行了详细规定。《上市公司收购管理办法》第 23 条、第 25 条涉及自愿要约收购的问题。2005 年 10 月 31 日,吉林化工、锦州石化和辽河油田三家上市公司同时发布中国石油对公司的收购报告书。根据公告,中国石油将出资 61.5 亿元,要约收购吉林化工、锦州石化和辽河油田流通股,进而终止三公司的上市地位。实施要约收购价格为:吉林化工 H 股 2.8 港元、A 股 5.25 元,锦州石化 A 股 4.25 元,辽河油田 A 股 8.8 元。这是我国证券市场首例自愿要约收购案,且涉及跨境收购问题,更为复杂,为我国完善上市公司收购制度提供了有价值的参考。

② 《上市公司收购管理办法》第 26 条:"以要约方式进行上市公司收购的,收购人应当公平对待被收购公司的所有股东。持有同一种类股份的股东应当得到同等对待。"

除外。在收购要约约定的承诺期限内，收购人不得撤销其收购要约。

3.支付方式

收购人可以采用现金、证券、现金与证券相结合等合法方式支付收购上市公司的价款。收购人以证券支付收购价款的，应当提供该证券的发行人最近3年经审计的财务会计报告、证券估值报告，并配合被收购公司聘请的独立财务顾问的尽职调查工作。收购人以在证券交易所上市的债券支付收购价款的，该债券的可上市交易时间应当不少于1个月。收购人以未在证券交易所上市交易的证券支付收购价款的，必须同时提供现金方式供被收购公司的股东选择，并详细披露相关证券的保管、送达被收购公司股东的方式和程序安排。收购人按照规定发出全面要约的，应当以现金支付收购价款；以依法可以转让的证券支付收购价款的，应当同时提供现金方式供被收购公司股东选择。

4.要约变更

收购人需要变更收购要约的，必须及时公告，载明具体变更事项，并通知被收购公司。变更收购要约不得存在下列情形：(1)降低收购价格；(2)减少预定收购股份数额；(3)缩短收购期限；(4)中国证监会规定的其他情形。

收购要约期限届满前15日内，收购人不得变更收购要约；但是出现竞争要约的除外。出现竞争要约时，发出初始要约的收购人变更收购要约距初始要约收购期限届满不足15日的，应当延长收购期限，延长后的要约期应当不少于15日，不得超过最后一个竞争要约的期满日，并按规定追加履约保证。

5.受要约人的选择权

上市公司收购也是一种股票交易行为，与民法中合同订立程序有相似之处。但在要约收购制度中，为保护广大中小股东的利益，其“要约—承诺”规则又有其特殊之处。我国《证券法》虽未作出具体规定，但《上市公司收购管理办法》参考美国经验，规定了“预受要约”制度，赋予受要约人以反悔的权利。

所谓预受要约，是指被收购公司股东同意接受要约的初步意思表示，在要约收购期限内不可撤回之前不构成承诺。同意接受收购要约的股东，应当委托证券公司办理预受要约的相关手续。收购人应当委托证券公司向证券登记结算机构申请办理预受要约股票的临时保管。证券登记结算机构临时保管的预受要约的股票，在要约收购期间不得转让。

在要约收购期限届满3个交易日前为“预受要约可撤回”阶段，预受股东可以委托证券公司办理撤回预受要约的手续，证券登记结算机构根据预受要约股东的撤回申请解除对预受要约股票的临时保管。但在要约收购期限届满前3个交易日内则为“预受要约不可撤回”阶段，预受股东不得撤回其对要约的接受。

出现竞争要约时，接受初始要约的预受股东可以撤回全部或者部分预受的股份，并将撤回的股份售予竞争要约人，但应当委托证券公司办理撤回预受初始要约的手续和预受竞争要约的相关手续。

案例分析:吉达公司是一家上市公司,公告称其已获得某地块的国有土地使用权。嘉豪公司资本雄厚,看中了该地块的潜在市场价值,经过细致财务分析后,拟在证券市场上对吉达公司进行收购。请问:若收购失败,嘉豪公司是否仍有权继续购买吉达公司的股份?(国家统一法律职业资格考试 2016 年卷三第 75 题)

解析:有权。如果要约收购的行为失败,不影响吉达公司的股票正常交易,嘉豪公司购买吉达公司股票不会受到影响。

6.合同履行

收购期限届满,发出部分要约的收购人应当按照收购要约约定的条件购买被收购公司股东预受的股份,预受要约股份的数量超过预定收购数量时,收购人应当按照同等比例收购预受要约的股份;以终止被收购公司上市地位为目的的,收购人应当按照收购要约约定的条件购买被收购公司股东预受的全部股份;因不符合《上市公司收购管理办法》第六章的规定而发出全面要约的收购人应当购买被收购公司股东预受的全部股份。若收购行为导致被收购公司股权分布不符合证券交易所规定的上市交易要求而退市的,收购行为完成前,其余仍持有被收购公司股票的股东,有权在收购报告书规定的合理期限内向收购人以收购要约的同等条件出售其股票,收购人应当收购。

收购人在收购要约期限届满,不按照约定支付收购价款或者购买预受股份的,自该事实发生之日起 3 年内不得收购上市公司,中国证监会不受理收购人及其关联方提交的申报文件。

案例分析:甲在证券市场上陆续买入力扬股份公司的股票,持股达 6%时才公告,被证券监督管理机构以信息披露违法为由处罚。之后甲欲继续购入力扬公司股票,力扬公司的股东乙、丙反对,持股 4%的股东丁同意。请问:乙是否可邀请其他公司对力扬公司展开要约收购?(国家统一法律职业资格考试 2017 年卷三第 75 题)

解析:可以。收购方单独或合计持有力扬股份公司的股份达到 30%时,就可以对其进行要约收购,30%的门槛,既可以是单一收购方达到,也可以是两家以上收购方"凑数"达到,即联合收购。至于收购方是主动收购的还是被股东邀请收购的,没有法定限制。

第六节　信息披露制度

有效的信息传递是证券市场的驱动力,也是发挥证券市场资源配置功能的重要保证,但同时,证券市场的发行人和投资者之间又客观存在着信息不对称问题。真实、准确、完整的信息披露能够有效消除证券市场中的信息不对称问题,因此从我国《证券法》

立法之初，根本问题就不在于要不要信息披露，而在于要如何进行信息披露。在全面推行注册制之后，信息披露更是成为发行制度的重中之重，《证券法》用第五章专章规定了信息披露，将其作为一项基础制度，并将信息披露的要求贯穿证券市场活动的始终，且形成了以强制披露为核心，以自愿披露作补充的披露体系。①

一、信息披露制度的理论基础

市场源于自发形成的熟人关系，而随着市场的规模化发展，越来越多的陌生主体参与到市场交易中，基于熟人社会的信用关系已经无法适应新交易模式之下的诚信需求。证券市场是一个零和博弈的市场，若不对其进行监管，则欺诈发行、欺诈交易、误导投资者的现象必然层出不穷，从而使"买者自负"的投资准则无法经受正当性的拷问。由此，证券监管机构将信息披露纳入监管职权范围，并将其作为贯穿证券法始终的一条红线，并通过有效市场假设理论（Efficient Market Hypothesis，EMH）阐释强制信息披露制度存在的必要性。

EMH 认为，在法律健全、功能良好、透明度高、竞争充分的股票市场，若所有投资者都是理性的，能够对所投资的证券进行理性评价，那么一切有价值的信息已经及时、准确、充分地反映在股价走势当中，不合理的价格很快就会被消除，任何依靠信息进行的投资都不能产生超额收益。

由于该理论构建的前提是一系列假设，因此经济学家根据现实场景将有效市场假设拆解为三个类型：(1)弱式有效市场。价格反映了过去所有的交易信息，但是不能反映正在发生或可能发生的交易信息，投资者可能通过其他因素获得超额利润。(2)半强式有效市场。价格已充分反映了所有公开的信息，但获得内幕消息就可能获得超额利润，因此法律应重点关注对内幕信息的规制。(3)强式有效市场。价格已充分反映了所有已公开和未公开的信息，没有任何方法能够帮助投资者获取超额利润，即使有内幕信息也一样。

虽然有效市场假说理论以一系列假设为前提，但恰恰是因为假设中的理想前提不存在，因此才需要在现实场景中通过市场以外的力量来提高证券市场的有效性。在此基础上，各国陆续确立了强制性信息披露制度来消除证券市场中的信息不对称，减少交易双方的博弈成本。

二、信息披露的基本原则

（一）真实性

真实性原则是信息披露制度的基石，信息披露的其他原则都要以真实性作为基础，不能保证真实性的信息披露将毫无价值。投资者作出投资判断的基础信息应当真实客

① 《证券法》第 84 条规定："除依法需要披露的信息之外，信息披露义务人可以自愿披露与投资者作出价值判断和投资决策有关的信息，但不得与依法披露的信息相冲突，不得误导投资者。"强制披露是为了满足投资者的基本需求，而自愿披露则是一种"增值服务"，能够构建起更和谐的投融资关系，向投资者展示公司的竞争优势。但目前看来，我国的自愿披露效果还不够理想，相关制度还有待完善。

观地反映公司的经营状况和财产状况，如此才能要求投资者“买者自负”。这就要求信息披露义务人不得出现虚假陈述，否则会导致投资者决策的基础是虚假的，使其受到损失而影响投资信心，甚至影响整个证券市场的健康发展。

（二）准确性

信息披露要通过语言文字来实现，因此在披露时要避免产生歧义，秉持准确性原则。准确性强调的是信息的发布者与接受者之间对同一事项理解上的一致性，不同的接受者之间对同一事项的理解上也应具有一致性。因此，准确性是对信息披露义务人的要求，而站在接收信息的投资者立场上，则应表现为信息的易理解性。信息披露义务人应当使用简明清晰、通俗易懂的语言文字进行披露和说明，对于专业术语或行业术语应当作出必要且易于一般人理解的解释。披露时不能语焉不详，或使用容易引起歧义和误解的表述、数据、引注等，更不能出现带有暗示性的语言。误导性陈述往往就是因为违反了信息披露中的准确性原则。

（三）完整性

完整性是对信息披露是否全面提出的要求。如果信息披露义务人“报喜不报忧”，即使公开的全部信息都是真实的，也会导致信息公开整体上的虚假性。①

但要注意，完整全面并不代表要求上市公司事无巨细地将所有信息都公开，否则一方面会增加上市公司的披露成本，另一方面对于投资者决策非但无帮助，反而会因为海量的信息而使投资者陷入选择困难。我国《证券法》第 80 条和第 81 条分别规定了针对股票和债券需要进行披露的重大事件，皆是对发行人的经营状况或证券价格有实质性影响的信息。

（四）及时性

信息披露是解决证券市场信息不对称问题的重要途径，若发生了重大事件而未及时告知投资者，则有人很大可能会利用未公开的重大信息进行内幕交易等违法活动牟利，因此信息披露必须符合时效性要求。

判断及时性的标准在于信息披露是否符合法定期限。上市公司应当披露的定期报告包括中期报告与年度报告两类，前者应当在每个会计年度的上半年结束之日起 2 个月内编制完成并披露，后者应当在每个会计年度结束之日起 4 个月内编制完成并披露。定期报告有较为充裕的准备时间，一般都很容易满足及时性要求。对于发生可能对上市公司证券及其衍生品种交易价格产生较大影响的重大事件，投资者尚未得知时，上市公司需要通过临时报告立即披露，说明事件的起因、目前的状态和可能产生的影响，此时及时性与真实性、准确性、完整性三个要求之间会产生一定的冲突。为协调、解决这一矛盾，《上市公司信息披露管理办法》确立了“分阶段披露”原则。上市公司应当在最先发生的以下任一时点，及时履行重大事件的信息披露义务：(1)董事会或者监事会就该重大事件形成决议时；(2)有关各方就该重大事件签署意向书或者协议时；(3)董事、监事或者高级

---

① 陈甦、吕明瑜：《论上市公司信息公开的基本原则》，载《中国法学》1998 年第 1 期。

管理人员知悉该重大事件发生时。若在上述时点到来之前，出现以下情形之一的，上市公司应当及时披露相关事项的现状、可能影响事件进展的风险因素：(1)该重大事件难以保密；(2)该重大事件已经泄露或者市场出现传闻；(3)公司证券及其衍生品种出现异常交易情况。

上市公司披露重大事件后，已披露的重大事件出现可能对上市公司证券及其衍生品种交易价格产生较大影响的进展或者变化的，上市公司应当及时披露进展或者变化情况、可能产生的影响。

关于"兆新股份信息披露违规"的延伸阅读，可扫描二维码阅读文字材料：

（五）公平性

公平性原则即要求信息披露义务人对待所有股东一视同仁。披露的信息应当同时向所有投资者披露，除非法律、行政法规另有规定，否则不得提前向任何单位和个人泄露。同时，任何单位和个人也不得非法要求信息披露义务人提供依法需要披露但尚未披露的信息，尤其作为上市公司的股东、实际控制人，更不得滥用其股东权利、支配地位要求上市公司向其提供内幕信息。

证券及其衍生品种同时在境内境外公开发行、交易的，信息披露义务人还应当做到境外市场与境内市场同步披露。

上市公司可以通过业绩说明会、分析师会议、路演、接受投资者调研等形式就公司的经营情况、财务状况及其他事件与单位和个人进行沟通，但不得在该过程中提供内幕信息。

关于"巴菲特致股东的信"的详细阐释，可扫码收听音频和阅读文字材料：

三、虚假陈述及其规制

（一）虚假陈述的认定

根据最高人民法院《关于审理证券市场虚假陈述侵权民事赔偿案件的若干规定》，虚假陈述是指信息披露义务人违反法律、行政法规、监管部门制定的规章和规范性文件关于信息披露的规定，在披露的信息中存在虚假记载、误导性陈述或者重大遗漏的情形。虚假记载，是指信息披露义务人披露的信息中对相关财务数据进行重大不实记载，或者对其他重要信息作出与真实情况不符的描述。误导性陈述，是指信息披露义务人披露的信息隐瞒了与之相关的部分重要事实，或者未及时披露相关更正、确认信息，致使已经披露的信息因不完整、不准确而具有误导性。重大遗漏，是指信息披露义务人违反关于信息披露的规定，对重大事件或者重要事项等应当披露的信息未予披露。此外，信息披露义务人未按照规定的期限、方式等要求及时、公平披露信息，也有可能被认定为虚假陈述。[①] 综合而言，无论何种表现形式的虚假陈述，其本质都是满足“重大性”标准的信息失真。[②]《全国法院民商事审判工作会议纪要》指出，重大性是指可能对投资者进行投资决策具有重要影响的信息，虚假陈述已经被监管部门行政处罚的，应当认为是具有重大性的违法行为。

(二)虚假陈述的民事责任

1.虚假陈述民事责任的主体

根据《证券法》第85条和第163条的规定，虚假陈述民事责任的主体包括：(1)信息披露义务人，主要是指发行人和上市公司；(2)发行人(上市公司)的控股股东、实际控制人、董事、监事、高级管理人员和其他直接责任人员；(3)保荐人、承销的证券公司及其直接责任人员；(4)为证券的发行、上市、交易等证券业务活动制作、出具审计报告及其他鉴证报告、资产评估报告、财务顾问报告、资信评级报告或者法律意见书等文件的证券服务机构。[③] 应当与发行人承担连带赔偿责任，但是能够证明自己没有过错的除外。

2.虚假陈述民事责任的主观要件

信息披露义务人作为首要责任人，承担的是无过错责任或称为严格责任，即只要信息披露违法构成虚假陈述，导致投资者损失，无论信息披露义务人主观上是否存在故意或过失，都要承担赔偿责任，且不存在免责事由。

除信息披露义务人之外的其他主体则承担过错推定责任，此种过错为故意或重大过失。若相关责任主体不能证明自己没有过错，就要与信息披露义务人承担连带责任。

3.虚假陈述民事责任因果关系的认定

一般的民事侵权之诉中，原告须证明加害行为与损害结果之间的因果关系，否则就可能面临败诉的不利后果。但虚假陈述案件中，由于投资者属于信息弱势方，且证券市场具有高度专业性与复杂性，因此将因果关系的证明责任分配给投资者会引发实质上的不公平。为解决这一难题，美国司法界确立了欺诈市场理论，并得到了联邦最高法院的认可。该理论认为，当被告有虚假陈述或其他证券欺诈行为，而投资者遭受了损失时，只要投资者能够证明其投资行为是因信赖证券市场真实、证券价格公正而作出的，就完成

---

① 需要注意的是，“未按照规定披露信息”并不仅仅只能构成虚假陈述。若构成内幕交易的，则依照《证券法》第53条的规定承担民事责任；构成《公司法》第190条损害股东利益行为的，则依照《公司法》承担民事责任。

② 郭锋：《全面注册制背景下证券法条文理解与适用》，人民法院出版社2023年版，第332页。

③ 此外，《关于审理证券市场虚假陈述侵权民事赔偿案件的若干规定》还将发行人的供应商、客户，以及为发行人提供服务的金融机构等主体纳入民事责任的主体范围，在其明知发行人实施财务造假活动，仍然为其提供相关交易合同、发票、存款证明等予以配合，或者故意隐瞒重要事实致使发行人的信息披露文件存在虚假陈述的情形下，原告可起诉请求判令其与发行人等责任主体赔偿由此导致的损失。

了损害结果与虚假陈述行为之间存在因果关系的证明责任。[①]

《关于审理证券市场虚假陈述侵权民事赔偿案件的若干规定》第11条借鉴了欺诈市场理论来明确原告的举证责任:"原告能够证明下列情形的,人民法院应当认定原告的投资决定与虚假陈述之间的交易因果关系成立:(一)信息披露义务人实施了虚假陈述;(二)原告交易的是与虚假陈述直接关联的证券;(三)原告在虚假陈述实施日之后、揭露日或更正日之前实施了相应的交易行为,即在诱多型虚假陈述中买入了相关证券,或者在诱空型虚假陈述中卖出了相关证券。"

被告可通过反证存在以下情形之一来推翻这种因果关系的认定:"(一)原告的交易行为发生在虚假陈述实施前,或者是在揭露或更正之后;(二)原告在交易时知道或者应当知道存在虚假陈述,或者虚假陈述已经被证券市场广泛知悉;(三)原告的交易行为是受到虚假陈述实施后发生的上市公司的收购、重大资产重组等其他重大事件的影响;(四)原告的交易行为构成内幕交易、操纵证券市场等证券违法行为的;(五)原告的交易行为与虚假陈述不具有交易因果关系的其他情形。"

在损失因果关系方面,若被告能够举证证明原告的损失部分或者全部是由他人操纵市场、证券市场的风险、证券市场对特定事件的过度反应、上市公司内外部经营环境等其他因素所导致的,则法院可相应减轻或者免除其责任。

4.虚假陈述民事责任的赔偿范围

虚假陈述民事责任的赔偿范围以原告因虚假陈述而实际发生的损失为限。原告实际损失包括投资差额损失、投资差额损失部分的佣金和印花税。佣金是投资者支付给证券公司的费用,印花税是投资者支付给国家的税金,二者均是证券交易成本,应当认定为实际损失。

关于"虚假陈述案件中对投资者的保护"的详细阐释,可扫码收听音频和阅读文字材料:

本章小测

一、客观题(扫码开始测试)

① 焦津洪:《"欺诈市场理论"研究》,载《中国法学》2003年第2期。

二、主观题

1.如何界定证券？它会对我国相关法律制度产生哪些影响？

2.如何区分证券的公开发行和非公开发行？

3.鉴于我国证券市场对投资者保护水平较弱，如何从证券民事责任角度完善证券市场的投资者保护制度？

4.最高人民法院在2022年1月发布的《最高人民法院关于审理证券市场虚假陈述侵权民事赔偿案件的若干规定》有哪些创新、亮点和不足？

5.针对市场上各种新型的操纵证券市场行为，如何使证券法上打击操纵市场的条款保持开放性？以满足监管实践要求？

6.在证券侵权民事索赔诉讼中，投资者的损失与证券侵权行为之间的因果关系如何认定？投资者的损失数额如何认定？如何排除市场波动等其他原因导致的损失？

7.对于现行的证券虚假陈述侵权赔偿诉讼中的投资者代表人诉讼制度，在程序便利和扩大适用范围上，应当作出哪些完善？

第八章 金融信托法律制度

思维导图

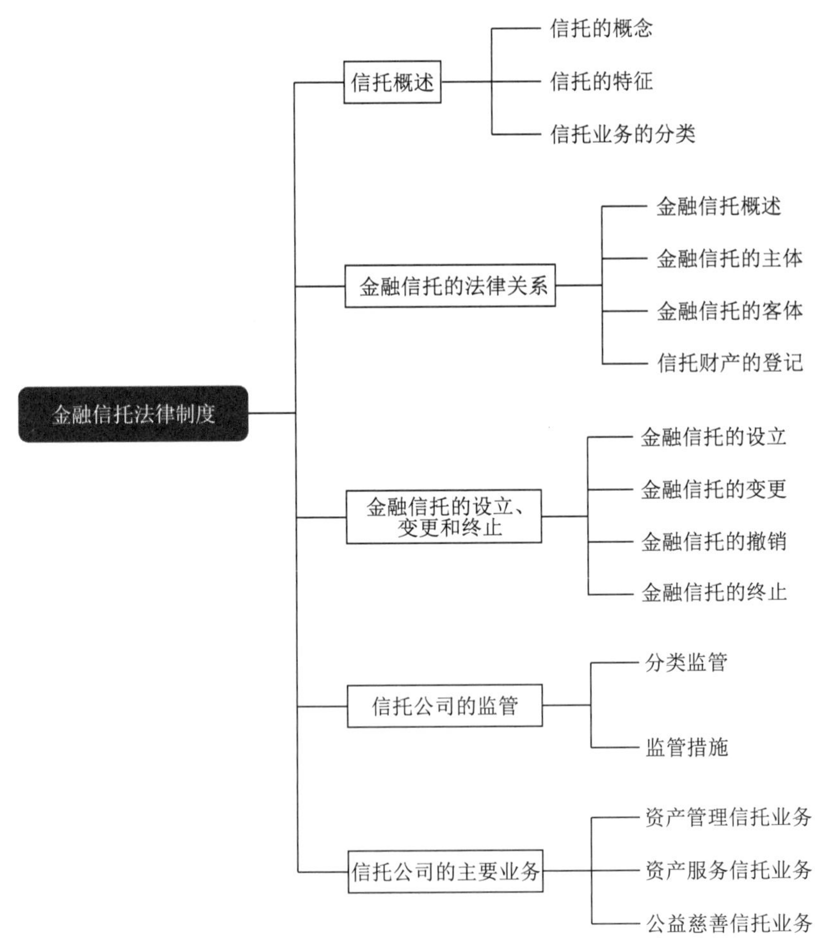

一般认为，现代信托制度起源于英国，是为了克服因普通法的僵化而导致的个案判决的不公，由衡平法发展起来的一种法律制度。[①] 随着商品经济的发展，信托制度在实现委托人特定目的、发挥受托人专业化财务管理优势、满足投融资需求等方面的作用日益显著，使得信托制度开始被移植到英国以外的其他英美法系国家以及部分大陆法系国家。

现代信托业自 1979 年在我国恢复以来，经历了曲折的发展历程。[②] 相关法律制度也在这个过程中不断发展。随着 2001 年《信托法》的颁布，信托业的准入门槛不断提高，业务定位更加清晰，监管机制日渐成熟，我国初步建立起了符合当前社会经济发展需要的现代信托法律制度。然而，横向比较可知，我国信托业依然存在发展深度不足、核心业务发展较慢等问题。而上述问题的存在也与我国当前规范信托业发展的法律制度不完善有关，制定于 2001 年的《信托法》早已滞后于当前信托业的实践，难以满足现实需要。但可以预期的是，《信托法》的修改并不遥远，信托相关的配套法律制度也在不断发展完善过程中。[③] 本章从信托的基本特征、法律关系、设立、变更、终止、监管以及信托业务等方面介绍我国的金融信托法律制度。

第一节　信托概述

一、信托的概念

我国《信托法》第 2 条将信托定义为，委托人基于对受托人的信任，将其财产权委托给受托人，由受托人按委托人的意愿以自己的名义，为受益人的利益或者特定目的，进行管理或者处分的行为。由该定义可知，我国将信托视为一种基于信任的委托行为而产生的多方法律关系。然而，值得注意的是，不同国家对信托的理解存在较大的差异。主要原因在于，信托制度起源于英美法中的地产权与衡平法传统，因而各国在移植信托法律制度的过程中必须将其内化为符合本国法制语境的制度架构。

对比其他国家关于信托的定义，英美法系中具有代表性的英国和美国并没有制定法

---

① 何宝玉：《信托法原理与判例》，中国法制出版社 2013 年版，第 2～20 页。

② 自 1979 年信托业在国内恢复运营以来，信托行业发展曲折，先后经历了六次整顿，第七次整顿正在进行中。参见方妮：《信托业第七次整顿正有序展开》，载《证券时报》2020 年 10 月 27 日第 A004 版。鼎盛时期我国信托机构多达上千家，然而经过多轮整顿，截至 2024 年 4 月，随着四川信托进入破产重整，我国实际运营的信托公司为 66 家。

③ 在《信托法》立法动向上，2021 年 2 月，中国人民银行条法司会同原中国银保监会法规部、信托部以及中国信托业协会成立了《信托法》立法后评估小组，启动并组织开展立法后评估工作。指出评估小组将以《信托法》立法后评估为基础，持续深入研究各方面的重点问题，为适时推动修改《信托法》奠定良好基础。参见刘宏华等：《推动〈信托法〉修改与制度完善》，载《中国金融》2021 年第 20 期。此外，2024 年 2 月，监管部门向信托公司下发了《信托公司管理办法(修订征求意见稿)》。

意义上的信托定义。美国法学会组织编纂的《信托法重述》(第2版)第2条将信托定义为一种有关财产的信义关系(fiduciary relationship),产生于一种设立信托的明示意图,一个人享有财产的法定所有权并负有衡平法义务,为另一个人的利益处分该财产,从而强调了衡平法上的信义义务在信托制度中的重要地位。① 而在引入信托制度的大陆法系国家中,日本《信托法》第1条将信托表述为通过财产权的转移或其他处理,使他人遵从一定的目的,对该财产加以管理或处理的现象。

关于"信托财产权归属问题"的详细阐释,可扫码收听音频和阅读文字材料:

对比不同国家对信托的定义可以发现,我国《信托法》用"委托给"来定义委托人与受托人交付财产的关系,而英美法系国家的信托制度内含了受托人和受益人对信托财产的双重所有权,其他大陆法系国家和地区普遍使用"转移或其他处理"。我国这样处理似乎回避了信托财产权的归属问题,这虽然在一定程度上避免了信托法理和我国大陆法传统的冲突,但信托财产权的归属问题是信托法中的基础性和关键性问题,财产权归属不清晰,信托关系中三方的权利义务亦难以明确。②

关于"信托受益权的性质问题"的详细阐释,可扫码收听音频和阅读文字材料:

二、信托的特征

信托作为一种特殊的财产管理制度和法律行为,虽然法律制度基础、目的视角等方面的原因导致不同国家对信托的理解存在一定差异,但大多国家认为信托具有如下三方面的特征。

(一)信托是一种多边关系

信托行为涉及委托人、受托人和受益人三方主体。其中,委托人是信托产生的起点,负责将财产转移到信托中。受托人基于委托人所表示的信托目的而以自己的名义管理、

① 另外需要注意的是,在英美法系中,信托财产存在两种类型的所有权,即受托人享有普通法所有权或法定所有权,受益人享有衡平法所有权或受益所有权。显然,信托财产的双重所有制是难以与大陆法系民法中的一物一权理论相容的。

② 我国《信托法》关于"委托给"的表述易于产生不需要信托财产的转移信托就能成立的印象,然而,多数观点认为信托的成立应以信托财产的转移为条件。参见赵廉慧:《信托法解释论》,中国法制出版社2015年版,第45~46页。

处分信托财产，可见，受托人是信托目标实现的关键。受益人是信托的归宿，委托人设定信托和受托人管理处分信托财产都是为了受益人的利益，因此，受益人是信托的终点。

（二）信任是维系信托关系的基础

不同于一般的代理行为，在信托中委托人需要将财产的处置权转移给受托人，受托人以自己的名义独立对信托财产行使管理处分的权利，且对该财产管理处分而达到的结果最终归结于受益人。如果三方主体缺乏充分的信任，则信托关系难以达成。因此，作为法定义务，以信任为核心的信义义务是维系信托关系的基础。

（三）信托财产具有独立性

在信托关系从设定到终止的整个过程中，财产权始终发挥着基础性的作用。设定信托需要以委托人财产的所有权或使用权、支配权的转移为成立要件。受托人基于其在财产管理等方面的比较优势对信托财产进行处理和支配，而最终获得的财产性收益归于受益人。为保障信托目的的实现，信托财产独立于委托人、受托人和受益人的其他财产，具有独立的法律地位。

三、信托业务的分类

我国《信托法》第 3 条规定，委托人、受托人、受益人在中华人民共和国境内进行民事、营业和公益信托活动，适用本法。从中可以看出，我国将信托分为民事、营业和公益三类。然而，信托法并未对上述三类信托的内涵和外延进行界定。本章聚焦于金融信托，虽然银行、证券公司可能会通过特定的方式或渠道参与信托活动，但信托公司才是在我国得到合法授权的经营信托业务的金融机构，因此，本章对于信托业务的讨论是以信托公司作为关注对象。

我国相关监管部门对信托业务的分类在不断更迭。这种变化一方面体现了属于舶来品的信托在中国的不断本土化和创新化，另一方面也是在信托业转型的背景下，监管层所释放出的引导信托业发展的信号。

我国第一份关于信托业务的分类标准是中国人民银行在 2014 年发布的《信托业务分类及编码》，该标准从九个维度对信托业务进行了大类划分。① 原银监会在 2017 年 4 月发布的《信托业务监管分类试点工作实施方案》中又将信托划分为债权信托、股权信托、标品信托、同业信托、财产信托、资产证券化信托、公益（慈善）信托、事务信托。而在 2023 年原银保监会发布的《中国银保监会关于规范信托公司信托业务分类的通知》中，提出信托公司应当以信托目的、信托成立方式、信托财产管理内容为分类维度，将信托业务分为资产服务信托、资产管理信托、公益慈善信托三大类共 25 个业务品种。表 8-1 列出了该信托业务分类。

---

① 具体包括：资金信托与财产信托，单一信托与集合信托，私益信托、公益信托与目的信托，合同信托、遗嘱信托与其他书面信托，机构信托和个人信托，主动管理信托与被动管理信托，融资信托、投资信托和事物管理信托，固定收益信托与浮动收益信托，境内运用信托与境外运用信托。

表 8-1　信托公司信托业务分类

<table>
<tr><th>业务品种</th><th>是否募集资金</th><th>受益类型</th><th colspan="2">主要信托业务品种</th></tr>
<tr><td rowspan="19">资产服务信托业务</td><td rowspan="19">不涉及</td><td rowspan="19">自益或他益</td><td rowspan="7">财富管理服务信托</td><td>家族信托</td></tr>
<tr><td>家庭服务信托</td></tr>
<tr><td>保险金信托</td></tr>
<tr><td>特殊需要信托</td></tr>
<tr><td>遗嘱信托</td></tr>
<tr><td>其他个人财富管理信托</td></tr>
<tr><td>法人及非法人组织财富管理信托</td></tr>
<tr><td rowspan="5">行政管理服务信托</td><td>预付类资金服务信托</td></tr>
<tr><td>资管产品服务信托</td></tr>
<tr><td>担保品服务信托</td></tr>
<tr><td>企业/职业年金服务信托</td></tr>
<tr><td>其他行政管理服务信托</td></tr>
<tr><td rowspan="4">资产证券化服务信托</td><td>信贷资产证券化服务信托</td></tr>
<tr><td>企业资产证券化服务信托</td></tr>
<tr><td>非金融企业资产支持票据服务信托</td></tr>
<tr><td>其他资产证券化服务信托</td></tr>
<tr><td rowspan="2">风险处置服务信托</td><td>企业市场化重组服务信托</td></tr>
<tr><td>企业破产服务信托</td></tr>
<tr><td colspan="2">新型资产服务信托</td></tr>
<tr><td rowspan="4">资产管理信托业务</td><td rowspan="4">私募</td><td rowspan="4">自益</td><td rowspan="4">集合资金信托计划</td><td>固定收益类信托计划</td></tr>
<tr><td>权益类信托计划</td></tr>
<tr><td>商品及金融衍生品类信托计划</td></tr>
<tr><td>混合类信托计划</td></tr>
<tr><td rowspan="2">公益慈善信托业务</td><td rowspan="2">可能涉及募集</td><td rowspan="2">公益</td><td rowspan="2">公益慈善信托</td><td>慈善信托</td></tr>
<tr><td>其他公益信托</td></tr>
</table>

第二节　金融信托的法律关系

一、金融信托概述

金融信托是以金融机构作为受托人，按照委托人的要求，对委托人的资产进行各种金融业务性质的管理、处理和经营的信托业务。金融信托的特征可归纳如下。

（一）受托人是金融机构

受托者必须是符合相关法律规定并经有关机构审核批准从事信托业务的金融机构，而在我国主要是指信托公司。在实际操作中，基金管理公司、证券公司、养老金管理公司、保险资产管理公司等都在从事一定范围的信托业务。即便《商业银行法》规定商业银行不得经营信托业务，但其也在通过与信托公司合作、设立子公司等方式开展相关信托业务。

（二）财产权利和利益相分离

在金融信托中，财产的所有权、管理权和受益权是分离的。受托人拥有财产的管理权，会根据业务的性质、信托文件的规定和信托业务的绩效获得相应的收益和报酬，但并不享有受益权；而受益人享有受益权，但并不直接管理财产。这种分离机制使得信托财产的管理和运用更加专业和高效。

（三）金融信托是他主经营行为

金融信托中受托人要按照委托人的意旨被动地开展具体业务。因此，受托人对信托财产运用产生的风险仅在当受托人违背信托目的或管理职责而造成损失时承担责任。

（四）连续性和安全性

信托一旦设立，除非委托人或受益人撤销信托，否则信托不因受托人的更迭、破产或其他原因而终止。这种连续性使得信托能够长期、稳定地运作，为委托人和受益人提供长期的财务规划和保障。

（五）金融信托具有财务管理、融通资金、协调经济关系的职能

财务管理是指从事信托业务的金融机构接受财产所有者的委托，对信托财产进行委托投资、委托贷款、出售转让等方面的管理和处理。融通资金是指从事信托业务的金融机构为建设项目筹措资金，或给予资金融通和调剂的职能。协调经济关系是指从事信托业务的金融机构通过信托业务，为经济交易各方提供信息和咨询服务，发挥协调和沟通各方的职能。

二、金融信托的主体

信托关系是一种多边关系，当事人一般包括委托人、受托人和受益人三方主体。由

于移植自英美法系的信托制度同大陆法系的传统理论并不一致，因此，难以简单套用物权和债权理论来从一般到具体地理解信托行为中三方当事人的权利义务关系。为此，准确地理解信托当事人的权利和义务，对于在我国有效地运用信托制度、发挥信托制度的功能具有更为重要的价值和意义。

(一)委托人

委托人是信托的设立者，委托人通过将自己的财产转移给受托人管理、处分，使得信托关系成立。凡是具有完全民事行为能力的自然人、法人或者依法成立的其他组织均可以成为委托人。委托人可以是一人，也可以是数人。两人或两人以上的财产共有人可以作为共同委托人，将其共有物信托给受托人，也可以将自己在共有物中的份额信托给受托人。

除了在信托文件中自行保留的权利以外，根据我国《信托法》的相关规定，委托人享有以下的权利：(1)知情权。委托人有权了解其信托财产的管理运用、处分及收支情况。有权查阅、抄录或者复制与其信托财产有关的信托账目以及处理信托事务的其他文件。(2)要求受托人调整管理方法权。信托目的的实现必须运用一定的方法，而选择的管理方法可能随着社会发展和法律政策的调整而变得不合时宜。因此，因设立信托时未能预见的特别事由，致使信托财产的管理方法不利于实现信托目的或者不符合受益人的利益时，委托人有权要求受托人调整该信托财产的管理方法。(3)对违反信托目的的处分的撤销申请权。受托人违反信托目的处分信托财产或者因违背管理职责、处理信托事务不当致使信托财产受到损失的，委托人有权申请人民法院撤销该处分行为，并有权要求受托人恢复信托财产的原状或者予以赔偿。该信托财产的受让人明知是违反信托目的而接受该财产的，应当予以返还或者赔偿。(4)解任权。受托人违反信托目的处分信托财产或者管理运用、处分信托财产有重大过失的，委托人有权依照信托文件的规定解任受托人，或者申请人民法院解任受托人。(5)剩余信托财产的归复权。当出现受益人放弃受益权，又没有其他受益人，或者信托终止后信托财产尚有剩余，且不存在受益人或受益人的继承人，如果信托文件没有规定处理办法，则被放弃的受益权或者剩余的信托财产归属委托人及其继承人。(6)信托解除权。信托设立后，委托人一般不得解除信托。然而，在不存在信托文件关于信托解除的其他规定的情况下，当委托人是唯一受益人，受益人对委托人有重大侵权行为，以及经受益人同意的情况下，委托人可以解除信托。(7)变更受益人或处分受益权的权利。当存在受益人对委托人或其他共同受益人有重大侵权行为，或者经受益人同意，或者存在信托文件规定的其他情形的情况下，委托人可以变更受益人或者处分受益人的信托受益权。

委托人的义务主要包括两个方面：一方面，委托人负有转移信托财产的义务。委托人履行该项义务后，信托才能有效成立。另一方面，委托人负有支付报酬的义务。金融信托的受托人作为专门从事信托业务的营利机构，是以取得报酬作为经营的目标。受托人的报酬一般是以信托财产支付。但在特殊情况下，如信托财产是禁止出售的不动产，或者信托财产不足以支付信托报酬的，则信托报酬由受益人或委托人另行支付。

（二）受托人

受托人是基于委托人的信任，对信托财产进行管理和处分的人。在金融信托中，受托人是经有关机构审核批准，具有法人地位的金融机构。

根据我国《信托法》的相关规定，受托人的主要权利有：(1)信托财产的管理和处分权。受托人为履行其职责，按信托文件的规定进行信托财产的管理和处分，这是受托人的基本权利。(2)获得报酬权。受托人有权依照信托文件的约定取得报酬。信托文件未作事先约定的，经信托当事人协商同意，可以作出补充约定。未作事先约定和补充约定的，不得收取报酬。约定的报酬经信托当事人协商同意，可以增减其数额。(3)利益偿还请求权。受托人因处理信托事务所支出的费用、对第三人所负债务，以信托财产承担。受托人以其固有财产先行支付的，对信托财产享有优先受偿的权利。

受托人的主要义务有：(1)忠实义务。受托人不得利用信托财产为自己谋取利益。受托人违反规定利用信托财产为自己谋取利益的，所得利益归入信托财产。受托人不得将信托财产转为其固有财产。受托人不得将其固有财产与信托财产进行交易或者将不同委托人的信托财产进行相互交易，但信托文件另有规定或者经委托人或者受益人同意，并以公平的市场价格进行交易的除外。(2)分别管理的义务。受托人必须将信托财产与其固有财产，以及不同委托人的财产分别管理、分别记账。(3)亲自管理的义务。受托人应当自己处理信托事务，但信托文件另有规定或者有不得已事由的，可以委托他人代为处理。受托人依法将信托事务委托他人代理的，应当对他人处理信托事务的行为承担责任。(4)报告与保密的义务。受托人必须保存处理信托事务的完整记录。受托人应当定期将信托财产的管理运用、处分及收支情况，报告委托人和受益人。受托人对委托人、受益人以及处理信托事务的情况和资料负有依法保密的义务。(5)支付信托利益的义务。受托人以信托财产为限向受益人承担支付信托利益的义务。

（三）受益人

受益人是在信托中享有信托收益的人，有关信托财产的利益和损失全部归属于受益人。自然人、法人或者依法成立的其他组织都可以成为受益人。除公益信托外，任何信托都必须有指定的受益人。

受益人享受的主要权利，包括：(1)信托利益的收益权。受益人自信托生效之日起享有信托受益权。受益人按照信托文件的规定享有信托利益，有权放弃其信托受益权。当存在共同受益人时，全体受益人放弃信托受益权的，信托终止。部分受益人放弃信托受益权的，被放弃的信托受益权按下列顺序确定归属：①信托文件规定的人；②其他受益人；③委托人或者其继承人。除信托文件有限制性规定外，信托受益权可以用于清偿债务、依法转让和继承。(2)对受托人的监督权。受益人可以行使委托人享有的知情权、要求受托人调整管理方法权、对违反信托目的处分的撤销申请权和解任权等权利，当受益人与委托人意见不一致时，可以申请人民法院作出裁定。

受益人也承担着一定的义务，包括合规守法、配合履约的义务，以及不得滥用权利，即不得利用信托损害受托人和其他受益人的利益，也不得将信托受益权进行抵押、质押等可能损害信托利益的行为。

（四）委托人、受托人和受益人的关系

通过上述对委托人、受托人和受益人权利与义务的介绍，可以发现我国的《信托法》实际上突破了我国传统上的单一所有权的物权理论，通过赋予受托人对信托财产的管理权、处分权和受益人对信托利益的享有权，在一定程度上承认了名义所有权与实际所有权的分离。此外，委托人可以是受益人，甚至是同一信托的唯一受益人。受托人也可以是受益人，但不得是同一信托的唯一受益人。我们通过图 8-1 来描述我国《信托法》中委托人、受托人和受益人的关系。

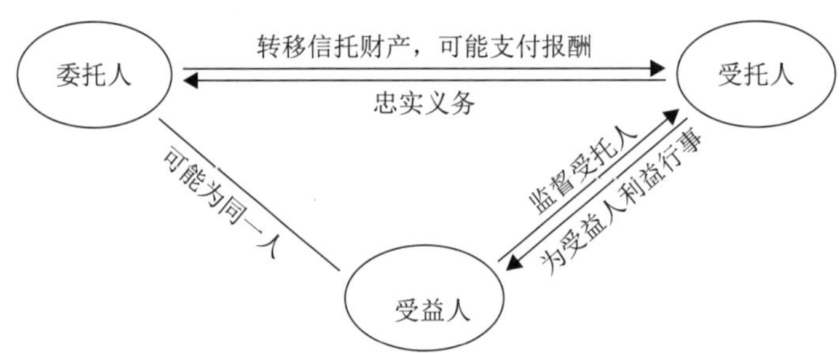

图 8-1　委托人、受托人和受益人三方关系图解

案例分析：公司甲与信托公司乙签订信托合同，约定成立事务类集合资金信托，某日，公司甲下达交易指令，要求信托公司乙以不低于 X 元/股的价格出售股票，期间指令要求的价格条件成就，但信托公司乙因证券账户未开通网上交易功能而未执行该指令，最终股票以低于公司甲指令的价格成交。公司甲诉至法院，要求信托公司乙赔偿未执行交易指令造成的差价损失。请问：信托公司乙是否违反了信义义务？

解析：信托公司乙作为具有专业知识的金融机构，应在开通证券账户时一并开通网上交易功能。信托公司乙在开户和交易两个环节均未能履行谨慎、有效管理的义务，违反了受托人应尽的注意义务。

三、金融信托的客体

金融信托的客体是指金融信托法律关系主体的权利和义务共同指向的对象，即借以产生信托法律关系的信托财产。在信托活动中，信托财产处于中心地位，是信托关系产生的基础。我国《信托法》对信托财产的范围没有具体规定，只是规定法律、行政法规禁止流通的财产，不得作为信托财产。限制流通的财产，依法经有关主管部门批准后，可以作为信托财产。委托人以非法财产或者《信托法》规定不得设立信托的财产设立信托的，信托无效。

一般来说，只要具备财产的价值，都可以作为信托财产，包括有形财产和无形财产。有形财产是具有实物形态的动产和不动产，作为金融信托财产的动产主要包括货币、有价证券、金钱债权等，不动产主要包括房屋、土地等；无形财产是虽不具有实物形态，但通过运用可以带来收益的财产，主要包括知识产权、渔业权、矿业权等。

信托财产具有以下几个方面的特征：

（一）有可衡量的价值

信托活动是通过对信托财产的运用而产生一定收益的活动，如果财产不具有价值或价值无法确定，如姓名权、人格权，无法计算收益，则不能作为信托财产。

（二）确定性和可转让性

信托的设立必须有确定的信托财产，即给付标的是确定和具体的，信托财产能够从委托人自有财产中隔离和指定出来。[①] 并且该信托财产必须是委托人合法所有的财产，因为只有是委托人具有所有权的财产，才能进行财产的转让，这是信托关系建立的前提。

（三）独立性

信托财产是由委托人转移给受托人，受托人为受益人的利益而以自身名义管理和处分的财产。因此，信托关系一旦设立，信托财产便与委托人的其他财产相独立，信托财产不因委托人的死亡、依法解散、撤销或被宣告破产而终止，除非委托人是唯一受益人的情况。同时，信托财产与受托人的财产相互独立。受托人必须把信托财产和受托人自己的财产，以及不同委托人委托的财产区分开来。信托财产也不因受托人的依法解散、撤销或宣告破产而终止，当出现上述情况时，信托财产应交由新的受托人管理。

案例分析：因不当得利纠纷，法院裁定查封、冻结了自然人甲作为委托人设立的家族信托计划项下的信托资金 X 万元，并要求信托公司停止向甲及其受益人或其他第三人支付信托合同项下的所有款项及其收益。作为案外人的受益人乙提出异议。请问：委托人的财产纠纷是否会影响信托财产的独立性？

解析：除非存在《信托法》第 17 条规定的情形，信托财产不能被强制执行。信托财产独立于委托人与受托人。受益人对信托收益享有排除执行的权益。对于是否需冻结信托财产，需综合判断委托人的权利保留情况，如果有证据表明存在委托人转移信托受益权或回赎资金的风险，可以冻结信托财产。

四、信托财产的登记

信托财产登记是信托公示制度的内在要求。对于信托登记的效力，从国际范围来看，主要存在信托登记生效主义和信托登记对抗主义两种类型。信托登记生效主义视登记为信托关系成立的前提，未登记的信托对信托主体不产生法律效果。而信托登记对抗主义认为信托关系的成立依当事人的意思表示和财产权的转移发生效力，但若要信托财产权变动产生对抗善意第三人的效力，则必须通过登记公示权利变动。根据我国《信托法》第 10 条的规定，对于信托财产，有关法律、行政法规规定应当办理登记手续的，应当依法办理信托登记。未按照相关规定办理信托登记的，应当补办信托登记手续，不补办的，该信托不产生效力。由此观之，我国《信托法》对登记的态度为登记生效主义。特定

① 参见世某荣和投资管理股份有限公司与长安国际信托股份有限公司等信托合同纠纷案[（2016）最高院民终 19 号]。

财产是否进行信托登记，直接影响着信托的生效与否。

对于影响信托生效的登记财产范围，即什么是“有关法律、行政法规规定应当办理登记手续”的财产？虽然《信托法》并未明确规定，但一般理解为因登记发生权属变动或因登记形成对抗效力的财产都应包含在内，即包括土地、房屋等不动产和飞机、船舶、车辆等动产，以及有价证券、知识产权等无形财产。

虽然《信托法》规定了对信托采取登记生效主义，但法律本身并未对登记制度进行设计，使得我国信托财产登记制度长期缺位。信托主体甚至不得不通过对信托财产另行签订一份买卖或其他处分合同来办理信托财产的变更，从而满足信托法对登记生效的要求。[①] 为此，2016 年 12 月 26 日，经国务院同意，原银监会批准，中国信托登记有限责任公司正式成立，方才建立起全国统一的信托登记平台。2017 年 8 月，原银监会发布《信托登记管理办法》。该《办法》明确规定，信托产品名称、信托类别、信托目的、信托期限、信托当事人、信托财产、信托利益分配等信托产品及其受益权信息和变动情况需要在中国信托登记有限责任公司进行登记。然而，信托产品登记与《信托法》规定的信托财产登记存在一定差异。原银监会发布的《信托登记管理办法》规定，信托机构必须在中国信托登记有限责任公司对信托产品以及受益权信息进行登记，更多地体现的是对信托机构公开发行的产品进行监管的目的。因此，我国实际上尚处于从信托产品登记到信托财产登记的探索阶段。[②]

案例分析：A 与 B 信托公司设立以国有土地使用权及相应在建工程为基础资产的收益权信托并签订了资产收益财产权信托合同。由于项目的基础资产无法依据合同办理抵押登记手续，为保证信托合同的履行，B 又与 A 签订了一份信托贷款合同，并依据该合同将项目基础资产办理了抵押登记。信托成立后，A 出现未能依约维持信托专户的最低现金余额的情况，B 在承担了对信托投资人的兑付义务后，依据信托贷款合同起诉 A，要求其偿还贷款本息及各种违约金等，并要求对抵押物进行处置以偿还债务。请问：本案属于信托贷款合同纠纷还是信托纠纷？以资产收益权作为信托财产是否满足确定性要求？

解析：根据两份合同的内容，信托贷款合同依附于信托合同，其实质在于实现信托合同中所约定的抵押登记。因此，本案属于信托纠纷。以资产收益权作为信托财产是否满足确定性要求，需要具体分析资产收益权的具体情况、转让方式、风险控制措施等因素。

---

① 参见安信信托诉昆山纯高资产收益权信托纠纷案[(2013)沪高民五商终字第 11 号]。

② 近年来，我国信托财产登记制度也在不断探索。2022 年 6 月 22 日，上海市人民代表大会常务委员会审议通过了《上海市浦东新区绿色金融发展若干规定》，其中第 19 条规定，以不动产设立信托的，可以向不动产登记机构申请记载为信托财产。中国信托登记有限责任公司可以在浦东新区试点信托财产登记，办理绿色信托产品的登记、统计、流转等事项。浦东新区该法规的出台，为信托财产登记在浦东新区的先行先试提供了有力的法律依据。2023 年 11 月 23 日，国务院批复同意《支持北京深化国家服务业扩大开放综合示范区建设工作方案》。在金融服务领域，该《方案》提出，在风险可控的前提下，探索建立不动产、股权等作为信托财产的信托财产登记机制。

第三节　金融信托的设立、变更和终止

一、金融信托的设立

对于我国金融信托设立的条件，主要的法律依据是《信托法》和《信托公司管理办法》。根据上述法律法规的规定，设立有效的金融信托应具备以下条件。

（一）有合法和确定的信托当事人

当事人合法、确定是信托设立的一个基本条件，其要求有合法的委托人、受托人和确定的受益人。信托关系中的委托人和受托人合法主要是指其应当具有完全民事行为能力。受益人确定是指受益人以及受益人的信托利益是确定或可以确定的，包括指定了具体的受益人，或者受益人的范围是可以确定的。委托人设立信托的目的是使受益人获益，因此，如果无法确定具体的受益人或者受益人范围，无法确定受益人的具体信托利益，则信托无法有效地实施。对我国的金融信托来说，受托人一般只能是经监管机构批准并领取金融许可证，采取有限责任公司或者股份有限公司形式所设立的信托公司。

（二）有合法和确定的信托目的

信托目的是委托人将自有财产转移给受托人时确定的，通过受托人对该财产进行管理和处分所要实现的目的。信托目的合法是指信托目的不得违反法律、行政法规或者损害社会公共利益，禁止专以诉讼、讨债为目的设立信托。若委托人设立信托目的违法，则信托无效。委托人设立信托也不得损害其债权人的利益，否则债权人有权申请人民法院撤销该信托。信托目的的确定性是指委托人是否有真正的意愿去创设信托关系，从而通过一定的行为产生设定信托的法律效果。

（三）有合法和确定的信托财产

具有合法和确定的信托财产是信托设立的基本要件。当信托财产不能确定时，信托无效。信托财产的确定性是指信托财产确实存在并且能够转移给受托人，其价值能够计算，如现金、动产、不动产、股票和有价证券等有形财产。对于无形财产，如著作权、专利权和商标权等知识产权中的财产性权利，根据我国《信托法》第 7 条第 2 款的规定，也可以作为信托财产。但是，人身权利，如身份权、名誉权、姓名权等，因其价值无法估算，而不得作为信托财产。商誉、经营控制权等营业上的利益，由于在性质上属于不确定的财产，一般不能成为信托财产。信托财产的合法性是指委托人用于设立信托的财产应当是委托人合法取得并占有的财产，包括合法的财产权利。委托人以非法财产或者信托法律规定不得设立信托的财产设立信托，则该信托无效。法律、行政法规限制流通的财产，必须依法经有关主管部门批准后，才能作为信托财产。

（四）有合法的设立形式

信托合法的设立形式指信托文件要采用书面形式，包括信托合同或者法律、行政法规规定的其他书面文件。文件中应载明信托目的，委托人、受托人的姓名或者名称、住所，受益人或者受益人范围，信托财产的范围、种类及状况，受益人取得信托利益的形式、方法。

对于采取信托合同的形式设立信托的，信托合同签订时信托成立。如果采取其他形式设立信托，当受托人承诺信托时信托成立。之所以规定信托设立要采用书面形式，主要原因在于信托关系建立的是委托人、受托人和受益人三方的长期性关系，为了鼓励三方的有效信息披露，维持合作关系的长期稳定。

同时，设立信托时，对于信托财产，有关法律、行政法规规定应当办理登记手续的，应当依法办理信托登记。未登记或者不补办登记的，信托无效。这主要是由于信托财产具有独立性，信托关系一旦设立，信托财产便与委托人的其他财产相独立，信托财产不因委托人的死亡、依法解散、撤销或被宣告破产而终止；也不因受托人的依法解散、撤销或宣告破产而终止。因此，为避免与信托财产进行交易的善意第三人受到损害，必须采取一定的方式对信托财产进行公示，使第三人知悉。

二、金融信托的变更

信托设立后，因为情势变更或者出现信托设立时未能预料到的情况，则势必需要对信托进行变更。一般来说，如果信托文件对信托的变更有规定，则依照信托文件予以变更。信托文件没有规定的，通常允许委托人直接要求受托人变更。实践中常见的信托变更的情况主要包括对信托内容以及信托当事人的变更。

（一）信托关系内容的变更

信托关系内容的变更主要是对信托财产管理方法的变更。当出现因设立信托时未能预见到的特别事由，致使信托财产的管理方法不利于实现信托目的或者不符合受益人的利益时，委托人或者受益人有权要求受托人调整该信托财产的管理方法。如果出现委托人和受益人意见不一致，可以申请人民法院作出裁定。

（二）受益人的变更

在信托文件没有关于受益人变更的相关规定的情况下，经受益人同意或者依法律授权，可以变更受益人。信托受益权是受益人享有的一项财产性权利，因此，受益人有权自由处分该权利，只要受益人是具有完全民事行为能力的人，经受益人同意，可以将受益人的信托受益权依法转让和继承。而当出现受益人对委托人或其他共同受益人有重大侵权行为时，委托人可以变更受益人或者处分受益人的信托受益权。这里的“重大侵权行为”，一般是指行为人故意或过失侵害他人的财产权、人身权或其他合法权益，主观性质或手段比较恶劣，或者给他人的合法权益造成严重损害，后果比较严重。受益人通常只享有信托利益，不需要付出对价，因此，当出现受益人反过来侵害委托人利益的情况时，委托人也可以解除信托，这符合公平正义的要求。

(三)受托人的变更

受托人的变更可能是因为受托人辞任,也可能是受托人不履行职责或有影响其职责的重大事由,不利于实现信托目的或给委托人、受益人造成损害的,委托人或者受益人终止受托人的职责,选任新的受托人。在多数情形下,受托人变更是因为原受托人职责终止。但是,当受托人依法解散、被依法撤销或者被宣告破产时,信托本身并不当然终止,新受托人选任后信托关系继续存在。

(四)委托人的变更

委托人的变更主要是指委托人地位的继受。委托人的地位可以因继承、转让而发生变更。

三、金融信托的撤销

可撤销的信托是指信托行为虽已成立,但因欠缺信托行为生效要件,可以因行为人撤销权的行使,使信托行为自始无效的信托。可撤销的信托又称为相对无效的信托。

设立信托的撤销制度主要是为保护债权人的利益。信托设立后,信托财产由委托人委托给受托人并独立存在,除非委托人是信托的唯一受益人;否则,委托人不能收回信托财产。委托人因为设立信托而使自己财产减少,可能无法清偿其全部债务,从而损害债权人的利益。为防止委托人利用信托转移财产、逃避债务,保护债权人的合法权益,我国《信托法》第12条规定了委托人设立信托损害其债权人利益的,债权人有权申请人民法院撤销该信托。

(一)行使撤销权的条件与期间

信托的撤销主要包括委托人撤销信托、委托人的债权人撤销信托两种情形。但通常所说的撤销信托是指委托人设立信托损害其债权人利益的情形,债权人有权依法申请法院撤销信托。我国《信托法》明确规定了委托人的债权人撤销信托应具备三个条件:(1)委托人设立信托前,债权人的债权已经存在;(2)委托人用自有财产设立信托,导致其无法清偿全部债务,损害债权人利益;(3)债权人在法律规定的期间内向人民法院提出了撤销申请。

为避免信托当事人以及利害关系人之间的权利义务关系久拖不决,保障信托关系的稳定,需要对债权人行使撤销权规定一定的期限。我国《信托法》规定,自债权人知道或者应当知道撤销原因之日起1年内不行使撤销权的,撤销权归于消灭。

(二)债权人行使撤销权的法律后果

被撤销的民事法律行为自始无效。委托人的债权人行使撤销权的法律后果是:信托自成立之时就不产生效力,所有已经发生的行为和事实,均可以依法撤销。但是,由于善意取得人对信托损害债权人利益的事实并不知情,也没有损害债权人利益的恶意,所以对于他已经取得的信托利益,不因信托的撤销而受影响。

四、金融信托的终止

(一)信托的终止事由

信托的终止,是指信托关系因法律或者信托文件规定的事由发生而归于消灭。根据我国《信托法》的规定,存在下列情形之一时,信托终止:

1.信托文件规定的终止事由发生或信托当事人协商同意。委托人设定信托时,可能希望在发生某个事件或出现某种情况时信托终止,或者当事人经过协商就信托的终止达成一致意见。而《信托法》充分尊重当事人的意思自治。因此,如果信托行为当事人约定了信托终止的事由,则应当尊重当事人的意思表示。

2.信托的存续违反信托目的或者信托目的已经实现或者不能实现。信托目的是委托人通过设立信托所希望达到的目的,是信托成立和存续的基本要素。如果信托的存续违反委托人设立信托的目的,或者信托目的已经达到或者客观上已经变得无法实现。这种情况下,委托人如无其他意图或者信托文件无其他规定,则信托关系就失去了存在的必要,自然应当归于消灭。

3.信托被撤销。除前面提到的损害委托人的债权人利益这种情况外,信托的撤销还适用民事法律行为被撤销的有关规定,如当事人主体不适格,或由于欺诈、胁迫而设立的信托等。

4.信托被解除。当委托人是唯一受益人时,委托人或者其继承人可以解除信托。当委托人不是唯一受益人时,如果出现受益人对委托人有重大侵权行为或者经受益人同意等情形,委托人有权解除合同。

5.信托无效。在存在下列情形之一时,信托无效:(1)信托目的违反法律、行政法规或者损害社会公共利益;(2)信托财产不能确定;(3)委托人以非法财产或者本法规定不得设立信托的财产设立信托;(4)专以诉讼或者讨债为目的设立信托;(5)受益人或者受益人范围不能确定;(6)法律、行政法规规定的其他情形。

(二)信托终止的法律后果

根据我国《信托法》的相关规定,信托终止具有如下的法律后果:

1.原有的信托关系不再存在。信托终止后,信托关系产生的权利与义务均归于消灭。不对之前因信托关系产生的权利义务产生影响,不具有溯及既往的效力。

2.信托财产的归属。信托关系终止后,信托财产还有剩余的,信托文件如有相应规定,则信托财产归属于信托文件规定的人;信托文件未规定的,按照受益人或者其继承人、委托人或者其继承人的顺序确定归属。按照上述规定确定了信托财产的归属后,在该信托财产转移给权利归属人的过程中,信托视为存续,权利归属人视为受益人。

权利归属人在被视为受益人后,还应承担相应的义务,包括信托终止后,法院对原信托财产进行强制执行的,以权利归属人为被执行人。受托人依照《信托法》的规定行使请求给付报酬、从信托财产中获得补偿的权利时,可以留置信托财产或者对信托财产的权利归属人提出请求。

3.作出信托清算的事务报告。信托终止时,受托人应当作出处理信托事务的清算报告,向受益人或者信托财产的权利归属人说明情况。如果不存在受托人有不正当行为的情形,且受益人或者权利归属人对清算报告无异议的,则受托人的责任随之解除。

第四节　信托公司的监管

传统的信托业务由于受到资金募集等方面的限制,一般而言,整体风险是可控的。但是随着银信合作的展开以及信托公司业务范围的不断扩展,信托行业的风险不断增加,也引起了监管部门的重视,开始在分类监管的基础上不断加强对信托公司的监管。

一、分类监管

2008 年原银监会颁布《信托公司监管评级与分类监管指引》,开始探索对信托公司进行分类监管。2016 年 12 月,原银监会发布《信托公司监管评级办法》,并同步配套出台了《信托公司监管评级评分操作表》,使得监管主线从业务导向转为风险监管。2023 年 11 月国家金融监督管理总局颁布《信托公司监管评级与分级分类监管暂行办法》,规定对不同级别和具有系统性影响的信托公司在市场准入、经营范围、监管标准、监管强度、监管资源配置以及采取特定监管措施等方面实施区别对待的监管政策。分类监管的依据主要是信托公司年度监管评级结果及系统性影响评估结果两个方面。

监管评级方面,主要包括公司治理、资本要求、风险管理、行为管理、业务转型等五个模块。各模块又设置若干由定性要素和定量指标构成的评级要素。最终形成 1～6 级的评级结果,数值越大反映信托公司的风险越大。该评价周期为一年,由金融监管总局信托监管部门牵头组织,相关部门协助,各派出机构具体实施。

系统性影响评估方面,金融监管总局选定上一年度末全部信托业务实收信托规模最大的 30 家信托公司作为参评机构,并根据公司受托管理的各类信托资产规模,资产管理类信托自然人投资者人数、金融机构投资者数量及相关信托资产规模,同业负债余额等相关评估要素进行评分。其中评估总分在 85 分以上(含)的为具有系统性影响的信托公司。

金融监管总局派出机构将根据信托公司的监管评级结果,分析公司风险状况及其成因,结合单个模块评估结果和系统性影响评估结果,设定每家信托公司的监管计划,确定非现场监管重点以及现场检查的频率、内容和范围,调整相应的监管标准和准入要求,从而实现分类监管。

二、监管措施

信托公司由金融监管总局及其派出机构实施监管,在具体监管事项方面,根据《信托公司管理办法》和《信托投资公司信息披露管理暂行办法》的相关规定，①主要从公司治理、风险控制、信息披露和进入检查等四个方面实施监管，具体如表 8-2 所示。

表 8-2　我国对信托公司的监管措施

公司治理	建立相互独立、有效制衡的现代公司治理架构
	建立健全内部约束机制和风险防范机制
	董事和高级管理人员任职审查和离任审计
风险控制	建立健全各项业务管理制度和内部控制制度，报银保监会备案
	净资本管理②
	设立信托赔偿准备金③，并存放于商业银行或购买低风险高流动证券
	实行信托从业人员业务资格管理制度
	建立健全财务会计制度，年度会计报表由中介机构审计
信息披露	明确信托公司年度报告和重大事项临时报告需披露的信息内容
	明确信息披露的负责主体、管理人员、披露时间和信息展示场所
进入检查	定期或不定期对公司经营活动进行检查
	与董事、高级管理人员进行监管谈话，要求对重大事项作出说明

此外，信托作为一种资产管理方式，随着越来越多的金融机构涉足信托业务，监管机构也意识到对于信托公司的监管，应当遵循机构监管与功能监管相结合的原则，按照产品类型实施功能监管，从而减少监管真空和套利空间。2018 年 4 月，中国人民银行、原银保监会、证监会和外汇管理局联合印发了《关于规范金融机构资产管理业务的指导意见》（市场俗称的“资管新规”），将银行、信托、证券、基金、期货、保险资产管理机构、金融资产投资公司等接受投资者委托，对受托投资者的财产进行投资和管理的机构纳入统一的资产管理业务监管体系。依照资管新规的要求，信托公司的业务开展应严格遵守以下规则：

1.严禁刚性兑付。信托公司不得对信托产品承诺或变相承诺保本保收益。信托产品出现兑付困难时，信托公司不得以任何形式垫资兑付。

2.信托产品的类型化。信托公司在发行信托产品时应按照“固定收益类产品”“权益

---

① 《信托投资公司信息披露管理暂行办法》是由原银监会于 2005 年发布，2020 年原银保监会进行了修订。

② 对于净资本管理的具体内容参见《信托公司净资本管理办法》。

③ 根据《信托公司管理办法》第 49 条的规定，信托公司每年应从税后利润中提取 5％作为信托赔偿准备金，当累积总额达到公司注册资本的 20％时，可不再提取。《金融企业会计制度》第 163 条规定了信托赔偿准备金的具体用途，即从事信托业务时，使受益人或公司受到损失的，属于信托公司违反信托目的、违背管理职责、管理信托事务不当造成信托资产损失的，以信托赔偿准备金赔偿。

类产品”“商品及金融衍生品类产品”“混合类产品”的分类标准[①]向投资者明示信托产品的类型，并按照确定的产品性质和资金运用范围进行投资。在信托产品成立后至到期日前，不得擅自改变产品类型。

3.严禁资金池业务。每个信托产品应单独管理、单独建账、单独核算。信托公司不得开展或者参与具有滚动发行、集合运作、分离定价特征的资金池业务。

4.信托产品实行净值化管理。净值生成应当符合企业会计准则的规定，及时反映信托产品投向的基础资产的收益和风险。

5.信托产品的穿透式核查。信托公司应对信托产品实施穿透式核查，对于多层嵌套的信托产品，向上应识别产品的最终投资者，向下应识别产品的底层资产。信托产品可以再投资一层资产管理产品，但所投资的资产管理产品不得再投资除公募证券投资基金以外的资产管理产品。信托产品不得为其他金融机构的资产管理产品提供规避投资范围、杠杆约束等监管要求的通道服务。

第五节　信托公司的主要业务

根据《信托公司管理办法》和2020年原银保监会《信托公司行政许可事项实施办法》的相关规定，我国根据信托公司是否能够达到相应要求，将信托公司的经营业务范围分为两类。一类是信托公司一经设立便可经营的业务；另一类是信托公司达到相应要求，经监管机构审查决定后可以经营的业务，具体包括企业年金基金管理业务、特定目的信托业务、受托境外理财业务、股指期货交易等衍生产品交易业务和以固有资产从事股权投资业务等。[②]

信托业务的类型随着行业的发展一直处于不断演变中，根据2023年原银保监会发布的《关于规范信托公司信托业务分类的通知》，信托业务被分为资产管理信托、资产服务信托、公益慈善信托三大类共25个业务品种。以下对信托公司可以从事的部分信托业务进行简要介绍。

① 根据《关于规范金融机构资产管理业务的指导意见》确定的分类标准，固定收益类信托产品投资于存款、债券等债权类资产的比例不低于80%，权益类信托产品投资于股票、未上市企业股权等权益类资产的比例不低于80%，商品及金融衍生品类信托产品投资于商品及金融衍生品的比例不低于80%，混合类信托产品可投资于债权类资产、权益类资产、商品及金融衍生品类资产，但任一类别资产的投资比例均未达到前三类产品的认定标准。

② 如果考虑到信托公司以固有资产直接或间接设立从事私募股权投资等业务的非金融子公司，则信托公司的业务范围可以说几乎没有任何限制。因此，信托公司非金融子公司的问题也引起了监管部门的重视。2021年7月，原银保监会发布了《关于清理规范信托公司非金融子公司业务的通知》，通过清理规范信托公司非金融子公司业务的方式对信托公司业务的无序扩张进行控制。

一、资产管理信托业务

资产管理信托是指信托公司依托其专业的资产管理能力，接受投资者以其合法所有的资金设立信托，按照信托文件的约定对信托财产进行管理、运用或者处分，按照实际投资收益情况支付信托利益，到期分配剩余信托财产的信托业务。

信托公司的资产管理信托业务主要是指集合资金信托业务，该业务通过发挥资金规模优势，充分利用货币市场、资本市场和产业投资领域的投资组合优势，提高资金利用效率。但集合资金信托如果管理不善，也会放大信托的业务风险，可能产生非法集资、损害受益人利益的问题。因此，原银监会于 2007 年 1 月发布了《信托公司集合资金信托计划管理办法》，并于 2009 年 2 月对该《办法》进行了修订。该《办法》通过一系列规定来约束和规范信托公司的集合资金信托计划。①

根据《信托公司集合资金信托计划管理办法》的规定，信托公司管理信托计划，应设立为信托计划服务的信托资金运用、信息处理等部门，并指定信托经理及其相关的工作人员。每个信托计划至少配备一名信托经理。担任信托经理的人员，应当符合监管机构规定的条件。信托公司对不同的信托计划，应当建立单独的会计账户分别核算、分别管理。信托公司运用信托资金进行证券投资，应当采用资产组合的方式，事先制定投资比例和投资策略，采取有效措施防范风险。信托公司可以通过债权、股权、物权及其他可行方式运用信托资金。信托公司运用信托资金，应当与信托计划文件约定的投资方向和投资策略相一致。

此外，对于信托公司管理集合资金信托计划也进行了相关限制，包括：(1)不得向他人提供担保；(2)向他人提供贷款不得超过其管理的所有信托计划实收余额的 30%，但银保监会另有规定的除外；(3)不得将信托资金直接或间接运用于信托公司的股东及其关联人，但信托资金全部来源于股东或其关联人的除外；(4)不得以固有财产与信托财产进行交易；(5)不得将不同信托财产进行相互交易；(6)不得将同一公司管理的不同信托计划投资于同一项目。

二、资产服务信托业务

资产服务信托业务，是指信托公司运用其在账户管理、财产独立、风险隔离等方面的制度优势和服务能力，为委托人提供资产流转，资金结算，财产监督、保障、传承、分配等受托服务的信托业务。因此，在资产服务信托业务中，信托公司主要提供财产的事物管理服务。

服务信托是信托的本源业务，但从过去到现在很长一段时间都没有成为国内信托公

---

① 2020 年 5 月，为落实《关于规范金融机构资产管理业务的指导意见》，规范信托公司资金信托业务发展，原银保监会起草了《信托公司资金信托管理暂行办法(征求意见稿)》，以推动资金信托回归“卖者尽责、买者自负”的私募资管产品本源，发展有直接融资特点的资金信托。但是截至 2025 年 4 月，该《征求意见稿》依然处于征求意见状态。

司的主流业务。而随着对资产管理信托严监管时代的到来，间接地也要求信托公司向资产服务信托方向进行转型。目前，市场上常见的资产服务信托业务品种包括资产证券化、家族信托等。以下简单介绍常见的资产服务信托业务品种。

（一）资产证券化

资产证券化是指将能够产生未来收益的资产，通过结构性重组，转变为可以在金融市场上销售和流动的证券，从而实现融资的目的。资产证券化与传统融资的最大区别在于用资产信用代替了企业信用。因此，资产证券化是一种以资产来融资的“特殊目的”的服务信托，也成为当前信托公司转型发力的重点。

我国的资产证券化主要有三种模式，即金融监管总局监管的信贷资产证券化、银行间市场交易商协会监管的资产支持票据和证监会监管的企业资产证券化（证券公司专项资产管理计划）。信贷资产证券化是将缺乏流动性但具有未来现金流的信贷资产转换为可流通资本市场证券的过程，最常见的就是抵押贷款证券。根据《信贷资产证券化试点管理办法》和《金融机构信贷资产证券化试点监督管理办法》的规定，经原银保监会审核批准，信托公司具有特定目的的信托受托机构资格，从而以资产支持证券的形式向投资机构发行受益证券。企业资产证券化主要由证券公司以特定基础资产所产生的未来现金流作为偿付支持，通过结构化方式进行信用增级，在此基础上发行资产支持证券。虽然没有明确禁止信托公司参与企业资产证券化，但由于企业资产证券化由证监会进行监管，实践中鲜有信托公司开展企业资产证券化业务。因此，信贷资产证券化和资产支持票据是信托公司参与资产证券化的主要领域。

从我国资产证券化主要形式的实质内容可以看出，信托公司主要担当的是受托人的地位。而资产证券化过程中的破产隔离和风险隔离制度，实质上同信托财产的独立性这样一项信托原理是一致的，通过信托公司实质上设立了一个特殊目的机构（Special Purpose Vehicle，简称 SPV），从而使证券化资产的所有权与处分权不再属于原权益人，不受原权益人债权债务等经营状况的影响，保障资产未来现金流的安全。

（二）家族信托

原银保监会在《关于加强资产管理业务过渡期内信托监管工作的通知》中把家族信托定义为，信托公司接受单一个人或者家庭的委托，以家族财富的保护、传承和管理为主要信托目的，提供财产规划、风险隔离、资产配置、子女教育、家庭治理、公益（慈善）事业等定制化事务管理和金融服务的信托业务。家族信托架构中，受益人可为一人或者多人，可包含或不包含委托人本人，但委托人不得为唯一的受益人。同时，受益人仅限于委托人可证明的血亲或者姻亲。同时，家族信托的设立门槛应不低于 1000 万元的财产金额或价值。因此，家族信托是实现高净值客户私人财富保障与传承目的的一种信托业务类型。

在当前经济发展和金融市场不确定性提升的情况下，财富传承的重要性和急迫性进一步凸显。对高净值财富家庭而言，积累的大量财富要实现传承，需要专业的金融机构帮助打理。家族信托具有资产保护、隔离风险、保护隐私、保障生活、维持控制等众多功能，能够有效弥补法定继承、遗嘱继承及生前赠予等方式的缺陷或不足，是家族财富管理和传承的重要工具，也是服务信托的本源。

然而，由于我国信托登记制度尚不完善，家族信托的受托财产范围存在相应限制，目前常见的信托财产类型主要为资金、不动产、股权等。同时，由于对家族信托没有明确的税收优惠政策，目前税务机关在实践中对于信托财产的转移采取“视同交易”的做法从而予以征税。然而，家族信托中的财产转移并非以市场交易为目的，如果直接适用交易环节的征税标准，既对于委托人和受益人是显失公平的，也不利于家族信托业务的发展。因此，家族信托业务的持续稳定发展，还有赖于未来在相关制度供给方面予以有效保障。

关于“家族信托发展存在的法律障碍”的详细阐释，可扫码收听音频和阅读文字材料：

三、公益慈善信托业务

（一）公益慈善信托的含义

不同于资产管理信托和资产服务信托属于私益信托，公益信托是以公共利益或慈善为目的，以全体或者一部分不特定的社会公众为受益人而设立的信托。具体来说，公益慈善信托的目的包括救济贫困，救助灾民，扶助残疾人，发展教育、科技、文化、艺术、体育事业，发展医疗卫生事业，发展环境保护事业以及其他社会公益事业。我国《信托法》规定，公益信托的设立和确定其受托人，应当经有关公益事业的管理机构批准。而不同领域的公益事业由不同的行政主管部门管理，因而不同的公益信托目的需要由不同的公益事业管理机构审批。分散的管理体制导致的审批难使得公益信托一直没有得到有效施行，直到 2016 年 9 月《慈善法》的施行，将原来分散的管理体制转变为民政部门统一管理，由审批制改为备案制，从制度上为公益信托的设立松绑。2017 年 10 月，《慈善信托管理办法》实施，进一步规范了公益慈善信托的运作。此外，也从制度层面明确了对慈善信托予以税收优惠，信托公司开展慈善信托业务免计风险资本，免予认购信托业保障基金等促进措施，从而以经济激励的方式鼓励慈善信托的设立和信托公司慈善信托业务的开展。①

（二）公益慈善信托的主体

1.委托人。公益信托的委托人包括自然人和法人，凡出于公益目的希望转让财产或财产权的自然人和营利法人均可以成为公益信托的委托人，但公益法人在部分国家（如日本）只有在章程许可时才可以成为公益信托的委托人。

2.受托人。主要由信托机构，如信托公司或者基金会作为公益信托的受托人，慈善信托还可以慈善组织作为受托人。受托人除完成一般私益信托共有的事务外，还要完成公

① 需要注意的是，由于信托公司不属于税法规定的基金会、慈善组织等公益性社会团体，无法开具税前捐赠票据，因此，当信托公司作为公益信托的受托人时，委托人不能享受税前扣除的优惠政策。

益信托特有的事务，如编制事业计划、收支预算和决算，募集赞助人，提供资助金，与信托管理人、经营委员会、主管部门联络，编制信托事务和财产状况的公告等。公益信托的受托人未经公益事业管理机构批准，不得辞任。

3.受益人。公益信托的受益人根据公益信托契约中规定的具体目的确定，但是信托契约只能规定受益人的范围，不确定具体的受益人。因此，公益信托的受益人是一种“既定未定”的情况，既定的是受益人的范围，未定的是具体的受益人。

4.信托监察人。鉴于公益信托没有特定的受益人去监督受托人活动，为防止受托人滥用权利，侵犯公共利益，我国《信托法》规定，公益信托应当设置信托监察人。信托监察人由信托文件规定；信托文件未规定的，由公益事业管理机构指定。信托监察人有权以自己的名义，为维护受益人的利益，提起诉讼或者实施其他法律行为。

（三）公益慈善信托的变更与终止

公益事业管理机构具有对公益信托的管理权，在公益信托成立后，出现公益信托的受托人违反信托义务或者无能力履行其职责的，由公益事业管理机构变更受托人。如果发生设立信托时不能预见的情形，公益事业管理机构可以根据信托目的，变更信托文件中的有关条款。

公益信托终止的，受托人应当于终止事由发生之日起 15 日内，将终止事由和终止日期报告公益事业管理机构。受托人作出的处理信托事务的清算报告，应当经信托监察人认可后，报公益事业管理机构核准，并由受托人予以公告。没有信托财产权利归属人或者信托财产权利归属人是不特定的社会公众的，经公益事业管理机构批准，受托人应当将信托财产用于与原公益目的相近似的目的，或者将信托财产转移给具有近似目的的公益组织或者其他公益信托。

对于公益事业管理机构可能存在的违反相关法律法规的行为，我国《信托法》规定了司法救济的方式，即委托人、受托人或者受益人有权向人民法院起诉。

本章小测

一、客观题（扫码开始测试）

二、主观题

1.请简述信托设立的基本条件。

2.分析信托关系中受托人的主要权利与义务，并讨论受托人违反义务可能导致的法律后果。

第九章　证券投资基金法

思维导图

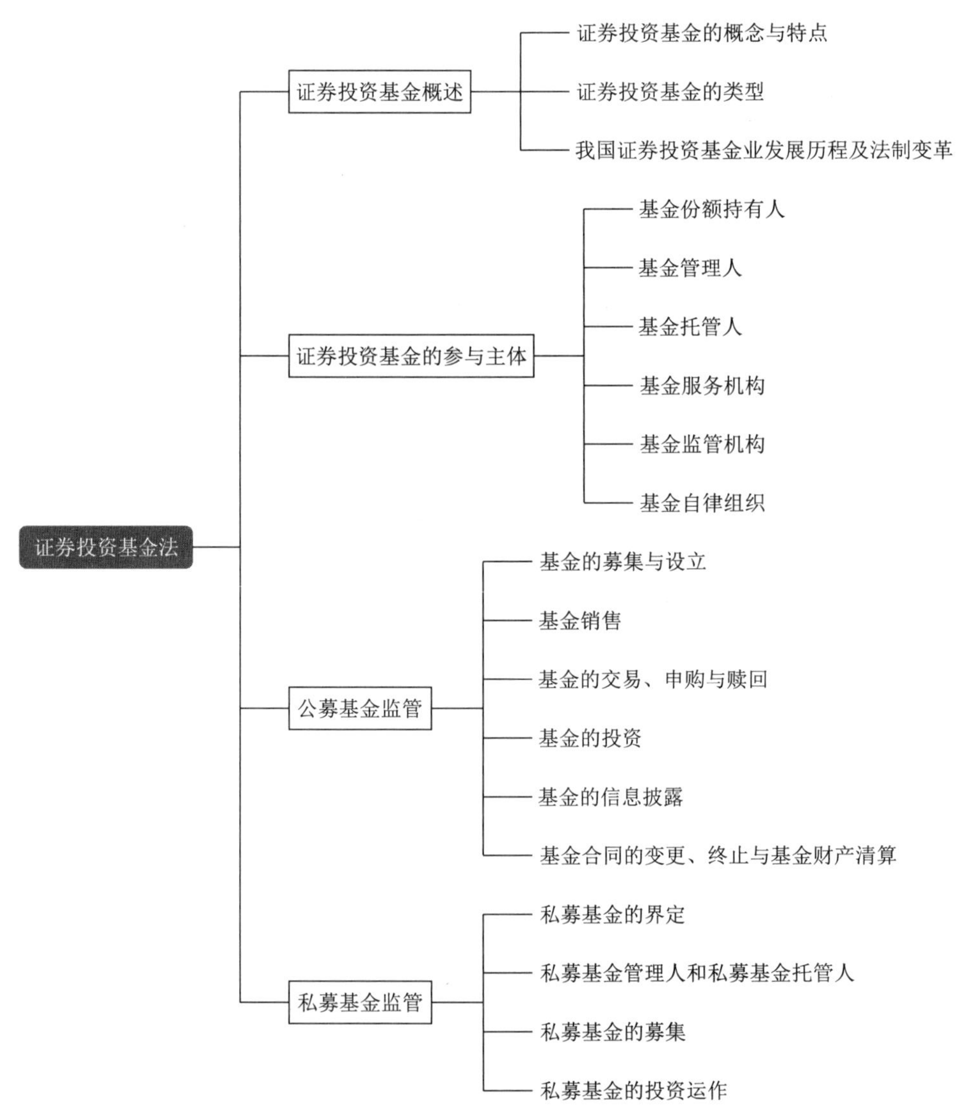

现代企业形态的形成和金融工具的精细化,尤其依赖于信托制度。信托是一种为他人利益而转移财产并加以管理的制度,信托财产具有独立性、转让性、物上替代性等特点,契合了现代金融服务业的法律需求。在此背景下,投资基金应运而生。作为一种金融产品和投资工具,证券投资基金大大拓宽了中小投资者的投资渠道,改变了人们分配富余资金的方式;作为重要的融资工具,证券投资基金为企业在资本市场融资提供了重要渠道,提高了直接融资的比例。证券投资基金业的健康发展离不开法律制度的规范与保障。目前,我国已经建立起以《中华人民共和国证券投资基金法》(以下简称《证券投资基金法》)、《私募投资基金监督管理条例》及相关法规为主的基金法律制度体系,实现了金融行政监管与行业自律管理的有效结合。

第一节 证券投资基金概述

一、证券投资基金的概念与特点

(一)证券投资基金的概念

证券投资基金是指通过发售基金份额,将众多不特定投资者的资金汇集起来,形成独立财产,委托基金管理人进行投资管理,由基金托管人进行财产托管,由基金投资人共享投资收益、共担投资风险的集合投资方式。基金管理机构和基金托管机构分别作为基金管理人和基金托管人,一般按照基金的资产规模获得一定比例的管理费收入和托管费收入。证券投资基金是投资于证券的投资基金,在本质上属于一种证券组合,由多种股票、债券等集合而成。基金管理人按照确定的比例在市场上购买各种成分证券,组合成基金,并将其分成等额股份出售,每一股份代表对构成组合的所有证券的相等份额,即称为"基金份额"。

世界各国和地区对证券投资基金的称谓有所不同,证券投资基金在美国被称为"共同基金"(mutual fund),在英国和我国香港特别行政区被称为"单位信托基金"(unit trust),在欧洲一些国家被称为"集合投资基金"或"集合投资计划"(collective investment scheme),在日本和我国台湾地区则被称为"证券投资信托基金"(securities investment trust)。

(二)证券投资基金的特点

1.集合理财、专业管理

证券投资基金的一大优势在于汇集众多投资者的资金,并交给专业的管理人进行管理。这一集合理财的方式通过积少成多有利于发挥资金的规模优势,从而降低投资成本。证券投资基金的专业管理人包括基金管理人和基金托管人,二者均为基金投资者所委托的受托人,分别履行基金的募集、备案、投资管理和安全保管,为基金财产开设账户等职责。基金管理人和托管人应充分利用各自的专业能力,恪尽职守,履行诚实信用、谨慎勤勉的义务。

2.组合投资、分散风险

证券投资基金为降低投资风险，一般以组合投资的方式进行投资运作，从而使“组合投资、分散风险”成为基金的一大特色。中小投资者由于资金体量小，一般无法通过购买数量众多的股票分散投资风险。证券投资基金通常会购买几十种甚至上百种股票，投资者购买证券投资基金就相当于用少量的资金购买了“一篮子”股票。在多数情况下，某些股票价格下跌造成的损失可以用其他股票价格上涨产生的盈利来弥补，因此可以充分享受到组合投资、分散风险的好处。

3.利益共享、风险共担

证券投资基金遵循利益共享、风险共担的基本原则。我国证券市场上的分级基金就是通过结构化安排将基金分为两级或多级不同风险收益特征的份额，同一级份额的持有人按所持份额的比例来分配收益与承担风险。私募基金则可以根据基金合同的约定不按所持基金份额比例来分配收益和承担风险。

4.独立托管、保障安全

基金管理人负责基金的投资操作，本身并不参与基金财产的保管，基金财产的保管由独立于基金管理人的基金托管人负责。这种相互制约、相互监督的制衡机制为投资者的财产安全提供了重要的保障。

关于“基金法中的信义义务”的详细阐释，可扫码收听音频和阅读文字材料：

二、证券投资基金的类型

对证券投资基金的类型化分析有助于我们进一步认识证券投资基金的外延。根据不同的标准，可将证券投资基金分为不同类型，这里仅介绍最常见的几种分类。

（一）根据组织形式可将基金分为契约型基金、公司型基金和合伙型基金

契约型基金由基金管理人按照基金契约向投资者募集资金设立投资基金，基金管理人和基金托管人分别按照基金契约对基金进行管理和托管，投资者根据基金契约分享基金收益并行使其他权利。契约型基金的制度设计以信托制度为基础，因此又被叫作信托型基金。在契约型基金中，基金财产是区别于管理人和托管人固有财产的信托财产，但并不具有独立的法律主体地位。公司型基金是指由投资者作为股东出资成立的具有法人资格的基金公司，公司董事会作为管理人对基金进行投资管理，或由董事会聘请外部的投资顾问对基金进行管理。合伙型基金采取有限合伙的形式，基金投资者以有限合伙人身份投入资金并承担有限责任，基金管理人则以普通合伙人身份参与合伙企业，执行和管理合伙企业的事务并对合伙企业的债务承担无限连带责任。

（二）根据投资对象可将基金分为股票基金、债券基金、货币市场基金、基金中基金、混合基金等

股票基金是80%以上的基金资产投资于股票的基金。股票基金在各类基金中历史最为悠久，也是各国（地区）广泛采用的一种基金类型。债券基金是80%以上的基金资产投资于债券的基金。货币市场基金是仅投资于货币市场工具的基金。基金中基金（FOF）是80%以上的基金资产投资于其他基金份额的基金。混合基金是指投资于股票、债券、货币市场工具或其他基金份额，并且股票投资、债券投资、基金投资的比例不符合上述基金所要求比例的基金。

（三）根据投资目标可将基金分为成长型基金、收入型基金和平衡型基金

成长型基金是以追求长期资本增值为基本目标，较少考虑当期收入的基金，主要以具有较大升值潜力的小公司股票和新兴行业股票为投资对象。收入型基金是以追求当期收入为基本目标的基金，主要以大盘蓝筹股、债券、可转让大额存单等收入比较稳定的证券作为投资对象。平衡型基金是既注重长期资本增值又注重当期收入的基金，风险和收益特征介于成长型基金和收入型基金之间，投资组合比较注重长短期风险和收益的搭配。

一般而言，成长型基金的风险大、收益高，收入型基金的风险小、收益较低，平衡型基金的风险、收益则介于成长型基金与收入型基金之间。根据投资目标的不同，既有以追求资本增值为基本目标的成长型基金，也有以获取稳定的经常性收入为基本目标的收入型基金和兼具成长与收入双重目标的平衡型基金。不同的投资目标决定了基金的基本投向与投资策略，以适应不同投资者的投资需要。

（四）根据募集方式可将基金分为公开募集基金与非公开募集基金

公开募集基金（公募基金）是指通过公开方式向不特定对象募集资金，或向特定对象募集资金累计超过200人的基金。非公开募集基金（私募基金）是指通过非公开方式向不超过200个合格投资者募集的基金。公募基金和私募基金是《证券投资基金法》上的重要分类，其在募集方式、注册备案、基金托管、投资运作等方面的监管均存在巨大差异。

（五）根据运作方式可将基金分为单位投资信托和经营性投资基金

在单位投资信托中，基金的成分证券一旦选定，不再更改调整，这些成分证券的各种收益都按照对基金单位的持有比例及时地分配给投资者。单位投资信托都是可赎回的，即投资者随时可以将所持单位按照市价卖还给投资信托。单位投资信托大都投资债券和有期限的优先股。由于在基金的存续期间对成分证券不再增减，因而随着某些证券的到期、还本付息，基金内的证券数量会越来越少，直到最后一种证券到期，基金也就不再存在。

经营性投资基金则与此不同，它由专业人员对市场进行跟踪分析，根据其专业判断，对基金的各种成分股的数量作出适时的调整，以谋取更高的收益。经营性投资基金又分为开放型和封闭型两种。开放型的经营性投资基金又叫共同基金，其特点是股份可以赎回，投资者随时可以将所持有的股份卖还给基金；封闭型的经营性投资基金没有可赎回性，投资者只能通过二级市场变现所持基金股份。

三、我国证券投资基金业发展历程及法制变革

我国证券投资基金业伴随着证券市场的发展而诞生，主要有三条发展线索：一是基金业的主管机构从中国人民银行转变为中国证监会；二是基金业的监管法规从地方规范性文件起步，到国务院证券委出台行政条例，再到全国人民代表大会通过并修订《证券投资基金法》及中国证监会根据《证券投资基金法》制定一系列配套规则；三是基金市场的产品种类从早期的"老基金"，到封闭式基金，再到开放式基金乃至各类基金创新产品大量涌现。

20世纪80年代末，一批由中资或外资金融机构在境外设立的"中国概念基金"相继出现。这些"中国概念基金"一般是由国外及我国香港等地基金管理机构单独或者与境内机构联合设立，投资于在香港上市的内地企业或者中国内地企业的股票。20世纪90年代初，在境外"中国概念基金"与中国证券市场萌芽起步的影响下，国内基金业开始发展并在1992年前后掀起了投资基金热。1992年6月，深圳市率先公布了《深圳市投资信托基金管理暂行规定》，同年11月深圳市投资基金管理公司发起设立了当时国内规模最大的封闭式基金——天骥基金，规模为5.81亿元人民币。1992年11月，经中国人民银行总行批准的国内第一家投资基金——淄博乡镇企业投资基金正式设立，并于1993年8月在上海证券交易所挂牌上市，成为我国首只在内地证券交易所上市交易的投资基金。

1997年11月，当时的国务院证券委员会颁布了《证券投资基金管理暂行办法》，为我国证券投资基金业的规范有序发展奠定了法制基础。1998年3月27日，经中国证监会批准，新成立的南方基金管理公司和国泰基金管理公司分别发起设立了规模均为20亿元的两只封闭式基金——基金开元和基金金泰，由此拉开了中国证券投资基金试点的序幕。在封闭式基金成功试点的基础上，2000年10月8日，中国证监会发布并实施了《开放式证券投资基金试点办法》，由此揭开了我国开放式基金发展的序幕。2001年9月，我国第一只开放式基金——华安创新诞生。到2003年年底，我国开放式基金在数量上已超过封闭式基金并成为证券投资基金的主要形式，在此之后开放式基金的数量和资产规模均远远超过封闭式基金。

2003年10月28日，第十届全国人民代表大会常务委员会第五次会议审议通过《证券投资基金法》并于2004年6月1日施行，基金业的法制规范得到进一步完善。针对基金业迅速扩张中出现的问题，中国证监会在《证券投资基金法》的框架下，陆续出台了《基金管理公司管理办法》《基金运作管理办法》《基金销售管理办法》《基金信息披露管理办法》等六部部门规章及若干配套监管文件，形成了以"一法六规"为核心的基金管理法制体系。2004年起，基金产品创新进入高速发展期，先后出现了上市开放式基金（LOF）、交易型开放式指数基金（ETF）、分级基金、合格境内机构投资者基金（QDII）等主要基金创新品种。

2012年6月6日，中国证券投资基金业协会正式成立。2012年12月28日，全国人民代表大会常务委员会审议通过了修订后的《证券投资基金法》，并于2013年6月1日正式实施。修订后的《证券投资基金法》对私募基金监管、基金公司准入门槛、投资范围、业务运作等多个方面进行了修改和完善。2015年4月24日，第十二届全国人民代表大会常务委员会第十四次会议《全国人民代表大会常务委员会关于修改〈中华人民共和国港

口法〉等七部法律的决定》第 6 条对《证券投资基金法》再次作出修改，删除了其中的第 17 条。2023 年 6 月 16 日，国务院第八次常务会议通过《私募投资基金监督管理条例》，自 2023 年 9 月 1 日起施行，这是我国私募投资基金行业首部行政法规。《私募投资基金监督管理条例》明确将契约型、公司型、合伙型等不同组织形式的私募证券基金、私募股权基金均纳入监管范围，解决了私募股权基金上位法依据不足问题，有利于促进私募股权基金规范健康发展。2024 年 4 月 30 日，中国证券投资基金业协会发布《私募证券投资基金运作指引》，自 2024 年 8 月 1 日起施行。

第二节 证券投资基金的参与主体

基金的整个运作过程涉及基金的募集、投资管理、托管、份额登记、估值与核算、信息披露等各个环节以及多个主体的参与。根据在基金运作过程中所发挥的作用和承担职责的不同，可将参与主体分为基金当事人、基金市场服务机构以及基金监管机构与自律组织。其中，基金当事人包括基金份额持有人、基金管理人与基金托管人。

一、基金份额持有人

基金份额持有人即基金的投资者。证券投资基金以信托原理为基础，基金份额持有人与基金管理人、基金托管人之间的关系属于信托关系。证券投资基金属于自益信托，基金份额持有人既是信托关系中的委托人，又是受益人。

基金份额持有人的权利和义务应在基金合同中约定。为了更好地保护基金份额持有人的合法利益，《证券投资基金法》第 46 条对基金份额持有人的权利作了明确的规定：(1)分享基金财产收益；(2)参与分配清算后的剩余基金财产；(3)依法转让或者申请赎回其持有的基金份额；(4)按照规定要求召开基金份额持有人大会或者召集基金份额持有人大会；(5)对基金份额持有人大会审议事项行使表决权；(6)对基金管理人、基金托管人、基金服务机构损害其合法权益的行为依法提起诉讼；以及(7)基金合同约定的其他权利。此外，基金份额持有人还拥有对基金信息资料的知情权，具体依公募基金和私募基金而有所不同：公募基金的份额持有人有权查阅或者复制公开披露的基金信息资料，私募基金的基金份额持有人对涉及自身利益的情况，有权查阅基金的财务会计账簿等财务资料。

基金份额持有人通过基金份额持有人大会对基金合同的重要内容和基金运作的重大事项进行审议决定，从而维护其自身权利。根据《证券投资基金法》第 47 条的规定，基金份额持有人大会由全体基金份额持有人组成，行使下列职权：(1)基金扩募或者延长基金合同期限；(2)修改基金合同的重要内容或者提前终止基金合同；(3)更换基金管理人、基金托管人；(4)调整基金管理人、基金托管人的报酬标准；以及(5)基金合同约定的其他事项。

由于基金份额持有人大会在性质上仅仅是一个临时性的会议机制，基金份额持有人尤其是公募基金的份额持有人往往人数众多，又高度分散，使得基金份额持有人自身召集基金份额持有人大会的难度很大，难以发挥其对基金管理人和托管人的监督和制约作用。为此，《证券投资基金法》第48条规定，允许基金份额持有人大会通过基金合同的约定，设立日常机构并行使以下职权：(1)召集基金份额持有人大会；(2)提请更换基金管理人、基金托管人；(3)监督基金管理人的投资运作、基金托管人的托管活动；(4)提请调整基金管理人、基金托管人的报酬标准；(5)基金合同约定的其他职权。证券投资基金的运作应遵循专业管理的原则，基金的投资管理活动应由基金管理人负责，基金份额持有人大会及其日常机构不得直接参与或者干涉。

《证券投资基金法》对公募基金份额持有人大会的召集人、召开程序、议事程序以及表决方式作了专门规定。根据《证券投资基金法》第83条的规定，基金份额持有人大会的召集人可分为四类：(1)基金份额持有人大会设立日常机构的，由该日常机构召集；(2)若基金份额持有人大会未设立日常机构，或该日常机构未召集的，由基金管理人召集；(3)基金管理人未按规定召集或者不能召集的，由基金托管人召集；(4)代表基金份额10%以上的基金份额持有人就同一事项要求召开基金份额持有人大会，而基金份额持有人大会的日常机构、基金管理人、基金托管人都不召集的，代表基金份额10%以上的基金份额持有人有权自行召集，并报国务院证券监督管理机构备案。

召开基金份额持有人大会，召集人应当至少提前30日公告基金份额持有人大会的召开时间、会议形式、审议事项、议事程序和表决方式等事项。基金份额持有人大会应当有代表1/2以上基金份额的持有人参加，方可召开。考虑到公募基金的份额持有人具有人数多、地处分散、持有基金数量不一的特点，按照上述参会比例要求召集基金份额持有人大会的难度可能较大，《证券投资基金法》第86条规定了基金份额持有人大会“二次召集”制度，即参加基金份额持有人大会的持有人的基金份额低于上述比例的，召集人可以在原公告的基金份额持有人大会召开时间的3个月以后、6个月以内，就原定审议事项重新召集基金份额持有人大会。重新召集的基金份额持有人大会应当有代表1/3以上基金份额的持有人参加，方可召开。

基金份额持有人大会就审议事项作出决定，应当经参加大会的基金份额持有人所持表决权的1/2以上通过；但是，转换基金的运作方式、更换基金管理人或者基金托管人、提前终止基金合同、与其他基金合并这四类事项往往会对基金份额持有人、基金管理人和基金托管人产生重大影响，关系到基金当事人的重大利益，基金份额持有人大会作出涉及这四个方面问题的决定，应当经特定多数同意，即参加大会的基金份额持有人所持表决权的2/3以上通过。基金份额持有人大会所决定的事项往往关系到广大基金份额持有人的切身利益，应当依法报证监会备案并通过公告的方式向基金份额持有人披露大会决定事项的情况。

关于“基金投资者保护机制的法理”的详细阐释，可扫码收听音频和阅读文字材料：

二、基金管理人

基金管理人在证券投资基金法律关系中处于中心地位，其承担着基金募集、设立、投资管理、信息披露等一系列重要职责，因而是法律规制的重点。《证券投资基金法》第二章专章对基金管理人予以规范，其他章节也广泛涉及基金管理人职责的规定。根据募集方式的不同，证券投资基金可分为公募基金和私募基金，基金管理人也因此分为公募基金管理人和私募基金管理人，《证券投资基金法》及相关法规重点规制的是公募基金管理人。基金管理人只能由依法设立的公司或者合伙企业担任，不能是自然人，这一规则适用于公募基金和私募基金。

基金管理公司是最主要的公募基金管理人。《证券投资基金法》第 13 条规定，设立基金管理公司应具备《证券投资基金法》及相关法规所要求的条件：(1)有符合《证券投资基金法》和《公司法》规定的章程；(2)注册资本不低于 1 亿元人民币，且必须为实缴货币资本；(3)主要股东应当具有经营金融业务或者管理金融机构的良好业绩、良好的财务状况和社会信誉，资产规模达到国务院规定的标准，最近 3 年没有违法记录；(4)取得基金从业资格的人员达到法定人数；(5)董事、监事、高级管理人员具备相应的任职条件；(6)有符合要求的营业场所、安全防范设施和与基金管理业务有关的其他设施；(7)有良好的内部治理结构、完善的内部稽核监控制度、风险控制制度；(8)法律、行政法规规定的和经国务院批准的国务院证券监督管理机构规定的其他条件。基金管理公司应建立健全与股东之间的业务和客户关键信息隔离制度、独立董事制度、督察长制度、内部监控体系、投资管理系统、基金财务核算与基金资产估值系统、信息技术系统、人力资源管理制度、财务管理制度、突发事件处理预案制度等公司治理与内部控制制度。

公募基金管理人承担着基金管理及相关重要职责，具体包括：(1)依法募集资金，办理基金份额的发售和登记事宜；(2)办理基金备案手续；(3)对所管理的不同基金财产分别管理、分别记账，进行证券投资；(4)按照基金合同的约定确定基金收益分配方案，及时向基金份额持有人分配收益；(5)进行基金会计核算并编制基金财务会计报告；(6)编制中期和年度基金报告；(7)计算并公告基金资产净值，确定基金份额申购、赎回价格；(8)办理与基金财产管理业务活动有关的信息披露事项；(9)按照规定召集基金份额持有人大会；(10)保存基金财产管理业务活动的记录、账册、报表和其他相关资料；(11)以基金管理人名义，代表基金份额持有人利益行使诉讼权利或者实施其他法律行为；(12)证监会规定的其他职责。

公募基金管理人的从业人员须符合特定资格。《证券投资基金法》第 15 条规定，具有下列情形之一的，不得担任公开募集基金的基金管理人的董事、监事、高级管理人员和其他从业人员：(1)因犯有贪污贿赂、渎职、侵犯财产罪或者破坏社会主义市场经济秩序罪，被判处刑罚的；(2)对所任职的公司、企业因经营不善破产清算或者因违法被吊销营业执照负有个人责任的董事、监事、厂长、高级管理人员，自该公司、企业破产清算终结或者被吊销营业执照之日起未逾 5 年的；(3)个人所负债务数额较大，到期未清偿的；(4)因违法行为被开除的基金管理人、基金托管人、证券交易所、证券公司、证券登记结算机构、期货交易所、期货公司及其他机构的从业人员和国家机关工作人员;(5)因违法行为被吊销执业证书或者被取消资格的律师、注册会计师和资产评估机构、验证机构的从业人员、投资咨询从业人员;(6)法律、行政法规规定不得从事基金业务的其他人员。此外,根据《证券投资基金法》第 16 条的规定,公募基金管理人的董事、监事和高级管理人员,应当熟悉证券投资方面的法律、行政法规,具有 3 年以上与其所任职务相关的工作经历;高级管理人员还应当具备基金从业资格。

《证券投资基金法》对公募基金管理人的董事、监事、高级管理人员和其他从业人员的证券投资、担任职务以及行为规范均作了要求。根据《证券投资基金法》第 17 条、第 18 条、第 20 条的规定,上述人员本人、配偶、利害关系人进行证券投资,应当事先向基金管理人申报,并不得与基金份额持有人发生利益冲突。公募基金管理人应当建立前款规定人员进行证券投资的申报、登记、审查、处置等管理制度,并报国务院证券监督管理机构备案。公募基金管理人的董事、监事、高级管理人员和其他从业人员不得担任基金托管人或者其他基金管理人的任何职务,不得从事损害基金财产和基金份额持有人利益的证券交易及其他活动,也不得有下列行为:(1)将其固有财产或者他人财产混同于基金财产从事证券投资;(2)不公平地对待其管理的不同基金财产;(3)利用基金财产或者职务之便为基金份额持有人以外的人牟取利益;(4)向基金份额持有人违规承诺收益或者承担损失;(5)侵占、挪用基金财产;(6)泄露因职务便利获取的未公开信息、利用该信息从事或者明示、暗示他人从事相关的交易活动;(7)玩忽职守,不按照规定履行职责;(8)法律、行政法规和国务院证券监督管理机构规定禁止的其他行为。

三、基金托管人

基金托管人是负责托管基金财产的金融机构,其与基金管理人是基金份额持有人的共同受托人。商业银行担任基金托管人的,由国务院证券监督管理机构会同国务院银行业监督管理机构核准;其他金融机构担任基金托管人的,由国务院证券监督管理机构核准。根据《证券投资基金法》第 33 条的规定,担任基金托管人应当具备的条件包括:(1)净资产和风险控制指标符合有关规定;(2)设有专门的基金托管部门;(3)取得基金从业资格的专职人员达到法定人数;(4)有安全保管基金财产的条件;(5)有安全高效的清算、交割系统;(6)有符合要求的营业场所、安全防范设施和与基金托管业务有关的其他设施;(7)有完善的内部稽核监控制度和风险控制制度;(8)法律、行政法规规定的和经国务院批准的国务院证券监督管理机构、国务院银行业监督管理机构规定的其他条件。

《证券投资基金法》第 36 条规定,基金托管人的职责包括:(1)安全保管基金财产;(2)按照规定开设基金财产的资金账户和证券账户;(3)对所托管的不同基金财产分别设置账户,确保基金财产的完整与独立;(4)保存基金托管业务活动的记录、账册、报表和其他相关资料;(5)按照基金合同的约定,根据基金管理人的投资指令,及时办理清算、交割事宜;(6)办理与基金托管业务活动有关的信息披露事项;(7)对基金财务会计报告、中期和年度基金报告出具意见;(8)复核、审查基金管理人计算的基金资产净值和基金份额申购、赎回价格;(9)按照规定召集基金份额持有人大会;(10)按照规定监督基金管理人的投资运作;(11)国务院证券监督管理机构规定的其他职责。《证券投资基金法》在规定基金托管人具有执行基金管理人指令的同时,也在第37条规定了基金托管人对基金管理人的指令负有进行监督和拒绝执行的义务,具体分两种情况:(1)基金托管人发现基金管理人的投资指令违反法律、行政法规和其他有关规定,或者违反基金合同约定的,应当拒绝执行,立即通知基金管理人,并及时向国务院证券监督管理机构报告;(2)基金托管人发现基金管理人依据交易程序已经生效的投资指令违反法律、行政法规和其他有关规定,或者违反基金合同约定的,应当立即通知基金管理人,并及时向国务院证券监督管理机构报告。

四、基金服务机构

基金服务机构主要包括基金销售机构、基金销售支付机构、基金份额注册登记机构、基金估值核算机构、基金投资顾问机构、基金评价机构、基金信息技术系统服务机构以及律师事务所、会计师事务所等。

基金销售机构是指从事基金销售业务活动的机构,包括基金管理人以及经中国证监会认定的可以从事基金销售的其他机构。目前可申请从事基金代理销售的机构主要包括商业银行、证券公司、保险公司、证券投资咨询机构、独立基金销售机构。

基金销售支付机构是指从事基金销售支付业务活动的商业银行或者支付机构。基金销售支付机构从事销售支付活动的,应当取得中国人民银行颁发的《支付业务许可证》(商业银行除外),并制定了完善的资金清算和管理制度,能够确保基金销售结算资金的安全、独立和及时划付。基金销售支付机构从事公开募集基金销售支付业务的,应当按照中国证监会的规定进行备案。

基金份额登记机构是指从事基金份额的登记过户、存管和结算等业务活动的机构。基金份额登记机构的主要职责包括建立并管理投资人的基金账户、负责基金份额的登记、基金交易确认、代理发放红利、建立并保管基金份额持有人名册和法律法规或份额登记服务协议规定的其他职责。

基金估值核算机构是指从事基金会计核算、估值以及相关信息披露等业务活动的机构。基金管理人可以自行办理基金估值核算业务,也可以委托基金估值核算机构代为办理基金估值核算业务。

基金投资顾问机构是指从事按照约定向基金管理人、基金投资人等服务对象提供基金以及其他中国证监会认可的投资产品的投资建议、辅助客户作出投资决策并直接或间接获取经济利益的业务活动的机构。基金投资顾问机构及其从业人员提供投资顾问服务,应当具有相应的合法资质,对其服务能力和经营业务进行如实陈述,不得以任何方式承诺或者保证投资收益,不得损害服务对象的合法权益。

基金评价机构是指从事基金评价业务活动的机构。基金评价机构从事公开募集基金评价业务并以公开形式发布基金评价结果的,应当向基金业协会申请注册。基金评价机构及其从业人员应当客观公正,依法开展基金评价业务,禁止误导投资人,防范可能发生的利益冲突。

基金信息技术系统服务机构应当具备国家有关部门规定的资质条件或者取得相关资质认证，具有开展业务所需的人员、设备、技术、知识产权等条件，其信息技术系统服务应当符合法律法规、中国证监会以及行业自律组织等的业务规范要求。

律师事务所和会计师事务所作为专业、独立的中介服务机构，为基金提供法律、会计服务。律师事务所、会计师事务所接受基金管理人、基金托管人的委托，为有关基金业务活动出具法律意见书、审计报告、内部控制评价报告等文件，应当勤勉尽责，对所依据的文件资料内容的真实性、准确性、完整性进行核查和验证。其制作、出具的文件有虚假记载、误导性陈述或者重大遗漏，给他人财产造成损失的，应当与委托人承担连带赔偿责任。

五、基金监管机构

中国证监会是我国证券投资基金业的法定监管机构，根据《证券投资基金法》第112条的规定，其监管职责包括：(1)制定有关证券投资基金活动监督管理的规章、规则，并行使审批、核准或者注册权；(2)办理基金备案；(3)对基金管理人、基金托管人及其他机构从事证券投资基金活动进行监督管理，对违法行为进行查处，并予以公告；(4)制定基金从业人员的资格标准和行为准则，并监督实施；(5)监督检查基金信息的披露情况；(6)指导和监督基金行业协会的活动；(7)法律、行政法规规定的其他职责。

证监会履行其法定职责，根据《证券投资基金法》第113条的规定，有权采取下列措施：(1)对基金管理人、基金托管人、基金服务机构进行现场检查，并要求其报送有关的业务资料。(2)进入涉嫌违法行为发生场所调查取证。(3)询问当事人和与被调查事件有关的单位和个人，要求其对与被调查事件有关的事项作出说明。(4)查阅、复制与被调查事件有关的财产权登记、通信记录等资料。(5)查阅、复制当事人和与被调查事件有关的单位和个人的证券交易记录、登记过户记录、财务会计资料及其他相关文件和资料；对可能被转移、隐匿或者毁损的文件和资料，可以予以封存。(6)查询当事人和与被调查事件有关的单位和个人的资金账户、证券账户和银行账户；对有证据证明已经或者可能转移或者隐匿违法资金、证券等涉案财产或者隐匿、伪造、毁损重要证据的，经国务院证券监督管理机构主要负责人批准，可以冻结或者查封。(7)在调查操纵证券市场、内幕交易等重大证券违法行为时，经国务院证券监督管理机构主要负责人批准，可以限制被调查事件当事人的证券买卖，但限制的期限不得超过15个交易日；案情复杂的，可以延长15个交易日。

根据《证券投资基金法》第24条、第25条、第26条的规定，证监会对公募基金管理人及其董事、监事和高级管理人员可以根据违法、违规的情形采取特定的监管措施。公募基金管理人违法违规，或者其内部治理结构、稽核监控和风险控制管理不符合规定的，证监会应当责令其限期改正；逾期未改正，或者其行为严重危及该基金管理人的稳健运行、损害基金份额持有人合法权益的，证监会可以区别情形，对其采取下列措施：(1)限制业务活动，责令暂停部分或者全部业务；(2)限制分配红利，限制向董事、监事、高级管理人员支付报酬、提供福利；(3)限制转让固有财产或者在固有财产上设定其他权利；(4)责令更换董事、监事、高级管理人员或者限制其权利；(5)责令有关股东转让股权或者限制有关股东行使股东权利。公募基金管理人整改后，应当向证监会提交报告。证监会经验收，符合有关要求的，应当自验收完毕之日起3日内解除对其采取的有关措施。公募基金管理人的董事、监事、高级管理人员未能勤勉尽责，致使基金管理人存在重大违法违规行为或者重大风险的，证监会可以责令更换。公募基金管理人违法经营或者出现重大风险，严重危害证券市场秩序、损害基金份额持有人利益的，证监会可以对该基金管理人采取责令停业整顿、指定其他机构托管、接管、取消基金管理资格或者撤销等监管措施。

六、基金自律组织

成立于2012年6月6日的中国证券投资基金业协会是我国证券投资基金行业的自律性组织，属于社会团体法人。根据《证券投资基金法》第108条、第109条、第110条的规定，基金管理人和托管人应加入基金业协会成为会员，基金服务机构则可以选择是否加入基金业协会。基金行业协会的权力机构为全体会员组成的会员大会；基金行业协会设理事会，理事会成员依章程的规定由选举产生。基金行业协会章程由会员大会制定，并报国务院证券监督管理机构备案。

《证券投资基金法》第111条规定，基金业协会履行下列职责：(1)教育和组织会员遵守有关证券投资的法律、行政法规，维护投资人合法权益；(2)依法维护会员的合法权益，反映会员的建议和要求；(3)制定和实施行业自律规则，监督、检查会员及其从业人员的执业行为，对违反自律规则和协会章程的，按照规定给予纪律处分；(4)制定行业执业标准和业务规范，组织基金从业人员的从业考试、资质管理和业务培训；(5)提供会员服务，组织行业交流，推动行业创新，开展行业宣传和投资人教育活动；(6)对会员之间、会员与客户之间发生的基金业务纠纷进行调解；(7)依法办理非公开募集基金的登记、备案；(8)协会章程规定的其他职责。

关于“中国证券投资基金业协会的职责与组成”的详细阐释，可扫码收听音频和阅读文字材料：

第三节　公募基金监管

《证券投资基金法》对公募基金的监管贯穿于基金的募集、设立、交易、申购与赎回、投资运作、信息披露以及变更、终止与清算等整个运作过程。

一、基金的募集与设立

（一）公开募集基金的注册

1.注册制度

随着基金业的快速发展，我国基金产品种类已极大丰富，涵盖开放式、封闭式、股票型、债券型、混合型等多种形式，对基金产品的严格管制已无法适应市场需求。因此，我国改革基金募集核准制为基金募集注册制，即对于公开募集基金，监管机构不再进行实质性审核，而是进行合规性审查。

根据《证券投资基金法》第50条的规定，公开募集基金，应当经国务院证券监督管理机构注册。未经注册，不得公开或者变相公开募集基金。此处所称公开募集基金，包括向不特定对象募集资金、向特定对象募集资金累计超过二百人，以及法律、行政法规规定的其他情形。公开募集基金应当由基金管理人管理，由基金托管人托管。

2.基金注册的申请

根据《证券投资基金法》第51条、第52条、第53条的规定，注册公开募集基金，由拟任基金管理人向中国证监会提交下列文件：(1)申请报告；(2)基金合同草案；(3)基金托管协议草案；(4)招募说明书草案；(5)律师事务所出具的法律意见书；(6)中国证监会规定提交的其他文件。

其中，公开募集基金的基金合同应当包括以下内容：(1)募集基金的目的和基金名称；(2)基金管理人、基金托管人的名称和住所；(3)基金的运作方式；(4)封闭式基金的基金份额总额和基金合同期限，或者开放式基金的最低募集份额总额；(5)确定基金份额发售日期、价格和费用的原则；(6)基金份额持有人、基金管理人和基金托管人的权利、义务；(7)基金份额持有人大会召集、议事及表决的程序和规则；(8)基金份额发售、交易、申购、赎回的程序、时间、地点、费用计算方式，以及给付赎回款项的时间和方式；(9)基金收益分配原则、执行方式；(10)基金管理人、基金托管人报酬的提取、支付方式与比例；(11)与基金财产管理、运用有关的其他费用的提取、支付方式；(12)基金财产的投资方向和投资限制；(13)基金资产净值的计算方法和公告方式；(14)基金募集未达到法定要求的处理方式；(15)基金合同解除和终止的事由、程序以及基金财产清算方式；(16)争议解决方式；(17)当事人约定的其他事项。

公开募集基金的基金招募说明书应当包括下列内容：(1)基金募集申请的准予注册文件名称和注册日期；(2)基金管理人、基金托管人的基本情况；(3)基金合同和基金托管协议的内容摘要；(4)基金份额的发售日期、价格、费用和期限；(5)基金份额的发售方式、发售机构及登记机构名称；(6)出具法律意见书的律师事务所和审计基金财产的会计师事务所的名称和住所；(7)基金管理人、基金托管人报酬及其他有关费用的提取、支付方式与比例；(8)风险警示内容；(9)中国证监会规定的其他内容。

3.基金注册的审查

《证券投资基金法》第54条规定，中国证监会应当自受理公开募集基金的募集注册申请之日起6个月内依照法律、行政法规及中国证监会的规定进行审查，作出注册或者不予注册的决定，并通知申请人；不予注册的，应当说明理由。

（二）公开募集基金的发售

1.基金的发售条件

根据《证券投资基金法》第55条、第56条的规定，发售公开募集基金应当符合下列条件和要求：(1)基金募集申请经注册后，方可发售基金份额；(2)基金份额的发售，由基金管理人或者其委托的基金销售机构办理；(3)基金管理人应当在基金份额发售的3日前公布招募说明书、基金合同及其他有关文件，这些文件应当真实、准确、完整；(4)对基金募集所进行的宣传推介活动，应当符合有关法律、行政法规的规定，不得有虚假记载、误导性陈述或者重大遗漏等行为。

2.基金的募集期限

《证券投资基金法》第57条规定，基金管理人应当自收到准予注册文件之日起6个月内进行基金募集。超过6个月开始募集，原注册的事项未发生实质性变化的，应当报中国证监会备案；发生实质性变化的，应当向中国证监会重新提交注册申请。基金募集不得超过中国证监会准予注册的基金募集期限。基金募集期限自基金份额发售之日起计算。

3.基金的备案

《证券投资基金法》第58条、第59条规定，基金募集期限届满，封闭式基金募集的基金份额总额达到准予注册规模的80%以上，开放式基金募集的基金份额总额超过准予注册的最低募集份额总额，并且基金份额持有人人数符合中国证监会规定的，基金管理人应当自募集期限届满之日起10日内聘请法定验资机构验资，自收到验资报告之日起10日内，向中国证监会提交验资报告，办理基金备案手续，并予以公告。基金募集期间募集的资金应当存入专门账户，在基金募集行为结束前，任何人不得动用。

4.募集基金失败时基金管理人的责任

投资人交纳认购的基金份额的款项时，基金合同成立；基金管理人依法向中国证监会办理基金备案手续，基金合同生效。

基金募集期限届满，不能满足法律规定的条件，无法办理基金备案手续，基金合同不生效，也即基金募集失败。基金募集失败，基金管理人应当承担下列责任：(1)以其固有财产承担因募集行为而产生的债务和费用；(2)在基金募集期限届满后30日内返还投资人已交纳的款项，并加计银行同期存款利息。

二、基金销售

基金销售，是指为投资人开立基金交易账户，宣传推介基金，办理基金份额发售、申购、赎回及提供基金交易账户信息查询服务等活动。中国证监会制定了《公开募集证券投资基金销售机构监督管理办法》《证券投资基金销售适用性指导意见》《证券投资基金销售机构内部控制指导意见》等部门规章、规范性文件对基金销售行为予以规范。

基金销售机构办理基金销售业务，应当与基金管理人签订书面销售协议，明确双方权利义务。未经签订书面销售协议，基金销售机构不得办理基金的销售。基金销售机构应当按照中国证监会的规定了解投资人信息，坚持投资人利益优先和风险匹配原则，根据投资人的风险承担能力销售不同风险等级的产品，把合适的基金产品销售给合适的投资人。

根据《公开募集证券投资基金销售机构监督管理办法》第 24 条的规定，基金销售机构及其从业人员从事基金销售业务，不得有下列情形：(1)虚假记载、误导性陈述或者重大遗漏；(2)违规承诺收益、本金不受损失或者限定损失金额、比例；(3)预测基金投资业绩，或者宣传预期收益率；(4)误导投资人购买与其风险承担能力不相匹配的基金产品；(5)未向投资人有效揭示实际承担基金销售业务的主体、所销售的基金产品等重要信息，或者以过度包装服务平台、服务品牌等方式模糊上述重要信息；(6)采取抽奖、回扣或者送实物、保险、基金份额等方式销售基金；(7)在基金募集申请完成注册前，办理基金销售业务，向公众分发、公布基金宣传推介材料或者发售基金份额；(8)未按照法律法规、中国证监会规定、招募说明书和基金份额发售公告规定的时间销售基金，或者未按照规定公告即擅自变更基金份额的发售日期；(9)挪用基金销售结算资金或者基金份额，违规利用基金份额转让等形式规避基金销售结算资金闭环运作要求、损害投资人资金安全；(10)利用或者承诺利用基金资产和基金销售业务进行利益输送或者利益交换；(11)违规泄露投资人相关信息或者基金投资运作相关非公开信息；(12)以低于成本的费用销售基金；(13)实施歧视性、排他性、绑定性销售安排；(14)中国证监会规定禁止的其他情形。

三、基金的交易、申购与赎回

申请基金份额上市交易，基金管理人应当向证券交易所提出申请，证券交易所依法审核同意的，双方应当签订上市协议。根据《证券投资基金法》第 62 条的规定，基金份额上市交易，应当符合下列条件：(1)基金的募集符合《证券投资基金法》的规定；(2)基金合同期限为 5 年以上；(3)基金募集金额不低于 2 亿元人民币；(4)基金份额持有人不少于 1000 人；(5)基金份额上市交易规则规定的其他条件。

基金份额上市交易规则由证券交易所制定，报中国证监会批准。根据《证券投资基金法》第 64 条的规定，基金份额上市交易后，有下列情形之一的，由证券交易所终止其上市交易，并报中国证监会备案：(1)不再具备《证券投资基金法》第 62 条规定的上市交易条件；(2)基金合同期限届满；(3)基金份额持有人大会决定提前终止上市交易；(4)基金合同约定的或者基金份额上市交易规则规定的终止上市交易的其他情形。

开放式基金的基金份额的申购、赎回、登记，由基金管理人或者其委托的基金服务机构办理。基金管理人应当在每个工作日办理基金份额的申购、赎回业务；基金合同另有约定的，从其约定。投资人交付申购款项，申购成立；基金份额登记机构确认基金份额时，申购生效。基金份额持有人递交赎回申请，赎回成立；基金份额登记机构确认赎回时，赎回生效。

开放式基金应当保持足够的现金或者政府债券，以备支付基金份额持有人的赎回款项。基金财产中应当保持的现金或者政府债券的具体比例，由中国证监会规定。基金份额的申购、赎回价格，依据申购、赎回日基金份额净值加、减有关费用计算。基金份额净值0.5%时，基金管理人应当立即纠正，并采取合理的措施防止损失进一步扩大。计价错误达到基金份额净值 0.5%时，基金管理人应当公告，并报中国证监会备案。因基金份额净值计价错误造成基金份额持有人损失的，基金份额持有人有权要求基金管理人、基金托管人予以赔偿。

四、基金的投资

基金管理人运用基金财产进行证券投资，除中国证监会另有规定外，应当采用资产组合的方式。资产组合的具体方式和投资比例，依照《证券投资基金法》和中国证监会的规定在基金合同中约定。

《证券投资基金法》第 72 条、第 73 条规定，基金财产应当用于下列投资：(1)上市交易的股票、债券；(2)中国证监会规定的其他证券及其衍生品种。基金财产不得用于下列投资或者活动：(1)承销证券；(2)违反规定向他人贷款或者提供担保；(3)从事承担无限责任的投资；(4)买卖其他基金份额，但是中国证监会另有规定的除外；(5)向基金管理人、基金托管人出资；(6)从事内幕交易、操纵证券交易价格及其他不正当的证券交易活动；(7)法律、行政法规和中国证监会规定禁止的其他活动。

运用基金财产买卖基金管理人、基金托管人及其控股股东、实际控制人或者与其有其他重大利害关系的公司发行的证券或承销期内承销的证券，或者从事其他重大关联交易的，应当遵循基金份额持有人利益优先的原则，防范利益冲突，遵守中国证监会的规定，并履行信息披露义务。

五、基金的信息披露

基金管理人、基金托管人和其他基金信息披露义务人应当依法披露基金信息，并保证所披露信息的真实性、准确性和完整性。基金信息披露义务人应当确保应予披露的基金信息在国务院证券监督管理机构规定时间内披露，并保证投资人能够按照基金合同约定的时间和方式查阅或者复制公开披露的信息资料。

根据《证券投资基金法》第 76 条的规定，公开披露的基金信息包括：(1)基金招募说明书、基金合同、基金托管协议；(2)基金募集情况；(3)基金份额上市交易公告书；(4)基金资产净值、基金份额净值；(5)基金份额申购、赎回价格；(6)基金财产的资产组合季度报告、财务会计报告及中期和年度基金报告；(7)临时报告；(8)基金份额持有人大会决议；(9)基金管理人、基金托管人的专门基金托管部门的重大人事变动；(10)涉及基金财产、基金管理业务、基金托管业务的诉讼或者仲裁；(11)中国证监会规定应予披露的其他信息。

根据《证券投资基金法》第 77 条的规定，公开披露基金信息，不得有下列行为：(1)虚假记载、误导性陈述或者重大遗漏；(2)对证券投资业绩进行预测；(3)违规承诺收益或者承担损失；(4)诋毁其他基金管理人、基金托管人或者基金销售机构；(5)法律、行政法规和中国证监会规定禁止的其他行为。

六、基金合同的变更、终止与基金财产清算

（一）基金合同的变更

按照基金合同的约定或者基金份额持有人大会的决议，基金可以转换运作方式或者与其他基金合并。封闭式基金扩募或者延长基金合同期限，应当符合下列条件，并报中国证监会备案：(1)基金运营业绩良好；(2)基金管理人最近二年内没有因违法违规行为受到行政处罚或者刑事处罚；(3)基金份额持有人大会决议通过；(4)《证券投资基金法》规定的其他条件。

（二）基金合同的终止

有下列情形之一的，基金合同终止：(1)基金合同期限届满而未延期；(2)基金份额持有人大会决定终止；(3)基金管理人、基金托管人职责终止，在 6 个月内没有新基金管理人、新基金托管人承接；(4)基金合同约定的其他情形。

（三）基金财产的清算

基金合同终止时，基金管理人应当组织清算组对基金财产进行清算。清算组由基金管理人、基金托管人以及相关的中介服务机构组成。清算组作出的清算报告经会计师事务所审计，律师事务所出具法律意见书后，报中国证监会备案并公告。清算后的剩余基金财产，应当按照基金份额持有人所持份额比例进行分配。

第四节　私募基金监管

一、私募基金的界定

私募基金即非公开募集基金，是指以非公开方式向投资者募集资金设立的投资基金。与公募基金相比，私募基金投资人人数少，运作形式灵活，监管机构对其监管有别于公募基金。《证券投资基金法》所规范的是进行证券投资的私募证券投资基金，即指以非公开方式向累计不超过 200 个合格投资者募集的证券投资基金。其中，合格投资者是指达到规定资产规模或者收入水平，并且具备相应的风险识别能力和风险承担能力、基金份额认购金额不低于规定限额的单位和个人。私募证券投资基金主要投资于股票、债券、存托凭证、资产支持证券、期货合约、期权合约、互换合约、远期合约、证券投资基金份额，以及中国证监会认可的其他资产。2024 年 4 月 30 日，中国证券投资基金业协会发布《私募证券投资基金运作指引》，自 2024 年 8 月 1 日起施行。《私募证券投资基金运作指引》对加强私募证券投资基金自律管理、规范私募证券投资基金业务和保护投资者合法权益具有积极的促进作用。

在实践中，除了私募证券投资基金外，还存在着投资于未上市公司股权的私募股权

投资基金。私募股权投资基金通常从大型机构投资者和资金充裕的个人投资者手中以非公开方式募集资金，然后寻求投资于未上市企业股权的机会，最后通过积极管理与退出，以获得相应的投资回报。长期以来，我国私募股权投资基金监管上位法依据不足，对其规范主要依赖部门规章、规范性文件以及自律规则。2023 年 6 月 16 日，国务院第八次常务会议通过《私募投资基金监督管理条例》，并于 2023 年 9 月 1 日起施行，这是我国私募投资基金行业首部行政法规。

二、私募基金管理人和私募基金托管人

私募基金管理人由依法设立的公司或者合伙企业担任。以合伙企业形式设立的私募基金，资产由普通合伙人管理的，普通合伙人适用《私募投资基金监督管理条例》中关于私募基金管理人的规定。私募基金管理人的股东、合伙人以及股东、合伙人的控股股东、实际控制人，控股或者实际控制其他私募基金管理人的，应当符合中国证监会的规定。

根据《私募投资基金监督管理条例》第 11 条的规定，私募基金管理人应当履行下列职责：(1)依法募集资金，办理私募基金备案；(2)对所管理的不同私募基金财产分别管理、分别记账，进行投资；(3)按照基金合同约定管理私募基金并进行投资，建立有效的风险控制制度；(4)按照基金合同约定确定私募基金收益分配方案，向投资者分配收益；(5)按照基金合同约定向投资者提供与私募基金管理业务活动相关的信息；(6)保存私募基金财产管理业务活动的记录、账册、报表和其他有关资料；(7)中国证监会规定和基金合同约定的其他职责。以非公开方式募集资金设立投资基金的，私募基金管理人还应当以自己的名义，为私募基金财产利益行使诉讼权利或者实施其他法律行为。

根据《私募投资基金监督管理条例》第 12 条、第 13 条的规定，私募基金管理人的股东、实际控制人、合伙人不得有下列行为：(1)虚假出资、抽逃出资、委托他人或者接受他人委托出资；(2)未经股东会或者董事会决议等法定程序擅自干预私募基金管理人的业务活动；(3)要求私募基金管理人利用私募基金财产为自己或者他人牟取利益，损害投资者利益；(4)法律、行政法规和中国证监会规定禁止的其他行为。私募基金管理人应当持续符合下列要求：(1)财务状况良好，具有与业务类型和管理资产规模相适应的运营资金；(2)法定代表人、执行事务合伙人或者委派代表、负责投资管理的高级管理人员按照中国证监会规定持有一定比例的私募基金管理人的股权或者财产份额，但国家另有规定的除外；(3)中国证监会规定的其他要求。

除基金合同另有约定外，私募基金财产应当由私募基金托管人托管。私募基金财产不进行托管的，应当明确保障私募基金财产安全的制度措施和纠纷解决机制。私募基金财产进行托管的，私募基金托管人应当依法履行职责。私募基金托管人应当依法建立托管业务和其他业务的隔离机制，保证私募基金财产的独立和安全。

三、私募基金的募集

私募基金管理人应当自行募集资金，不得委托他人募集资金，但中国证监会另有规定的除外。根据《私募证券投资基金运作指引》第 4 条的规定，私募证券投资基金的初始

实缴募集资金规模不得低于1000万元，不得通过投资者短期赎回基金份额等方式，规避前述实缴规模要求。

私募基金应当向合格投资者募集或者转让，单只私募基金的投资者累计不得超过法律规定的人数。私募基金管理人不得采取为单一融资项目设立多只私募基金等方式，突破法律规定的人数限制；不得采取将私募基金份额或者收益权进行拆分转让等方式，降低合格投资者的标准。此处所称合格投资者，是指达到规定的资产规模或者收入水平，并且具备相应的风险识别能力和风险承担能力，其认购金额不低于规定限额的单位和个人。合格投资者的具体标准由中国证监会规定。

根据《私募投资基金监督管理条例》第20条的规定，私募基金不得向合格投资者以外的单位和个人募集或者转让；不得向为他人代持的投资者募集或者转让；不得通过报刊、电台、电视台、互联网等大众传播媒介，电话、短信、即时通信工具、电子邮件、传单，或者讲座、报告会、分析会等方式向不特定对象宣传推介；不得以虚假、片面、夸大等方式宣传推介；不得以私募基金托管人名义宣传推介；不得向投资者承诺投资本金不受损失或者承诺最低收益。

根据《私募投资基金监督管理条例》第22条的规定，私募基金管理人应当自私募基金募集完毕之日起20个工作日内，向登记备案机构报送下列材料，办理备案：(1)基金合同；(2)托管协议或者保障私募基金财产安全的制度措施；(3)私募基金财产证明文件；(4)投资者的基本信息、认购金额、持有基金份额的数量及其受益所有人相关信息；(5)国务院证券监督管理机构规定的其他材料。私募基金应当具有保障基本投资能力和抗风险能力的实缴募集资金规模。登记备案机构根据私募基金的募集资金规模等情况实施分类公示，对募集的资金总额或者投资者人数达到规定标准的，应当向中国证监会报告。

四、私募基金的投资运作

私募基金财产的投资包括买卖股份有限公司股份，有限责任公司股权、债券、基金份额、其他证券及其衍生品种以及中国证监会规定的其他投资标的。私募基金财产不得用于经营或者变相经营资金拆借、贷款等业务。私募基金管理人不得以要求地方人民政府承诺回购本金等方式变相增加政府隐性债务。

私募基金管理人不得将投资管理职责委托他人行使。私募基金管理人委托其他机构为私募基金提供证券投资建议服务的，接受委托的机构应当为《证券投资基金法》规定的基金投资顾问机构。

根据《私募证券投资基金运作指引》第12条的规定，私募证券投资基金应当采用资产组合的方式进行投资并符合下列要求，银行活期存款、国债、债券通用质押式回购、中央银行票据、政策性金融债、地方政府债券、公开募集基金等中国证监会、协会认可的投资品种除外：(1)单只私募证券投资基金投资于同一资产的资金，不得超过该基金净资产的25%；(2)同一私募基金管理人管理的全部私募证券投资基金投资于同一资产的资金，不得超过该资产的25%。符合前款第(1)项分散投资要求的私募证券投资基金投资单只私募基金的资金，可以不受前款第(2)项规定的投资比例限制。

根据《私募投资基金监督管理条例》第30条的规定，私募基金管理人、私募基金托管人及其从业人员不得有下列行为：(1)将其固有财产或者他人财产混同于私募基金财产；(2)利用私募基金财产或者职务便利，为投资者以外的人牟取利益；(3)侵占、挪用私募基金财产；(4)泄露因职务便利获取的未公开信息，利用该信息从事或者明示、暗示他人从事相关的证券、期货交易活动；(5)法律、行政法规和中国证监会规定禁止的其他行为。

私募基金管理人在资金募集、投资运作过程中，应当按照中国证监会的规定和基金合同约定，向投资者提供信息。私募基金财产进行托管的，私募基金管理人应当按照中国证监会的规定和托管协议约定，及时向私募基金托管人提供投资者基本信息、投资标的权属变更证明材料等信息。

私募基金管理人、私募基金托管人、私募基金服务机构应当按照中国证监会的规定，向登记备案机构报送私募基金投资运作等信息。登记备案机构应当根据不同私募基金类型，对报送信息的内容、频次等作出规定，并汇总分析私募基金行业情况，向中国证监会报送私募基金行业相关信息。登记备案机构应当加强风险预警，发现可能存在重大风险的，及时采取措施并向中国证监会报告。登记备案机构应当对私募基金投资运作等信息保密，除法律、行政法规另有规定外，不得对外提供。

因私募基金管理人无法正常履行职责或者出现重大风险等情形，导致私募基金无法正常运作、终止的，由基金合同约定或者有关规定确定的其他专业机构，行使更换私募基金管理人、修改或者提前终止基金合同、组织私募基金清算等职权。

关于“潘某诉某资产管理公司私募基金合同纠纷案”的延伸阅读，可扫描二维码阅读文字材料：

本章小测

一、案例分析(扫码开始测试)

二、主观题

1.证券投资基金具有哪些特点？

2.如何理解私募基金管理人的投资者适当性义务？

第十章　金融科技法

思维导图

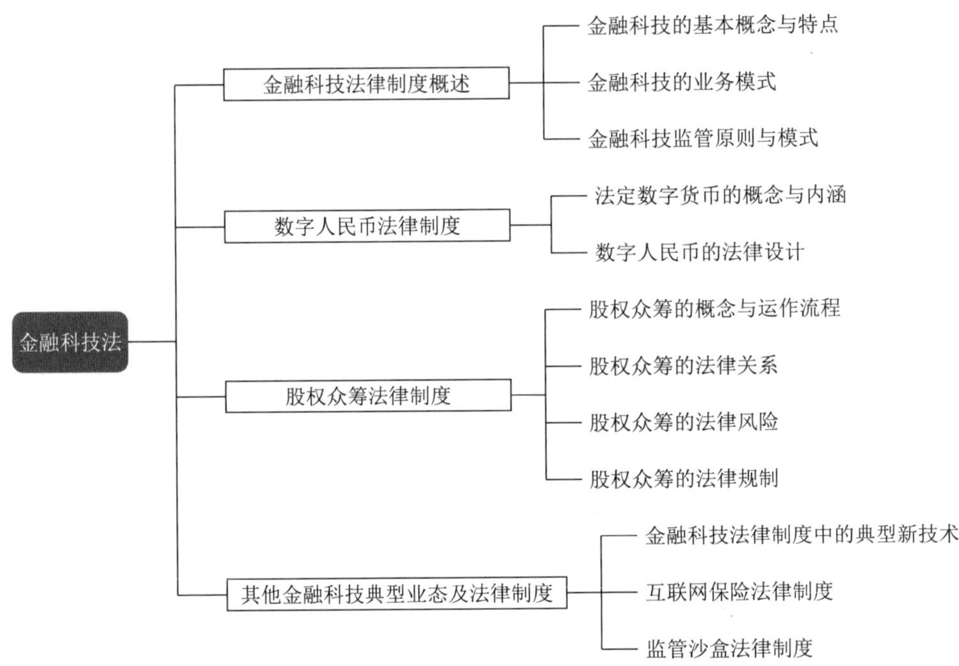

金融科技是通过技术手段推动金融创新，形成对金融市场、机构和金融服务产生重大影响的业务模式、技术应用、流程和产品。科技与金融的融合造就了金融市场的颠覆性发展，金融科技不单包含了对互联网技术的利用，还深度融合了人工智能、大数据、云计算、区块链等新型技术。金融科技蕴含的诸多科技元素深刻改变了金融业的商业模式、交易主体、风险来源和监管范式。作为一种新型金融业态，金融科技在业务模式、法律关系及监管体制等方面具有不同于传统金融的特征和风险，它所引发的数字鸿沟、算法黑箱、长尾效应、金融风险外溢等现象又会反过来影响金融科技法律制度的发展。本章将全面介绍当前我国金融科技法律制度，在此基础上，重点对数字人民币、股权众筹、互联网保险等金融科技的典型业态进行详细分析，并介绍我国监管沙盒的最新发展。

第一节　金融科技法律制度概述

一、金融科技的基本概念与特点

当前，全球新一轮科技革命和产业变革蓬勃发展，新的金融产品和业态大量涌现，金融创新与技术变革的融合程度不断加深，金融数字化转型成为行业发展的主流趋势。金融科技作为技术驱动的金融创新，是深化金融供给侧结构性改革、增强金融服务实体经济能力的重要引擎。为促进我国金融科技的高质量发展，近年来，中国人民银行先后印发《金融科技发展规划(2019—2021年)》《金融科技发展规划(2022—2025年)》两份顶层设计文件，从顶层设计与制度建构、科技创新与风险防范、监管科技与保障措施等方面进行了深入规划，为我国金融科技有序发展创造了良好的制度环境。

根据《金融科技发展规划(2019—2021年)》的定义，金融科技是“技术驱动的金融创新，旨在运用现代科技成果改造或创新金融产品、经营模式、业务流程等，推动金融发展提质增效”。金融科技在本质上是一种数字化、智能化的金融解决方案，其核心在于将数字技术广泛应用于金融产品与金融服务之中，利用数字技术提升金融效率。金融科技是金融领域一场影响深远的“破坏性创新”，是未来金融市场发展的核心驱动力量，它具有如下特点：

(一)数字驱动性

金融科技高度重视数据要素的关键性作用，将数字元素融入金融产品与金融业务的各项流程，加快金融机构的数字化转型，运用数字化手段不断增强风险识别监测、分析预警能力，切实防范算法、数据和网络衍生的安全风险，构建金融科技的数字安全生态。

(二)公平普惠性

金融科技不单重视技术的创新和效率的提高，金融科技创新的最终目的是提升金融产品和服务的社会性效益。金融科技以公平为准则，以普惠为目标，合理运用金融科技手段丰富金融市场层次，优化金融产品供给，不断拓展金融服务的辐射范围，弥合地域间、群体间、机构间的数字鸿沟，让金融科技发展成果更广泛、更深入、更公平地惠及人民群众，助力实现共同富裕，增强人民群众的金融获得感和幸福感。

（三）开放共赢性

金融科技以促进金融开放共赢为基调，加强跨地区、跨部门、跨层级的金融与数据资源的融合应用，推动金融与民生服务系统互联互通，将金融服务融入实体经济的各项领域，从而降低金融服务门槛和壁垒，拓宽金融生态边界，形成包容开放、互利共赢的发展格局。

（四）安全可控性

金融科技将安全作为金融科技创新不可逾越的红线，以创新促发展，以安全保发展。金融科技借助数字科技提升防控金融风险的能力，以监管科技的有效运用来提升金融监管效能，从而完善金融安全防线和风险应急处置机制，提高金融体系抵御风险的能力，守住不发生系统性金融风险的底线。

二、金融科技的业务模式

金融科技应用领域十分广泛，主要包括了金融机构的科技应用与科技公司的金融业务，并进一步发展出高度融合金融业务与科技开发的金融科技公司。金融科技的业务模式主要包括互联网支付、网络借贷、股权众筹融资、互联网基金销售、互联网保险、互联网信托、互联网消费金融、供应链金融、数字货币和互联网银行等。

（一）互联网支付

互联网支付是指通过计算机、手机等设备，依托互联网发起支付指令、转移货币资金的服务。互联网支付的运作原理可以表述为：支付机构为客户提供互联网访问渠道，客户通过注册并向互联网支付账户转入资金后，可以向其他持有同样账户的个人或企业转移资金。互联网支付的主要表现形式为网络银行支付、第三方支付和移动支付。

（二）网络借贷

网络借贷包括个体网络借贷（P2P 网络借贷）和网络小额贷款。个体网络借贷是指个体和个体之间通过互联网平台实现的直接借贷，具体指贷款人和借款人通过 P2P 网络借贷平台订立电子借贷合同，对借贷资金的金额、利率、期限等因素进行匹配，从而实现借贷双方需求的新型小额借贷模式。P2P 网络借贷平台在其中起着信息中介的作用。网络小额贷款是指互联网企业通过其控制的小额贷款公司，利用互联网向客户提供的小额贷款。网络小额贷款实际上是小额贷款公司业务的互联网化。2007 年我国首家 P2P 网贷平台——拍拍贷在上海成立，随后 P2P 网贷行业迎来了持续多年的高速发展。但 P2P 网贷行业在急速扩张中出现了非法自融、违规搭建资金池、暴力催收等现象，引发了一系列金融风险和社会问题。自 2016 年起，中国人民银行联合多部委开展持续性的“互联网金融风险专项整治行动”。2021年年底，中国人民银行宣布P2P网贷平台在我国境内已全部清零。

（三）股权众筹融资

股权众筹融资主要是指通过互联网形式进行公开小额股权融资的活动，具体而言，是指创新创业者或小微企业通过股权众筹融资中介机构在互联网平台进行公开募集股本的活动。在股权众筹中，投资者通过股权众筹平台将资金投入初创公司，从而取得目标公司的相应股权，承担目标公司的风险并分享目标公司的盈利。

（四）互联网基金销售

互联网基金销售是指基金公司以互联网平台为渠道销售基金产品，具体包括宣传推介基金、发售基金份额、办理基金份额申购、赎回等业务。互联网基金销售是传统金融模式采取网络技术的创新成果，其主要模式包括基金公司自建网络平台销售与第三方平台合作销售两种类型。

（五）互联网保险

互联网保险是指保险机构依托互联网和移动通信等技术，通过自营网络平台、第三方网络平台等订立保险合同和提供保险服务。互联网保险的投保人将通过第三方支付平台实现保险费用的电子化支付。互联网保险实现了网上投保、承保、核保、保全和理赔等保险业务流程，具有网络化、高效性和便捷性的特征。

（六）互联网信托

互联网信托是指运用互联网技术并结合信托法律工具，实现信托财产转移与信托财产管理的互联网金融服务模式。互联网信托依托互联网技术创新成果，推动了信托产品创新与经营模式变革。从互联网技术对信托业影响的角度对互联网信托进行分类，可将其分为信托业的互联网化和互联网企业的信托金融业务。互联网企业的信托金融业务按照产品和商业模式的不同，可以分为收益权转让模式、信托小额贷款模式、金融资产增信模式和消费信托模式等。

（七）互联网消费金融

消费金融是为满足个人、家庭对商品和服务的消费需求而提供消费贷款的金融产品和服务模式。互联网消费金融是指消费金融公司、互联网企业和商业银行等市场主体依托互联网信息技术和网络平台，提供满足个人或家庭日常生活消费需要而发放的贷款，具有线上办理、申请手续灵活、还款方式多样等特点。

（八）供应链金融

供应链金融是一种旨在降低供应链融资成本以解决供应链节点资金供给的金融资源整合模式。供应链金融具有通过整合资金、信息、物流等资源来提高资金使用效率并为各方创造价值、降低风险的作用。从供应链金融市场来看，供应链金融属于短期货币市场，货币供求双方主要是商业银行和工商业企业，或者是供应链中的上下游企业。

（九）数字货币

广义上的数字货币是指所有基于区块链技术而发展出的数字资产，包括支付领域中的数字货币和融资领域中的数字代币。根据发行主体的不同，数字货币可以分为法定数字货币和私人数字货币。法定数字货币是由各国央行发行，采用特定数字密码技术实现且由国家信用背书的货币形态，如我国的数字人民币。私人数字货币是由非主权个体发行或不存在特定发行主体所发行的货币形态，如比特币、以太币及各类稳定币。

（十）互联网银行

互联网银行是基于大数据、人工智能、云计算、人脸识别、生物探针、移动互联网等技术，不设物理营业网点，全部业务均通过互联网和移动终端来实现的银行机构。互联网银行不设线下实体网点，它的业务采取在线运营的方式，将云计算、大数据技术与人脸识别、声纹识别等生物技术相结合，进行在线开户、授信和风险控制。互联网银行服务对象主要是中小微企业、个人消费者、"三农"群体等长尾客户群体。互联网银行贷款呈现出单笔金额小、期限短、客户群体年轻化和投向区域（行业）分散化的特征。

三、金融科技监管原则与模式

（一）金融科技监管原则

金融科技的数字化、技术化与混业化趋势对传统金融监管的理念、手段与法制构成了重大挑战。金融科技监管的核心在于构建一个既能促进金融创新，又能确保金融稳定和维护消费者权益的技术驱动型金融科技监管法治框架。金融监管机构应深刻洞察金融科技的本质与风险，坚持以下监管原则：

1.依法监管

依法监管要求金融监管机构的监管行为必须依据法律的规定并遵守相应的程序，监管行为应受到法律监督，监管者的违法监管行为应承担法律责任。立法机关应加强立法工作，尽快制定覆盖金融科技各领域的监管规则，为金融监管机构的依法监管创造有法可依的前提条件。金融监管机构应树立依法监管的理念，提高依法行政能力，以服务金融科技的发展与创新作为依法监管的重要目标。

2.适度监管

适度监管要求监管机构应尊重市场的自身调节作用，尊重金融科技行业发展的客观规律，监管行为不干涉市场主体的自主权和企业的微观经营活动。在金融科技法制框架内，适度监管原则要求行政监管与市场约束相结合，行政监管侧重于强化金融科技的市场准入制度，市场约束应发挥市场机制对金融科技企业的优胜劣汰功能。

3.分类监管

分类监管是指监管机构在对监管对象进行评价分类的基础上，针对不同类型的监管对象，采取差异化的监管措施。其中，分类监管是手段，差异化监管是目的。分类监管的首要前提是对金融科技产品与服务设置科学化、标准化、可操作化、动态化的监管评价指标，评价指标既要符合金融科技市场的实际情况，又要有利于监管工作的开展。分类监管应以风险监管为导向，突出监管措施的差异性，对于风险较低的金融科技产品与服务应立足于市场自治，强化监管的正向激励；对于风险较高的金融科技产品与服务，应当科学评估由其衍生的技术风险与金融风险，坚持防控结合，综合治理。

4.协同监管

从金融科技产品的性质上看，不同金融科技业态之间的边界流动性空前增强，金融科技业务呈现交叉发展的趋势。例如，蚂蚁金服股份有限公司握有几乎所有的金融牌照，各种余额宝、招财宝等货币基金类产品在互联网和支付工具扩张的背景下，具备链接传统存、贷、结算等不同金融机构所具备的功能。在这种情况下，传统的金融分业监管模式对存在交叉现象的金融科技创新产品的监管机构划分缺乏科学的标准，从而会导致因重复监管而增加监管成本，或者因存在监管真空而导致监管失败。当前我国在金融科技领域实行的是分业监管体制，金融监管机构应构建国内统一的金融监管信息交换平台，强化在部级层面的监管协作，完善协同监管机制的顶层设计，从而提高在分业监管体制下金融科技监管的全面性和有效性。

5.创新监管

金融科技的创新监管是指通过建立更加科学、有效的监管体制，使监管体制更加适应金融科技创新的发展。创新监管包括了监管手段创新和监管思维创新。监管手段创新要求监管机构针对不同性质的金融科技产品实施差异化的创新监管手段，并建立与金融科技企业之间的沟通机制，推动企业内部风险控制与监管规则要求的匹配性与适应性，降低企业合规成本。监管思维创新要求监管机构改变过去“被动式监管”的传统思维，树立“实验性”监管和“包容性”监管等新理念，提升行业协会与金融科技企业在金融科技行业规范治理中的主动性与积极性，注重市场约束与信息披露的力量。

（二）金融科技监管模式

我国金融科技市场实行分业监管体制，并积极探索监管沙盒与监管科技的创新应用。

我国金融科技实行的分业监管体制，是根据不同金融科技业务的风险特征，确定相应的对口监管机构。具体而言，工业和信息化部负责对金融科技业务涉及的电信业务进行监管，互联网支付由中国人民银行负责监管，网络借贷、互联网保险、互联网信托、互联网消费金融由国家金融监督管理总局负责监管，股权众筹融资、互联网基金销售由证监会负责监管。此外，公安部、地方人民政府金融管理部门和工商行政管理部门也是金融科技监管体制的重要参与机构。

针对金融科技混合营业的特征与趋势，协同监管成为金融科技监管的必然发展方向。2015 年，中国人民银行等十部门联合发布的《关于促进互联网金融健康发展的指导意见》规定各监管部门要相互协作、形成合力，充分发挥金融监管协调部际联席会议制度的作用。中国人民银行、原银保监会、证监会应当密切关注互联网金融业务发展及相关风险，对监管政策进行跟踪评估，适时提出调整建议，不断总结监管经验。财政部负责互联网金融从业机构财务监管政策。中国人民银行会同有关部门，负责建立和完善互联网金融数据统计监测体系，相关部门按照监管职责分工负责相关互联网金融数据统计和监测工作，并实现统计数据和信息共享。此外，工业和信息化部积极推动互联网基础设施的普及应用和保障互联网金融信息安全，公安部门与其他部门密切配合，集中开展互联网金融风险专项整治工作，牵头负责打击互联网金融犯罪。“按业务分机构监管＋机构间协同监管”这一模式成为我国金融科技监管的基本模式。

监管沙盒最早起源于英国，是在确保消费者权益得到保障的前提下，对具有创新性的金融科技企业给予一定条件、一定范围、一定时期内实施金融创新的权利，创新企业在指定的时空环境中不必担心其创新活动引发不利的监管后果。在监管沙盒测试中，入围沙盒测试的金融科技企业可以在一个“缩小版”的真实市场环境中测试金融创新产品和服务；监管机构对处于测试中的金融科技产品与服务实施相对宽松的监管标准和政策，在沙盒中了解金融科技创新的过程、风险和收益。中国版“监管沙盒”——金融科技创新监管工具由中国人民银行主导设计，通过安全管理机制、创新服务机制、信息披露机制和权益保护机制等构建了涵盖全流程的金融科技创新应用测试规范。

关于“英国监管沙盒制度”的详细阐释，可扫码收听音频和阅读文字材料：

第二节　数字人民币法律制度

一、法定数字货币的概念与内涵

（一）法定数字货币的概念

从货币发展史来看，货币起源于人类的商品交换过程，货币形态的演进正是在不断适应交换过程便捷性的需要中，逐渐从实物货币转向了依靠国家信用担保的无内在价值的信用货币。数字货币（digital currency）并非凭空出现，其最早源自电子支付，并由电子货币（electronic money）和虚拟货币（virtual currency）演化而来，最终与电子货币和虚拟货币相分离。

根据发行主体的不同，数字货币可以分为法定数字货币和私人数字货币。法定数字货币是由各国央行发行，采用特定数字密码技术实现且由国家信用背书的货币形态，如我国的数字人民币。私人数字货币是由非主权个体发行或不存在特定发行主体所发行的货币形态，如比特币、以太币及各类稳定币。

法定数字货币在使用中具有“类现金”功能，具备广泛的认可度和方便性，并具备即时结算、全天候可用性和离线使用能力。法定数字货币可以降低社会对第三方支付中介机构的依赖，从而以更低的支付成本提高市场的支付效率。在跨境支付中，如果一国发行的法定数字货币与外国法定数字货币或支付系统兼容(双边或多边法定数字货币安排),那么零售支付将不再依赖国际资金清算系统而可以更直接地进行结算。

(二)法定数字货币的内涵

法定数字货币在价值维度上是法定货币,在技术维度上是加密货币。

1.法定数字货币在价值维度上是法定货币

法定数字货币是央行发行的法定货币,具备货币的价值尺度、交易手段、价值贮藏等基本功能,与实物法币一样是法定货币。从货币的发展和演进历史看,货币形态随着科技进步、经济活动的发展而不断演变,实物、金属铸币、纸币均是相应历史时期社会发展进步的产物。法定数字货币的发行、流通管理机制依托于实物货币,但以数字形式实现了价值转移。法定数字货币是央行对公众的负债,以国家信用作支撑,具有法偿性。

2.法定数字货币在技术维度上是加密货币

法定数字货币的设计运用了密码学知识来保障数字货币的可流通性、不可伪造性、不可重复交易性和不可抵赖性。在法定数字货币的交易过程中,需要运用加密技术、分布式账本技术(DLT)、可信云技术和安全芯片技术来保障端到端的安全,防止数字货币被窃取、篡改、冒充。法定数字货币在为用户提供不同于传统电子支付的点对点支付体验时,还通过隐私保护技术确保用户个人信息的安全,避免敏感信息的泄露。法定数字货币具有"前台自愿,后台实名"的特性,通过支持可控匿名技术,实现用户隐私保护和国家有效监管之间的平衡。

二、数字人民币的法律设计

随着网络技术和数字经济的高速发展,社会公众对数字支付手段的便捷性、安全性、普惠性、隐私性等方面的需求日益提高。不少国家和地区的中央银行或货币主管当局积极探索法定货币的数字化转型,法定数字货币正从理论走向现实。

中国人民银行于2014年成立法定数字货币研究小组,开始对发行框架、关键技术、发行流通环境以及国际相关经验进行专项研究。2016年,中国人民银行成立数字货币研究所,完成法定数字货币第一代原型系统搭建。2017年年末,中国人民银行开始组织商业机构共同开展法定数字货币研发试验。随着数字人民币研发的逐步成熟,中国人民银行陆续开始数字人民币的试点测试。

(一)数字人民币的定义与功能

1.数字人民币的定义

数字人民币是中国人民银行发行的数字形式的法定货币,它由指定运营机构参与运营,以广义账户体系为基础,支持银行账户松耦合功能,与实物人民币1∶1等价兑换,具有价值特征和法偿性,采取中心化管理和双层运营。数字人民币的发行权属于国家,中国人民银行在数字人民币运营体系中处于中心地位,负责向作为指定运营机构的商业银行发行数字人民币并进行全生命周期的管理活动。指定运营机构及相关商业机构负责向社会公众提供数字人民币兑换和流通服务。

数字人民币定位于现金类支付凭证(M0),将与实物人民币长期共存,它们具有同等法律地位和经济价值。数字人民币是一种零售型央行数字货币,主要用于满足国内零售支付需求。在未来的数字化零售支付体系中,数字人民币与指定运营机构的电子账户资金具有通用性,共同构成现金类支付工具。数字人民币以币串(token)体现价值,当用户A把数字人民币支付给用户B,此时该笔数字人民币的所有权就从A转移给B,遵循"占有即所有"的规则。

数字人民币与以比特币为代表的虚拟货币(私人数字货币)存在根本不同,因为后者仅可定性为既非物权也非债权的财产性权利,不具有法定支付手段的功能。数字人民币也不是电子货币,因为后者代表了对特定经营者基于货币价值的债权,也不具备法偿性。

数字人民币与第三方支付(如微信、支付宝)存在根本区别。数字人民币是央行发行的具有法偿性的货币,微信和支付宝等第三方支付是用来支付货币的一种具体手段。在进行日常消费时,社会公众可以直接使用数字人民币进行支付,数字人民币是支付工具本身,并依靠数字钱包完成支付过程;而微信、支付宝等第三方支付在进行支付时需要与商业银行账户对接才能完成支付,第三方支付起到的是一种"管道"作用。

2.数字人民币的功能

第一,数字人民币可以丰富社会现金形态,满足社会对数字形态现金的需求。数字人民币可以进一步降低普惠金融服务的门槛,保持金融科技时代的足量法定货币供应。没有银行账户的个人可以通过数字人民币钱包享受到基础金融服务,境外个人短期来华可在不开立中国内地银行账户的情况下开立数字人民币钱包,满足日常支付需求。数字人民币"支付即结算"的特性有利于企业提高资金周转效率。

第二,数字人民币可以提升零售支付的效率和安全。数字人民币基于M0定位,主要用于零售支付。数字人民币虽然与电子支付功能相似,但也存在一定差异:一是数字人民币是法定货币,具有最高的安全等级;二是数字人民币可在不依赖银行账户的前提下进行价值转移并支持离线交易,可实现"支付即结算";三是数字人民币具有"可控匿名"特性,有利于用户隐私保护和个人信息安全。①

(二)数字人民币的设计特性

数字人民币既有实物人民币的支付即结算、匿名性等特点,又具有电子支付的高效、低成本、不易伪造等特点,兼顾了实物人民币和电子支付工具的双重优势。

1.兼具账户和价值特征。数字人民币兼容基于账户(account-based)、基于准账户(quasi-accounted-based)和基于价值(value-based)等三种方式,采用可变面额设计,以加密币串形式实现价值转移。

2.不计付利息。数字人民币与同属现金M0的实物人民币一样,不对其计付利息。

① 中国人民银行数字人民币研发工作组:《中国数字人民币的研发进展白皮书》,2021年7月发布。

3.支付即结算。数字人民币与银行账户松耦合①,可以利用数字人民币钱包进行资金转移,实现支付即结算。

4.可控匿名。依照"小额匿名、大额依法可溯"的原则,数字人民币一方面可以实现小额支付的匿名处理;另一方面为防范数字人民币被用于电信诈骗、洗钱、网络赌博等违法犯罪行为,除法律法规有明确规定外,中国人民银行内部对数字人民币相关信息设置"防火墙",严格保护用户个人信息安全与隐私,禁止任意查询、使用。

5.可编程性。数字人民币使用了智能合约技术,在确保安全与合规的前提下,可根据交易双方约定的规则和条件进行自动支付交易,实现业务模式创新和交易自动化。

6.高度安全性。数字人民币综合使用了数字证书、数字签名、安全加密存储等技术,具备了不可重复花费、不可非法复制伪造、交易不可篡改、抗抵赖等特点。

（三）数字人民币的运营体系

数字人民币运营体系可总结为"一币、两库、三中心"模式(如图10-1所示)。"一币"系指数字人民币。"两库"系指数字人民币发行库和数字人民币商业银行库。其中,数字人民币发行库是中国人民银行在数字人民币私有云上存储数字人民币发行基金的数据库,数字人民币商业银行库是商业银行存放数字人民币的数据库。"三中心"包括了认证中心、登记中心和大数据分析中心。认证中心负责对数字人民币用户身份信息进行集中管理,是系统安全和可控匿名设计的重要环节;登记中心用于记录数字人民币及对应用户身份,进行权属登记、记录流水,完成数字人民币产生、流通、清点核对及消亡全过程登记;大数据分析中心履行反洗钱、支付行为分析、监管调控指标分析等职能。

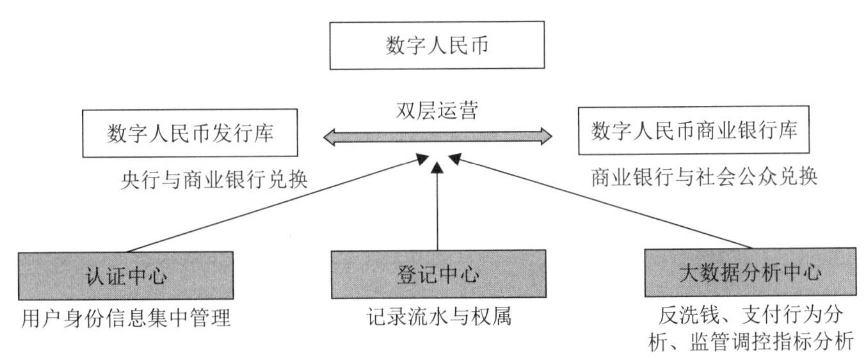

图10-1　数字人民币的运营体系示意图

数字人民币采用"央行＋商业银行"的双层运营模式,中国人民银行负责数字人民币发行、注销、跨机构联营、钱包管理等,同时优选具备一定实力的商业银行作为指定运营机构,向社会公众提供数字人民币兑换服务。在双层运营模式中,商业银行在中国人民

① 所谓"账户松耦合"是指不要求数字人民币的用户在商业银行开设账户,用户可以在银行账户外通过数字钱包实现资金转移。"账户紧耦合"是指数字人民币的用户需要绑定银行账户,通过银行账户实现资金转移。

银行的指导和额度管理下，承担数字人民币的流通服务并负责零售环节管理，包括支付产品设计创新、应用场景拓展、日常业务处理及维护等。双层运营模式的优势在于可以充分利用商业银行处理金融业务的丰富经验、人才优势和技术优势，在中国人民银行的指导下，商业银行对数字货币的运营将提升社会各界对数字人民币的接受度。

数字人民币依托数字钱包实现与用户的连接，数字钱包是数字人民币的携带方式和存储载体。数字人民币按照开立主体分为个人钱包和对公钱包。个人钱包由自然人和个体工商户开立，根据客户身份识别强度采取分类交易和余额限额管理。对公钱包由法人和非法人机构开立，钱包功能可根据用户需求进行定制。此外，数字钱包可以根据客户身份识别强度划分为不同等级的钱包，即根据实名强弱程度赋予各类钱包不同的单笔、单日交易及余额限额。用户在默认情况下开立的是最低权限的匿名钱包，并可根据需要升级为实名制的高权限钱包。

（四）数字人民币的发展方向

在技术路线上，数字人民币采取了集中式与分布式融合发展的混合技术架构，综合应用人工智能、大数据、可信计算、软硬件一体化专用加密等技术，确保系统可靠性和稳健性，设计多点多活数据中心解决方案。

在监管框架上，《中国人民银行法》规定中国人民银行有权发行人民币且具有唯一发行权。2020 年 10 月公布的《中国人民银行法（修订草案征求意见稿）》第 19 条进一步明确了“人民币包括实物形式和数字形式”。针对数字人民币的加密性和智能性，未来对数字人民币的监管应以确保法定货币属性为基础，以严守风险底线与促进创新发展之平衡为目标，进一步落实数字人民币反洗钱规则，强化用户个人信息保护。

在服务国家战略需求上，与其他国家的数字货币相比，我国的数字人民币在技术水平和实践应用中具有“先发优势”，数字人民币的特点决定了其在跨境支付中具有安全、快捷、成本低廉等优势，可以利用数字人民币跨境支付结算来继续推进人民币国际化进程。

关于“数字人民币的研发历程”的详细阐释，可扫码收听音频和阅读文字材料：

第三节　股权众筹法律制度

一、股权众筹的概念与运作流程

（一）众筹的概念与类型

“众筹”一词源于英文“crowdfunding”，意为面向公众筹集资金。众筹项目发起者利用互联网平台向投资人公开发出融资申请，并承诺项目成功后向投资者提供产品、服务、股权或债权等作为回报。根据回报方式的不同，众筹可以划分为以下四种类型：

1.捐赠式众筹

捐赠式众筹也称为“公益众筹”，是指投资人通过众筹平台对特定项目捐赠款项或物品，不以取得回报或收益为目的的融资制度。捐赠式众筹多为非政府组织所采用，为教育、医疗、环境、社会扶助等公益项目吸引募捐。捐赠式众筹以小额募捐为主，具有公益性、无偿性的特点。

2.奖励式众筹

奖励式众筹也称为“回报式众筹”或“预购式众筹”，是指融资人在筹集款项时，投资人可获得非金融性奖励作为回报。在奖励式众筹中，投资人不取得财务性收益，而是获得一定的产品作为回报。奖励式众筹常用于创新技术产品、电影、音乐的融资。奖励式众筹的预购性特征体现为融资人通过众筹平台发布新产品或服务的信息，投资人如果对该产品或服务有兴趣，可以事先支付或预订，融资人因此将取得投资人的众筹款项并投入生产。

3.债权式众筹

债权式众筹是指融资人通过众筹平台发布有融资需求的项目，投资人在向融资人出借资金后获得一定比例的债权，融资人承诺在一定期限内给予投资人相应利息，并到期归还借款本金。在我国，债权式众筹的表现形式包括个体网络借贷和网络小额贷款。

4.股权式众筹

股权式众筹是指融资人向不特定的投资人出让融资项目一定比例的股份（份额），投资人支付对价后取得股权（份额）并享有相应权益的一种以非公开发行方式进行的股权融资模式。股权式众筹常见于初创企业或者中小企业的起步阶段，尤其在IT、通信、媒体等企业中应用广泛。

（二）股权众筹的运作流程

股权众筹平台目前主要存在“快速合投”与“领投＋跟投”两种融资模式。“快速合投”模式的特点是为合投设置了时间期限，即对每个融资项目都设置了一定的投资周期。“领投＋跟投”模式的特点在于拥有一定领域投资经验和风险承担能力的投资人通过股权众筹平台审核后，成为该融资项目的“领投人”。“领投人”利用自身的投资经验和投资知识，带领“跟投人”进行合投，领投人由此获得跟投人的利益分成以及项目方的股份奖励。无论是“快速合投”模式还是“领投＋跟投”模式，都需要遵循以下基本的运作流程。

1.投资者审核。平台审核投资人的真实身份和投资资质。其中，领投人不仅需要符合一般投资人的认证标准，还要求在某个领域具有丰富的投资经验和较强的风险承担能力。领投人负责对融资项目进行前期尽职调查并协助完成跟投融资。

2.项目审核。平台通过项目基本介绍、商业计划书和项目团队信息，对融资项目进行线上审核。

3.投资人和融资人达成投融资协议。平台通过线下活动，组织投资人和融资人进行线下项目展示和交流，促成投融资协议的达成。

4.有限合伙企业的成立。平台在项目融资成功后，依据领投人和跟投人的委托，代办有限合伙企业成立所需要的工商登记、税务登记、银行开户注资等相关手续。

二、股权众筹的法律关系

股权众筹涉及投资人、融资人和股权众筹平台等多个法律主体，涉及投资人与融资人、投资人与股权众筹平台、融资人与股权众筹平台、领投人与跟投人等多个不同的法律关系。

（一）投资人与融资人

在股权众筹融资中，依据设立的商事主体性质的不同，投资人与融资人之间分别成立股东法律关系和合伙法律关系。即当投资人与融资人设立的商事主体为有限责任公司或股份有限公司时，投资人通过让渡财产给融资人以换取公司股权，投资人与融资人之间成立股东法律关系。当投资人与融资人设立的商事主体为合伙企业时，投资人让渡财产给融资人而取得的是合伙企业的权益份额，投资人与融资人之间成立合伙法律关系。目前在实践中，我国股权众筹融资项目在落地时，多采用有限合伙企业的形式。

（二）投资人与股权众筹平台

股权众筹平台通过在平台上发布项目融资信息，为投资人提供订立合同的机会，促成投资人和融资人之间的投融资协议的达成，并收取一定比例的服务费。股权众筹平台为投融资协议的签订提供了中介服务，起到居间人的作用。因此，投资人与股权众筹平台之间成立居间合同法律关系。在实践中，部分股权众筹平台在项目融资成功后会继续跟进，为投资人创立的有限合伙企业（股份公司）提供服务。在这一阶段，股权众筹平台接受投资人的委托作为受托人，为实现有限合伙企业（股份公司）成立所需要的工商登记、税务登记、银行开户注资等相关手续提供服务。此时，投资人与股权众筹平台之间成立委托合同关系。

（三）融资人与股权众筹平台

股权众筹平台依据融资人的委托，将融资人的融资项目发布于平台上，为融资项目提供宣传并寻找投资人。平台此时为投融资双方提供了订立合同的机会，并从中收取一定比例的服务费。平台仅作为居间人促成投融资双方的投资意向的达成，不直接参与双方的交易过程。融资人与股权众筹平台之间成立居间合同法律关系。

（四）领投人与跟投人

领投人是存在于股权众筹融资中的合伙众筹模式下的特定主体。领投人作为对某一领域具有丰富投资经验和较强风险承担能力的投资者，负责对融资人发布的项目进行可行性分析、尽职调查、估值定价以及投后管理等工作，并向跟投人介绍融资项目，由跟投人自行决定跟投与否。当项目融资成功后，股权众筹平台线下代理投资人办理有限合伙企业的设立手续，依法成立有限合伙企业。其中，领投人作为普通合伙人直接参与合伙企业的经营管理，并对合伙企业的债务承担无限连带责任；跟投人作为有限合伙人，不负责投资管理，也不参与合伙企业的重大决策，仅以其出资额为限对合伙企业的债务承担责任。因此，领投人与跟投人之间根据合伙协议，成立合伙法律关系。

三、股权众筹的法律风险

股权众筹融资具有公开、小额、参与主体广泛的特征，涉及社会公共利益与经济金融安全。股权众筹融资属于新兴的社会融资形式，现行的法律法规存在立法的滞后性以及规制的模糊性，[①]导致股权众筹融资在发展过程中积累了不容忽视的法律风险。具言之，一是股权众筹与非法发行证券之间的界限较为模糊，二是股权众筹融资存在着合同诈骗风险，三是入资形式风险。

（一）股权众筹与非法发行证券的界限

股权众筹通过互联网平台实现投资人与融资人之间的股份交易，其过程类似于发行证券。因此，股权众筹融资是否违反《证券法》，取决于是否涉嫌公开发行，即是否面向"不特定对象"发行，或是否面向的特定对象的累计人数超过 200 人。[②]

①关于"不特定对象"的认定。"不特定"意味着投资人与融资人是没有联系的个人或单位。股权众筹通过互联网平台撮合投资人与融资人，由于互联网平台的公开性、开放性与交互性，股权众筹必然面临不特定的投资人。为了不违反《证券法》的规定，股权众筹通过实名认证等方式将不特定的投资人转化为特定的投资人。但特定性与不特定性的划分依旧模糊，这种形式意义上的身份转换具有一定的取巧性，并未彻底解决投资人来源于不特定多数人的现实问题。

②关于发行对象的人数限制。即便股权众筹面向的是特定对象，累计人数也不得超过 200 人。因此，股权众筹融资过程中还应严格限制投资人的人数。而股权众筹的实际投资人往往人数众多，为了规避 200 人的人数上限限制，出现了股权代持的做法。股权代持可能面临隐名股东的权益保护以及隐名股东投资目的合法性认定等风险。

（二）合同诈骗风险

由于在股权众筹融资中，投资人与融资人的资质审核都是由股权众筹平台按照平台设定的标准来单独完成，其直接后果就是造成了投资人与融资人关于融资项目的信息不

---

① 截至 2024 年 5 月，我国专门针对股权众筹融资的规范性文件仅有 2015 年 7 月中国人民银行联合十部委公布的《关于促进互联网金融健康发展的指导意见》和 2016 年 4 月中国证监会联合十五部门公布的《股权众筹风险专项整治工作实施方案》，尚未出台针对众筹融资的行政法规和部门规章。前述两项规范性文件存在效力层级低、规定较为模糊等不足，且多为应急性文件，难以满足全面规范股权众筹融资发展的要求。

② 《证券法》第 9 条规定："……未经依法注册，任何单位和个人不得公开发行证券。证券发行注册制的具体范围、实施步骤，由国务院规定。有下列情形之一的，为公开发行：(一)向不特定对象发行证券的；(二)向特定对象发行证券累计超过二百人，但依法实施员工持股计划的员工人数不计算在内；(三)法律、行政法规规定的其他发行行为。非公开发行证券，不得采用广告、公开劝诱和变相公开方式。"

对称。投资人很难真实、全面地了解融资项目（有限合伙企业）的运营情况，或者投资人支付的信息搜集成本过高。在目前通行的“领投＋跟投”模式下，如果领投人与融资人之间存在某种利益输送或者其他关联关系，二者达成某种损害跟投人利益的协议，将严重损害跟投人的合法权益。而跟投人很难发现领投人与融资人之间的非法协议，其利益受损后往往只能自认倒霉，将损失归于不可预期的投资风险。与此同时，平台往往会在其服务合同中设置某些免责条款，不对融资项目的真实性、可靠性负责，以此降低平台的审核责任，这也加大了投资人面临的合同诈骗风险。

（三）入资形式风险

为规避《证券法》第 9 条规定的“未经核准的单位和个人向特定对象发行证券累计不得超过 200 人”的人数限制，实务中股权众筹项目落地时多采用有限合伙企业的形式，平台通过对领投人和跟投人设置最低投资限额，将有限合伙企业的合伙人人数控制在 50 人以下，以此满足法律规定。领投人作为普通合伙人参与企业的日常经营管理，与跟投人作为有限合伙人，一般不参与日常经营事务的管理。这种制度设计天然地造成了领投人与跟投人对于有限合伙企业的信息不对称，最终影响跟投人的利益。同时，由于股权众筹融资主要通过平台的线上操作进行，投资人退出合伙企业时存在通知其他合伙人的及时性、合伙份额转让价格的认定等困难。

四、股权众筹的法律规制

（一）投资者适当性制度

股权众筹的显著特点在于投资门槛较低和广大普通投资者的广泛参与，小规模投资者成为股权众筹的投资主力群体。但广大普通投资者往往缺乏对股权众筹融资风险的必要的识别能力和承受能力。为保护投资者，必须在股权众筹中建立投资者适当性制度。如果不加区分地、机械性地对投资者进行分类并限制低水平投资者进入，则与股权众筹的小额普惠和广泛融资的性质相背离。因此，在构建股权众筹模式的投资者适当性制度时，应区分一般投资者与专业投资者，对投资者进行分类管理。参考国外股权众筹监管经验，各国的通行做法不是规定投资者的准入门槛，而是根据收入或者资产净额对投资者进行分类，限定一般投资者的投资限额，对专业投资者不作限制。例如，英国采用资产比例计算，将非成熟投资者的投资额限定在其净资产总额的 10％以内。也有采用绝对数额标准的，如加拿大几个省联合发布的众筹监管规则规定，投资者的单笔投资不得高于 2500 美元，年度投资总额不得超过 10000 美元。此外，美国采用的是综合标准，将投资绝对数额和与收入比例相结合。美国法律规定股权众筹投资者年收入少于 10 万美元的，其投资额不得超过 2000 美元或者年收入的 5％（取两者中较大者）；若投资者年收入等于或高于 10 万美元的，其投资额不得超过 10 万美元或者年收入的 10％。

我国在构建股权众筹的投资者适当性制度时，可根据投资水平、资金实力、风险识别能力、风险承受能力等指标，将投资者划分为一般投资者和专业投资者，对于一般投资者应设立相应的投资限额，对于专业投资者可以豁免相应的投资限额。在投资限额的设置上，可参考美国股权众筹投资者标准的经验，采取绝对数额与收入比例相结合的方式，规定一般投资者的最高投资额度。针对我国各地经济发展水平差异较大的现状，在投资限额的设置上，应结合各地区平均工资水平、消费水平、物价水平等因素，制定符合我国国情的股权众筹投资者适当性制度。

(二)融资人信息披露制度

信息披露的范围在本质上体现的是一国对股权众筹监管的宽严程度，监管部门必须在平衡投资者保护与资本形成的原则下，合理谨慎地确定信息披露义务的范围。一方面，股权众筹中的广大普通投资者缺乏有效的信息获取和分析能力，加之初创企业普遍缺少透明的信息披露，这就加剧了投资者和融资人之间的信息不对称以及投资者遭受欺诈的风险。另一方面，若信息披露要求过高，则又增加了实力薄弱的初创企业的合规成本，给本就资金紧张的初创企业造成更大的困难。过高的信息披露义务会加大融资人的成本，不利于初创企业的资本形成；过低的信息披露义务则会降低投资者对融资人的信任感，影响股权众筹融资的成功率。因此，股权众筹中的融资人信息披露义务应保持合理限度。

2012 年 4 月美国通过了《创业企业扶助法》(Jumpstart Our Business Startups Act，简称“JOBS 法案”)，其第三部分(Title III)是直接针对股权众筹的立法。JOBS 法案对发行人基于融资规模的不同，规定了差异化的财务信息披露要求：融资规模在 10 万美元以下的(包括 10 万美元)，发行人需要提供被执行官确认无误的上一会计年度的所得税申报表和未审计财务报表；融资规模在 10 万美元到 50 万美元(包括 50 万美元)之间的，发行人需要提供由独立会计师审核过的财务报表；融资规模在 50 万美元到 100 万美元(包括 100 万美元)之间的，应提供经审核的财务报表。此外，发行人还需向美国证券交易委员会、特定中介机构和投资人提供发行人信息、融资项目信息以及发行人财务报表。①

在借鉴域外经验的基础上，就我国股权众筹的融资人信息披露而言，可将披露信息分为强制披露信息和补充披露信息。其中，强制披露信息包括公司及项目基本情况、融资用途和资金使用计划，以及每月定期披露的公司经营情况，从而为投资人了解股权众筹项目的投资价值、作出正确投资决定打下基础。补充披露信息是融资人为了增进投资人对融资项目的了解而自愿披露的信息，包括但不限于可能影响投资人权益的经营变动信息、股权结构信息、公司董事和高管信息，以及其他投资人要求披露的信息。

(三)股权众筹平台的规范运作

1.投融资人审查制度

股权众筹平台通过建立投资人适当性制度，甄选合格的一般投资人和专业投资人进

---

① 发行人信息包括：发行人名称、法律状况、实体地址以及网址，董事人员、职员、大额投资者的名称，发行人的业务描述、商业计划和财务状况。融资项目信息包括：融资意图和对融资款项用途的描述、发行数量、融资截止日期、融资过程中的定期信息更新、发行证券的价格以及发行人的所有权和资本结构等信息。在每一轮众筹融资中，发行人必须每年都向 SEC 备案，为投资者提供财务报告和经营报告。此外，发行人发行证券后，必须在 120 天内向 SEC 提交上一年度的财务报表。

入股权众筹融资项目，确保投资人的收入水平、风险识别能力、风险承受能力和投资金额符合相应要求。对于融资人和融资项目的审核，股权众筹平台的审核范围包括但不限于融资人的基本信息核实、项目背景、公司高管和大股东信息、主营业务、公司财务状况等。平台对投融资人的审核为形式审查，并对审核标准进行严格把握。如果因为平台的主观过错导致投资人遭受不必要的损失，则应当追究平台的责任。

2.平台中立性

股权众筹平台作为中介机构，应保持自身的独立性，不得与投资人或融资人存在利益关系。平台不得为自身或关联方融资，不得对众筹项目提供对外担保或进行股份代持，不得对融资人进行广告宣传。平台应当通过建立内控制度等风险控制制度，防止内部员工与融资人形成利益关系或进行利益输送，确保股权众筹平台的中立性。

3.资金第三方存管

股权众筹平台应当选择符合条件的银行业金融机构作为资金存管机构，对客户资金进行管理和监督，实现客户资金与平台自身资金分账管理。客户资金存管账户应接受独立审计并向客户公开审计结果。

关于“全国首例众筹融资案”的延伸阅读，可扫描二维码阅读文字材料：

第四节　其他金融科技典型业态及法律制度

一、金融科技法律制度中的典型新技术

（一）区块链

区块链（blockchain）是一种按照时间顺序将数据区块以链条的方式组合成特定数据结构，并以密码学方式保证的不可篡改和不可伪造的去中心化共享总账。区块链具有去中心化、集体维护、时序数据、不可篡改等特点。去中心化和不可篡改是区块链最显著的特征。去中心化是指区块链数据的记账、存储、验证和传输等过程均是基于分布式系统结构，并采用纯数学方式而非中心机构来建立分布式节点间的信任关系。不可篡改是指区块链技术采用了非对称的密码学技术对数据进行加密，借助分布式系统各节点的工作量证明等共识算法来抵御外部攻击，保证了区块链数据不可篡改和不可伪造。

区块链技术是一种具有广泛适用性的底层技术框架，可以给政务服务、海关贸易、贸易支付、供应链金融、数据资产交易、金融基础设施等领域带来深刻变革。以区块链技术在政务服务中的应用为例，区块链可以优化电子印章、电子证照、电子档案、数字身份等基础应用，推动重点监管对象的标识信息、过程信息、检测信息等数据信息上“链”，实现数据的“链”上存储、流转和验证。

（二）智能合约

智能合约（smart contract）是由事件驱动的、具有状态的、运行在区块链之上的且能够根据预设条件自动处理资产的不可篡改程序。智能合约具有如下特点：（1）外观形式上表现为运行在区块链上的计算机代码；（2）依赖于可信的外部数据源作为触发智能合约的条件；（3）通过私钥代替签字、盖章；（4）智能合约以区块链为技术基础，不可篡改。智能合约作为一种嵌入式程序化合约，可以内置在任何区块链数据、交易、有形或无形资产上，形成可编程控制的软件定义的系统、市场和资产。

智能合约的应用范围十分广泛，不但为金融资产的发行、交易、管理提供了创新解决方案，而且能够在行政执法、合同管理等场景中得到应用。智能合约的运行原理如下：经参与缔约的各方签署后，智能合约通过网络传播和节点验证等环节被记入区块链的特定区块中；智能合约封装了预定义的若干状态、转换规则、触发合约执行的情景和特定情景下的应对行动；当区块链监控到外部数据源满足特定触发条件后，智能合约会被激活并自动执行合约。

二、互联网保险法律制度

（一）互联网保险的概念与模式

互联网保险是指保险公司或保险中介机构通过互联网为客户提供产品和服务信息，实现网上投保、承保、核保、保全和理赔等业务流程，并通过第三方机构实现保险相关费用电子化支付的一种新型保险业务模式。原银保监会颁布的《互联网保险业务监管办法》第2条规定，“互联网保险业务，是指保险机构依托互联网订立保险合同、提供保险服务的保险经营活动”。其中，保险机构是指经保险监督管理机构批准设立，并依法登记注册的保险公司（含相互保险组织和互联网保险公司）和保险中介机构；保险中介机构包括保险代理人（不含个人保险代理人）、保险经纪人、保险公估人；保险代理人（不含个人保险代理人）包括保险专业代理机构、银行类保险兼业代理机构和依法获得保险代理业务许可的互联网企业；保险专业中介机构包括保险专业代理机构、保险经纪人和保险公估人。①

自1997年11月新华人寿保险公司承保了国内第一份网络保单以来，互联网保险在实践中迎来了飞速发展。结合《互联网保险业务监管办法》的相关规定，根据经营主体的不同，互联网保险的业务模式可以分为以下两种类型。

1.保险机构自营保险业务

《互联网保险业务监管办法》中规定的保险机构包括保险公司和保险中介机构，与此相对应，保险机构自营网络平台模式可分为保险公司自营和保险中介机构自营两种模

① 参见《互联网保险业务监管办法》第2条。

式。保险公司自营网络平台就是一般意义上的保险公司自建的网站直销模式。在这种模式下，保险公司利用互联网技术和网站平台，直接在线与投保人订立保险合同，其保险产品主要就是传统的财产保险产品和人身保险产品。保险公司自营网络平台的优势在于，可以利用网站平台、电子合同等技术手段，突破传统线下保险销售渠道的物理空间、时间限制，有效节约营销和服务成本。此模式的典型代表有平安保险商城和泰康在线。保险中介机构自营网络平台是指保险中介机构自建网站平台，从事保险的代理、经纪和公估等业务。此时，保险中介机构充当保险公司的代理人，代为销售保险产品，并在保险公司的授权范围内代为办理保险业务或者为投保人与保险人订立保险合同提供中介服务。中民保险网、慧择保险网是这种模式的典型代表。

在保险机构自营保险业务中，互联网保险公司的业务活动具有一定的特殊性。互联网保险公司是指为促进保险业务与互联网、大数据等新技术融合创新，经保险监督管理机构专门批准设立并依法登记注册，不设分支机构，在全国范围内专门开展互联网保险业务的保险公司。互联网保险公司不得线下销售保险产品，不得通过其他保险机构线下销售保险产品。①

2.互联网企业代理保险业务

互联网企业代理保险业务是指互联网企业利用自营网络平台代理销售互联网保险产品、提供保险服务的经营活动。互联网企业代理保险业务应获得经营保险代理业务许可。互联网企业可根据保险公司或保险专业中介机构的委托代理保险业务，不得将互联网保险业务委托给其他机构或个人。互联网企业代理保险业务，应与自身业务进行有效的业务隔离；规范开展营销宣传，清晰提示保险产品与其他产品和服务的区别；建立支持互联网保险业务运营的信息管理系统和核心业务系统，并与其他无关的信息系统有效隔离；具有完善的边界防护、入侵检测、数据保护以及灾难恢复等网络安全防护手段和管理体系；符合国家金融监督管理总局规定的其他要求。②

（二）互联网保险的法律关系

当前国内互联网保险业务模式主要涉及投保人、保险公司、保险专业中介机构、第三方网络平台和第三方支付平台。各主体间主要通过合同、协议的方式建立法律关系。其中，互联网保险参与主体间最主要的是以下几种法律关系：投保人与保险公司之间的保险合同法律关系，保险公司与保险专业中介机构之间的委托代理法律关系，投保人、保险公司与第三方网络平台之间的居间合同法律关系，投保人、保险机构、第三方网络平台与第三方支付平台之间的服务合同法律关系。

1.投保人与保险公司之间的保险合同法律关系

无论互联网保险的业务模式如何进行创新，投保人与保险公司之间的保险合同关系永远是互联网保险业务中最基本的法律关系。互联网保险合同是投保人与保险公司约

① 参见《互联网保险业务监管办法》第 47 条。

② 参见《互联网保险业务监管办法》第 70 条。

定保险权利义务关系的协议。投保人通过履行支付保费的义务获得保险合同的保障，在保险事故发生时被保险人享有请求支付保险金的权利。保险公司作为保险人，享有收取保费的权利，在保险事故发生时须履行给付保险金的义务。

2.保险公司与保险专业中介机构之间的委托代理法律关系

保险专业中介机构是指经营区域不限于注册地所在省、自治区、直辖市的保险专业代理公司、保险经纪公司和保险公估机构，它扮演了保险公司的保险代理人和保险经纪人的角色。[①] 作为中介机构，其根据保险公司的委托代为办理保险业务，并向保险公司收取佣金。因此，两者构成委托代理法律关系。

3.投保人、保险公司与第三方网络平台之间的居间合同法律关系

居间合同是居间人向委托人报告订立合同的机会或者提供订立合同的媒介服务，委托人支付报酬的合同。在实践中，第三方网络平台并没有直接参与到投保人与保险公司订立保险合同的法律关系之中，第三方网络平台主要提供"网络技术支持辅助服务"，即对互联网保险的销售、承保、核保、理赔、退保、投诉处理等提供了介绍、协助性的中介服务。第三方网络平台促成投保人与保险公司签订保险合同，可向保险公司收取佣金。虽然大多数第三方网络平台仅向保险公司而未向投保人收取佣金，但从本质上看，第三方网络平台只是将本应向投保人收取的佣金转嫁到保险公司身上，即保险公司为投保人代付。因此，此处成立投保人与第三方网络平台之间的居间合同法律关系，以及保险公司与第三方网络平台之间的居间合同法律关系。

4.投保人、保险机构、第三方网络平台与第三方支付平台之间的服务合同法律关系

投保人交付的保险费应直接转账至保险机构的保费收入专用账户，第三方网络平台不得代收保险费并进行转支付。保费收入专用账户包括保险机构依法在第三方支付平台开设的专用账户。第三方支付平台通过接入银行网关支付，为投保人、保险机构和第三方网络平台提供了资金流转的服务，并收取相应的支付费用。因此，投保人、保险机构、第三方网络平台与第三方支付平台之间成立服务合同法律关系。

（三）互联网保险合同的特殊性

1.保险合同成立与生效的法律标准

互联网保险通过线上无纸化的电子合同取代传统的纸质文本，在提高保险销售效率、便利消费者购买保险产品的同时，也给保险实务带来了相应的问题，即互联网保险能否适用合同成立的一般性标准来认定保险合同的成立与生效？对此，学界现有观点包括：一是保险合同应当自保险公司收到保费之时成立和生效的收费说；二是投保人按照签约步骤和操作流程完成操作过程，直到最终点击"同意"键或者将自助保险卡在互联网系统上激活时是保险合同成立和生效标志的激活说；三是主要针对电子保单范围内适用

---

① 《保险法》第 117 条规定："保险代理人是根据保险人的委托，向保险人收取佣金，并在保险人授权的范围内代为办理保险业务的机构或者个人。保险代理机构包括专门从事保险代理业务的保险专业代理机构和兼营保险代理业务的保险兼业代理机构。"《保险法》第 118 条规定："保险经纪人是基于投保人的利益，为投保人与保险人订立保险合同提供中介服务，并依法收取佣金的机构。"

的自助保险卡模式，提出预约与本约说和买卖说。

互联网保险合同成立与生效的法律标准，应以《民法典》有关合同成立与生效的一般法律标准为基础。其中，保险公司将写有格式化条款的标准格式合同通过互联网向不特定社会公众予以公开宣传、销售的行为，属于保险公司向社会公众发出订立互联网保险合同的要约；投保人在经过自主比较、选择后，按照保险公司投保系统的操作流程进行操作的行为，则构成订立互联网保险合同的承诺；当投保人提交的投保单进入保险公司的接收系统之时，便为该承诺的生效，此时保险合同成立并生效。

2.投保人身份认定的法律标准

互联网保险的一大特点在于投保人和保险人无须经过传统保险合同"面对面"订立的环节，而是利用网络操作即可完成合同的订立。因此，在互联网终端上进行投保操作的人与实际的投保人有可能不是同一人，这给投保人和被保险人的身份认定带来了不确定性。例如，某单位通过网上操作系统以自身名义代替赴外地出差的员工投保航空意外险，并由员工支付保险费。此时，认定投保人和被保险人身份存在争议，即一种观点认为单位是投保人，员工是被保险人；另一种观点认为单位是代理人，员工是投保人和被保险人。根据保险法的基本原理，投保人应是表达真实投保的意思，实施投保行为并履行缴纳保险费义务的人。投保行为不能简单等同于实施了网络操作，而应理解为真实表达投保的意思表示。因此在互联网保险中，当网络实际操作人和表达投保意思的人不是同一人时，此时的投保人只能是表达真实投保意思的人，网络实际操作人应当认定为代理人或协助人。在上例中，员工是投保人和被保险人，单位则应属于代理人。

三、监管沙盒法律制度

（一）监管沙盒的内涵

沙盒的本意是指一个装满沙子的盒子，人们可以在沙盒里随意写字、画画或者做模型，最后把沙子铺平，沙盒又会恢复到最初的平整状态而不会对沙盒之外的环境造成破坏。沙盒原理在计算机技术中得到了广泛应用。计算机系统通过限制应用程序的代码访问权限，为某些来源不可信、可能会造成系统损坏或者无法判定意图的程序提供试验环境（虚拟的沙盒），让这些可疑的程序在沙盒里充分运行，沙盒通过记录这些程序的运行状态和结果来判断程序是否有害。如果遇到有害程序（如计算机病毒），沙盒将把该程序清除，而不会对计算机系统造成损害。

监管沙盒最早由英国金融行为监管局在2015年提出。根据英国FCA的政策，监管沙盒是指允许企业在一个监管政策适度松绑的安全环境中进行产品和服务的创新，并且不会因为实施创新行为而承受不利的监管后果。监管沙盒是金融科技时代的监管创新，通过设置一个内嵌于真实市场的"安全空间"，在申请测试主体的要求、测试项目的要求、测试流程等方面作出特殊规定，对那些具有良好发展潜力但现阶段无法完全满足合规要求的金融创新产品（业务）进行试验，进而根据测试结果决定是否将测试项目推向市场。

目前监管沙盒得到了全球主流监管机构的普遍认可，英国、美国、澳大利亚、新加坡等国家和中国香港等地区已开展具有各自特色的应用实践。我国于 2019 年 12 月开始在北京进行监管沙盒试点，截至 2020 年年底，监管沙盒试点范围已扩大到上海、广州、深圳、重庆、杭州、苏州等 9 个试点城市，合计达 70 个创新应用。2021 年 9 月，北京与深圳率先完成了首批金融科技创新监管试点项目的测试工作，并有多个创新应用顺利“出箱”并投入实际应用。

在制度设计上，监管沙盒为金融科技创新在特定时空范围内降低准入门槛，减少监管限制。在这样一个可控范围内，金融科技带来的创新活动不会对现有金融监管制度造成冲击，相反还可以作为试验田，为克服相关法律的滞后性提供合适的制度安排。在监管沙盒中，监管部门可以在风险可控的前提下甄选真正的金融创新科技，深入了解金融科技公司的创新需求，并与金融科技公司保持全程沟通交流，在沙盒测试中接受金融消费者对金融科技创新的反馈，实现了公私主体平等协商的良性互动。与管制性的监管手段相比，监管沙盒更加注重各参与主体利益的平衡，它建立在平等沟通、充分协调的基础上，对测试规则和科技创新展开微观层面的试验。

（二）我国监管沙盒的运行机制

中国版“监管沙盒”——金融科技创新监管工具由中国人民银行主导设计，囊括了对交易主体身份识别、行为监管、压力测试、数据合规等内容。2020 年 10 月，中国人民银行正式发布《金融科技创新应用测试规范》(JR/T 0198—2020)、《金融科技创新安全通用规范》(JR/T 0199—2020)、《金融科技创新风险监控规范》(JR/T 0200—2020)3 项行业标准，为金融科技创新应用的测试提供了依据。

1.安全管理机制

(1)事前审核。监管沙盒对创新应用的事前审核以业务合规为前提，以技术安全为保障。其中，以业务合规为前提是指监管沙盒通过内部机构审计、外部专业评估、征求管理部门意见等方式，确保金融创新不突破法律法规、部门规章、规范性文件的红线要求，严防以“创新”为名突破行业规则的虚假创新。以技术安全为保障是指监管沙盒对照创新安全通用规范、个人金融信息保护规范等金融行业标准进行评估，严防存在技术漏洞和风险隐患的应用参与测试。

(2)事中监控。监管沙盒通过提取风险特征信息，将风险归类分级，形成风险数据仓库，并利用模型分析、专家评议等方式，准确评估风险影响范围和危害程度，及时发现风险趋势与潜在隐患。

(3)事后评价。监管沙盒采用自测自评、外部评估、第三方审计、专家论证等方式，从创新价值、服务质量、合法合规、数据安全、风险防控等方面，对提出申请结束测试的创新应用进行综合评价，评估创新应用是否履行声明书承诺和落实监管要求。

2.创新服务机制

(1)金融科技创新辅导。金融监管机构的辅导团队与申请机构保持深度交流，从合规性、风险防控、消费者权益保护等方面进行辅导。对于基础较好的，辅导其完善申报材料；对于存在重大问题的，支持其更换选题。申请周期视项目自身情况的不同而存在差异，符合条件的项目最终均可进入沙盒进行测试。

(2)构建创新试错容错空间。监管沙盒构建具有“容错”能力的测试空间，在严防创新风险外溢的基础上，支持市场主体在真实市场环境中对创新应用的理论原理、技术模型、业务模式进行完整业务链条实践与测试。监管沙盒与传统金融监管最大的不同之处就在于它构建了必要的容错空间，在这一范围内，创新企业可以大胆地结合金融科技的最新成果对金融产品和服务进行改造。

(3)搭建政产用对接平台。监管沙盒发挥缩小版真实场景的优势，形成“一端连市场、一端连政府、一端连用户”的对接平台。在产用对接方面，经验交流、案例分享、联合攻关、同业合作等方式推动了金融机构与科技公司加强对接协作，实现金融机构应用需求与科技公司产品供给的匹配。在政企协同方面，金融监管机构与市场主体之间通过会议研讨、辅导交流、窗口指导等方式进行互动，引导金融科技的安全应用。在供需撮合方面，监管沙盒通过信息披露、投诉监督等措施，帮助金融消费者提出意见建议，创新主体也能更好地掌握用户需求。

3.信息披露机制

(1)信息披露载体。一是声明书。其内容主要包含创新应用基本信息、服务信息、创新性说明、评估报告、风险防控、投诉响应等要素。二是服务协议书。作为用户明示的载体，其主要包含创新应用功能服务、权责关系、风险补偿、数据授权等信息。金融消费者可通过服务协议书全面了解创新应用的功能实质，在充分知情的前提下接受金融服务。

(2)信息披露方法。一是公示。申请机构通过声明书向社会公众公开创新应用要素信息，使用户及时了解创新真实情况，识别潜在风险并提出改进意见。二是登记。申请机构按要求向金融监管部门登记创新应用信息。三是自声明。申请机构通过官方网站、实体网点等线上线下渠道对创新应用进行自声明，并就自声明内容的真实性、准确性和完整性向社会公众作出承诺。四是用户明示。在用户使用金融服务前，申请机构通过服务协议书明确告知用户创新应用的相关要素信息。

4.权益保护机制

(1)知情与自主选择权。申请机构应通过公示、自声明、用户明示等多种方式进行创新声明，提升披露信息的可得性。申请机构需要确保声明内容的真实性与完整性，如果申请机构自我披露的信息不实或含有不当的误导性内容，申请机构应当就其内容承担相应的法律责任。

(2)信息安全权。申请机构在采集数据时，应通过授权协议等方式明示采集用户数据的行为、使用目的、方式以及范围，获取用户授权后方可采集。在数据存储时，申请机构应当综合运用加密存储、访问控制、安全审计等措施，强化数据安全与隐私保护能力，降低数据泄露风险。在数据使用时，申请机构应建立数据可信共享与融合应用机制，在不归集、不共享原始数据的前提下，仅向外提供脱敏后计算结果。在服务退出时，申请机构应按照国家及金融行业相关规范要求做好数据清理与隐私保护的后续工作。

(3)财产安全和依法求偿权。在财产保护方面,申请机构应完善资金安全管理机制,丰富风险防范手段;在依法求偿方面,申请机构应明确风险责任认定方式,设立消费者快速赔付渠道,配套风险拨备资金、保险计划等补偿措施。

(4)监督建议权。一是机构投诉。申请主体作为处理投诉建议的责任主体,通过线上线下渠道向公众公开投诉方式和处理机制,在时限内对社会公众投诉建议进行处理反馈。二是自律投诉。行业自律组织建立健全自律投诉机制,密切跟进被投诉机构的投诉意见处理进展,并视情况组织调解。三是落实政府监督。对行业自律组织调解失败的,金融消费者可向金融监管部门提出申诉,金融监管部门应及时进行调查、核实和反馈。

(三)我国监管沙盒的测试流程

我国监管沙盒的测试流程主要包括测试声明、测试运行、测试评估和测试退出等阶段,如图 10-2 所示。

在测试声明阶段,申请机构应采用公示、登记、自声明、用户明示等声明形式,对创新应用的基本信息、服务信息、合法合规性评估、技术安全性评估、风险防控措施和投诉响应机制等内容进行真实准确、简洁易懂的公开声明。

在测试运行阶段,金融科技自律组织按照中国人民银行发布的《金融科技创新风险监控规范》(JR/T 0200—2020)的要求,利用金融科技创新管理服务平台持续动态监测创新应用的运行状况,并定期向测试管理部门报告风险监控情况。同时,申请机构应将创新测试期间的重要事件、操作记录、系统日记等及时报送自律组织。

在测试评估阶段,测试机构采取自测自评、外部安全评估、第三方审计、专家论证等手段对创新应用进行评估。若测试成功,涉及金融服务的创新应用在报测试管理部门后,由出台管理细则的金融管理部门负责日常管理;创新应用涉及的科技产品在报测试管理部门后,可视情况在金融领域推广应用。

在测试退出阶段,申请机构应在停止服务前,至少提前 15 个工作日提出创新应用的退出申请。金融科技自律组织从保护金融消费者合法权益和维护金融稳定等方面进行综合评估之后,将评估结果报测试管理部门反馈给申请机构。申请机构应按照测试声明中的退出方案执行退出程序。

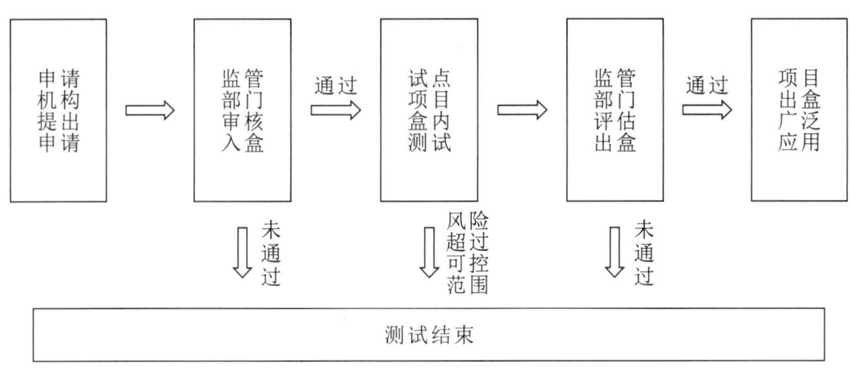

图 10-2　监管沙盒测试流程示意图

本章小测

一、案例分析(扫码开始测试)

二、主观题

1.简述数字人民币的设计特性。

2.简述监管沙盒的测试流程。

第十一章　涉外金融法

思维导图

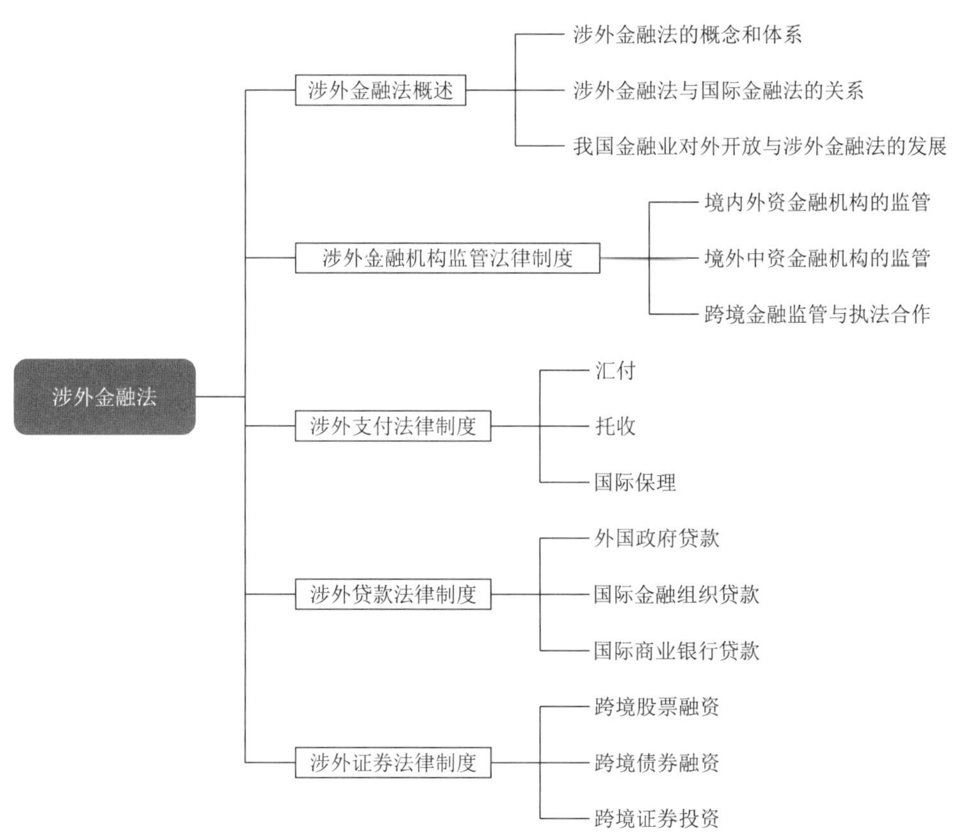

伴随着对外贸易的兴起，跨境支付、跨境融资等涉外金融活动应运而生并不断拓展。涉外金融活动所带来的跨境资金流通必然会给一国金融市场造成冲击和影响，所以各国普遍对涉外金融活动加以干预。由此，涉外金融法逐步产生并被日益重视。在当前我国加快建设金融强国的进程中，习近平总书记统筹国内国际两个大局，强调“要通过扩大对外开放，提高我国金融资源配置效率和能力，增强国际竞争力和规则影响力”。[①] 相应的，我国的涉外金融法作为整体金融制度的一个重要组成部分，正在蓬勃发展之中。

第一节　涉外金融法概述

一、涉外金融法的概念和体系

（一）涉外金融法的概念

涉外金融法是调整在涉外金融活动中发生的社会关系的法律规范的总称。简单地说，涉外金融法是调整涉外金融关系的法律规范的总称。

从上述定义中可以看出，涉外金融法的调整对象是涉外金融关系。所谓涉外金融关系，是具有涉外因素的金融关系。这里的“涉外因素”是指金融活动中的主体、交易标的和地域范围等因素中的一个或多个具有涉外性。[②] 例如，一家外国银行在我国境内设立外资银行以开展有关的人民币业务和外汇业务，我国企业为筹集生产经营资金而在境外发行外币债券，我国企业赴境外证券市场发行上市，以及境内基金管理公司投资境外的证券市场，等等。

（二）涉外金融法体系

涉外金融法体系，是指各类涉外金融法规范所构成的和谐统一的整体。一般而言，由于国家干预涉外金融活动所引发的涉外金融关系，主要包括两类：一是涉外金融监管关系，二是涉外金融交易关系。由此，涉外金融法的体系可以分为调整涉外金融监管关系的涉外金融监管法和调整涉外金融交易关系的涉外金融交易法两大部分。

其中，在涉外金融监管法方面，本章有关内容主要涉及涉外金融机构的准入和退出、业务范围、监督检查，以及跨境监管合作等。

在涉外金融交易法方面，一般认为，金融交易包括三种基本类型：一是支付（payment），即从一方向另一方转移价值的方式，包括相互交换货币的外汇交易；二是信贷（credit），即贷款方向借款方提供资金，并有权收回本金和取得事先约定的利息，包括

---

① 《习近平在省部级主要领导干部推动金融高质量发展专题研讨班开班式上发表重要讲话》，https://www.news.cn/politics/leaders/20240116/4c19ff40fb9246afa1370a33a9b04757/c.html，最后访问日期：2025 年 1 月 16 日。

② 唐应茂：《国际金融法：跨境融资和法律规制》，北京大学出版社 2020 年第 2 版，第 6 页。

贷款和债券;三是股权投资(equity),即资金融出方/投资者的收益取决于融入方/证券发行人的经营业绩。[①] 其中,债券和股权投资都属于证券业务。所以,相应的,涉外金融交易法主要包括涉外支付、涉外贷款、涉外证券等相关法律制度。

二、涉外金融法与国际金融法的关系

欲厘清涉外金融法与国际金融法的关系,需要首先说明一下国内金融法与国际金融法之间的关系。

在逻辑层级上,与国际金融法相对应的是国内金融法,二者的划分标准是所调整的金融关系是否具有国际性。显然,国内金融法调整的是国内金融关系,而国际金融法调整的是国际金融关系。需要强调的是,这两类金融关系所分别依托的国内金融活动和国际金融活动在历史上并不是同时出现的。具体而言,金融市场与其他市场一样,发端于国内,即在这种纯国内的金融市场上,资金盈余者、资金短缺者、金融中介机构以及所使用的货币都带有一国属性。由此,依托这种国内金融活动而产生的金融关系是由国内金融法所调整的。但随着各国间联系的增强以及国家间发展的不同步,出现了国际资金供求不平衡现象,于是国际资金融通和国际金融市场出现了。不过,与国内金融市场相比,这种国际金融市场只是渗入了某些涉外因素,所以可被称为涉外金融市场或者传统的国际金融市场,其实质是一国金融市场的延伸。由此,依托这种涉外金融活动或者说传统的国际金融活动而产生的金融关系是由涉外金融法所调整的。接下来,随着金融市场的进一步拓展,出现了资金盈余者与资金短缺者均与市场所在国脱钩,且为双方提供媒介服务的金融机构国际化的情形。于是,在 20 世纪 50、60 年代,离岸金融市场出现了。由此,依托这种离岸金融活动或者说现代的国际金融活动而产生的金融关系是由离岸金融法所调整的。[②]

综上所述,在产生时间上,国内金融法一般要早于国际金融法,而在国际金融法内部,涉外金融法要早于离岸金融法。相应的,在体系结构上,涉外金融法属于国际金融法的一部分,其性质是传统的国际金融法。

三、我国金融业对外开放与涉外金融法的发展

历史地来看,我国涉外金融法的发展与金融业的对外开放进程密切相关。改革开放后,尤其是加入世界贸易组织以来,我国金融业对外开放程度日益提高。为了规范对外金融交往,维护本国的国际信誉和金融安全,促进公平竞争以及保护金融交易当事人的合法权益,我国先后颁布了一批重要的涉外金融法律法规。[③]

(一)“入世”后至党的十八大前的金融业对外开放与涉外金融法发展

2001 年 12 月,我国正式加入世界贸易组织。为了兑现入世承诺,我国开启了全方位

---

① 黄东黎主编:《国际经济法》,社会科学文献出版社 2006 年版,第 411 页。

② 韩龙:《金融法与国际金融法前沿问题》,清华大学出版社 2018 年版,第 339～340 页。

③ 朱崇实、刘志云主编:《金融法》,法律出版社 2022 年第 5 版,第 334 页。

的对外开放进程。具体到金融行业，我国需要履行《服务贸易总协定》(GATS)[①]中所规定的一般义务和特定义务。

一方面，GATS 中的一般义务是指各成员方在各服务部门均应统一予以实施，遵循以下原则：一是最惠国待遇原则，其实质是要求成员方平等地对待其他所有的成员方。与货物贸易中的最惠国待遇不同，服务贸易中的最惠国待遇不但给予服务本身，而且给予服务提供者；二是透明度原则，如除非在紧急情况下，每一成员方应迅速将所有涉及或影响协定实施的有关措施，最迟在它们生效之前予以公布；三是发展中国家成员更多参与的原则。各成员方应通过承担特定义务的协商，促使发展中国家成员在世界服务贸易中有更多的参与。另一方面，GATS 中的特定义务是指各成员方在市场准入和国民待遇方面，根据其具体承诺(包括部门、条件、限制)所承担的义务。具言之，一是市场准入。每一成员方在市场准入方面给予其他成员方的服务和服务提供者的待遇，应不低于其承担特定义务计划表中所同意和规定的期限、限制和条件。二是国民待遇。每一成员方在其承担特定义务计划表所列的部门，依照表内所述各种条件和限制，给予其他成员方的服务和服务提供者的待遇，就影响服务提供的所有措施而言，应不低于它给予本国相同的服务和服务提供者的待遇。[②]

对于上述相关义务，我国予以坚定履行，从而不断提高了金融业对外开放水平。这集中体现为一系列涉外金融法律法规的颁布或修改，具体而言：

(1)在银行业方面，自加入世界贸易组织之日起，我国就取消了外资银行办理外汇业务的地域和客户限制，允许外资银行经营对中国企业和中国居民的外汇业务以及在上海、深圳、天津和大连四个城市向外资银行开放人民币业务；为了适应对外开放和经济发展的需要，加强和完善对外资金融机构的管理，2001 年 12 月国务院颁布了修订后的《外资金融机构管理条例》以及 2002 年 1 月中国人民银行颁布了修订后的《外资金融机构管理条例实施细则》；自 2003 年起，外资金融机构经营人民币业务的地域范围逐年扩大；2003 年 12 月原中国银监会颁布了《境外金融机构投资入股中资金融机构管理办法》，降低了对外资金融机构资产总额和营运资本金的要求，以鼓励外资金融机构入股中资金融机构；2006 年 11 月国务院和原中国银监会分别颁布了《外资银行管理条例》和《外资银行管理条例实施细则》，从而按照入世承诺，我国自 2006 年 12 月 11 日起取消了对外资银行经营人民币业务的地域和客户限制，由此外资法人银行可以全面经营外汇和人民币业务，以及取消了对外资银行在华经营的非审慎性限制，在承诺和审慎监管的框架下，对外资银行实行国民待遇。[③] 此后几年，外资银行的经营范围进一步扩大，如允许外资法人银行发行银行卡、允许符合条件的外资法人银行开办国债承销业务和发行人民币金融债等。

---

① 1994 年 4 月签署于摩洛哥马拉喀什的《服务贸易总协定》是世界贸易组织管辖下的“一揽子”协议之一。它是乌拉圭回合多边贸易谈判的结果，于 1995 年 1 月正式生效。

② 朱崇实、刘志云主编：《金融法》，法律出版社 2022 年第 5 版，第 335～336 页。

③ 王广谦主编：《中国经济改革 30 年 · 金融改革卷》，重庆大学出版社 2008 年版，第 46 页。

(2)在保险业方面,按照入世承诺,我国需要取消对外资保险机构的设立数量限制,并在过渡期内逐步取消地域范围、持股比例和业务范围等限制。为此,2001年12月国务院颁布了《外资保险公司管理条例》,对外资保险公司的设立条件、业务范围、监督管理、终止与清算和法律责任等作了明确规定;2003年年末,取消了对外资非寿险公司在华设立机构形式的限制,以及向外资非寿险公司开放所有业务;2004年年末,取消了外资保险公司机构设立的地域限制;2004年年末开始,除有关法定保险业务外,向外资参股/合资寿险公司开放所有业务,并在2005年年末取消法定分保;2004年5月原中国保监会颁布了《外资保险公司管理条例实施细则》,其中规定了外资在寿险公司中的持股比例不超过50%等内容。[①]

(3)在证券业方面,由于市场成熟度不高、抗风险能力有限和外汇管制等原因,我国证券业的对外开放在整个金融服务业中是最为谨慎的。入世后,基于开放承诺,我国证券业的对外开放逐步地予以推进。2002年6月,中国证监会颁布了《外资参股证券公司设立规则》,对证券公司外资持股比例和经营范围等作出明确规定,同月又颁布了《外资参股基金管理公司设立规则》,对合资基金管理公司的境外股东和参股比例等作出明确规定;2002年11月中国证监会和中国人民银行联合颁布了《合格境外投资者境内证券投资管理暂行办法》,开始试点实施合格境外机构投资者(QFII)制度,并在2006年8月正式建立QFII制度;2004年9月,中国证监会颁布了《证券投资基金管理公司管理办法》,其中规定合资基金管理公司的外资比例不得超过49%;2007年11月,商务部等部委颁布了《外资投资产业指导目录(修订)》,明确自2007年12月1日起外资可以投资期货公司;2011年12月,中国证监会、中国人民银行和国家外汇管理局联合颁布了《基金管理公司、证券公司人民币合格境外机构投资者境内证券投资试点办法》,正式启动人民币合格境外机构投资者(RQFII)试点工作。[②]

(二)党的十八大以来的金融业对外开放与涉外金融法发展

党的十八大以来,我国持续推进金融业对外开放,双向开放的金融体系加速成形。“凡属重大改革要于法有据”,一系列涉外金融法律法规的颁布有力支撑了我国金融业高水平对外开放和高质量发展。

(1)在银行业方面,2013年8月,内地与香港签署《内地与香港关于建立更紧密经贸关系的安排》补充协议十,与澳门签署《内地与澳门关于建立更紧密经贸关系的安排》补充协议十。两份协议中分别允许香港、澳门的银行在内地设立的营业性机构,经批准可以经营港资、澳资企业人民币业务;2014年11月,国务院公布了《关于修改〈中华人民共和国外资银行管理条例〉的决定》,其中对外商独资银行、中外合资银行在中国境内设立的分行,不再规定其总行无偿拨给营运资金的最低限额,以及不再将已经在中国境内设立代表处作为外国银行(外国金融机构)在中国境内设立外商独资银行、中外合资银行,

① 朱隽主编:《金融业开放和参与全球治理》,中国金融出版社2018年版,第4、7页。

② 徐明:《中国资本市场概论》,中国金融出版社2023年版,第102～105页。

以及外国银行在中国境内初次设立分行的条件；2015 年 2 月，原中国银监会办公厅印发了《关于外资银行在银行间债券市场投资和交易企业债券有关事项的通知》，允许外资银行参与银行间债券市场企业债券的投资和交易；2017 年 6 月，国务院办公厅发布了《自由贸易试验区外商投资准入特别管理措施（负面清单）（2017 年版）》，涉及银行、保险和资本市场等多个领域，为上海发布金融服务业对外开放负面清单指引提供了准绳和基础；2018 年以来，按照党中央、国务院的决策部署，银行业监管部门推动落实了以下对外开放措施，如取消对中资银行和金融资产管理公司的外资持股比例限制，实施内外一致的股权投资比例规则；允许外国银行在中国境内同时设有子行和分行；全面取消外资银行申请人民币业务需满足开业 1 年的等待期要求；允许外国银行分行从事代理发行、代理兑付、承销政府债券业务；基本实现业务范围中外一致；等等。

（2）在保险业方面，2013 年 8 月，内地与香港签署《内地与香港关于建立更紧密经贸关系的安排》补充协议十，与澳门签署《内地与澳门关于建立更紧密经贸关系的安排》补充协议十。两份协议中分别积极支持符合资格的香港、澳门保险业者参与经营内地交通事故责任强制保险业务；2018 年以来，保险业对外开放按下“快进键”，按照党中央、国务院的决策部署，国务院及其保险业监管部门相继修订或颁布了《外资保险公司管理条例》《外资保险公司管理条例实施细则》《关于明确取消合资寿险公司外资股比限制时点的通知》《关于明确保险中介市场对外开放有关措施的通知》等法规或规章，推动落实了以下对外开放措施，如在全国范围内取消外资保险机构设立前需开设 2 年代表处的要求；允许符合条件的境外投资者来华经营保险代理业务和保险公估业务；放开外资保险经纪公司经营范围，与中资一致；取消对外资人身险公司外方股比的限制；允许境外金融机构入股在华外资保险公司；取消外国保险经纪公司在华经营保险经纪业务需满足 30 年经营年限、总资产不少于 2 亿美元的要求；允许外国保险集团公司投资设立保险类机构；允许境内外资保险集团公司参照中资保险集团公司资质要求发起设立保险类机构；等等。

（3）在证券业方面，2012 年 12 月，中国证监会颁布了《关于股份有限公司境外发行股票和上市申报文件及审核程序的监管指引》，取消境外上市关于企业规模、盈利及筹资额等财务门槛限制，并大幅精简申报文件和审核程序；2013 年 3 月，中国证监会颁布了《人民币合格境外机构投资者境内证券投资试点办法》和《关于实施〈人民币合格境外机构投资者境内证券投资试点办法〉的规定》，扩大人民币合格境外投资者（RQFII）的试点机构类型、放宽投资范围限制以及简化申请文件；2014 年 4 月，中国证监会、香港证监会决定原则批准上交所、香港联交所、中国结算和香港结算开展沪港股票市场交易互联互通机制试点；2015 年 10 月，上海市人民政府与中国人民银行、中国证监会等部委联合发布了《进一步推进中国（上海）自由贸易试验区金融开放创新试点　加快上海国际金融中心建设方案》，内容包括在自贸试验区内进行人民币资本项目可兑换的先行先试、进一步扩大人民币跨境使用、对接国际高标准经贸规则，探索金融服务业对外资实行准入前国民待遇加负面清单管理模式等；2016 年 11 月，中国证监会和香港证监会决定批准深圳证券交易所、香港联交所、中国结算和香港结算正式启动“深港通”；2017 年 7 月，中国证监会对外公布进一步优化境外再融资审核制度，以便提高 H 股公司融资效率；2018 年 4 月，中国证监会颁布了《外商投资证券公司管理办法》，允许外资持股比例放宽至51%，逐步放开合资证券公司业务范围；2019年6月，中国证监会和英国金融行为监管局发布联合公告，并签署《上海与伦敦市场互联互通机制监管合作谅解备忘录》，正式启动了“沪伦通”；2020年7月，中国证监会与原中国银保监会联合修订发布了《证券投资基金托管业务管理办法》，允许符合条件的外国银行在华分行和子行申请基金托管资格；2021年10月，中国证监会发布了《关于合格境外机构投资者和人民币合格境外机构投资者参与金融衍生品交易的公告》，新增允许合格境外投资者交易商品期货、商品期权、股指期权等品种；2022年2月，中国证监会发布了《境内外证券交易所互联互通存托凭证业务监管规定》，以进一步便利跨境投融资、促进要素资源的全球化配置；等等。

第二节　涉外金融机构监管法律制度

一般而言，涉外金融机构包括两类：一是境外金融机构在我国境内设立的各类外资金融机构，二是我国金融机构在境外设立的各类中资金融机构。相应的，涉外金融机构的监管主要涉及境内外资金融机构的监管和境外中资金融机构的监管。此外，由于涉外金融机构具有跨境性，所以为实现对其有效监管，我国金融监管机构需要不断加强与境外金融监管机构和国际金融组织的广泛合作。

关于“外资金融机构加码布局中国市场”的详细阐释，可扫码收听音频和阅读文字材料：

一、境内外资金融机构的监管

境内外资金融机构是境外金融机构在我国境内设立的各类外资金融机构，其中包括从事具体营业性活动的机构，如外国银行在我国境内设立的分行、子行，以及境外金融机构在我国境内设立的各类驻华代表机构。

（一）营业性外资金融机构的监管

1.外资银行营业性机构的监管

根据2019年9月修订的《外资银行管理条例》第2条、第3条的规定，外资银行营业性机构包括：(1)1家外国银行单独出资或者1家外国银行与其他外国金融机构共同出资设立的外商独资银行；(2)外国金融机构与中国的公司、企业共同出资设立的中外合资银行；(3)外国银行分行。其中，这里的“外国银行”是指在我国境外注册并经所在国家或者地区金融监管当局批准或者许可的商业银行，“外国金融机构”是指在我国境外注册并经所在国家或者地区金融监管当局批准或者许可的金融机构。

在注册资本或营运资金方面，根据《外资银行管理条例》第 8 条的规定，外商独资银行、中外合资银行的注册资本最低限额为 10 亿元人民币或者等值的自由兑换货币，并且注册资本应当是实缴资本；外国银行分行应当由其总行无偿拨给不少于 2 亿元人民币或者等值的自由兑换货币的营运资金。

在业务范围方面，根据《外资银行管理条例》第 29 条、第 31 条的规定，外商独资银行、中外合资银行按照国务院银行业监督管理机构批准的业务范围，可以经营部分或者全部外汇业务和人民币业务；外国银行分行按照国务院银行业监督管理机构批准的业务范围，可以经营部分或者全部外汇业务以及对除中国境内公民以外客户的人民币业务；外商独资银行、中外合资银行和外国银行分行经中国人民银行批准，可以经营结汇、售汇业务。

此外，《外资银行管理条例》还对外资银行营业性机构的设立程序、审查批准、监督管理、终止与清算等事项作了具体规定。

2.外资保险公司的监管

根据 2019 年 9 月修订的《外资保险公司管理条例》第 2 条的规定，外资保险公司是指依照我国有关法律、行政法规的规定，经批准在我国境内设立和营业的下列保险公司：(1)外国保险公司同中国的公司、企业在中国境内合资经营的保险公司，即合资保险公司；(2)外国保险公司在中国境内投资经营的外国资本保险公司，即独资保险公司；(3)外国保险公司在中国境内的分公司，即外国保险公司分公司。

在注册资本或营运资金方面，根据《外资保险公司管理条例》第 7 条的规定，合资保险公司、独资保险公司的注册资本最低限额为 2 亿元人民币或者等值的自由兑换货币，并且其注册资本最低限额必须为实缴货币资本；外国保险公司分公司应当由其总公司无偿拨给不少于 2 亿元人民币或者等值的自由兑换货币的营运资金。另外，国务院保险监督管理机构根据外资保险公司业务范围、经营规模，可以提高外资保险公司注册资本或者营运资金的最低限额。

对于作为申请人的外国保险公司，根据《外资保险公司管理条例》第 8 条的规定，其应当具备下列条件：(1)提出设立申请前 1 年年末总资产不少于 50 亿美元；(2)所在国家或者地区有完善的保险监管制度，并且该外国保险公司已经受到所在国家或者地区有关主管当局的有效监管；(3)符合所在国家或者地区偿付能力标准；(4)所在国家或者地区有关主管当局同意其申请；(5)国务院保险业监督管理机构规定的其他审慎性条件。根据 2021 年 3 月修订的《外资保险公司管理条例实施细则》第 9 条的规定，“其他审慎性条件”至少包括法人治理结构合理，风险管理体系稳健，内部控制制度健全，管理信息系统有效，以及经营状况良好，无重大违法违规记录。

此外，《外资保险公司管理条例》还对申请文件、审查批准、业务范围、监督管理等事项作了具体规定。

3.外商投资证券公司的监管

根据 2020 年 3 月修正的《外商投资证券公司管理办法》第 2 条的规定，外商投资证券公司是指:(1)境外股东与境内股东依法共同出资设立的证券公司;(2)境外投资者依法受让、认购内资证券公司股权,内资证券公司依法变更的证券公司;(3)内资证券公司股东的实际控制人变更为境外投资者,内资证券公司依法变更的证券公司。此外,中国证监会自2020年4月1日起取消了证券公司外资股比限制,由此符合条件的境外金融机构可根据法律法规和中国证监会的有关规定,依法申请设立外商独资证券公司①。

在设立条件方面,根据《外商投资证券公司管理办法》第5条的规定,设立外商投资证券公司除应当符合公司法、证券法、《证券公司监督管理条例》和经国务院批准的中国证监会规定的证券公司设立条件外,还应当符合下列条件:(1)境外股东具备本办法规定的资格条件,其出资比例、出资方式符合本办法的规定;(2)初始业务范围与控股股东或者第一大股东的经营证券业务经验相匹配;(3)中国证监会规定的其他审慎性条件。另外,《外商投资证券公司管理办法》第6条规定了外商投资证券公司的境外股东所应当具备的条件。

此外,《外商投资证券公司管理办法》还对有关的申请文件、审查批准、申请变更等事项作出了具体规定。

4.外商投资基金管理公司的监管

外商投资基金管理公司包括外商独资基金管理公司和中外合资基金管理公司。其中,中国证监会自2020年4月1日起取消了基金管理公司外资股比限制,由此符合条件的境外金融机构可根据法律法规和中国证监会的有关规定,依法申请设立外商独资基金管理公司②。

对于基金管理公司的监管,我国坚持内外资一致原则,并通过完善境外股东准入条件,以便引入优质境外机构、借鉴境外先进资产管理经验与有益业务模式。

第一,根据中国证监会2022年5月颁布的《公开募集证券投资基金管理人监督管理办法》第6条的规定,境外股东应当以可自由兑换货币出资。另外,根据《公开募集证券投资基金管理人监督管理办法》第8条至第12条的规定,在非主要股东、主要股东、实际控制人等方面,境内外股东的准入要求保持一致。

第二,根据《公开募集证券投资基金管理人监督管理办法》第13条的规定,外商投资基金管理公司的境外股东还应当符合下列条件:(1)依所在国家或者地区法律设立、合法存续的具有金融资产管理经验的金融机构或者管理金融机构的机构,具有完善的内部控制机制,最近3年主要监管指标符合所在国家或者地区法律的规定和监管机构的要求;(2)所在国家或者地区具有完善的证券法律和监管制度,其证券监管机构已与中国证监会或者中国证监会认可的其他机构签订证券监管合作谅解备忘录,并保持有效的监管合作关系;(3)具备良好的国际声誉和经营业绩,最近3年金融资产管理业务规模、收入、利

① 2023年1月19日,经中国证监会核准设立,渣打证券(中国)有限公司成为首家获准新设的外商独资证券公司。

② 2020年8月21日,经中国证监会核准设立,贝莱德基金管理有限公司成为我国境内首家外商独资基金管理公司。

润、市场占有率等指标居于国际前列，最近3年长期信用均保持在高水平；(4)累计持股比例或者拥有权益的比例(包括直接持有和间接持有)符合国家关于证券业对外开放的安排；(5)法律、行政法规及经国务院批准的中国证监会规定的其他条件。香港特别行政区、澳门特别行政区和台湾地区的机构比照适用上述规定。基金管理公司股东的实际控制人为境外机构或者自然人的，适用该条规定。

第三，根据《公开募集证券投资基金管理人监督管理办法》第66条的规定，外商投资基金管理公司境外股东的主管当局对境外投资有备案要求的，该境外股东在依法取得中国证监会的批准文件后，如向其主管当局提交有关备案材料，应当同时将副本报送中国证监会。

(二)外资金融机构驻华代表机构的监管

1.外国银行驻华代表处的监管

外国银行驻华代表处是指受我国银行业监管部门监管的银行类代表处，其一般从事咨询、联络、市场调查等非营业性工作。

在设立条件方面，根据《外资银行管理条例》第9条的规定，拟设代表处的外国银行应当具备下列条件：(1)具有持续盈利能力，信誉良好，无重大违法违规记录；(2)具有从事国际金融活动的经验；(3)具有有效的反洗钱制度；(4)受到所在国家或者地区金融监管当局的有效监管，并且其申请经所在国家或者地区金融监管当局同意；(5)《外资银行行政许可事项实施办法》(中国银保监会令2019年第10号，2022年9月修正)第5条规定的有关审慎性条件。另外，拟设代表处的外国银行所在国家或者地区应当具有完善的金融监督管理制度，并且其金融监管当局已经与国务院银行业监督管理机构建立良好的监督管理合作机制。

在审批设立申请方面，根据《外资银行行政许可事项实施办法》第61条的规定，外国银行申请设立代表处，应当向拟设机构所在地的省级监管局提交申请资料，同时抄送拟设机构所在地的市级监管分局。拟设机构所在地的省级监管局应当自受理之日起6个月内作出批准或者不批准设立的决定，并书面通知申请人，同时抄报国务院银行业监督管理机构。决定不批准的，应当说明理由。

此外，《外资银行管理条例》和《外资银行行政许可事项实施办法》还对外国银行代表处的申请设立材料、登记办理、监督管理等事项作了具体规定。

2.外国保险机构驻华代表机构的监管

根据2018年2月修订的《外国保险机构驻华代表机构管理办法》第2条的规定，外国保险机构驻华代表机构(以下简称“代表处”)是指外国保险机构在中国境内获准设立并从事联络、市场调查等非经营性活动的代表处、总代表处。这里的“外国保险机构”则是指在中国境外注册的保险公司、再保险公司、保险中介机构、保险协会及其他保险组织。

对于申请设立代表处的外国保险机构，根据《外国保险机构驻华代表机构管理办法》第5条的规定，其应当具备下列条件：(1)经营状况良好。(2)外国保险机构经营有保险业务的，应当经营保险业务20年以上；没有经营保险业务的，应当成立20年以上。

(3)申请之日前3年内无重大违法违规记录。(4)国务院保险业监督管理机构规定的其他审慎性条件。根据《中国保监会关于适用〈外国保险机构驻华代表机构管理办法〉若干问题的解释》(保监发〔2008〕101号)第2条的规定,“其他审慎性条件”包括但不限于设立代表机构必要性充分,并具备可行性;拟任首席代表对保险知识及代表机构运行的相关法规掌握情况良好;所在国政治经济形势稳定、相关金融监管制度完备有效,以及提出申请的前一年年末总资产应超过20亿美元和申请者自身及其关联公司治理结构完善、内控制度有效、经营合规、发展稳健。其中,总资产和公司治理方面的条件不适用于外国非营利性保险机构。

在申请材料方面,根据《外国保险机构驻华代表机构管理办法》第6条的规定,申请者应当提交下列材料:(1)正式申请表;(2)由董事长或者总经理签署的致国务院保险业监督管理机构负责人的申请书;(3)所在国家或者地区有关主管当局核发的营业执照或者合法开业证明或者注册登记证明的复印件;(4)机构章程,董事会成员名单、管理层人员名单或者主要合伙人名单;(5)申请之日前3年的年报;(6)所在国家或者地区有关主管当局出具的对申请者在中国境内设立代表处的意见书,或者由所在行业协会出具的推荐信,意见书或者推荐信应当陈述申请者在出具意见书或者推荐信之日前3年受处罚的记录;等等。

此外,《外国保险机构驻华代表机构管理办法》还对审查批准、登记办理、监督管理等事项作了具体规定。

3.外国证券类机构和境外证券期货交易所驻华代表机构的监管

(1)外国证券类机构驻华代表机构的监管

根据《外国证券类机构驻华代表机构管理办法》(证监机构字〔1999〕26号)第2条的规定,外国证券类机构驻华代表机构(以下简称“代表处”)是指外国证券类机构在中国境内获准设立并从事咨询、联络、市场调查等非经营性活动的派出机构。这里的“外国证券类机构”则是指在我国境外依法设立的投资银行、商人银行、证券公司、基金管理公司等从事证券类业务的金融机构。

在设立条件方面,根据《外国证券类机构驻华代表机构管理办法》第5条的规定,有关的外国证券类机构申请设立代表处,应当具备下列条件:①申请者所在国家或地区有完善的金融监督管理法律、法规;②申请者是由其所在国或地区金融监管当局批准设立的从事证券类业务的金融机构;③申请者合法经营、享有良好信誉并在过去3年内连续盈利。

在申请文件方面,根据《外国证券类机构驻华代表机构管理办法》第6条、第7条的规定,申请设立代表处,申请者应当提交下列文件:①由董事长或总经理签署的致证监会主席的申请书;②所在国或地区有关主管当局核发的营业执照(复印件)或合法开业证明;③公司章程;④董事会成员或主要合伙人名单;⑤最近3年的年报;⑥由所在国或地区监管当局出具的同意其在中国境内设立代表处的批准书或其他有关文件;⑦证监会要求提交的其他文件。

此外,《外国证券类机构驻华代表机构管理办法》还对总代表处的申请设立、登记办理、监督管理等事项作了具体规定。

(2)境外证券期货交易所驻华代表机构的监管

根据《境外证券期货交易所驻华代表机构管理办法》(2019 年证监会令第 157 号)第 2 条的规定，境外交易所驻华代表机构(以下简称“代表处”)，是指境外交易所在中国境内依法设立并专门从事联络、调研等非营利性活动的常驻代表机构，以及中国证监会认定的其他代表机构。这里的“境外交易所”则包括境外证券交易所、期货交易所、证券期货自动报价或者电子交易系统或者市场，以及中国证监会认定的其他境外交易所。

境外证券期货交易所驻华代表机构的设立，实行备案制。在备案材料要求方面，根据《境外证券期货交易所驻华代表机构管理办法》第 4 条的规定，境外交易所应当在代表处完成登记注册后 5 个工作日内向其所在地中国证监会派出机构提交下列备案材料，如境外交易所出具的致中国证监会的备案申请书，所在国家或者地区有关主管当局核发的、经中国驻该国使(领)馆认证的营业执照或者合法开业证明等复印件，中国缔结或者参加的国际条约另有规定的除外，境外交易所章程、管理架构、股权结构图、业务范围、主要业务规则、管理制度、内控机制等说明以及董事会(理事会)成员、管理层人员名单及简介，等等。

此外，《境外证券期货交易所驻华代表机构管理办法》还对代表处的首席代表、变更与撤销、监督管理等事项作了具体规定。

二、境外中资金融机构的监管

改革开放后，尤其是加入世界贸易组织以来，我国金融业的发展坚持“引进来”与“走出去”并重，即在吸引外资金融机构来华展业兴业的同时，也在不断支持我国金融机构布局海外，以提升我国金融业在全球金融领域的竞争力和影响力。这些由有关机构在境外设立的、从事与金融相关业务的机构被称为境外中资金融机构，其中既包括独资或合资的东道国法人机构，也包括不具有法人资格的分公司(分行)和代表机构。

(一)中资商业银行境外机构的监管

根据 2022 年 9 月修正的《中国银保监会中资商业银行行政许可事项实施办法》第 35 条的规定，中资商业银行境外机构是指中资商业银行境外一级分行、全资附属或控股金融机构、代表机构，以及境外一级分行、全资子公司跨国(境)设立的机构。

在设立条件方面，中资商业银行申请投资设立、参股、收购境外机构，申请人应当符合以下条件：(1)具有良好的公司治理结构，内部控制健全有效，业务条线管理和风险管控能力与境外业务发展相适应；(2)具有清晰的海外发展战略；(3)具有良好的并表管理能力；(4)主要审慎监管指标符合监管要求；(5)权益性投资余额原则上不超过其净资产的 50％(合并会计报表口径)；(6)最近 3 个会计年度连续盈利；(7)申请前 1 年年末资产余额达到 1000 亿元人民币以上；(8)具备与境外经营环境相适应的专业人才队伍；(9)国务院银行业监督管理机构规章规定的其他审慎性条件。

在审查批准方面，根据《中国银保监会中资商业银行行政许可事项实施办法》第

36 条的规定，其一，国有商业银行、邮政储蓄银行、股份制商业银行申请投资设立、参股、收购境外机构由国务院银行业监督管理机构受理、审查并决定。国务院银行业监督管理机构自受理之日起 6 个月内作出批准或不批准的书面决定。其二，城市商业银行申请投资设立、参股、收购境外机构由申请人所在地省级派出机构受理、审查并决定。所在地省级派出机构自受理之日起 6 个月内作出批准或不批准的书面决定。

在机构变更方面，根据《中国银保监会中资商业银行行政许可事项实施办法》第 54 条、第 55 条的规定，第一，中资商业银行境外机构升格、变更营运资金或注册资本、变更名称、重大投资事项、变更股权、分立、合并以及其他规定事项，须经国务院银行业监督管理机构许可。第二，国有商业银行、邮政储蓄银行、股份制商业银行境外机构变更事项应当向国务院银行业监督管理机构申请，由国务院银行业监督管理机构受理、审查并决定。国务院银行业监督管理机构自受理之日起 3 个月内作出批准或不批准的书面决定。第三，城市商业银行境外机构变更事项应当由城市商业银行总行向总行所在地省级派出机构申请，由省级派出机构受理、审查并决定。省级派出机构自受理之日起 3 个月内作出批准或不批准的书面决定。

在机构终止方面，根据《中国银保监会中资商业银行行政许可事项实施办法》第 61 条的规定，一方面，国有商业银行、邮政储蓄银行、股份制商业银行境外机构的终止营业申请，由国务院银行业监督管理机构受理、审查并决定。国务院银行业监督管理机构自受理之日起 3 个月内作出批准或不批准的书面决定。另一方面，城市商业银行境外机构的终止营业申请，由城市商业银行总行所在地省级派出机构受理、审查并决定。省级派出机构自受理之日起 3 个月内作出批准或不批准的书面决定。

此外，《中国银保监会中资商业银行行政许可事项实施办法》还对境外机构董事、高级管理人员的任职资格条件和许可程序等事项作了具体规定。

（二）保险公司境外机构的监管

根据 2015 年 10 月修订的《保险公司设立境外保险类机构管理办法》第 3 条、第 4 条的规定，保险公司境外机构，又称“境外保险类机构”，是指我国保险公司的境外分支机构、境外保险公司和保险中介机构。其中，保险中介机构包括保险代理机构、保险经纪机构和保险公估机构。另外，所谓“设立境外保险类机构”是指保险公司设立境外分支机构、境外保险公司和保险中介机构，或者收购境外保险公司和保险中介机构。

在设立条件方面，根据《保险公司设立境外保险类机构管理办法》第 9 条的规定，保险公司设立境外保险类机构的，应当具备下列条件：(1)开业 2 年以上；(2)上年末总资产不低于 50 亿元人民币；(3)上年末外汇资金不低于 1500 万美元或者其等值的自由兑换货币；(4)偿付能力额度符合国务院保险业监督管理机构的有关规定；(5)内部控制制度和风险管理制度符合国务院保险业监督管理机构的有关规定；(6)最近 2 年内无受重大处罚的记录；(7)拟设立境外保险类机构所在的国家或者地区金融监管制度完善，并与国务院保险业监督管理机构保持有效的监管合作关系；(8)国务院保险业监督管理机构规定的其他条件。

在申请材料方面，根据《保险公司设立境外保险类机构管理办法》第 10 条、第 11 条的规定，一方面，保险公司申请设立境外分支机构、境外保险公司和保险中介机构的，应当向国务院保险业监督管理机构提交下列材料：（1）申请书；（2）国家外汇管理局外汇资金来源核准决定的复印件；（3）上一年度经会计师事务所审计的公司财务报表及外币资产负债表；（4）上一年度经会计师事务所审计的偿付能力状况报告；（5）内部控制制度和风险管理制度；（6）拟设境外保险类机构的基本情况说明，包括名称、住所、章程、注册资本或者营运资金、股权结构及出资额、业务范围、筹建负责人简历及身份证明材料复印件；等等。另一方面，保险公司申请收购境外保险公司和保险中介机构的，应当向国务院保险业监督管理机构提交下列材料：（1）申请书；（2）国家外汇管理局外汇资金来源核准决定的复印件；（3）上一年度经会计师事务所审计的公司财务报表及外币资产负债表；（4）上一年度和最近季度经会计师事务所审计的偿付能力状况报告及其说明；（5）内部管理制度和风险控制制度；（6）拟被收购的境外保险类机构的基本情况说明，包括名称、住所、章程、注册资本或者营运资金、业务范围、负责人情况说明；等等。

在审查批准方面，根据《保险公司设立境外保险类机构管理办法》第 12 条的规定，国务院保险业监督管理机构应当依法对设立境外保险类机构的申请进行审查，并自受理申请之日起 20 日内作出批准或者不予批准的决定。决定不予批准的，应当书面通知申请人并说明理由。

此外，《保险公司设立境外保险类机构管理办法》还对境外保险类机构设立后的书面报告、风险管理、监督检查等事项作了具体规定。

（三）证券基金经营机构境外机构的监管

证券基金经营机构境外机构是指证券公司或证券投资基金管理公司在境外设立、收购的子公司或者参股的经营机构。

在设立条件方面，根据 2021 年 1 月修正的《证券公司和证券投资基金管理公司境外设立、收购、参股经营机构管理办法》第 3 条、第 8 条和第 9 条的规定，一方面是积极条件，即（1）证券基金经营机构在境外设立、收购子公司或者参股经营机构，应当对境外市场状况、法律法规、监管环境等进行必要的调查研究，综合考虑自身财务状况、公司治理情况、内部控制和风险管理水平、对子公司的管理和控制能力、发展规划等因素，全面评估论证，合理审慎决策；（2）证券投资基金管理公司在境外设立、收购子公司或者参股经营机构的，净资产应当不低于 6 亿元，持续经营应当原则上满 2 年；（3）证券基金经营机构设立境外子公司的，应当财务状况及资产质量良好，具备对子公司的出资能力且全资设立，中国证监会认可的除外。另一方面是消极条件，即存在下列情形之一的，不得在境外设立、收购子公司或者参股经营机构：（1）最近 3 年因重大违法违规行为受到行政或刑事处罚，最近 1 年被采取重大监管措施或因风险控制指标不符合规定被采取监管措施，因涉嫌重大违法违规行为正在被立案调查或者正处于整改期间；（2）拟设立、收购子公司和参股经营机构所在国家或者地区未建立完善的证券法律和监管制度，或者该国家或者地区相关金融监管机构未与中国证监会或者中国证监会认可的机构签订监管合作谅解备忘录，并保持有效的监管合作关系；(3)中国证监会规定的其他情形。

在申请材料方面，根据《证券公司和证券投资基金管理公司境外设立、收购、参股经营机构管理办法》第10条的规定，证券投资基金管理公司在境外设立、收购子公司或者参股经营机构，应当向中国证监会提交下列申请材料：(1)法定代表人签署的申请报告；(2)在境外设立、收购子公司或者参股经营机构的相关决议文件；(3)拟设立、收购子公司或者参股经营机构的章程(草案)；(4)符合在境外设立、收购子公司和参股经营机构条件的说明；(5)与境外子公司、参股经营机构之间防范风险传递、利益冲突和利益输送的相关措施安排及说明；(6)能够对境外子公司和参股经营机构有效管理的说明，内容应当包括对现有境内子公司的风险管理和内部控制安排及实施效果，拟对境外子公司的管控安排，拟对境外参股经营机构相关表决权的实施机制等；(7)在境外设立、收购子公司或者参股经营机构的协议(如适用)；(8)可行性研究报告，内容至少包括：在境外设立、收购子公司或者参股经营机构的必要性及可行性，外汇资金来源的说明，境外子公司或者参股经营机构的名称、组织形式、管理架构、股权结构图、业务范围、业务发展规划的说明，主要人员简历等；(9)与境外监督管理机构沟通情况的说明；(10)中国证监会要求的其他材料。

证券公司在境外设立、收购子公司或者参股经营机构，则应当自公司董事会决议或其他相关决议通过5个工作日内向中国证监会提交备案情况说明、关于公司资本充足情况、风险控制指标模拟测算情况说明及上述第(2)项至第(9)项文件。

在审查批准方面，根据2014年7月修订的《证券公司监督管理条例》第16条的规定，中国证监会应当对在境外设立、收购或者参股证券经营机构的申请，自受理之日起6个月内，作出批准或者不予批准的书面决定。

此外，《证券公司和证券投资基金管理公司境外设立、收购、参股经营机构管理办法》还对境外子公司或者参股经营机构的业务范围、公司治理结构、风险管理等事项作了具体规定。

三、跨境金融监管与执法合作

涉外金融活动具有跨境性，由此凸显了跨境金融监管与执法合作的必要性。跨境金融监管与执法合作有助于我们全面深入地了解境外先进的金融立法和监管经验，了解外资金融机构的背景资料以及其母国的监管状况，了解境外中资金融机构的经营状况以及东道国的监管状况。这无疑是我们提高外资金融机构和境外中资金融机构监管质量、防范国际金融风险的必要条件。[①]

(一)加入国际金融监管组织，积极参与国际金融治理

在银行业监管方面，2009年3月原中国银监会先后正式加入了巴塞尔银行监管委员会和金融稳定理事会。在巴塞尔银行监管委员会和金融稳定理事会框架下，我国致力于

① 朱崇实、刘志云主编：《金融法》，法律出版社2022年第5版，第351页。

与其他成员经济体一道，完善国际银行业监管标准。例如，2010 年 12 月，巴塞尔银行监管委员会推出了《巴塞尔协议Ⅲ》，通过提高银行的资本充足率以及对银行的流动性比率、杠杆比率等作出相应要求，以建立一个强有力的银行体系；2010 年 11 月，二十国集团峰会批准了《巴塞尔协议Ⅲ》，确立了全球统一的银行业资本监管新标准，并要求各成员国从 2013 年开始实施；2012 年 6 月，原中国银监会颁布了《商业银行资本管理办法（试行）》，构建了与国际新监管标准接轨并符合我国银行业实际的银行资本监管体系；2017 年 12 月，巴塞尔银行监管委员会发布了《巴塞尔协议Ⅲ：后危机改革的最终方案》，对《巴塞尔协议Ⅲ》进行了补充修订；为落实相关监管标准，2023 年 10 月国家金融监督管理总局颁布了《商业银行资本管理办法》。

在保险业监管方面，2000 年 10 月原中国保监会正式加入了国际保险监督官协会。国际保险监督官协会作为全球性的保险监管合作组织，自 1994 年成立以来，在制定全球保险监管标准、改善跨行业的监管、推动保险监管国际规则的执行等方面取得了显著成效，如研究制定了保险业偿付能力与会计核算标准、发布国际保险业最新发展动态、加强监管信息交流等。[①] 自加入国际保险监督官协会以来，我国积极参与该组织的相关活动，并在 2006 年 10 月承办了国际保险监督官协会第 13 届年会。

在证券业监管方面，1995 年 7 月中国证监会正式加入了国际证监会组织，并于 2007 年 4 月成功加入了该组织的《磋商、合作及信息交换多边谅解备忘录》（以下简称《多边备忘录》）。该《多边备忘录》致力于为成员机构调查处理跨境证券类案件提供便利，具体体现为国际证监会组织要求所有加入的成员机构（可在相关执法部门的协助下）：（1）有权获得证券、衍生产品交易相关的资金、资产记录以及实际控制人等信息；（2）有权向境外监管机构提供上述资料；（3）有权在自愿基础上获得或强制得到个人陈述；（4）就境外监管机构涉及内幕交易、市场操纵、虚假陈述和其他证券欺诈或操纵行为的请求提供协助，即使该案件不涉及违反其法律法规；（5）遵守相关的信息保存以及保密等规定。[②] 随后，在《多边备忘录》等合作框架下，中国证监会认真履行跨境执法合作义务，如已向多家境外监管机构提供了境外上市公司相关审计工作底稿，同时积极利用该机制向境外监管机构发送执法协查请求，等等。

（二）与境外金融监管机构广泛开展双边或多边监管合作

在银行业、保险业监管方面，截至 2024 年 1 月，国家金融监督管理总局已与 87 个国家和地区的金融监管当局签署了 126 份监管合作谅解备忘录或合作协议。[③] 其中，金融监管总局已与 55 个“一带一路”共建国家的金融监管当局签署了监管合作谅解备忘录或

① 许多奇主编：《金融法精要》，法律出版社 2023 年版，第 272 页。

② 中国证券监督管理委员会：《中国证监会成功加入国际证监会组织〈多边备忘录〉》，http://www.csrc.gov.cn/csrc/c100028/c1002896/content.shtml，最后访问日期：2025 年 1 月 23 日。

③ 国家金融监督管理总局：《深入学习贯彻中央金融工作会议精神 推进银行业保险业高水平对外开放》，https://www.cbirc.gov.cn/cn/view/pages/ItemDetail.html?docId=1147227&itemId=4238&generaltype=0，最后访问日期：2025 年 1 月 23 日。

合作协议，在银行业保险业监管信息共享等方面不断扩大合作。此外，金融监管总局与多个共建国家建立了不同层级的双多边对话机制，如中日韩三方监管高层会谈、中新银行业保险业监管磋商等机制，通过双多边合作加强宏观风险动态监测，提升跨境监管水平。①

在证券业监管方面，截至 2022 年年末，中国证监会共与 67 个国家（或地区）的证券期货监管机构签署双边监管合作谅解备忘录，建立了监管合作机制。其中，以中美审计监管合作为例，2022 年 8 月中国证监会、财政部和美国公众公司会计监督委员会（PCAOB）签署审计监管合作协议，将双方对相关会计师事务所的检查和调查活动纳入双边监管合作框架下开展。依照各自法律法规和协议的有关约定，双方随后合作开展了一系列检查和调查活动，取得了重要阶段性成果，极大地缓解了在美中概股集体退市风险。②

第三节　涉外支付法律制度

随着跨境货物贸易、服务贸易活动的日益频繁，涉外支付成为一种常见的涉外金融活动。一般而言，涉外支付方式主要包括汇付、托收、信用证、国际保理、银行卡支付、第三方支付。其中，有关信用证等方面的内容，本书第六章已有介绍，所以本节不再重复。本节主要介绍汇付、托收和国际保理。

一、汇付

汇付是指付款人通过银行将款项汇交收款人的一种支付方式。在国际贸易中，根据交货与付款的时间先后，汇付可以分为“预付货款”和“货到付款”两种。对于前者，出口商可得到提前收回货款的好处，但进口商需承担付款后出口商违约的风险；对于后者，进口商可得到延迟支付货款的好处，但出口商可能在发货后因进口商拒不付款而蒙受损失。③ 由此可见，汇付属于商业信用，亦即被委托汇款的银行（包括以下所述的“汇出行”和“汇入行”）只是扮演支付中介的角色。

汇付的基本流程是付款人（买方）在当地银行（汇出行）向收款人（卖方）付款，汇出行再委托卖方所在地银行（汇入行）向卖方付款。

常见的汇付方式主要有：(1)信汇。信汇是指汇出行接受付款人的委托，将付款委托书邮寄给汇入行，授权后者解付一定的金额给收款人。(2)电汇。电汇是指汇出行接受

---

① 国家金融监督管理总局：《银行业保险业支持共建“一带一路”走深走实》，https://www.cbirc.gov.cn/cn/view/pages/ItemDetail.html? docId=1132178&itemId=915&generaltype=0，最后访问日期：2025 年 1 月 23 日。

② 中国证券监督管理委员会：《中国证券监督管理委员会年报 2022》，中国财政经济出版社 2023 年版，第 67 页。

③ 朱崇实、刘志云主编：《金融法》，法律出版社 2022 年第 5 版，第 372 页。

付款人的委托,以拍发电报、传真或电传的方式指示汇入行解付一定的金额给收款人。(3)票汇。票汇是指汇出行接受付款人的委托,开立以其分行或代理行为解付行的银行即期汇票,交由付款人自行寄给收款人,由收款人持票去解付行取款。①

二、托收

托收是指出口商出具以进口商为付款人的汇票,委托银行代为收取货款的一种支付方式。托收一般涉及四方当事人,包括:(1)委托人,也就是贸易活动中的出口商,其委托银行办理收款业务;(2)托收行,即接受委托人的委托,代为收款的出口地银行;(3)代收行,即接受托收行的委托,向付款人收取款项的进口地银行;(4)付款人,也就是贸易活动中的进口商,其负有支付款项的义务。

托收的基本流程是委托人出具汇票,向托收行提出托收申请;托收行接受申请后,委托其在进口地的代收行代为办理收款事宜;代收行向付款人作付款提示或承兑提示,并在付款人付款后通知托收行;托收行再向委托人付款。② 在这一流程中,银行(包括"托收行"和"代收行")对于出口商是否支付款项,不承担任何责任。所以,与汇付一样,托收属于商业信用。

按照汇票是否附带商业单据,托收可以分为光票托收和跟单托收。具体而言,光票托收是指汇票不附带商业单据的托收,通常用于收取各种贸易从属费用。光票托收中使用的汇票,可以为即期,也可以为远期。其中,对于即期汇票,代收行收到汇票后,立即向付款人提示付款,而付款人如无拒付理由,即应付款赎票;对于远期汇票,代收行收到汇票后,应提示付款人承兑,并于汇票到期日提示付款。至于跟单托收,则是汇票附带提单、保险单、发票等商业单据的托收。按照交单方式的不同,跟单托收可以分为:(1)即期付款交单。代收行向进口商提示出口商开具的即期汇票,而进口商见票后即须付款,在付清款项后才能领取货运单据。(2)远期付款交单。代收行将出口商开具的远期汇票向进口商提示承兑,而进口商立即承兑,并于汇票到期日付清款项后领取货运单据。(3)承兑交单。代收行将出口商开具的远期汇票向进口商提示承兑后,即将商业单据交与进口商,而进口商于汇票到期日履行付款义务。③

为了规范银行托收业务以减少当事人之间可能产生的纠纷,国际商会于 1958 年草拟了《商业单据托收统一规则》。1967 年,国际商会又制定了《跟单托收统一规则》,并在 1978 年修改后,将其改称《托收统一规则》(第 322 号出版物,自 1979 年 1 月 1 日起实施);1995 年再次进行了修订(第 522 号出版物,自 1996 年 1 月 1 日起实施)。《托收统一规则》(简称 URC 522)分为 7 个部分,有 26 条,涉及总则和定义、托收的形式和结构、提示方式、义务和责任、付款、利息及手续费和其他费用、其他规定。尽管作为任意性国际

---

① 黄东黎主编:《国际经济法》,社会科学文献出版社 2006 年版,第 177 页。

② 李仁真主编:《国际金融法学》,复旦大学出版社 2004 年版,第 242 页。

③ 朱崇实、刘志云主编:《金融法》,法律出版社 2022 年第 5 版,第 372 页。

惯例，URC 522本身不具有法律强制力，但自公布实施以来，已被各国银行普遍承认和采用。①

案例分析：中国甲公司与英国乙公司订有一笔货物销售合同，约定以跟单托收方式结算。甲公司交运货物后，开立了以乙公司为付款人的见票即付汇票，并附随单据，交由中国银行某省分行通过中国银行伦敦分行向乙公司收款。请问：本案例中有哪些主体，以及它们之间是什么法律关系？

解析：甲公司作为卖方是委托人，中国银行某省分行是托收行，中国银行伦敦分行是代收行，乙公司作为买方是付款人。委托人与付款人之间是买卖合同关系；委托人与托收行之间，以及托收行与代收行之间都是委托关系；代收行与付款人之间没有法律上的直接关系。

三、国际保理

由于托收属于商业信用，所以作为授信者的出口商能否收到货款，存在着一定的不确定性。为了降低出口商面临的结算风险，现代意义上的国际保理业务于19世纪后期在美国产生，并在随后不断发展成熟。一般而言，国际保理是指出口商将其现在或将来的基于其与进口商订立的销售合同所产生的应收账款转让给保理商(提供保理服务的金融机构)，由保理商向其提供资金融通、进口商资信评估、销售账户管理、信用风险担保、账款催收等一系列服务的综合金融服务方式。②

保理业务不仅适用于国际贸易活动，也适用于国内交易活动。对此，原中国银监会在2014年4月颁布了《商业银行保理业务管理暂行办法》，而根据其中第6条的规定，保理业务是以债权人转让其应收账款为前提，集应收账款催收、管理、坏账担保及融资于一体的综合性金融服务。债权人将其应收账款转让给商业银行，由商业银行向其提供应收账款催收、应收账款管理、坏账担保、保理融资等服务中至少一项的，即为保理业务。并且，以应收账款为质押的贷款，不属于保理业务范围。另外，我国《民法典》第三编“合同”中专门规定了“保理合同”。根据《民法典》第761条的规定，保理合同是应收账款债权人将现在的或者将有的应收账款转让给保理人，保理人提供资金融通、应收账款管理或者催收、应收账款债务人付款担保等服务的合同。

从以上定义中可以看出，若要构成保理，需要满足两个要件：一是应收账款债权人将现在的或者将有的应收账款转让给保理人；二是保理人应当提供资金融通、应收账款管理或者催收、应收账款债务人付款担保等服务。至于具体的服务类别，一般由当事人在保理合同中自行约定。

在国际层面，调整保理业务的有关规则主要包括：一是在国际公约方面，国际统一私

① 朱崇实、刘志云主编：《金融法》，法律出版社2022年第5版，第372～373页。

② 邓瑞平主编：《涉外金融法律实务》，厦门大学出版社2017年版，第113～114页。

法协会于 1988 年 5 月发布了《国际保理公约》，以及联合国国际贸易法委员会于 2001 年 12 月发布了《联合国国际贸易中应收款转让公约》；二是在国际惯例方面，国际保理商联合会发布了《国际保理通则》（历经多次修订，目前最新版本发布于 2022 年 6 月）。对于上述国际保理方面的规则，简要介绍如下：

其一，《国际保理公约》分为 4 章共 23 条。具体而言，第 1 章是适用范围和总则，内容之一是规定了保理合同的定义，即保理合同是指一方当事人（供应商）与另一方当事人（保理商）之间所订立的合同，根据该合同：第一，供应商可以或将要向保理商转让由供应商与其客户（债务人）订立的货物销售合同所产生的应收账款，但主要供债务人个人、家人或家庭使用的货物销售所产生的应收账款除外。第二，供应商应至少履行两项下述职能：为供应商融通资金，包括贷款和预付款；管理与应收账款有关的账户（销售分户账）；代收应收账款；对债务人的拖欠提供坏账担保。第三，应收账款的转让通知必须送交债务人。第 2 章是当事人各方的权利和义务，其中规定了应收账款的事实认定和转让效力、债务人的付款义务、债务人的抗辩和抵销权、债务人收回已付款项的条件。第 3 章是再转让，其中规定了再转让的条件。第 4 章是最后条款，其中规定了该公约的生效程序、声明方式和效力等内容。

其二，《联合国国际贸易中应收款转让公约》分为 6 章共 47 条，以及 1 个附件。具体而言，第 1 章是适用范围，其中规定了具体适用范围、应收款的转让、国际性要求以及除外情况和其他限制；第 2 章是总则，其中规定了原始合同、现有应收款、营业地等术语的定义或解释规则，以及当事方意思自治和该公约的解释原则；第 3 章是转让的效力，其中规定了相关转让情形的效力、转让的合同限制、担保权利的转移；第 4 章是权利、义务和抗辩，其中规定了转让人和受让人、债务人、第三方的具体权利、义务和抗辩；第 5 章是独立适用的法律冲突规则，其中规定了转让合同的形式、适用于转让人与受让人相互间权利和义务的法律、适用于受让人与债务人的权利和义务的法律、适用优先权的法律、强制性规则以及公共政策；第 6 章是最后条款，其中规定了该公约的生效程序、适用情形、声明与保留等内容。至于该公约的附件，内容主要涉及以登记为准的优先权原则、登记规定、以转让合同时间为准的优先权规则，以及以转让的通知时间为准的优先权规则。

其三，《国际保理通则》（2022 年 6 月版本）分为 8 节共 32 条。具体而言，第 1 节是总则，内容之一是规定了保理合同的定义，即保理合同是指一项契约。据此，供应商不论是否为融资目的，可能或将要把应收账款（本规则中称为“账款”，视上下文不同，其表述也包括部分应收账款）转让给保理商，以获得下列服务中的至少一项：账款的分户账管理、账款催收、坏账担保。此外，参与国际双保理业务的当事人包括：供应商（通常也称为客户或卖方）、债务人（通常也称为买方或顾客）、出口保理商（按照保理合同，接受供应商转让账款的一方）、进口保理商（按照本规则，接受出口保理商转让账款的一方）。第 2 节是应收账款的转让，其中规定了转让的要求和有效性、与应收账款有关的文件、应收账款的反转让。第 3 节是信用风险，其中规定了信用风险的定义、核准与申请核准、缩减或撤销、出口保理商转让的义务。第 4 节是账款催收，其中规定了进口保理商的权利、催收、未核准的账款。第 5 节是资金的划拨，其中规定了付款的划拨、已核准账款的支付、禁止转让、延迟付款。第 6 节是纠纷,其中规定了纠纷的情形、解决流程等。第 7 节是陈述、担保和承诺,其中规定了出口保理商代表自己及其供应商所作的陈述、担保和承诺。第 8 节是其他事项,涉及通信与电子数据交换、账户与报告、赔偿以及违约责任。

案例分析:中国甲公司与韩国乙公司签订了出口蔬菜的合同,合同金额为 1000 万美元,结算方式为赊销 90 天。为缓解流动资金不足,甲公司向国内 A 银行申请办理国际保理业务。于是,甲公司将对乙公司的应收账款转让给 A 银行,而 A 银行给予甲公司 600 万美元的保理预付款融资额度,融资期限不超过 4 个月。请问:本案例中当事人之间存在哪些法律关系?

解析:甲公司与乙公司是买卖合同关系,甲公司与 A 银行是保理合同关系,A 银行与乙公司是事实上的债权债务关系。

第四节　涉外贷款法律制度

涉外贷款,又称“跨境贷款”“国际贷款”,是指不同国家或地区的当事人之间通过订立贷款协议的方式进行的资金借贷活动。涉外贷款与涉外证券相对应,前者属于国际融资活动中的间接融资形式,而后者则属于直接融资形式。此外,根据贷款主体的不同,涉外贷款可以分为外国政府贷款、国际金融组织贷款和国际商业银行贷款。

一、外国政府贷款

外国政府贷款是指一国政府以其财政资金向另一国政府提供的具有经济援助性质的优惠贷款。外国政府贷款一般是由贷款国向与其关系比较友好的国家提供的,所以具有援助的性质。基于此,外国政府贷款具有下列特点:(1)一般为无息或低息贷款。如果贷款为低息贷款,贷款利率一般不高于 3%。(2)贷款期限长,一般为 10～30 年,并含有一定的宽限期。(3)贷款的使用往往受到一定限制。比如,贷款协议中规定贷款只能用于借贷双方商定的建设项目,不得挪作他用;或者要求借款国必须将贷款的一部分或全部,用于购买贷款国的设备、原材料等。①

外国政府贷款自“二战”后发展迅速,如美国在 1948 年实施的“马歇尔计划”,对于西欧的经济恢复和美国资本、商品的输出起到了重要作用。20 世纪 60 年代以后,外国政府贷款主要流向了发展中国家。② 具体到我国而言,我国利用外国政府贷款始于 1979 年,是我国引进外资的重要形式之一。截至 2022 年 12 月 31 日,我国利用外国政府贷款的累计承诺额约 557.26 亿美元,累计提款额约 488.68 亿美元,累计归还贷款本金约 368.13 亿

① 车丕照、车路遥:《国际经济法概要》,清华大学出版社 2023 年第 2 版,第 359 页。

② 王传丽主编:《国际经济法》,中国政法大学出版社 2015 年版,第 333 页。

美元，债务余额（已提取未归还贷款额）约 120.55 亿美元。①

为规范对国际官方贷款（包括外国政府贷款和国际金融组织贷款）的管理，我国财政部于 2016 年 10 月修订发布了《国际金融组织和外国政府贷款赠款管理办法》（财政部令第 85 号）。根据该《管理办法》第 4 条的规定，财政部作为政府外债的统一管理部门，负责全国贷款、赠款的统一管理工作；地方财政部门作为地方政府性债务归口管理部门，负责本地区贷款、赠款的管理工作。此外，2023 年 8 月财政部颁布了《国际金融组织和外国政府贷款项目全生命周期管理暂行办法》（财国合〔2023〕22 号），通过对外贷项目实施全生命周期管理，以贯通管理链条、提升管理效能。

二、国际金融组织贷款

国际金融组织贷款是指全球性或区域性的国际金融机构向其成员方提供的贷款。其中，全球性的国际金融机构以国际货币基金组织、世界银行集团等为代表；而区域性的国际金融机构以亚洲开发银行、泛美开发银行、非洲开发银行等为代表。

根据贷款目的的不同，国际金融组织贷款大体上可以分为两类，一类是为防范或化解危机而发放的紧急援助贷款，以国际货币基金组织贷款为典型；另一类是为促进经济发展而发放的开发性贷款，体现为各类开发性银行机构提供的贷款。

具体而言，国际货币基金组织贷款是指基金组织向面临实际或潜在国际收支问题的成员国提供的贷款。一国之所以会出现国际收支问题，往往是因为该国的财政、货币、金融等经济政策存在不当或者遭受了自然灾害、大宗商品价格大幅波动等不利影响。对于面临危机的成员国，国际货币基金组织通过向其提供贷款，有助于为其赢得喘息空间，使其能够调整政策以恢复经济稳定。为满足其成员国的不同需求，适应其各自的具体情况，基金组织设置了若干贷款机制，如快速融资工具（RFI）、短期流动性额度（SLL）、政策支持工具（PSI），其贷款期限一般较短。国际货币基金组织贷款的操作过程主要包括：（1）需要资金支持的成员国向基金组织提出贷款请求。（2）该国政府和基金组织工作人员讨论经济金融形势和融资需求。（3）在基金组织向一国提供贷款之前，该国政府和基金组织需要就一项经济政策规划达成一致。多数情况下，该国需承诺采取某些政策行动（称为“政策条件”），这是基金组织贷款的必要组成部分。（4）一旦就相关条款达成一致，贷款安排下的政策规划将通过一份意向书提交给基金组织的执董会，并在一份谅解备忘录中予以详细说明。基金组织工作人员向其执董会提出建议，同意该国的政策意向并提供融资。（5）在执董会批准贷款后，基金组织将对成员国落实相关政策行动的情况进行监测。②

① 《我国累计利用国际金融组织和外国政府贷款概况（2022 年）》，https://gjs.mof.gov.cn/zhengcefabu/202305/t20230524_3886490.htm，最后访问日期：2025 年 1 月 29 日。

② 国际货币基金组织：《IMF 的贷款》，https://www.imf.org/zh/About/Factsheets/IMF-Lending#，最后访问日期：2025 年 1 月 29 日。

关于“国际货币基金组织贷款实例”的详细阐释，可扫码收听音频和阅读文字材料：

至于开发性贷款，则是由各类开发性银行机构为促进其成员方的经济发展而提供的贷款，其基本特征是：(1)开发性贷款的借款人通常受到特定范围的限制，如世界银行集团中的国际复兴开发银行，其主要援助中等收入国家和资信良好的较贫困国家，而国际开发协会则重点援助世界最贫困国家；(2)贷款条件较为优惠，表现在利息率、手续费、还款条件等方面；(3)贷款期限较长，通常为中长期贷款；(4)贷款一般与特定项目相联系，实行专款专用；(5)贷款资金的运用受到严格的监督和检查。

具体到我国而言，我国与国际金融组织开展贷款合作已有 40 余年。截至 2022 年 12 月 31 日，我国利用国际金融组织(包括世界银行、亚洲开发银行、亚洲基础设施投资银行、新开发银行、国际农业发展基金、欧洲投资银行、欧佩克国际发展基金、北欧投资银行)贷款的累计承诺额约为 1246.07 亿美元，用于支持 1151 个项目，涉及能源、交通、林业、农业、城建、教育、乡村振兴、医疗卫生、绿色发展、自然文化遗产保护等众多领域，为我国经济社会发展提供了资金和智力支持。①

关于“广西利用涉外贷款　促进地方经济发展”的详细阐释，可扫码收听音频和阅读文字材料：

三、国际商业银行贷款

国际商业银行贷款是指一国的商业银行向他国的借款人提供的商业性贷款。根据 2022 年 7 月国家发改委修订发布的《外债管理暂行办法》第 5 条的规定，国际商业银行贷款属于国际商业贷款的类型之一。

国际商业银行贷款的基本特征是：(1)贷款人和借款人分属于不同国家或地区。其中，贷款人一般是一国的大型商业银行，或者是多家银行组成的银行团；借款人可以是各类主体，如银行、公私企业、政府机构等。一般而言，借款人之所以寻求国际商业银行贷款，原因有二：一是本国境内的贷款市场发展不足，无法满足其贷款资金需求；二是利用国际商业银行贷款，企业可以更方便地开展跨境并购、跨境经营等活动。② (2)国际商业

① 《我国累计利用国际金融组织和外国政府贷款概况(2022 年)》，https://gjs.mof.gov.cn/zhengcefabu/202305/t20230524_3886490.htm，最后访问日期：2025 年 1 月 29 日。

② 唐应茂：《国际金融法：跨境融资和法律规制》，北京大学出版社 2020 年第 2 版，第 248 页。

银行贷款的利率通常以国际金融市场利率为基础，并根据贷款金额、贷款期限、借款人资信状况以及金融市场供求关系等进行调整。(3)国际商业银行贷款的资金使用一般不附带商业条款以外的限制条件或附加条件。(4)基于其跨境性特点，国际商业银行贷款的贷款协议中通常含有法律适用条款和司法管辖条款。①

国际商业银行贷款的基本形式是贷款人为独家银行的国际定期贷款，在此基础上又发展出国际银团贷款和国际项目融资贷款等更为复杂的形态。具体而言，其一，国际定期贷款是指一家大型商业银行向境外借款人提供的固定期限贷款。其中，贷款人和借款人就国际定期贷款签订的协议，就是国际定期贷款协议，一般包括融资事项、陈述与保证、约定事项、违约事件等基本条款。国际定期贷款协议不仅是国际定期贷款的基本法律文件，其基本内容和结构也为国际银团贷款和国际项目融资贷款等其他贷款形式所普遍采用。其二，国际银团贷款是指两家或两家以上的银行组成银团，按照单一贷款协议而共同向借款人提供贷款。该类贷款形式的产生基础是当跨境贷款数额巨大时，单个银行可能无力提供或者出于风险管理考虑而不愿单独提供，所以多家银行需要组成银团来共同向借款人提供贷款。银团中的每一家银行都是国际银团贷款协议的当事人，并且贷款协议一般会从银团中指定一家银行作为银团的代理人，由其与借款人沟通、处理贷款事宜。其三，国际项目融资贷款是国际项目融资的方式之一。所谓项目融资，是指对特定工程项目进行融资，在工程项目建成后，用项目的产品销售收入或项目经营收入来偿还资金，并以该项目资产作为担保的一类融资方式。项目融资可以采用发行股权证券、债权证券、商业银行贷款等方式，其中若以银行贷款的方式来融资，则为项目融资贷款。国际项目融资贷款的参与人众多，如项目公司的发起人、向项目提供贷款的境外银行、作为借款人的项目公司、为项目公司提供担保的保证人、对项目款项进行监督管理的受托人等。②

对于国际商业银行贷款，一方面，我国将其与外国政府贷款、国际金融组织贷款等各类外债一并纳入全口径管理，有关的法律规定主要有《外债管理暂行办法》(根据 2022 年 7 月 26 日国家发展改革委令第 51 号修订)、《外债统计监测暂行规定》(根据 2020 年 11 月 29 日《国务院关于修改和废止部分行政法规的决定》修订)、《关于全口径跨境融资宏观审慎管理有关事宜的通知》(银发〔2017〕9 号)和《外债登记管理办法》(汇发〔2013〕19 号)；另一方面，我国有关金融管理机构也颁布了一些与国际商业银行贷款监管直接相关的法律规范，如《关于银行业金融机构境外贷款业务有关事宜的通知》(银发〔2022〕27 号)、《银团贷款业务指引》(银监发〔2011〕85 号)、《境内外资银行外债管理办法》(国家发展和改革委员会、中国人民银行、中国银行业监督管理委员会令第 9 号)和《关于国有商业银行实行中长期外债余额管理的通知》(计外资〔2000〕53 号)。

---

① 郭寿康、赵秀文、韩立余主编:《国际经济法》，中国人民大学出版社 2022 年第 6 版，第 299 页。

② 黄东黎主编:《国际经济法》，社会科学文献出版社 2006 年版，第 471～487 页。

案例分析：在一国际贷款中，甲银行向贷款银行乙出具了备用信用证，后借款人丙公司称贷款协议无效，拒绝履约。乙银行向甲银行出示了备用信用证、丙公司的违约证明，要求甲银行付款。请问：甲银行是否有付款义务？

注：备用信用证不同于跟单信用证，它是一项保证，即担保人应借款人的要求，向贷款人开具备用信用证，当贷款人向担保人出示备用信用证及借款人违约证明时，担保人须按该信用证的规定支付款项。

解析：本案例中，担保人是甲银行。由于备用信用证独立于国际贷款协议，所以即便贷款协议无效，甲银行作为担保人仍须承担保证责任，而向乙银行付款。

第五节　涉外证券法律制度

在市场经济条件下，资金需求者筹集外部资金的主要途径除了向银行借款外，还有发行证券。在涉外证券活动中，出于规范有关当事人的行为、保护其合法权益以及优化资本项目外汇管理的考虑，我国针对跨境股票融资、跨境债券融资以及跨境证券投资等事项制定了一系列法律规范。

一、跨境股票融资

跨境股票融资是指符合条件的企业依照规定的程序向境外投资者发行股票、存托凭证等具有股权性质的证券的融资方式。

（一）境内企业境外发行上市

早在20世纪90年代我国资本市场建立初期，我国境内企业就开启了境外发行上市的进程，并一直维持相当的热度。境内企业境外发行上市活动由中国证监会依法实施监督管理。

境内企业境外发行上市包括两类，一是境内企业直接境外发行上市，二是境内企业间接境外发行上市。根据《境内企业境外发行证券和上市管理试行办法》（中国证监会公告〔2023〕43号）第2条的规定，境内企业直接境外发行上市是指在境内登记设立的股份有限公司境外发行上市；境内企业间接境外发行上市是指主要经营活动在境内的企业，以在境外注册的企业的名义，基于境内企业的股权、资产、收益或其他类似权益境外发行上市。其中，直接境外发行上市又被称为“H股模式”，如1993年7月15日青岛啤酒在香港联合交易所挂牌上市，成为首家登陆H股的内地企业；间接境外发行上市又被称为“红筹模式”，如2014年9月20日注册于开曼群岛的阿里巴巴在美国纽约证券交易所挂牌上市。

境外发行上市实行备案制。具体而言，一是在备案主体方面，根据该《试行办法》第14条的规定，境内企业直接境外发行上市的，由发行人向中国证监会备案；境内企业间接境外发行上市的，发行人应当指定一家主要境内运营实体为境内责任人，向中国证监会备案。二是在备案时点方面，根据该《试行办法》第 16 条、第 17 条的规定，发行人境外首次公开发行或者上市的，应当在境外提交发行上市申请文件后 3 个工作日内向中国证监会备案；发行人境外发行上市后，在同一境外市场发行证券的，应当在发行完成后 3 个工作日内向中国证监会备案；发行人境外发行上市后，在其他境外市场发行上市的，应当在境外提交发行上市申请文件后 3 个工作日内向中国证监会备案；通过一次或者多次收购、换股、划转以及其他交易安排实现境内企业资产直接或者间接境外上市，境内企业应当在境外提交发行上市申请文件后 3 个工作日内向中国证监会备案，不涉及在境外提交申请文件的，应当在上市公司首次公告交易具体安排之日起 3 个工作日内备案。三是在备案程序方面，根据该《试行办法》第 19 条的规定，备案材料完备、符合规定的，中国证监会自收到备案材料之日起 20 个工作日内办结备案，并通过网站公示备案信息；备案材料不完备或者不符合规定的，中国证监会在收到备案材料后 5 个工作日内告知发行人需要补充的材料。发行人应当在 30 个工作日内补充材料。在备案过程中，发行人可能存在该办法第 8 条规定情形的，中国证监会可以征求国务院有关主管部门意见。补充材料和征求意见的时间均不计算在备案时限内。

此外，《境内企业境外发行证券和上市管理试行办法》还对不得境外发行上市的情形、跨境监督管理合作机制、未履行备案程序及备案材料造假的法律责任等事项作了具体规定。

(二)红筹企业境内发行上市

所谓红筹企业，是指注册地在境外、主要经营活动在境内的企业。为进一步加大我国资本市场对实施创新驱动发展战略的支持力度，2018 年 3 月国务院办公厅发布了《转发〈证监会关于开展创新企业境内发行股票或存托凭证试点的若干意见〉的通知》。该《通知》明确规定：(1)允许试点红筹企业按程序在境内资本市场发行存托凭证上市；(2)具备股票发行上市条件的试点红筹企业可申请在境内发行股票上市；(3)试点红筹企业股权结构、公司治理、运行规范等事项可适用境外注册地公司法等法律法规规定，但关于投资者权益保护的安排总体上应不低于境内法律要求；(4)对存在投票权差异、协议控制架构或类似特殊安排的试点红筹企业，由证监会会同有关部门作出针对性的安排。

之后，2023 年 2 月中国证监会修订颁布了《试点创新企业境内发行股票或存托凭证并上市监管工作实施办法》(中国证监会公告〔2023〕12 号)，其中第 7 条、第 8 条规定了红筹公司申请在主板上市所应当满足的标准，即一方面，已在境外上市的红筹企业，申请发行股票或者存托凭证并在交易所上市的，应当至少符合下列标准中的一项：(1)市值不低于 2000 亿元；(2)市值 200 亿元以上，且拥有自主研发、国际领先技术，科技创新能力较强，在同行业竞争中处于相对优势地位。另一方面，未在境外上市的红筹企业，申请发行股票或者存托凭证并在交易所上市的，应当至少符合下列标准中的一项：(1)预计市值不低于 200 亿元，且最近一年营业收入不低于 30 亿元；(2)营业收入快速增长，拥有自主研发、国际领先技术，在同行业竞争中处于相对优势地位，且预计市值不低于 100 亿元；

(3)营业收入快速增长，拥有自主研发、国际领先技术，在同行业竞争中处于相对优势地位，且预计市值不低于 50 亿元，最近一年营业收入不低于 5 亿元。

此外，关于红筹企业境内发行上市，中国证监会还颁布了《保荐创新企业境内发行股票或存托凭证尽职调查工作实施规定》(中国证监会公告〔2018〕11 号)、《创新企业境内发行股票或存托凭证上市后持续监管实施办法(试行)》(中国证监会公告〔2018〕19 号)等规章制度。

二、跨境债券融资

跨境债券融资是指资金需求者在境外金融市场上向境外投资者发行债券的融资方式。其中，资金需求者即债券发行人，主要包括政府机关、金融企业和非金融企业。

(一)境内机构境外发行债券

我国境内机构赴境外发行债券始于 20 世纪 80 年代，如 1982 年 1 月中国国际信托投资公司在日本东京发行了 100 亿日元的私募债券，1987 年 10 月我国财政部在德国法兰克福发行了 3 亿德国马克的公募债券。按照发债主体的不同，境内机构境外发行债券可以分为政府境外发行债券和企业境外发行债券。

关于政府境外发行债券，又可以进一步细分为两个方面。一是我国财政部在境外发行的主权债券。根据《外债管理暂行办法》(根据 2022 年 7 月 26 日国家发展改革委令第 51 号修订)第 13 条的规定，财政部代表国家在境外发行债券由财政部报国务院审批，并纳入国家借用外债计划。从历史情况来看，我国境外主权债券发行主要经历了以下三个阶段：1987—2004 年是探索发行阶段，该阶段境外主权债券的发行并未形成系统的币种或期限结构；2009—2016 年以在中国香港发行人民币主权债券为主，主要目的是支持香港离岸人民币市场发展，逐步构建境外人民币国债收益率曲线；2017 年至今则恢复了外币主权债券发行，并适量发行人民币主权债券。① 二是我国地方政府在境外发行债券。2020 年 10 月，中共中央办公厅、国务院办公厅印发了《深圳建设中国特色社会主义先行示范区综合改革试点实施方案(2020—2025 年)》，同时以附件形式印发了首批授权事项清单，其中授权深圳在国家核定地方债额度内自主发行，创新地方政府举债机制，允许深圳到境外发行离岸人民币地方政府债券。之后，2021 年 10 月深圳在中国香港发行了 50 亿元离岸人民币地方政府债券，这是我国地方政府首次发行离岸人民币地方债。

关于企业境外发行债券，按照偿还期限的不同，债券可以分为短期债券和中长期债券。其中，对于企业(包括金融企业和非金融企业)在境外发行 1 年期及以下的短期债券，实行备案登记制管理，即发行人向国家外汇管理局提交材料、办理备案登记即可；而根据 2023 年 1 月国家发改委颁布的《企业中长期外债审核登记管理办法》(国家发改委令第 56 号)第 2 条、第 3 条的规定，企业在境外发行 1 年期(不含)以上的中长期债券，由国家发改委对其实行审核登记制管理。具体而言，根据该《管理办法》第 10 条、第 14 条的规定，企业应当在借用外债前取得《企业借用外债审核登记证明》，完成审核登记手续。

① 江婕、张柏龄、郑飞虎：《我国境外主权债券发行历程、意义及展望》，载《债券》2019 年第 12 期。

未经审核登记的,不得借用外债;国家发改委自收到申报材料之日起3个月内,对符合规定的审核登记申请,出具《企业借用外债审核登记证明》;对不符合规定的审核登记申请,出具不予审核登记书面通知,并说明不予审核登记的理由。此外,该《管理办法》还对企业的外债规模和用途、风险管理、事中事后监管等事项作了具体规定。

(二)境外机构境内发行债券

我国允许境外机构在我国境内发行人民币债券,即"熊猫债券",始于2005年。随后,"熊猫债券"的发行主体由最初的国际开发机构,进一步拓展到外国政府、境外金融机构和非金融企业。

根据《全国银行间债券市场境外机构债券发行管理暂行办法》(中国人民银行、财政部公告〔2018〕第16号)第4条的规定,境外金融机构法人在全国银行间债券市场发行债券应经中国人民银行核准;外国政府类机构、国际开发机构等在全国银行间债券市场发行相关债券以及境外非金融企业法人在全国银行间债券市场发行非金融企业债务融资工具应向中国银行间市场交易商协会申请注册。为此,该《暂行办法》的第6条、第7条分别规定了境外金融机构法人发行债券应具备的条件、其应向中国人民银行提交的材料。除了银行间债券市场,有关境外机构还可以在交易所债券市场发行"熊猫债券",即根据中国证监会2023年10月修订颁布的《公司债券发行与交易管理办法》(中国证监会令第222号)第78条的规定,境外注册公司在中国证监会监管的证券交易场所的债券发行、交易或转让,参照适用该管理办法。

为了统一银行间债券市场和交易所债券市场"熊猫债"资金管理规则,推进本外币一体化管理,进一步提升境外机构在境内债券市场融资的便利性,2022年11月中国人民银行、国家外汇管理局联合发布了《关于境外机构境内发行债券资金管理有关事宜的通知》。该《通知》的主要内容包括:一是统一银行间和交易所市场"熊猫债"资金登记、账户开立、资金汇兑及使用、统计监测等管理规则;二是规范登记及账户开立流程,"熊猫债"发行前在银行办理登记,允许分期发行中首期登记开户、后续发行后逐次报送发行信息,并可共用一个发债专户;三是完善"熊猫债"外汇风险管理,境外机构可与境内金融机构开展外汇衍生品交易管理汇率风险;四是明确发债募集资金可留存境内,也可汇往境外使用。①

三、跨境证券投资

跨境证券投资主要涉及境外投资者投资境内证券市场和境内投资者投资境外证券市场。在货币没有实现完全可自由兑换、资本项目尚未完全开放的情况下,为促进资本跨境有序流动,我国目前建立了合格机构投资者、互联互通机制、内地与香港基金互认、合格境内有限合伙人、合格境外有限合伙人等制度安排。下面,本部分主要对合格机构

---

① 中国人民银行:《完善境外机构境内发行债券资金管理 推动金融市场进一步开放》,http://www.pbc.gov.cn/goutongjiaoliu/113456/113469/4727143/index.html,最后访问日期:2025年2月5日。

投资者制度作一介绍。

关于"互联互通机制"的详细阐释，可扫码收听音频和阅读文字材料：

（一）合格境外机构投资者和人民币合格境外机构投资者

合格境外机构投资者（QFII）是指经中国证监会批准，使用来自境外的资金进行境内证券期货投资的境外机构投资者。其中，若使用来自境外的人民币资金进行境内证券期货投资，则被称为人民币合格境外机构投资者（RQFII）。我国先后于 2002 年和 2011 年分别实施了 QFII 制度、RQFII 制度。

2020 年 9 月中国证监会、中国人民银行和国家外汇管理局联合颁布了《合格境外机构投资者和人民币合格境外机构投资者境内证券期货投资管理办法》（中国证监会、中国人民银行、国家外汇管理局令第 176 号，以下简称《QFII 和 RQFII 办法》），同时中国证监会颁布了配套规则，即《关于实施〈合格境外机构投资者和人民币合格境外机构投资者境内证券期货投资管理办法〉有关问题的规定》（中国证监会公告〔2020〕63 号）。《QFII 和 RQFII 办法》及配套规则将 QFII、RQFII 资格和制度规则合二为一，通过降低准入门槛、扩大投资范围、加强持续监管，以进一步便利跨境投资的有序运作。

在《QFII 和 RQFII 办法》中，QFII 和 RQFII 统称合格境外投资者。根据其中第 6 条的规定，申请合格境外投资者资格，应当具备下列条件：(1)财务稳健，资信良好，具备证券期货投资经验；(2)境内投资业务主要负责人员符合申请人所在境外国家或者地区有关从业资格的要求（如有）；(3)治理结构、内部控制和合规管理制度健全有效，按照规定指定督察员负责对申请人境内投资行为的合法合规性进行监督；(4)经营行为规范，近 3 年或者自成立以来未受到监管机构的重大处罚；(5)不存在对境内资本市场运行产生重大影响的情形。

在审批程序方面，根据《QFII 和 RQFII 办法》第 7 条的规定，申请人应当通过托管人向中国证监会报送合格境外投资者资格申请文件。中国证监会自受理申请文件之日起 10 个工作日内，对申请材料进行审核，并作出批准或者不予批准的决定。决定批准的，作出书面批复，并颁发经营证券期货业务许可证；决定不予批准的，书面通知申请人。

此外，《QFII 和 RQFII 办法》及配套规则还对托管人的资质和职责、合格境外投资者的开立账户和信息披露义务、业务许可注销、可以投资的金融工具范围、持股比例等事项作出具体规定。除了上述规定，有关合格境外投资者的制度安排还包括《境外机构投资者境内证券期货投资资金管理规定》（中国人民银行、国家外汇管理局公告〔2020〕第 2 号）、《关于合格境外机构投资者和人民币合格境外机构投资者参与金融衍生品交易的公告》（中国证监会公告〔2021〕24 号）。

（二）合格境内机构投资者和人民币合格境内机构投资者

合格境内机构投资者（QDII）是指经中国证监会批准在我国境内募集资金，运用所募集的部分或者全部资金以资产组合方式进行境外证券投资管理的境内基金管理公司和证券公司等证券经营机构。人民币合格境内机构投资者（RQDII）则是指取得国务院金融监督管理机构许可并以人民币开展境外证券投资的境内金融机构。我国先后于 2007 年和 2014 年分别实施了 QDII 制度、RQDII 制度。

关于 QDII 制度，2007 年 6 月中国证监会颁布了《合格境内机构投资者境外证券投资管理试行办法》（中国证监会令第 46 号）和《关于实施〈合格境内机构投资者境外证券投资管理试行办法〉有关问题的通知》（证监发〔2007〕81 号）。其中，在资格条件方面，申请合格境内机构投资者资格，应当具备下列条件：(1)申请人的财务稳健，资信良好，资产管理规模、经营年限等符合中国证监会的规定；(2)拥有符合规定的具有境外投资管理相关经验的人员；(3)具有健全的治理结构和完善的内控制度，经营行为规范；(4)最近 3 年没有受到监管机构的重大处罚，没有重大事项正在接受司法部门、监管机构的立案调查；(5)中国证监会根据审慎监管原则规定的其他条件。在投资顾问方面，合格境内机构投资者可以委托符合下列条件的投资顾问进行境外证券投资：(1)在境外设立，经所在国家或地区监管机构批准从事投资管理业务；(2)所在国家或地区证券监管机构已与中国证监会签订双边监管合作谅解备忘录，并保持着有效的监管合作关系；(3)经营投资管理业务达 5 年以上，最近一个会计年度管理的证券资产不少于 100 亿美元或等值货币；(4)有健全的治理结构和完善的内控制度，经营行为规范，最近 5 年没有受到所在国家或地区监管机构的重大处罚，没有重大事项正在接受司法部门、监管机构的立案调查。境内证券公司在境外设立的分支机构担任投资顾问的，可以不受前款第(3)项规定的限制。此外，上述制度安排还对资产托管、资金募集、投资运作、信息披露、额度和资金管理等事项作了具体规定。

关于 RQDII 制度，2014 年 11 月中国人民银行发布了《关于人民币合格境内机构投资者境外证券投资有关事项的通知》（银发〔2014〕331 号），以及 2018 年 4 月中国人民银行办公厅发布了《关于进一步明确人民币合格境内机构投资者境外证券投资管理有关事项的通知》（银办发〔2018〕81 号）。其中，在资格条件和审批程序方面，人民币合格投资者开展境外投资业务应事前向相关国务院金融监督管理机构报告。人民币合格境内机构投资者的准入资格、产品设立和发行、投资活动等应当遵守国务院金融监督管理机构的相关规定。人民币合格境内机构投资者发行产品，应当明确产品最大发行规模并将有关信息以适当方式报送国务院金融监督管理机构。人民币合格境内机构投资者可根据实际募资情况上调产品最大发行规模，并应当将有关信息报送国务院金融监督管理机构。人民币合格境内机构投资者可以自有人民币资金或募集境内机构和个人人民币资金，投资于境外金融市场的以人民币计价产品（银行自有资金境外运用除外），不得将人民币资金汇出境外购汇；在产品托管方面，人民币合格境内机构投资者开展境外投资，应当凭国务院金融监督管理机构对合格投资者境外投资资格的许可文件，在具有相应托管业务资格的境内托管银行处开立境内人民币托管账户。境内托管银行可为人民币合格境内机构投资者每只产品分别开立境内人民币托管账户。境内托管银行应当在境外托管人处为人民币合格境内机构投资者相关产品开立境外人民币托管账户。人民币合格境内机构投资者应当通过境内人民币托管账户向境外人民币托管账户划转人民币资金。人民币合格境内机构投资者境外投资本金及收益，应当通过境外人民币托管账户以人民币形式汇回境内人民币托管账户。此外，上述制度安排还对境外证券投资资金汇出规模、境内托管银行向中国人民银行报送相关信息、中国人民银行及其分支机构的监管职责等事项作了具体规定。

本章小测

一、客观题（扫码开始测试）

二、主观题

1.如何理解涉外金融法与国际金融法的关系？

2.简述国际货币基金组织贷款。

3.申请合格境外投资者资格，有关主体应当具备哪些条件？